"十四五"职业教育国家规划教材

全国船舶工业职业教育教学指导委员会推荐教材

U0659292

船体识图与制图

主　编　魏莉洁　彭公武　杨耕新
主　审　文元均　刘雪梅

哈尔滨工程大学出版社
Harbin Engineering University Press

内 容 简 介

本书是全国船舶工业职业教育教学指导委员会"十三五"重点规划教材,内容按照"船体识图与制图"课程标准编写。本书共分 13 个项目,内容包括船舶类型认知、船体基本结构认知、几种典型船舶船体结构特点认知,船体制图一般规定的认知与应用、船体结构节点图的识读与绘制、型线图、总布置图、中横剖面图、基本结构图、肋骨型线图、外板展开图、船体分段划分图及分段结构图的识读和绘制。各项目中均有相关知识、学习任务及拓展提高,项目后配有适当数量的测试题目,供教学和考核使用。书末有附录,简要介绍了有关船体制图的标准和资料。此外,各任务中的能力训练以活页手册形式单独成册,便于教学。

本书是针对三年制船舶工程技术专业高等职业教育编写的,二年制及中高职分段培养的船舶工程技术专业也可以使用本书教学。本书也可供船舶与海洋工程船舶设计与制造相关专业教学及参考使用。本书还可供从事船舶与海洋工程技术专业的相关技术人员自学及培训参考。

图书在版编目(CIP)数据

船体识图与制图/魏莉洁,彭公武,杨耕新主编.—哈尔滨:
哈尔滨工程大学出版社,2020.8(2024.3 重印)
ISBN 978-7-5661-2708-2

Ⅰ.①船…　Ⅱ.①魏…　②彭…　③杨…　Ⅲ.①船体–识图–高等职业教育–教材②船体–工程制图–高等职业教育–教材
Ⅳ.①U662.2

中国版本图书馆 CIP 数据核字(2020)第 111236 号

选题策划　史大伟　薛　力
责任编辑　丁　伟
封面设计　李海波

出版发行　哈尔滨工程大学出版社
社　　址　哈尔滨市南岗区南通大街 145 号
邮政编码　150001
发行电话　0451-82519328
传　　真　0451-82519699
经　　销　新华书店
印　　刷　哈尔滨市海德利商务印刷有限公司
开　　本　787 mm×1 092 mm　1/16
印　　张　26.5
字　　数　841 千字
插　　页　10
版　　次　2020 年 8 月第 1 版
印　　次　2024 年 3 月第 6 次印刷
定　　价　69.80 元(含手册)
http://www.hrbeupress.com
E-mail:heupress@hrbeu.edu.cn

船舶行指委"十三五"规划教材编委会

前　言

　　船舶产业是实施海洋强国、制造强国和交通强国战略的重要战略性产业。中国共产党第二十大报告指出,我国要建设现代化产业体系,推动制造业高端化、智能化、绿色化的发展。实施科教兴国战略,强化现代化建设人才支撑。加快建设国家战略人才力量,努力培养造就更多大师、战略科学家、一流科技领军人才和创新团队、青年科技人才、卓越工程师、大国工匠、高技能人才。因此,在船舶与海洋工程装备制造领域人才培养中,应立足于"海洋强国"国家战略,根据船舶与海洋工程制造领域的发展趋势和区域经济发展需要,将思想政治教育融入到人才培养中,在教材内容中注重工匠精神培养,体现数字化、智能化和绿色化理念及内容,为国家海洋强国建设培养德才兼备的高素质人才。

　　近年来,随着中国船舶企业技术研发与科技创新工作稳步推进,在主力船型、高技术和特种船舶、海洋工程装备、船用配套设备等领域取得了长足的进步,产品体系进一步完善,市场竞争力持续提升,为中国船舶工业推进结构转型升级,实现高质量发展奠定了坚实的技术基础。主流船型优化设计与建造方面,中国船舶工业在智能船舶、绿色船舶和极地船舶领域不断取得突破,风动节能装置、电池动力等绿色节能技术实船应用范围进一步扩大,主流船型设计建造能力有了提升,市场竞争力进一步得到加强。在高技术船舶和特种船舶研发与建造方面,中国在极地液化气体运输船、滚装船、化学品船等高技术船舶设计建造领域取得了较大进展,推出了全球首艘双燃料超大型集装箱船和智能超大型矿砂船等设计,国产豪华邮轮工程与核动力船舶工程稳步推进并取得积极进展,中国船舶工业产品结构进一步优化。

　　《船体识图与制图》是培养船舶工程技术专业高技能人才的核心课程所用的教材,该课程在船舶工程技术专业课程体系中对学生专业能力的培养起到承上启下的作用。通过本课程的学习,学生能够具备识别船型、认识船体结构组成及特点、绘制和识读船体图样的能力,为后续的专业课学习奠定良好的基础。

　　本书是与船舶行业企业合作开发,根据船舶制造领域的职业岗位的任职要求,参照相关的职业资格标准,基于船舶行业企业中船舶生产设计和船舶生产工作任务,按照船舶图纸识读和绘制的过程进行内容设计和编写的。

　　本书在编写前,组织相关人员进行企业调研,分析船舶工程技术专业毕业生的职业岗位能力,并基于船舶生产工作岗位,与行业企业专家共同分析职业能力,确定课程目标,制定课程标准,选择教材内容;根据船舶工程技术专业培养目标,对接职业岗位工作任务,以职业标准为依据,企业需求为导向,职业素质为核心,基于工作过程和工作任务,设计教学情境,完成各项目目标;围绕典型工作任务,精选企业实际造船生产图样为教学案例进行编写。

　　本书紧紧围绕船体建造工作过程中图样识读和绘制等典型任务工作过程进行编写。在船型和船体结构辨识的基础上,以典型船舶(4 000 t 干货船等)船体生产图样为载体,实施一系列船体图样的读图和绘图任务,并以 150 t 冷藏船图样为任务对象进行能力训练,使学生能够掌握识读和绘制一般船体图样的基本技能。

　　本书具有以下几个突出特点:

　　(1)本教材在编写中适应新的职教理念和要求,紧密结合当前"三教"改革,以课程思政为引领,以工程实践能力培养为导向,强化职业道德、注重工匠精神培养。

（2）围绕典型工作任务的工作过程进行编写,对教学内容进行重新组合,突出内容的针对性和适用性。本书以真实工作任务为载体,采用任务驱动、工学结合的人才培养模式,边学边练与教、学、做结合的教学模式,学习、掌握船体建造工作过程中的图样识读和必要的绘制技能,使教学过程与工作过程相一致。

（3）突出工学结合的特点,与企业专家共同编写,内容充实、紧密结合生产实际,内容上体现出行业企业发展和岗位工作任务需要的知识、能力和素质要求,并根据船舶技术发展及时更新教材内容。本书中图样识读和绘制的图纸与生产紧密联系,教材中的"任务实施"模拟生产实际,从而能让学生尽快进入工作实践中。

（4）对每个任务都进行能力训练,能力训练以活页手册形式单独成册,便于学生根据任务进度及时提交并进行任务训练考核。

（5）在编写过程中,注意把握学生的认知规律和接受能力,力求使内容通俗易懂。本书知识内容组织条理清晰,由浅入深,由简到繁,由单一到综合,层层推进,图文并茂,容易被学生理解和掌握,舍弃"繁、难、偏、旧"的知识,消除枯燥乏味的感觉,力求激发学生对专业的兴趣。

（6）采用复合型教材形式。本书与教学资源相结合,将课程的各种资源以二维码形式呈现。各项目分别配有二维码,扫描二维码可看到拓展知识、其他船型及图纸、课件、动画、视频及微课等,拓展了学习内容,使教材内容更加丰富、直观,知识点更加容易掌握。此外,后续二维码内链接的资源中会陆续增加在线学习和测试内容。

本书的编写是以近年来国内建造的钢质海船为主,介绍常见船舶类型、船体结构和船舶图样的识图与制图方法。本书结构部分是以中国船级社的《钢质海船入级与建造规范》（2006）为主要依据编写的,引入了一些新船型和海工平台;制图部分则根据最新的标准和规则编写。本书内容新颖,通俗易懂。

本书的绪论、项目10、项目11、附录由江苏航运职业技术学院魏莉洁编写,项目1、项目7由江苏海事职业技术学院杨耕新编写,项目2由威海职业学院马红荣编写,项目3、项目4由大连职业技术学院杨晓宁编写,项目5、项目6、项目13由江苏航运职业技术学院张利编写,项目8、项目9由武汉船舶职业学院彭公武编写,项目12由江苏熔盛重工有限公司高级工程师北峰编写。本书由魏莉洁、彭公武、杨耕新主编,魏莉洁统稿,南通中远海运川崎船舶工程有限公司高级工程师文元均和渤海船舶职业学院刘雪梅教授主审。此外,本书的教学资源部分由江苏航运职业技术学院魏莉洁和张利负责整理。

本书在编写过程中得到了很多同行、专家、教授及企业技术人员的帮助和支持,在这里致以深切的谢意。另外,本书在编写过程中,借鉴了一些专业教材、资料、网络上的有益内容,由于各方面条件的限制无法一一取得联系,在此一并表示感谢!

由于编者水平有限,书中有些问题可能考虑不周,疏漏与错误之处也在所难免。另外本书因篇幅所限及自身的特点,在内容上可能会有一定的局限性。竭诚欢迎读者批评指正,从而使本书进一步地完善。

编　者

目　　录

绪　　论

"船体识图与制图"是识别船型、认识船体结构组成及特点、研究识读和绘制船体图样的重要课程。读者在学习船舶类型与结构的基础上,进一步学习船体图样识读和绘制。

一、船舶结构

目前船舶的数目庞大,类型繁多。船体结构的形式依据船舶的类型而定,不同的船有不同的结构形式,但结构组成大致相同。通常船体大致可分为主船体和上层建筑两部分。主船体是指上甲板以下部分,上层建筑是指上甲板以上部分。

主船体是由若干个板架结构组成的长箱形结构,如甲板板架、舷侧板架、船底板架和舱壁板架等。各个板架相互连接,相互支持,使整个主船体构成坚固的空心水密建筑物,如图0-1所示。上层建筑与主船体相同,也是由板架组成,并且其各部分结构组成与主船体相应部位相似。

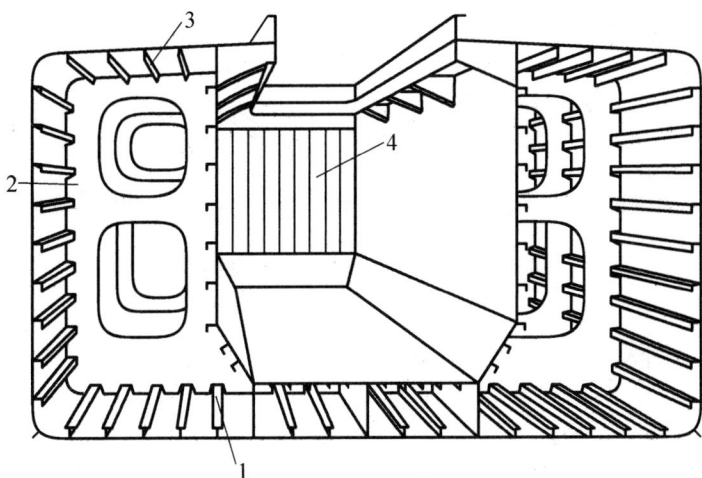

1—底部板架;2—舷侧板架;3—甲板板架;4—舱壁板架。

图 0-1　组成主船体的板架(矿砂船)

板架结构通常是由板与纵横交叉的骨材和桁材组成。较小的骨材间距小、数量多,较大的桁材间距大、数量少,如图0-2所示。船体结构中的板有平直板、弯曲板和折边板等;骨材常采用扁钢、球扁钢、角钢等;桁材常采用组合T型材或折边板,如图0-3所示。

除了板与骨架结构以外,船体结构中还有一种肘板,它是两个或两个以上相交构件的连接件,或作为两个板架之间的连接件,用以增加连接节点的刚性和保证相交结构的连续性,或提高高腹板梁的侧向稳定性,改善连接点的工艺性。肘板形状大多类似三角形,有无折边、折边、T型肘板等形式,如图0-4所示。

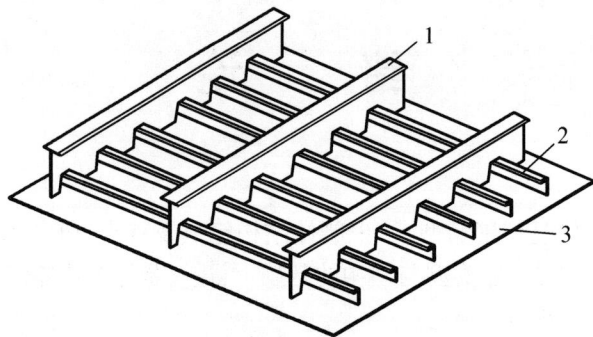

1—桁材;2—骨材;3—板。

图 0-2　板架结构

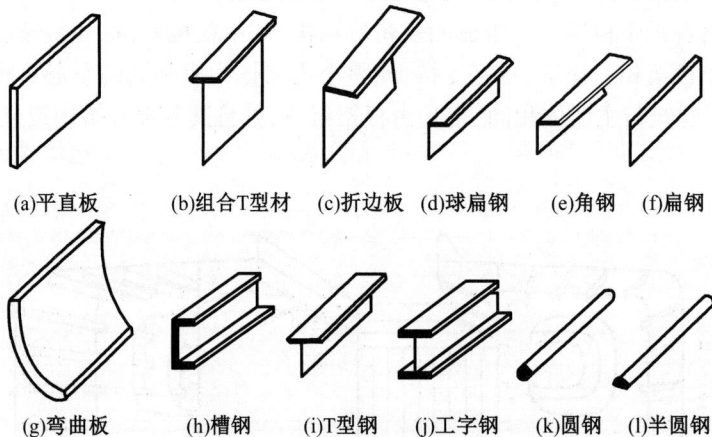

(a)平直板　(b)组合T型材　(c)折边板　(d)球扁钢　(e)角钢　(f)扁钢

(g)弯曲板　(h)槽钢　(i)T型钢　(j)工字钢　(k)圆钢　(l)半圆钢

图 0-3　船体结构中常用的板材和型材

(a)无折边肘板　(b)折边肘板　(c)T型肘板

图 0-4　肘板形式

二、船体图样

　　船体图样是造船工程界用以表达设计思想、进行技术交流和指导造船生产不可或缺的技术文件。船体图样表达了船体形状、船舶布置和船体结构。船体图样属于工程图样范畴,绘制船图所依据的基本原理和采用的基本方法与其他工程图样一致。船舶与一般工程产品相比,其尺度大、外形复杂、安装的设备繁多,金属船体又是由板和型材组成的薄壳结构,因此在制图标准、表达内容和表达方法上,船体制图有其自己的特点。

船体图样种类很多,依据船体建造工作过程中图样生成的顺序,结合图样的性质和用途,主要将其划分成以下三类。

1. 总体图样

总体图样是表示船体形状、大小和总体布置情况的图样,主要包括型线图和总布置图。

(1)型线图

型线图是表示船体形状和大小的图样。

(2)总布置图

总布置图是表示船体外形、上层建筑形式、舱室划分、交通路线和机械设备等布置情况的图样。

2. 结构图样

结构图样是表示船体结构的组成、构件的结构形式和尺寸等内容的图样。表示全船结构的图样主要包括中横剖面图、基本结构图、肋骨型线图和外板展开图。表示船体局部结构的图样主要是分段结构图,它也是生产过程使用的图样,是在生产设计过程中绘制的。

(1)中横剖面图

中横剖面图是表示船体纵横向构件的尺度大小、结构形式及其在船宽、船深方向布置情况的图样。

(2)基本结构图

基本结构图是表示船体纵横向构件的尺度大小、结构形式及其在船长、船宽和船深方向布置情况的图样。

(3)肋骨型线图

肋骨型线图是表示全船肋骨剖面形状、外板纵横接缝位置和与外板相接的纵向构件位置的图样。

(4)外板展开图

外板展开图是表示船体外板在横向展开后的形状、外板厚度的分布、纵横接缝的排列及外板上开口的大小和位置的图样。

(5)分段结构图

分段结构图是表示船体各分段中构件的形状、大小、数量、质量、材料、连接情况和工艺要求的图样。

3. 船体工艺图样

船体工艺图样是表示船体建造方法、安装顺序和工艺设备的图样,它是船体建造和保证船体施工质量所绘制的图样。这类图样内容繁多,各厂绘制的习惯和数量也不尽一致,通常有分段划分图、构件理论线图、胎架结构图、分段装焊程序图、全船余量布置图、船台墩木布置图、总组示意图及吊装顺序图等。

(1)分段划分图

分段划分图是表示船体分段划分情况和数量的图样。

(2)构件理论线图

构件理论线图是表示船体构件理论线情况的图样。

(3)胎架结构图

胎架结构图是表示船体胎架的结构及其构件大小的图样。

（4）分段装焊程序图

分段装焊程序图是表示分段装配和焊接程序的图样。

（5）全船余量布置图

全船余量布置图是表示全船分段余量的布置、大小和余量切割时机的图样。

（6）船台墩木布置图

船台墩木布置图是表示船台上墩木在船底布置情况的图样。

4. 船体舾装图样

船体舾装图样是表示船体舾装件的布置及其结构的图样，包括舾装布置图和舾装结构图两类。

（1）舾装布置图

舾装布置图是表示各种舾装设备布置情况的图样，通常有锚设备布置图，系泊和拖带设备布置图，舵设备布置图，起货设备布置图，救生设备布置图，金属门、窗、盖布置图，栏杆、扶梯、通道布置图，甲板备品搁架布置示意图等。

（2）舾装结构图

舾装结构图是表示舾装件的结构形状和大小的图样，通常有舵结构图，桅结构图，烟囱结构图，各种舱口盖、箱柜、床架、门、窗结构图等。

对于从事造船工作的人员来说，首先应了解船舶类型，掌握船体结构知识，熟悉船体制图相关标准，了解船体图样的组成、表达内容和表达方法，掌握船体图样的识读及绘制方法。

随着计算机科学的发展和普及，船舶设计与制造正朝着自动化、专业化、集成化的方向发展，船舶设计与绘图方式也发生了很大变化，特别是与现代船舶设计与制造相适应的专业化船舶设计软件也相继出现，大大减轻了设计人员的工作强度，并优化了设计过程，节约了设计成本。现代三维软件的应用，使得造船技术有了飞跃性的进步，也为船舶图形学开辟了更广泛的应用前景，提供了更多的研究课题。

项目1 船舶类型认知

【项目描述】

  船舶作为各种船只的总称,是指能航行或停泊于水域进行运输或作业的交通工具,船舶按不同的使用要求而具有不同的技术性能、装备和结构形式。

  本项目主要学习船舶分类方法及各种船舶类型的特点、用途等,通过下面三个任务的学习及能力训练,掌握民用船舶的特点,并了解军用船舶及特种船舶的特点。

学习任务

任务1.1 民用船舶特点认知;

任务1.2 军用船舶特点认知;

任务1.3 特种船舶特点认知。

【项目目标】

素质目标

1.具有爱国主义精神和国家安全意识;

2.具有发展我国船舶与海洋产业的事业心和责任感;

3.具有对船舶较高的兴趣和对专业知识的学习热情;

4.具有创新意识、较强的自学能力和新知识掌握能力。

知识目标

1.了解船舶的分类方法;

2.掌握船舶的类型与各自的特点;

3.了解各类船舶的用途。

能力目标

1.能正确说出指定船舶的特点;

2.能根据船舶特点正确判断船舶类型;

3.能正确描述各类船舶的用途。

【相关知识】

一、船舶概述

船舶是一种浮动的水上工程建筑物,是人们从事水上交通运输、水工作业和水中作战的主要工具,船舶在国防、国民经济和海洋开发等方面都占有十分重要的地位。

船舶在水中航行,水况复杂,船体不仅要承受货物与机器及设备的重力、水的压力、风浪的冲击等外力作用,还应具备可靠的水密性、足够的坚固性等良好的性能,此外还要求造型美观、经济合理。

在船舶发展过程中,船体结构在其所用的材料、构件的连接方法等方面,曾有几个重大的变革。最早的船是独木舟结构,后来发展到用木板和梁材组合的结构。18世纪随着冶金工业、机械制造业的发展,开始出现铁质和铁木混合结构的船舶。19世纪后半期,人们进一步开始采用低碳钢来造船,钢质结构的船舶便逐渐替代了木船和铁木混合结构船,钢材成为造船的主要材料。随着船舶尺度的加大,高强度钢造船得到应用,使得构件尺寸减小,从而减轻了结构质量。钢材的应用使造船技术发生了一次飞跃。

从20世纪30年代开始,焊接造船代替了铆接造船。相比于铆接,焊接能使船体结构更完整、更紧密,质量更轻。目前钢船都采用焊接方式建造。

二、船舶的分类

船舶种类(description of ship)是指依据不同的标准将船舶划分的各种类别。随着人类社会的发展及科技的进步,船舶数量日益庞大,种类也日渐繁多。

船舶分类的方法很多,如可按用途、航行区域、航行状态、航行方式、船体数目、推进动力、推进器、船体材料等方式进行分类。分类方式不同,同一艘船舶可有不同的名称。

目前比较常用的分类方式是按照船舶的用途来划分,一般将船舶分为民用船舶和军用船舶两大类。

1. 按用途分类

(1)民用船舶

运输船　包括客船、客货船、渡船、杂货船、集装箱船、滚装船、载驳船、驳船、冷藏船、运木船、散货船、油船、化学品船、液化气船等。

工作船　包括工程船、港务船、海洋调查船、挖泥船、起重船、布缆船、救捞船、破冰船、打桩船、浮船坞、海洋开发船、钻井船、钻井平台等。

渔业船　包括网渔船、钓渔船、渔业指导船、调查船、渔业加工船、捕鲸船等。

港务船　包括拖船、引航船、消防船、供应船、交通船、助航工作船等。

海洋调查船　包括海洋综合调查船、海洋专业(水文、地质、生物)调查船、深潜器等。

(2)军用船舶

战斗舰艇　包括航空母舰、巡洋舰、驱逐舰、护卫舰、布雷舰、扫雷舰艇、登陆舰艇、潜艇、猎潜艇和各种快艇等。

辅助舰艇　包括补给舰、修理船、训练舰、消磁船、医院船等。

2.其他分类方式

按航行区域可分为海船(沿海、近海、远洋)、港湾船和内河船。

按航行状态可分为排水型船、潜艇、滑行艇、水翼艇、冲翼艇和气垫船。

按航行方式可分为自航船和非自航船。

按船体数目可分为单体船和多体船,在多体船型中双体船较为多见。

按推进动力可分为蒸汽机船、内燃机船、燃气轮机船、电力推进船、核动力船和 LNG 双燃料动力船。

按推进器可分为螺旋桨船、喷水推进船、空气螺旋桨推进船、平旋推进器船、明轮船和风帆助航船。

按船体材料可分为钢船、木船、水泥船、铝合金船和玻璃钢船等。

【学习任务】

任务 1.1 民用船舶特点认知

➤ 任务解析

学习任务	民用船舶特点认知
任务导入	船舶用于运输、渔业、工程、海洋开发等方面,统称为民用船舶。民用船舶一般分为运输船、工作船、渔业船等。运输船主要是运送旅客及货物。工作船主要是指完成特定工作任务的船舶,如工程船、港务船、海洋调查船等。渔业船是用以捕捞和采收水生动植物的船舶,以及用以现代捕捞生产的辅助船只。对上述各种船舶类型的认知,应从各自的特点入手
任务要求	通过对民用船舶的认知,掌握常规运输船的用途、特点、性能及结构概况;了解工作船和渔业船的用途、特点、性能及结构概况
实施步骤	(1)学习运输船的特点; (2)学习工作船及渔业船的特点
任务目标	职业素质目标: (1)具有严谨细致、认真务实的工作态度; (2)具有创新意识,以及获取新知识、新技能的学习能力; (3)具有分析问题、解决问题的能力。 职业知识目标: (1)掌握民用船舶各自的特点; (2)了解各种民用船舶的用途。 职业技能目标: (1)能够说出指定船舶的特点; (2)能够根据特点来判断船舶类型
学习资源	教材、教学课件、图片、教学录像及微课等

➤ 任务实施

一、运输船的特点

1. 客船(passenger ship)及客货船(intermediate ship)

客船是专用于载运旅客及其行李的船舶。兼运少量货物的客船又称客货船。对客船的主要要求是安全可靠、快速及舒适。因此,客船必须具有足够的强度,良好的稳性、抗沉性和适航性。客船上房舱的布置应合理、舒适、美观,具有良好的通风、采光、空调、照明、卫生等设备。

客船的外形特征是甲板层数多,上层建筑丰满,艏艉大多呈阶梯形,整个上层建筑包络在一个光顺的流线之内。大型客船从侧面看,好像一座陆地上的大楼。船的顶层两侧,停放着数量较多的救生艇和其他救生工具。客船分远洋、近海、沿海和内河客船。图1-1、图1-2所示分别为沿海客船及客货船。

图1-1 沿海客船

图1-2 客货船

2. 游船(luxury cruise)

游船在风景秀丽的海域周游巡航或环球定线定期航行,附带从事港际交通。游船既要满足旅游者的要求,又要使旅游者达到疗养、度假、文化娱乐、社会活动等目的。卧室和公共场所也分等级,多采用垂向分隔。卧室布置在艉部以保持安静。公共场所多种多样,都有广阔的视野。游船吃水较浅,续航力较大,有防摇装置以使航行尽量平稳和舒适。

图1-3所示为"玛丽女王二世"号豪华游船。

图1-3 "玛丽女王二世"号豪华游船

3. 杂货船（general cargo ship）

杂货船是用来载运包装、袋装、桶装和箱装的普通件杂货物的货船。杂货船是一种比较常见的货物运输船，由于装载货物种类的特点，大多数是不定期货船。远洋货船载货量通常为1万~2万吨，沿海货船一般为几百吨至几千吨。

杂货船的外形特点是多为前倾型艏、方型艉。机舱布置形式一般采用中机型、中后机型和艉机型。甲板上货舱口较大，货舱口之间配备了完善的起货设备。大型杂货船有4~6个货舱，货舱内有2~3层甲板。近年来，杂货船都设计成标准船型，进行成批生产，并趋向于建造多用途货船。图1-4所示为杂货船，图1-5所示为多用途船。

图1-4 杂货船

图1-5 多用途船

4. 散货船（bulk cargo carrier）

散货船是专门用来运送煤炭、矿砂、谷物、化肥、水泥、钢铁、木材等散装货物的船舶。

其特点是单层甲板、双层底,驾驶室和机舱都在艉部,货舱口比杂货船的要宽,带有顶边舱和底边舱。散货船装卸速度快,运输效率高。散货船有常规运木散货船(兼运其他散货)、矿砂船、矿砂-石油-散货船、自卸散货船、浅吃水肥大型散货船。远洋运输的散货船平均载重量约为4万吨。目前散货船有大型化的趋势,最大载重量达27万吨。图1-6所示为全球首艘通过船级社认证的智能船舶"大智"号散货船,获得中国船级社和英国劳氏船级社授予的智能船符号。

图1-6 "大智"号散货船

5. 集装箱船(container ship)

集装箱船是装载规格统一的标准货箱(称为集装箱)的货船。集装箱船可缩短装卸货物时间,减小货损和货差,提高营运经济效益。集装箱是由金属或玻璃钢等材料制成的标准货箱,8 ft×8 ft×20 ft(1 ft = 0.304 8 m)的集装箱为一个TEU。20世纪50年代以来,集装箱船得到了快速发展;20世纪90年代开始,集装箱船向超大型化方向发展;目前我国已建造可装20 000个TEU以上的集装箱船,集装箱运输占全球海上运输的很大比例。图1-7所示为我国自主研发的21237 TEU"宇宙"号集装箱船。

图1-7 "宇宙"号集装箱船

集装箱船的特点是货舱里和甲板上堆放规格统一的集装箱,舱口又宽又长,甲板较小,多为艉机型船,上层建筑较短。远洋集装箱船通常采用球鼻型艏、方型艉;大多依靠港口专用的起货机装卸,少数也有自带起货设备的。

6. 冷藏船(cold storage boat)

冷藏船是将货物处于冷藏状态下进行载运的专用船舶。其货舱为冷藏舱,并有若干个舱室。每个舱室都是一个独立、封闭的装货空间,舱门、舱壁均为气密,并用隔热材料使相邻舱室可以装运不同温度的货物。冷藏船上有制冷装置,制冷温度一般为 $-25 \sim 15$ ℃。冷藏舱往往设多层甲板,甲板间高度较低,以防冷藏品过多被压坏。冷藏船的吨位较小,通常为几百吨到几千吨,但航速较高,以尽量缩短途中运输时间。冷藏船如图1-8所示。

图1-8　冷藏船

7. 滚装船(roll on/roll off ship)

滚装船是将带有滚车底盘的集装箱或装在托盘上的其他货物作为一个货物单元,用拖车或叉车带动直接开进开出船舱的船。专门装运汽车的滚装船称为汽车滚装船。滚装船的特点是上层建筑高大,最上层的露天甲板平坦,无起货设备及货舱口。在艉部、舷侧或艏部有活动的跳板放到码头上,汽车或拖车通过跳板开上开下(滚上滚下)来装卸货物,货舱内具有多层纵通甲板,汽车或拖车通过坡道或升降平台进入上、下层舱内。上层建筑可设置在船尾、船中或船首,机舱在船尾靠近两舷处,高度较低。滚装船如图1-9所示。

图1-9　滚装船

8. 液货船(tanker或liquid cargo ship)

液货船是用于运载散装液态货物货船的统称。按照运载货物的不同,液货船可分为油船、液化气船和液体化学品船三类。

(1)油船(tankship,oil tanker或oil carrier)

油船是指专门装运石油产品的液体货船。石油也被称为原油,是一种黑色较黏稠的物质。原油经过加工后,可生产出符合国家、行业或企业特定质量标准的石油产品。

油船分为成品油船和原油船。油船吨位最大,从几百吨至几十万吨。

油船的特点是对防火防爆要求特别高,因此消防设备比较完善。为了减少太阳辐射,控制舱内温度,外壳常漆成浅色。船上设有暑季用的甲板淋水设备和冬季用的蒸汽暖油装置。油船均为艉机型船,干舷较小,容易上浪,甲板上方通常布置有供船员行走的步桥。油船甲板上无大的货舱口,只有圆形的油气膨胀舱口。过去油船多为单壳结构,随着人类对海洋污染的日益重视,现在油船要求为双壳体。

①原油船(crude oil carrier)

装载原油的船舶吨位较大,巨型油船(VLCC 船)吨位为 20 万~30 万吨,超大型油船(ULCC 船)吨位为 30 万吨以上。图 1-10 所示为某大型油船。

图 1-10　某大型油船

②成品油船(oil product carrier)

成品油船是以运载除原油外的各种石油产品为主的油船。原油经过加工,可以生产出石油液化气、石脑油、汽油、柴油、煤油和润滑油等油料,副产品为石油焦、沥青和燃料油等。日常所指的成品油包括汽油、柴油和煤油。成品油船如图 1-11 所示。

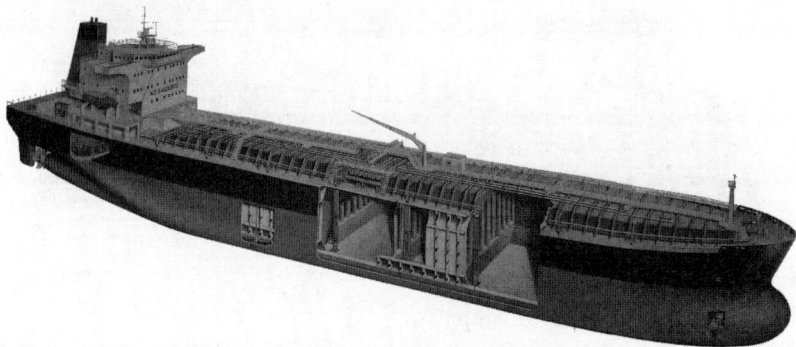

图 1-11　成品油船

(2)液化气船(liquid gas carrier)

液化气船是用来运载液化气的船舶。液化气分液化石油气(LPG)和液化天然气(LNG)。液化气在运载时先通过加压或低温使其液化,然后把液化后的气体用高压泵打入球形或薄膜型的特殊高压液舱内贮存。液化气船的特点是机舱和船员舱设在船的尾部,船首具有艏楼。液化气船属高技术、高附加值船,因此船舶造价较高。

①液化天然气船(liquified natural gas carrier)

液化天然气(LNG)的主要成分是甲烷,在常压下的液化温度约为-164 ℃,因此货舱的结构、采用的材料和隔热装置必须满足极低温运输的要求。货舱的形状有棱柱形(图1-12(a))和球形(图1-12(b))两种。

(a)棱柱形货舱

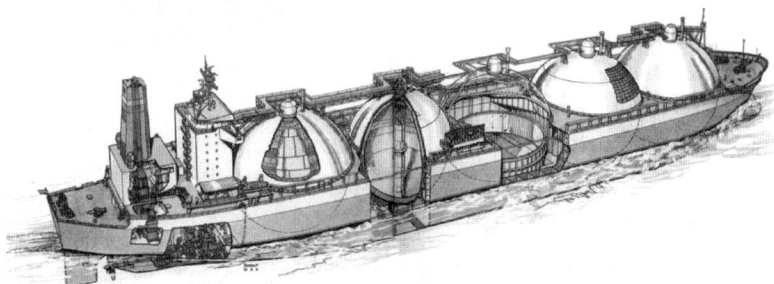

(b)球形货舱

图1-12 液化天然气船

②液化石油气船(liquefied petroleum gas carrier)

液化石油气(LPG)船主要运输以丙烷和丁烷为主要成分的石油碳氢化合物或两者混合气,包括丙烯和丁烯,还有一些化工产品,近年来乙烯也列入其运输范围。石油气可以在常温下加压液化,也可在常压下冷冻液化。大型船一般采用冷冻方式,中小型船多采用加压方式,其货舱为球形或圆柱形耐压容器。液化石油气船如图1-13所示。

图1-13 液化石油气船

(3)液体化学品船(liquid chemical tanker)

液体化学品船是运输各种液体化学品(如醚、苯、醇、酸等)的专用船。液体化学品船多为双层底和双层舷侧,货舱设有分隔并装有专用的货泵和管系。液体化学品船吨位较大,分隔较密,货舱70%采用了高强度不锈钢材料,设有先进的控制、加热、透气、检测、警报及惰性气体系统,具有更大的灵活性和更好的运营性能。20世纪90年代以来,液体化学品船吨位有两个比较明显的倾向:一是两极化突出,2万~5万载重吨船舶及2 500载重吨以下船舶占了总数的绝大比例;二是有较缓慢的大型化趋势。液体化学品船如图1-14所示。

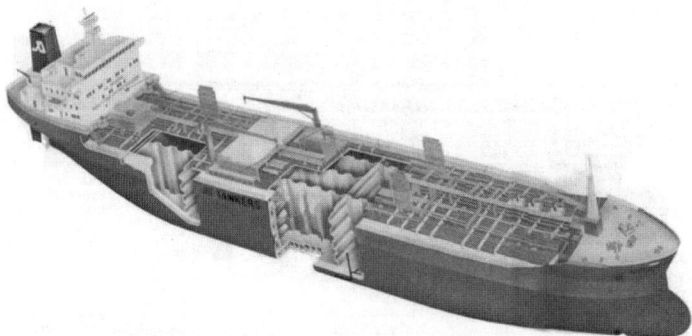

图1-14　液体化学品船

9. 驳船(barge)

驳船泛指一切本身没有自航能力而需拖船或顶推船带动的货船。驳船的特点是载货量大,吃水浅,设备简单,船上通常不设置装卸货物的起货设备。驳船一般为非机动船,本身没有推进装置(少数有推进器的驳船称为机动驳)。驳船与拖船或推船组成驳船船队,可以航行于狭窄水道和浅水航道,并可按运输货物的种类随时编组,满足内河各港口货物运输的需要。图1-15所示为甲板驳船。

图1-15　甲板驳船

10. 载驳船(barge carrier)

载驳船(图1-16)是载运货驳的运输船舶,又称子母船,用于河海联运。其作业过程是先将驳船(为尺度统一的船,又称为子船)装上货物,再将驳船装上载驳船(又称母船),运至目的港后,将驳船卸下水域,由内河推船分送至目的港装卸货物并待另一次运输。载驳船的优点是不需码头和堆场,装卸效率高,停泊时间短,便于河海联运。其缺点是造价高,需要配备多套驳船以便周转,需要在泊稳条件好的宽敞水域作业,且适宜于货源比较稳定的河海联运航线。

载驳船一般有四种类型:拉希型载驳船(lighter aboard ship,LASH),驳船靠母船尾部的龙门吊装卸,起重能力高达500 t,它能沿着船长方向移动;西比型(sea-bee)载驳船,驳船由母船尾部的升降平台从水中托起,再由输送机运到舱内;巴可型(BACO)载驳船,驳船靠拖船即可直接浮进浮出;巴卡特型载驳船(barge aboard catama-ran,BACAT),又称双体载驳货船,双体结构,艏部封闭而艉部分开,依靠升降平台和甲板上的滚轮装卸驳船。

载驳船的船型基本上与集装箱船类似,上甲板平坦。驾驶台上层建筑尽量靠向船首以让出更多甲板面积来堆放驳船。有的驾驶台上层建筑采用桥式结构,以便让驳船通过。

图1-16 载驳船

二、工作船及渔业船的特点

1. 挖泥船(dredger)

挖泥船主要用于航道疏浚和港口建设,也可用于开挖水工建筑物(如码头、船坞、闸门等)基础和运河、修筑堤坝、填海造陆等,是一种重要的工程船。挖泥船有机动和非机动之分,按施工特点又可分为耙吸式、绞吸式、抓斗式、铲斗式和链斗式等。图1-17(a)所示为绞吸式挖泥船,图1-17(b)所示为抓斗式挖泥船。

(a)绞吸式挖泥船

(b)抓斗式挖泥船

图 1-17　挖泥船

2. 起重船(floating crane)

　　起重船(图 1-18)是专门用于起重的工程船。其甲板上装有起重设备,专供水上作业起吊重物用,又叫浮吊。起重船一般分为两种类型:一类是旋转式,即起重臂能够 360°回转的;另一类是固定式,即吊臂固定在船上的一个方向,整个船靠拖船拖带转向,或是靠船向各个方向抛锚,通过牵拉不同方向的锚链,而实施重物回转的。起重船大多为非自航式,由拖船拖带移动。浮吊的起重量从几十吨至几千吨不等,甚至过万吨。我国已建成 12 000 t 起重量的全回转起重船"振华 30"号,以单臂架 12 000 t 的吊重能力和 7 000 t 360°全回转的吊重能力位居世界第一。图 1-18 所示为固定式变幅自航起重船和全回转式起重船。

(a)固定式变幅自航起重船　　　　　　　　　　(b)全回转式起重船

图 1-18　起重船

3. 浮船坞(floating dock)

　　浮船坞(图 1-19)是能漂浮于水面用来修造船舶的大型水上工程建筑物,它是由左右两侧坞墙和底部箱形结构组成的凹形建筑。需要抬船时,可往底部水舱灌水,使船坞下沉至一定深度,然后将待修的船舶拖入坞内,定好船位,用坞内的强力水泵将水舱内的水排出,于是船坞渐渐浮起,使待修船舶全部搁在墩木上,直至坞底出水为止。它可以根据工作需要用拖船搬移位置。

图1-19 浮船坞

浮船坞除了修造船外,还可以打捞沉船,运送深水船舶过浅水航道。浮船坞上设有系缆、锚泊、起重、动力和照明等设备和生活设施,如再配备金属加工和焊接等工场,就能成为一个独立的施工单位。目前浮船坞正向大型化方向发展。

4. 破冰船(icebreaker)

破冰船(图1-20)是用于破碎水面冰层,开辟航道,保障舰船进出冰封港口、锚地,或引导舰船在冰区航行的工程船。破冰船船身短而宽,长宽比值小,底部艏艉上翘,艏柱尖削前倾,总体强度高,艏艉和水线区用厚钢板和加密骨架加强。破冰时,艏部压挤冰层在行进中连续破冰或反复突进破冰。

图1-20 "雪龙"号破冰船

5. 海上石油钻井装置(offshore oil drilling unit)

海上石油钻井装置是用于海上石油勘探和开采的钻井平台(drilling platform)或钻井船(drilling ship),可分为固定式和活动式两类,前者用于开采工作,后者大都用于勘探工作。固定式钻井平台按照自给程度的不同,可分为自容型和带辅助船型两种。活动式钻进装置由坐底式钻井平台、自升式钻井平台、半潜式钻井平台和钻井船组成。图1-21所示为"海洋石油981"深水半潜式钻井平台。

图1-21 "海洋石油 981"深水半潜式钻井平台

6. 围网渔船(seine vessel)

围网渔船(图1-22)是捕捞中层以上鱼类的船,主要使用风网、对船网、围网和独捞网等渔具。

图1-22 围网渔船

7. 拖网渔船(trawl boat)

拖网渔船(图1-23)是用于捕捞底层鱼类,进行海底拖网作业的渔船。拖网渔船有强大的拖力,一般有对拖、艉拖和舷拖三种方式。

图1-23 拖网渔船

8. 拖船(tug boat)

拖船是用来拖曳没有自航能力的船舶、木排,协作大型船舶进出港口、靠离码头,或作救助海洋遇难船只的船舶。拖船没有装载货物的货舱,船身不大,但却装有大功率的推进主机和拖曳设备,所以拖船具有个子小和力气大的特点。拖船可分为海洋拖船、港作拖船和内河拖船三种。图1-24所示为内河拖船。

图1-24 内河拖船

9. 消防船(fire float)

消防船(图1-25)是对港内船舶或岸边建筑物消防灭火的船舶。消防船的外形很像拖船,所以也有兼作拖船的。消防船上设有高压水泵、喷射水枪及水幕系统。为适应油船灭火需要,消防船上设有专门的泡沫消防枪。船上设有液压升降平台,用于扑救高处火灾。消防船一般漆成红色,从外观上很易识别。它还要求有很好的操纵性,能在狭窄的水道或拥挤的港口内执行消防任务。

图1-25 消防船

10. 海洋调查船(oceanographic research ship)

海洋调查船是人类对海洋的物理、化学、地质、地理、生物、气象、水文和海底地貌等进行科学调查用的船舶。它是活动的研究基地,可分为综合调查、气象调查、渔业调查和定点调查等类型。

海洋调查船要求具有优良的航海性能和大的续航力;供设置实验室和保存资料等所需的舱容;便于工作的甲板面积和装置;观察仪器的空间;投置入海观察仪器和取样设备的起卸装置;给工作人员创造良好的工作条件和居住条件等。观察精度要求高的调查船,主要仪器应加防震装置,船舶能微速航行,具有小的回转半径,有的还需设有直升机平台。图1-26所示为海洋调查船。

图1-26 海洋调查船

11. 救捞船(salvage ship)

救捞船(图1-27)是救捞工程的工作母船,也是整个救捞工程的指挥中心,专用于打捞沉船或抢救遇难船舶。一般救捞船上都配备甲板减压舱、下潜减压舱、救助绞车、收放式深潜器、封舱抽水及除泥清舱等设备。救捞船自航时要求有较高的航速,它与驳船、拖船和浮筒等打捞设备一起配合进行救捞活动。

图1-27 救捞船

12. 海洋测量船(ocean surveying ship)

海洋测量船是一种能够完成海洋环境要素探测、海洋各学科调查和特定海洋参数测量的船只。凡是能够完成海洋空间环境测量任务的船舶,均可称为海洋测量船。早期的海洋测量船仅仅完成单一的海洋水深测量,主要用于保障航道安全。随着社会的进步和科技的发展,海洋测量从单一的水深测量拓展到海底地形、海底地貌、海洋气象和海洋水文等方面,还涉及地球物理特性、航天遥感和极地参数测量。现代海洋调查船综合作业能力很强,不同学科、不同专业领域的任务互相交叉,在完成主要使命任务的平台上,同时具备相当广泛的通用海洋参数测量能力。图1-28所示为"远望3"号测量船。

13. 打桩船(floating pile driver)

打桩船(图1-29)用于水上打桩作业,与起重船类似,多使用箱形船体,且多为非自航船舶。打桩船最重要的设备是高大的桩架,通常建在舷部。打桩时,桩架作为桩的导轨,重锤沿桩架升落。

图 1-28 "远望 3"号测量船

图 1-29 打桩船

打桩船的桩架有固定式与全回转式之分。前者只能在艉端打桩作业;后者既可在艉端打桩作业,又可在左右两舷打桩作业。

14. 布缆船(cable ship)

布缆船(图 1-30)是电缆布设船的简称,主要用于布设与维修水底电缆,可分为电缆布设船与电缆维修船两类,其中布缆船也可兼作电缆维修船。对于没有陆路相通的国家、地区之间,需要在海底敷设通信电缆。

布缆船的船首端部向前显著突出,在突出的艏部安装有放缆和捞缆用的吊架与滑轮。放在电缆舱里的电缆卷绕在电缆盘上,电缆布放是通过布缆机从船首或船尾的滑轮上放入水中,依靠电缆本身的自重沉入水底,由船尾投放的埋设犁将电缆埋入海底。布缆时,船舶必须根据测力计所显示的电缆张力大小来调节船的航速。

> **能力训练**

训练名称:运输船舶特点认知

训练内容:见《船体识图与制图能力训练活页手册》(以下简称《能力训练活页手册》)
"任务 1.1 能力训练"

图 1-30　布缆船

任务 1.2　军用船舶特点认知

➤ 任务解析

学习任务	军用船舶特点认知
任务导入	军用船舶是指执行战斗任务和军事辅助任务的各类船舶的总称,通常分为战斗舰艇和辅助舰船两大类,其中前者又有水面战斗舰艇和潜艇之分。一般排水量 500 t 以上的称为舰,500 t 以下的称为艇。这里主要从战斗舰艇的特点入手,进行船舶类型的认知
任务要求	通过对军用船舶的认知,熟悉战斗舰艇的类型、特点、性能及结构概况;了解辅助舰艇的外形及结构特点
实施步骤	(1)学习战斗舰艇的类型、特点及结构概况; (2)学习辅助舰船特点及结构
任务目标	职业素质目标: (1)具有严谨认真的工作态度; (2)具有自主学习的能力; (3)具有分析问题、解决问题的能力。 职业知识目标: (1)掌握军用船舶各自的特点; (2)了解各种军用船舶的用途。 职业技能目标: (1)能够对军用船舶进行分类; (2)能够描述军用船舶的主要特征
学习资源	教材、教学课件、图片、教学录像及微课等

➤ 任务实施

一、战斗舰艇

1. 航空母舰(aeroplane carrier)

航空母舰是以舰载机为主要武器并作为海上活动基地的大型军舰,是海军水面战斗舰艇中的最大舰种。其主要用于攻击水面舰艇、潜艇和运输舰船,袭击海岸设施和陆上目标,夺取作战海区的制空权和制海权。航空母舰有大、中、小型之分,其排水量通常为万余吨至8万吨,最大的核动力航空母舰可达9万余吨,后来由于加装了装甲防护板,其满载排水量增至10万吨以上。航母航速为 26~35 kn(1 kn = 1.852 km/h),续航力大。大型航空母舰可携带飞机 100 余架,如图 1-31 所示。

图 1-31　航空母舰

航空母舰有供飞机起落的飞机甲板,以及弹射器、阻拦装置和升降机等。机库设于飞行甲板下面,上层建筑设在中部右侧,形成岛形建筑。航空母舰一般以舰载机为主,还装备有导弹、火炮、反潜武器等武备及十分完善的电子设备。

航空母舰具有强大的攻击力,但目标较大,易遭敌方攻击,所以需要在多艘巡洋舰、驱逐舰和护卫舰护卫下组成航空母舰编队行动。航空母舰按其承担的任务可分为攻击航空母舰、护卫航空母舰、反潜航空母舰和多用途航空母舰;按其动力装置可分为核动力航空母舰和常规动力航空母舰。

舰载机起降的主要设施如下:

(1)舰载机的降落引导

这一设施能够在空中提供一个光的下滑坡面,便于飞行员判断方位,修正误差,引导舰载机正确降落。现在研制的全自动助降系统,可由航母计算机得出飞机降落的正确位置,发出误差信号,舰载机的自动驾驶仪依据信号修正误差,从而准确降落。

(2)舰载机的拦阻索

这一设施能够使飞机着舰后在甲板三分之二处停住,若情况不好飞机应马上复飞,否则将冲入前方的停机区。舰载机停下后,拦阻索马上复位,迎接下一架着舰机的到来。

（3）升降机

机库位于飞行甲板下面，飞机在机库和飞行甲板之间的移动需要借助于升降机。

（4）航母导流板

弹射前的舰载机喷气发动机已经全速运转，此时它向后喷射出高温高速燃气流，对它后面的飞机和人员危害很大，弹射器后方张起的导流板可使燃气流向上偏转，不会喷向后面的甲板。

（5）弹射器

早期的螺旋桨式飞机由于起飞速度不大，可以轻易从甲板上自行滑跑起飞，但喷气式舰载机的重力和起飞速度急剧增大，只能通过弹射器起飞。

2. 巡洋舰（cruiser）

巡洋舰（图1-32）是一种强有力的、多用途的适于远洋作战的大型水面舰艇。它航速高，续航力大，耐波性好，具有相当强的战斗力和指挥功能，在航空母舰编队时用作护卫兵力，在与驱逐舰协同作战中用作旗舰，也可单独执行任务。巡洋舰主要用于海上攻防作战，保卫己方和破坏敌方的海上交通线，支援登陆和抗登陆作战，袭击港口基地和岸上目标，掩护己方舰艇扫雷和布雷，以及防空、反潜、警戒、巡逻、为舰载机导航等。巡洋舰装备的武器众多，电子设备完善，同时装有对海、对空和反潜等武器系统，包括导弹、直升机、舰炮、鱼雷和反潜火箭等。

图1-32　巡洋舰

巡洋舰的排水量通常在7 000 t以上，最大可达30 000 t；航速为30～50 kn。巡洋舰按其装备的主要武器和推进方式可分为导弹巡洋舰、直升机巡洋舰、核动力巡洋舰和常规动力巡洋舰。现代巡洋舰仅在舰桥和弹药库等重要部位设置装甲，用来保护这些重要部位，其主要武器有直升机和导弹。

3. 驱逐舰（destroyer）

驱逐舰是以导弹、反潜武器和舰炮为主要武器的中型水面战斗舰艇。它航速较高，耐波性好，战斗力强，并具有多种作战能力，用来攻击敌方潜艇和水面舰船，以及侦察、巡逻、护航、警戒、防空、布雷、袭击岸上目标等。

驱逐舰的排水量通常为3 000～5 000 t，航速在35 kn左右，续航力为3 000～6 000 n mile

（1 n mile=1.852 km）。舰上配置导弹、火炮、鱼雷、水雷、反潜武器和直升机等,以导弹为主要武器的驱逐舰称为导弹驱逐舰。现代驱逐舰一般装有舰对舰、舰对空导弹武器,反潜导弹武器,反潜直升机,电子战系统,以及设备完善的导航通信设备和电子设备。

驱逐舰的船体瘦长,常采用全通甲板或长艏楼,直线前倾型艏柱和方艉船型,如图1-33所示。

图1-33　驱逐舰

4. 护卫舰(frigate ship)

护卫舰是以导弹、舰炮、深水炸弹及反潜鱼雷为主要武器的轻型水面战斗舰艇,如图1-34所示。它的主要任务是为舰艇编队担负反潜、护航、巡逻、警戒、侦察及登陆支援作战等任务。护卫舰的性能和使用范围与驱逐舰相似,只是排水量、航速、续航力和火力比驱逐舰小些。

图1-34　护卫舰

巡洋舰、驱逐舰和护卫舰这三种舰艇的区分可以从排水量和用途两方面入手。巡洋舰排水量在8 000 t以上,用途以反潜和反舰为主。其特点是续航能力更强,可以作为航母的护卫舰在远洋作战。驱逐舰排水量多在4 000 t以上,但是现在各国已经纷纷建造了8 000 t以上的驱逐舰。其用途广泛,攻击方式多样,是海军舰队中突击力较强的舰种之一,多用于攻击潜艇和水面舰船,以及舰队防空、护航、侦察、巡逻、警戒、布雷和袭击岸上目标等。护卫舰排水量为2 000~4 000 t,主要用于舰艇编队护航,以及侦察、警戒、巡逻、布雷和支援登陆等。

5. 两栖攻击舰(amphibious assault ship)

两栖攻击舰是一种用于按建制单位运载登陆兵、武器装备、物资和登陆工具,实施垂直登陆和平面登陆的大型登陆作战舰艇。它将登陆兵、武器装备、物资、登陆艇、直升机和两栖车辆等按建制单位装在一艘舰上,具有全面的运输能力。两栖攻击舰是两栖作战的核心,承担的主要使命包括:用舰载机发动攻击,为两栖作战提供空中火力支援;用舰载直升机、机械化登陆艇和气垫登陆艇等工具运输部队和装备,为两栖作战向岸上投送兵力。从外形上看,两栖攻击舰具有轻型航母的一些特点,如图1-35所示。

图1-35 两栖攻击舰

6. 登陆舰(landing craft)

登陆舰又称两栖舰艇,它是为运送部队抵达海滩实施登陆作战,并输送武器装备、补给品而专门制造的舰艇,如图1-36所示。它包括多种类型,一般平底,吃水很浅。

图1-36 登陆舰

一般情况下,上层甲板设置有指挥室、控制舱、医疗救护舱及一些居住舱;下层甲板设置有舰员和登陆部队的居住舱、办公室及厨房。甲板以下则是登陆舱,分前后两段:前段是装甲车辆贮存舱,外壁设有一跳门,车辆可通过门直接登陆上岸;后段是一个巨型船坞登陆舱,主要用来停泊大小型气垫登陆艇、机械登陆艇和车辆人员登陆艇。

7. 潜艇(submarine)

潜艇是一种能潜入水下活动和作战的舰艇,主要用于攻击敌方水面舰船和潜艇,袭击敌方沿岸主要设施和岸上的重要目标,破坏敌方海上交通线,也可用于布雷和侦察等。潜艇具有隐蔽性好、机动灵活、自给力续航力大、突袭力强的特点。它能很好地隐蔽自己,出其不意地攻击敌方舰船。

核潜艇(图1-37)是以核能为推进动力源的潜艇,即是以核反应堆为动力来源设计的潜艇。考虑这种潜艇的生产与操作成本,加上相关设备的体积与质量,只有军用潜艇采用这种动力来源。

图1-37 核潜艇

8. 快艇(speed boat)

快艇是舰艇中的"短跑冠军",最大航速可达40~60 kn,有"海上轻骑兵"之称。快艇按装备的武器可分为鱼雷艇、导弹快艇和导弹鱼雷艇等。

鱼雷艇是以鱼雷为主要武器的小型高速水面战斗舰艇。

导弹快艇(图1-38)是以舰对舰导弹为主要武器的小型高速水面战斗舰艇。除了执行攻击任务外,导弹快艇还可担负巡逻、警戒、反潜和布雷等其他任务。导弹快艇已经取代鱼雷快艇过去在水面作战中的角色。

图1-38 导弹快艇

导弹快艇吨位小,航速高,机动灵活,排水量通常为数十吨至数百吨,航行速度为30~40 kn,有的可达50 kn,续航能力为500~3 000 n mile。艇上装有反舰导弹2~8枚,有些快艇还加装20~76 mm口径舰炮,吨位较大的快艇还可能包含鱼雷、水雷、深水炸弹和舰对空导弹等。其搭配的传感系统有搜索、探测、武器控制、通信导航、电子作战等。

二、辅助舰船

1. 补给舰(replenishment oiler)

补给舰主要用于向航母战斗编队、舰船供应正常执勤所需的燃油、航空燃油、弹药、食品、备件等补给品,是专门用来在战斗中帮助队友的船舰,具有较强的自卫能力。除配备防御性自卫武器外,还配置多种电子探测设备,以防敌方的空中袭击,如图1-39所示。

图1-39 补给船

补给舰的上层建筑一般分设在船前后部,补给装置设置在中部,艉部有直升机甲板和机库。补给方式有三种:一是纵向补给,是最传统的补给方式。这是补给舰在前,接受补给的舰只在后,补给舰在舰尾抛下带有浮筒的软管,接受补给的舰只打捞起浮筒,接驳软管,然后进行补给工作。此种补给方式已很少采用。二是横向补给,是最常用的补给方式。这是补给舰和接受补给的舰只齐头并进,从船舷(左舷或右舷)进行对接,然后进行补给工作。三是垂直补给,是运用补给舰或接受补给的舰只上的直升机,从补给舰直升机平台上把补给品吊运至接受补给舰只的直升机平台上。

2. 医院船(hospital ship)

医院船(图1-40)是专门用于对伤病员及海上遇险者进行海上救护、治疗和运送的辅助舰船。大型医院船是现代海军的重要标志之一。目前,世界上只有美国、英国、加拿大、日本、中国等少数国家拥有具有远海医疗救护能力的医院船,这些医院船均由民船改装而成。

图1-40 医院船

➤ 能力训练

训练名称:战斗舰艇特点认知

训练内容:见《能力训练活页手册》"任务1.2能力训练"

任务1.3 特种船舶特点认知

➤ 任务解析

学习任务	特种船舶特点认知
任务导入	目前,常规船舶虽然在性能方面有了很大的提高,但性能的提高有一定的限度。为了使船舶具有高性能,人们探索出各种非常规的新船型,如水翼艇、滑行艇、气垫船、小水线面船和地效翼艇等高速特种船舶。本任务从这些高速特种船舶的特点入手,进行船舶类型的认知
实施步骤	(1)学习特种船舶的定义; (2)学习特种船舶的特征、性能及主要用途
任务目标	职业素质目标: (1)具有创新意识; (2)具有获取新知识、新技能的学习能力; (3)具有分析问题、解决问题的能力。 职业知识目标: (1)掌握特种船舶各自的特点; (2)了解各种特种船舶的用途。 职业技能目标: (1)能够根据船舶类型说明其基本特点; (2)能够根据船舶特征判断船舶类型
学习资源	教材、教学课件、图片、教学录像等

➤ 任务实施

1. 水翼艇(hydrofoil craft)

水翼艇(图1-41)是指在船体下面装有水翼的一种高速快艇。它在高速航行时,水翼产生升力,使船体部分或全部抬出水面,大大降低了水阻力,从而获得高速,航速为40～60 kn。

水翼艇按水翼形式不同可分为割划式水翼艇、全浸式水翼艇和浅浸式水翼艇三类。

图 1-41　水翼艇

2. 气垫船(air cushion vehicle)

气垫船(图 1-42)是一种通过鼓风机把空气送到船底下面,在船底形成空气垫以支持船体自身重力的高速船舶。气垫的压力高于大气压力,可将船体全部抬出水面。航行时气垫将船体与水面隔开,使船的阻力大大降低,故其航速可高达 80~100 kn。

气垫船有全垫升式气垫船(hovercraft,或称全浮式气垫船)和侧壁式气垫船(sidewall air-cushion vehicle)两类。

全垫升式气垫船的船底四周用柔性围裙封闭,用空气螺旋桨推进。这种气垫船具有两栖能力,可以在水面、陆地、沼泽地、冰面和沙滩上行驶,但耐波性和机动性较差。

侧壁式气垫船是在船两侧有刚性的侧壁插入水中,船的首尾端用柔性气幕封闭。此类船舶采用水动力螺旋桨或喷水推进,有较好的操纵性和稳定性,但无两栖能力。侧壁式气垫船的经济性较好,可向大型化方向发展。

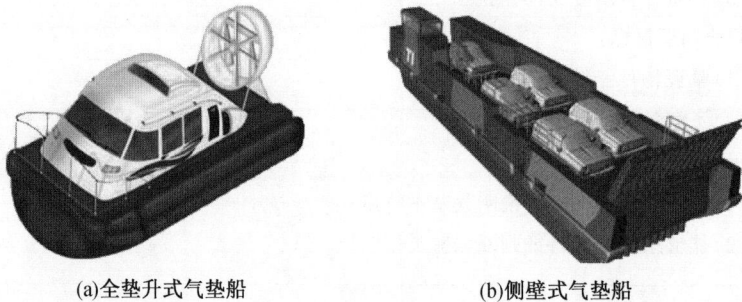

(a)全垫升式气垫船　　　　　　　(b)侧壁式气垫船

图 1-42　气垫船类型

3. 小水线面双体船(double-hulled ship)

小水线面双体船(图 1-43)是 20 世纪 70 年代发展起来的一种高速新船型。它是半潜船型中研究得最多的一种船型。这种船型不仅耐波性优越,其他性能也优于常规单体船型,正日益引起人们的重视。

小水线面双体船由水下体、上体(包括桥体结构)和支柱三部分组成。水下体做成鱼雷状;上体是水面以上的平台结构,可按需要布置各种设备。上下体由截面为流线型的支柱连接。由于水下体没入水中,支柱的水线面较瘦削(所以叫小水线面),故能在航行时大大降低波浪的干扰力和兴波阻力。小水线面双体船具有耐波性好,在波浪中失速小,高速航行时阻力小,上甲板宽广,有效空间开敞等优点;但它吃水较深,船宽较大,故易受航道的限制。这种船型在军用和民用方面都具有广阔的发展前景。

图1-43　小水线面双体船

4.滑行艇(planing boat)

滑行艇是在水面上高速运动时处于滑行状态的小艇,如图1-44所示。滑行时只有部分艇底与水接触,阻力降低显著。滑行艇的排水量一般在200 t以内,航速可达40~50 kn。尽管其航速比一般排水型船舶高,但适航性能却较差,故滑行艇的应用并不太多。在民用方面,采用滑行艇艇型的有游艇、客艇、赛艇和交通艇等;在军用方面,采用滑行艇艇型的主要有鱼雷艇、导弹艇、炮艇、猎潜艇、侦察艇和布雷艇等。

5.地效翼艇(wing-in-ground-effect craft,WIG craft)

地效翼艇(图1-45)是一种利用地面效应在贴近水面地效区内快速航行的高性能船舶,能够在水面上安全起降,航行速度比普通船舶快十几倍,既具有水上运输低成本、大运载量、安全可靠的优点,又具有空运的速度,用途十分广泛。

普通飞机在空中飞行时,机翼下方的压力大于其上方的压力,产生升力,托着飞机运行;而地效翼艇在贴近水面或地面时,船底下的空气受到挤压,流动受阻塞,压力增大,从而产生附加的升力。

图1-44　滑行艇

图1-45　地效翼艇

➤ **能力训练**

训练名称:特种船舶特点认知

训练内容:见《能力训练活页手册》"任务1.3 能力训练"

【拓展提高】

拓展知识:船舶智能化

近年来船舶开始向智能化方向发展,出现了智能船舶。中国船级社提出的智能船舶是指利用传感器、通信、物联网和互联网等技术手段,自动感知和获得船舶自身、海洋环境、物流、港口等方面的信息和数据,并基于计算机技术、自动控制技术和大数据处理分析技术,在船舶航行、管理、维护保养、货物运输等方面实现智能化运行的船舶,以使船舶更加安全、环保、经济和可靠。智能船舶"大智"号散货船见图1-6。

船舶智能化已经成为船舶制造与航运领域发展的必然趋势,代表了船舶未来发展的方向。

拓展训练:查阅资料了解智能船舶的发展状况和关键技术。

【项目测试】

一、选择题

1. 杂货船通常在两货舱口之间布置有_____。

A. 锚设备 　　　B. 系泊设备 　　　C. 救生设备 　　　D. 起货设备

2. 为便于散装货物装卸,散货船货舱区结构设置有_____。

A. 货舱口 　　　　　　　　B. 甲板

C. 底边舱和顶边舱 　　　　D. 双层舷侧

3. 油船机舱通常布置在船_____。

A. 尾部 　　　B. 首部 　　　C. 中部 　　　D. 任意部位

4. 浮船坞主要用于_____及打捞沉船、运送深水船舶通过浅水航道。

A. 装载货物 　　　B. 挖泥作业 　　　C. 起吊作业 　　　D. 修船

5. 按船舶分类,_____不是运输类船舶。

A. 客船 　　　B. 油船 　　　C. 驱逐舰 　　　D. 打捞船

6. 下列哪些船型不是高速船?_____

A. LPG 船 　　　B. 散货船 　　　C. 气垫船 　　　D. 水翼艇

7. 集装箱船的货物除了装在货舱内,还可以放在_____。

A. 艏尖舱 　　　B. 上层建筑 　　　C. 露天上甲板 　　　D. 艏楼甲板

8. VLCC 船指的是_____船。

A. 液化石油气 　　　B. 液化天然气 　　　C. 甲烷 　　　D. 石油

9. _____是以导弹、反潜武器和舰炮为主要武器的中型水面战斗舰艇。

A. 潜艇 　　　B. 巡洋舰 　　　C. 护卫舰 　　　D. 驱逐舰

二、判断题(对的打"√",错的打"×")

1. 集装箱船的甲板上通常布置有较多的起货设备。 　　　　　　　　　　(　)

2.滚装船是通过设置在艉舷或舷侧的跳板出入船舶进行装卸的。 （　　）

3.LNG 船是装载液化石油气的船。 （　　）

4.驱逐舰是军用水面舰艇中排水量最大的舰种。 （　　）

5.8 ft×8 ft×40 ft 的集装箱为一个 TEU。 （　　）

6.油船在甲板上布置有人员行走的步桥。 （　　）

7.起重船最大起重量达几百吨。 （　　）

8.VLCC 指的是大型矿砂船。 （　　）

9.LPG 船的大型船一般采用冷冻方式,中小型船多采用加压方式。 （　　）

10.消防船的外形很像拖船,所以也有兼作拖船的。 （　　）

三、名词解释

1.集装箱船

2.滚装船

3.挖泥船

4.两栖攻击舰

5.水翼艇

四、简答题

1.船舶按其用途可分为哪些种类?

2.运输船舶有哪些种类?

3.杂货船、散货船、集装箱船、油船各有哪些特点?

4.军用船有哪些种类? 驱逐舰的特点是什么?

5.高速船有哪些种类? 水翼艇和气垫船的特点是什么?

五、应用与拓展题

1.举例比较海船、港湾船、内河船各自特点。

2.选择自己感兴趣的船型,辨识其外形特点、基本组成、发展方向。

项目 2　船体基本结构认知

【项目描述】

　　船体是由外板和甲板封闭形成的内空壳体,在建造、下水、停泊、航行及进坞修理等全过程中,受到各种外力的作用。船体受力主要有总纵弯曲引起的力、横向载荷和其他局部力。船体受以上各种外力的作用,如果船体结构的强度和刚性不足,就有可能使船体总的或局部的结构发生断裂或不允许的变形,因此船体结构必须具有足够的强度和刚性,以抵抗这些外力。

　　本项目主要学习船体结构基本知识,通过下面三个学习任务及能力训练掌握常规货船船体各部分结构。

学习任务

任务 2.1　主船体中部结构认知;
任务 2.2　主船体首尾结构认知;
任务 2.3　上层建筑结构认知。

【项目目标】

素质目标

1. 具有严谨的工作态度和踏实的工作作风;
2. 具有创新意识,以及获取新知识、新技能的学习能力;
3. 具有分析问题、解决实际问题的能力。

知识目标

1. 掌握船体结构基本组成及船体结构形式;
2. 掌握主船体中部各部分的构件组成、形式、布置及相互连接方式;
3. 熟悉船体首尾部结构形式及结构特点;
4. 熟悉上层建筑的种类及结构特点。

能力目标

1. 能正确判断船体结构采用的形式;
2. 能正确认知结构构件名称、形式及相互之间的连接方式。

【相关知识】

一、船体基本组成

船体大致可分为主船体(hull)和上层建筑(superstructure)两部分。主船体指上甲板以下部分,上层建筑指上甲板以上部分。图2-1所示为船体的基本组成。

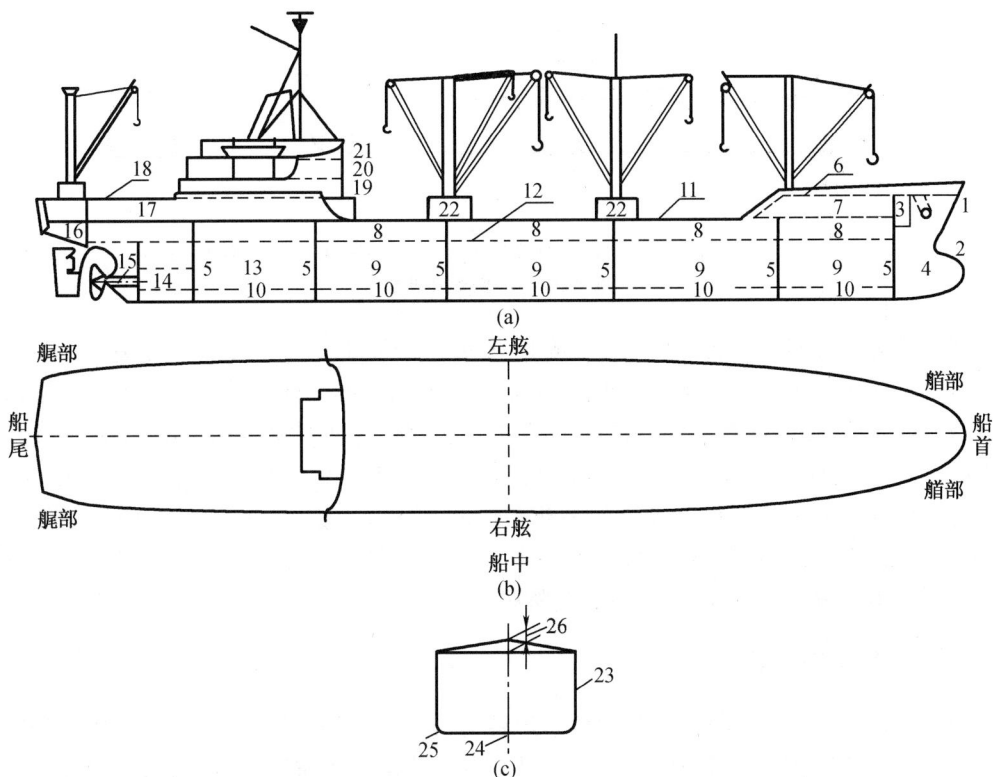

1—艏柱;2—球鼻艏;3—锚链舱;4—艏尖舱;5—横舱壁;6—艏楼甲板;7—艏楼;8—甲板间舱;9—货舱;
10—双层底;11—上甲板;12—下甲板;13—机舱;14—轴隧;15—艉尖舱;16—舵机舱;17—艉楼;18—艉楼甲板;
19—艇甲板;20—驾驶甲板;21—罗经甲板;22—桅屋;23—舷侧;24—平板龙骨;25—舭部;26—梁拱。

图2-1　船体的基本组成

1. 主船体

主船体部分有船首(stem)、船中(midship)、船尾(stern)。主船体是船体结构的主要部分,是由船底(ship bottom)、舷侧(ship side)、上甲板(upper deck)围成的水密的空心结构。其内部空间又由水平布置的下甲板(lower deck)、沿船宽方向垂直布置的横舱壁(transverse bulkhead)和沿船长方向垂直布置的纵舱壁(longitudinal bulkhead)分隔成许多舱室。船舶上通常有船舱、机舱、艏尖舱和艉尖舱等舱室。艏艉端的横舱壁也叫作艏尖舱舱壁(forepeak bulkhead)(或防撞舱壁)和艉尖舱舱壁(afterpeak bulkhead)。

2. 上层建筑

上层建筑部分有船楼(castle)和甲板室(deck house),如图2-2所示。船楼是指两侧伸至船的两舷或距舷边距离小于船宽 4% 的上层建筑。根据所在的位置分为艏楼（forecastle）、桥楼（bridge）和艉楼（poop）。甲板室是指宽度比该处的船宽小，其侧壁位于舷内甲板上的围壁建筑物，如图 2-1 中标注的 7 和 17 及图 2-2(a) 所示。甲板室根据其所在位置分为中甲板室和艉甲板室，如图 2-2(b) 所示。艏甲板室极少采用。

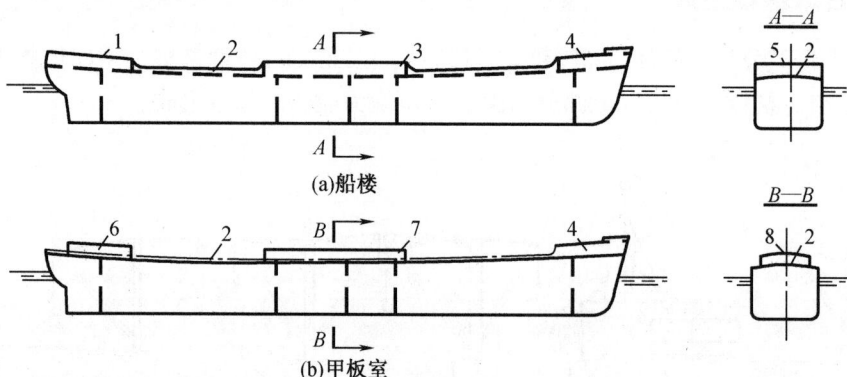

1—艉楼；2—上甲板；3—桥楼；4—艏楼；5—桥楼甲板；6—艉甲板室；7—中甲板室；8—甲板室甲板。

图 2-2　船楼和甲板室

货船的船楼大多采用艏楼和艉楼。艏楼只有一层空间，其上的甲板叫作艏楼甲板。艉楼部分是船员生活及日常活动的场所，它由若干层甲板分隔而成。按自下向上的顺序通常有如下几层：最下层是艉楼甲板，居住舱所在的甲板叫作起居甲板（accommodation deck）；救生艇所在的甲板叫作艇甲板（boat deck）；驾驶台所在的甲板叫作驾驶甲板（navigation deck）；标准罗经所在的甲板叫作罗经甲板（compass deck），如果是平台，则叫作罗经平台（compass platform），它是船楼中最高的一层。另外，货舱之间设置的甲板室有桅室（或桅屋），它的上面通常布置有起货机，叫作起货机平台。

二、船体结构形式

船体是由若干个板架结构组成的长箱形结构，如甲板板架、舷侧板架、船底板架和舱壁板架等。各个板架相互连接，相互支持，使整个主船体构成坚固的空心水密建筑物。

板架结构通常由板和纵横交错的骨材和桁材组成。较小骨材间距小、数量多，较大的桁材间距大、数量少，如图 2-3 所示。

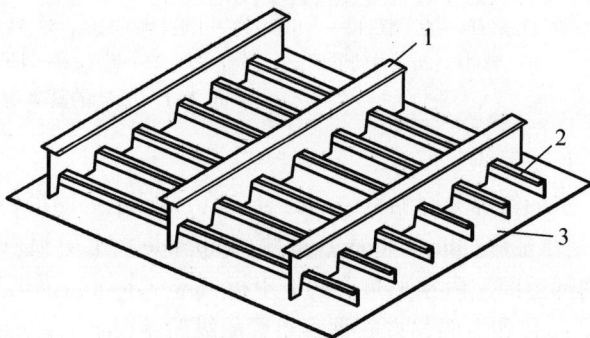

1.板架结构的骨架形式

板架结构根据骨材布置的方向，可分为纵骨架式、横骨架式和混合骨架式三种类型。

（1）纵骨架式

纵骨架式是数目多而间距小的骨材沿船长（纵向）方向布

1—桁材；2—骨材；3—板。

图 2-3　板架结构

置。其优点是多数骨材纵向布置，增大了船梁抵抗纵向弯曲的有效面积，提高了船梁的纵向抗弯能力,增加了船体总纵强度;缺点是施工比较麻烦。

(2)横骨架式

横骨架式是数目多而间距小的骨材沿船宽(横向)方向布置。其优点是多数骨材横向布置,横向强度较好,施工比较方便,建造成本低;缺点是在同样受力情况下,外板和甲板的厚度比纵骨架式的大,结构质量较大。

(3)混合骨架式

混合骨架式纵横方向的骨材相差不多,间距接近相等。这种骨架式一般只用于特殊场合。

2.船体结构的形式

根据船体各部位板架所采用的形式,船体结构形式也分为三种。

(1)单一横骨架式船体结构

单一横骨架式船体结构是指上甲板、船底和舷侧均为横骨架式板架结构的船体结构形式。对总纵强度要求不高的一些小型船舶和内河船多为此种骨架形式(见图3-31内河小型货船横剖面结构)。

(2)单一纵骨架式船体结构

单一纵骨架式船体结构是指上甲板、船底和舷侧均为纵骨架式板架结构的船体结构形式。对总纵强度要求较高的军舰、大型油船及其他大型远洋货船等采用此种结构形式(见图3-22纵骨架式双层舷侧散货船横剖面结构)。

(3)混合骨架式船体结构

混合骨架式船体结构是指上甲板和船底采用纵骨架式板架结构,而舷侧和下层甲板采用横骨架式板架结构的船体结构形式。此种结构船舶的首尾端及机舱区采用横骨架式结构。根据弯矩和弯曲正应力在船体上的分布特点,这样做是合理的。杂货船、散货船等大中型船上多采用此种形式(见图3-20单壳体散货船货舱横剖面结构、图3-29杂货船货舱区横剖面结构)。

三、船体外板和甲板板

外板和甲板板是船体箱形结构最重要的组成部分,外板围成船体的外壳,而甲板则封闭船体的上部。

1.船体外板

外板(shell plate)是构成船体底部、舭部及舷侧的外壳板,由一块块钢板对合焊接而成。

(1)接缝与列板

外板钢板的长边通常沿船长方向布置。板与板相接的纵向(船长方向)接缝叫作边接缝(seam),板与板相接的横向(船宽方向)接缝叫作端接缝(butt),如图2-4所示。钢板逐块端接而成的连续长板条叫作列板(strake),若干个列板组成船体外板。

(2)列板名称

组成船体外板的各列板名称如图2-5所示。位于船底的各列板统称为船底板(bottom plate),其中位于船体中线的一列板称为平板龙骨(plate keel)。由船底过渡到舷侧的转圆部分称为舭部,该处的列板称为舭列板(bilge strake)。舭列板以上的外板称为舷侧外板(side plate),其中与上甲板连接的舷侧外板称为舷顶列板(sheer strake)。

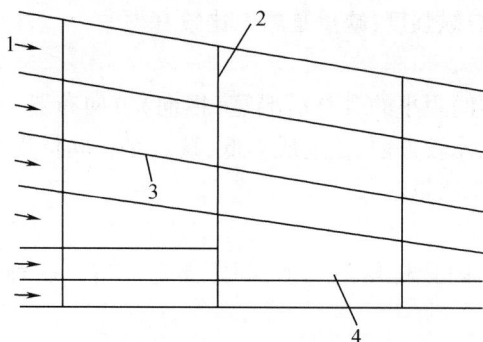

1—列板；2—端接缝；3—边接缝；4—并板。

图 2-4　接缝与列板

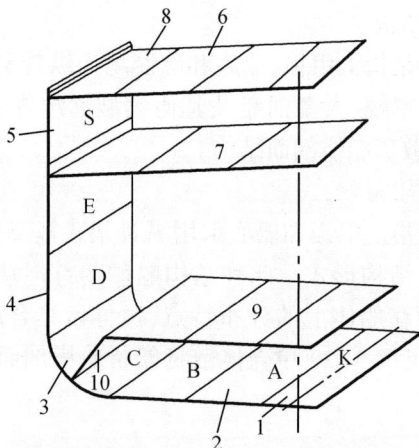

1—平板龙骨；2—船底板；3—舭列板；4—舷侧外板；
5—舷顶列板；6—上甲板；7—下甲板；8—甲板边板；
9—内底板；10—内底边板。

图 2-5　外板各列板和甲板板的名称

　　生产图纸中，一般称平板龙骨为 K 行板，相邻列板为 A 行板，然后是 B 行板，以此类推，直至舷顶列板为 S 行板。

　　2.外板布置

　　外板接缝线要根据船体分段的划分、外板的厚度、板材的规格及工艺和结构上的要求来布置。

　　(1)外板边接缝的布置

　　平板龙骨和舷顶列板的宽度由《钢质海船入级和建造规范》或强度计算决定，通常先布置，然后再由工艺性决定舭列板的边接缝，最后布置其他边接缝线。

　　布置边接缝线时应考虑到船体纵向构件的布置，外板的边接缝与纵向构件的角焊缝应避免重合或形成过小的交角，否则会影响焊接的质量。当纵向构件与外板边接缝的交角小于 30°时,则应调节接缝,改为阶梯形,如图 2-6 所示。此外,板缝布置与纵向构件在很长一段距离中平行时,其间距应大于 50 mm。

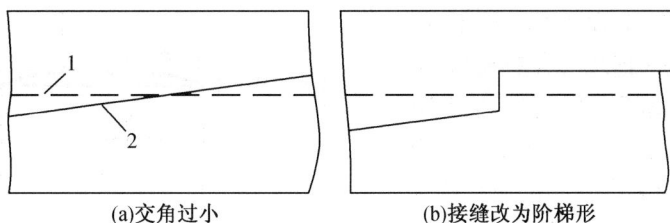

(a)交角过小   (b)接缝改为阶梯形

1—纵向构件;2—外板边接缝。

图 2-6　外板的边接缝

外板的排列须充分利用钢板的规格,尽可能减少钢板的剪裁;在水线以上部分的舷侧外板,其边接缝线与甲板边线或折角线平行,并保持相同的宽度伸至船的两端,以使外板排列整齐美观;在艏艉端,由于肋骨围长减小,外板板列的数目也要相应地减少,形成并板结构。

并板(stealer strake)的形式一般有两种:一种是双并板,两相邻列板的端接缝同时中断,并成一列板,如图 2-7(a)所示;另一种是齿形并板,两相邻列板的端接缝不同时中断,并板处成阶梯形接缝,如图 2-7(b)所示。

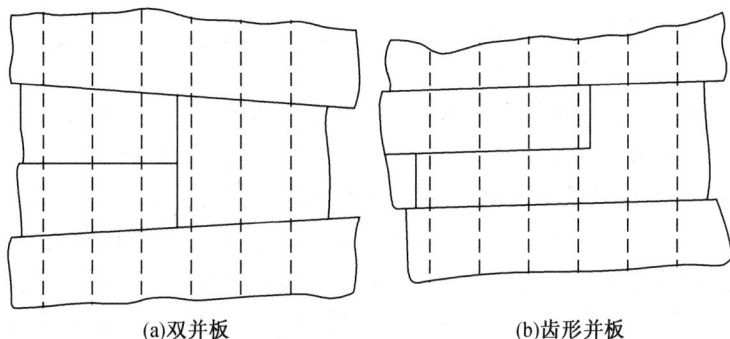

(a)双并板   (b)齿形并板

图 2-7　外板的并板接缝

(2)外板端接缝的布置

各列板的端接缝应尽可能布置于同一横剖面上,以减少装配和焊接的工作量,有利于采用垂直自动焊接,并且容易控制焊接变形。外板的端接缝应尽量布置在 1/4 或 3/4 肋距处,且端接缝应避开横向构件的角焊缝及大开口角隅部位。

(3)外板的厚度

外板上的各块钢板因其所在位置的不同,受力也就不同。外板厚度在受力大的部位可取厚些,在受力小的部位可取薄些。外板厚度沿船长方向的变化是船中($0.4L$,L 表示船长)区域较厚,艏艉端较薄。但平板龙骨的宽度和厚度从艏至艉保持不变。外板厚度沿肋骨围长方向的变化是平板龙骨和舷顶列板比其他外板厚些。对于有些局部受力较大区域的外板,如艏部锚孔区域、艉端螺旋桨区域、外板开口区域等,应采用加厚板或加装骨架等局部加强措施。

3.甲板板

船舶的主体部分设有一层或几层全通甲板,小型舰船仅有一层甲板,而大型船舶根据使用要求往往设置两层或多层贯通全船的连续甲板,按自上而下的顺序分别称为上甲板

（upper deck）、第二甲板（second deck）、第三甲板（third deck）等，其中第二、三甲板也叫作下甲板。根据需要，有时在部分舱室中设置局部间断的平台甲板（platform deck）。

为了减少上浪及迅速排除积水，船舶上甲板通常为曲面形状，且艏艉窄、中部宽，船长方向中部低于艏艉端，船宽方向中部高于两舷，如图2-8所示。上甲板边线沿纵向向艏艉端升高的曲线称为舷弧，上甲板沿横向的拱形称为梁拱。非露天的甲板和平台，则可做成平直的结构。

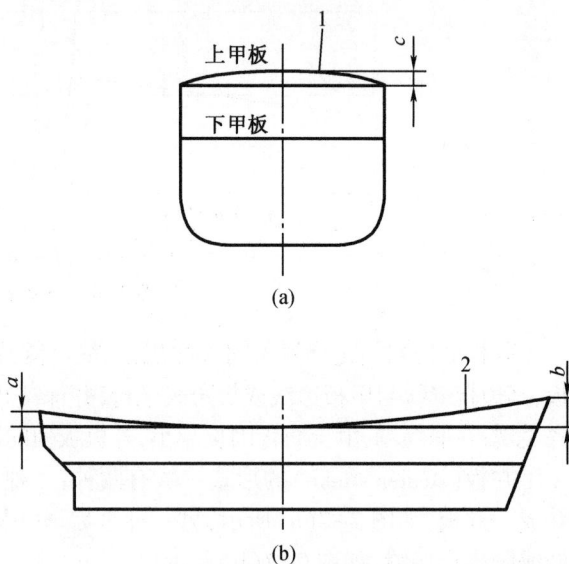

1—梁拱；2—舷弧。

图2-8 梁拱和舷弧

甲板板（deck plate）由许多钢板并合焊接而成，钢板的长边通常沿船长方向布置，且平行于甲板中线。沿甲板边缘与舷侧邻接的一列甲板板称为甲板边板。在艏艉端及大开口之间也可将钢板沿横向布置。甲板布置时，应注意甲板板的端接缝不宜设大开口的四角，因为该处是应力集中区域，板缝与舱口横端至少应相距500 mm。此外，甲板板排列时也应注意甲板上下构件的位置，避免使甲板板缝与这些构件的焊缝相重合或太接近，一般要求两者的间距大于50 mm。

在各层甲板中，上甲板较下层甲板为厚，一般称为强力甲板。沿船长方向，上甲板在船中0.4L区域应厚些，向艏艉两端则逐渐减薄。沿船宽方向，甲板边板艏艉连续，参与总纵弯曲，经常积水易受腐蚀，是上甲板中最厚的一列板。舱口之间的甲板板厚度较小。

在甲板上通常设有各种大小不同的开口，如机舱口、货舱口、人孔和梯口等。甲板上的人孔开口，应做成圆形或长轴沿船长方向布置的椭圆形，以缓和应力集中的程度。矩形大开口的长边通常沿船长方向布置，大开口的角隅应做成圆形、椭圆形或抛物线形。

上甲板以下的各层甲板若在机舱、货舱等处被切断，由于结构连续性被破坏，在甲板突变的地方可能产生应力集中。为了防止结构破坏，在甲板间断处舷侧应增设舷侧纵桁，且在过渡处用尺寸较大的延伸肘板连接，如图2-9所示。

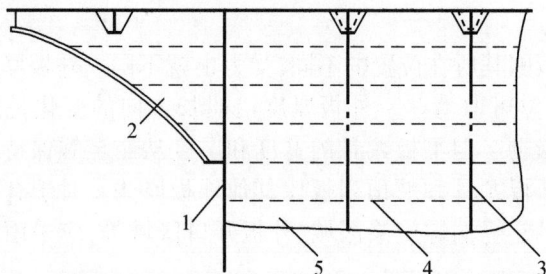

1—横舱壁；2—延伸肘板；3—横梁；4—纵骨；5—平台甲板。

图2-9 平台甲板末端处的结构

【学习任务】

任务2.1　主船体中部结构认知

➤ 任务解析

学习任务	主船体中部结构认知
任务导入	主船体分为船首、船中和船尾。主船体中部结构是指上甲板以下除艏艉以外的结构,是船体结构的主要部分,包括船底结构、舷侧结构、甲板结构和舱壁结构,认知主船体中部结构应从这几部分入手进行学习
任务要求	通过学习船底结构、舷侧结构、甲板结构和舱壁结构,对船舶主体中部的各部位结构有一个全面认知
实施步骤	(1)认识船底结构; (2)认识舷侧结构; (3)认识甲板结构; (4)认识舱壁结构
任务目标	职业素质目标: (1)具有严谨细致、认真务实的工作态度; (2)具有创新意识,以及获取新知识、新技能的学习能力; (3)具有分析问题、解决问题的能力; (4)具有团队协作能力和语言表达能力; (5)具有迎接挑战的意识。 职业知识目标: (1)了解船底结构组成、构件名称、结构型式及构件间相互连接方式; (2)了解舷侧结构组成、构件名称、结构型式及构件间相互连接方式; (3)了解甲板结构组成、构件名称、结构型式及构件间相互连接方式; (4)了解舱壁结构组成、构件名称、结构型式及构件间相互连接方式。 职业技能目标: (1)能正确指出船底结构中的构件名称、结构形式及相互间连接方式; (2)能正确指出舷侧结构中的构件名称、结构形式及相互间连接方式; (3)能正确指出甲板结构中的构件名称、结构形式及相互间连接方式; (4)能正确指出舱壁结构构件组成、构件名称及结构形式
学习资源	教材、教学课件、图片、图纸、动画及微课等

➤ 任务实施

一、船底结构

船底可分为单层底和双层底,按骨架形式又可分为横骨架式和纵骨架式。

单层底结构只有一层船底板,结构简单,施工方便,但抗沉性差。大多用于小型舰艇、小型民用船舶及民用船的首尾端。

双层底除了船底板外,还有一层内底板,当船底在触礁和搁浅等意外情况下破损时,双层底能保证船舶的安全。双层底舱的空间可装载燃油、润滑油和淡水,或用作压载水舱。海船从艏尖舱舱壁到艉尖舱舱壁都采用双层底,小型舰艇和内河船仅在机舱等局部区域采用双层底。船底位于船体的最下部,是保证船体总纵强度和局部强度的重要板架结构。

1. 横骨架式单层底结构

横骨架式单层底结构由船底板、内龙骨和肋板组成,如图2-10所示。横骨架式单层底结构的特点是结构简单、建造方便,主要用于拖船、渔船、内河船等小型船舶上。

(1)内龙骨

内龙骨可分为中内龙骨(center keelson)和旁内龙骨(side keelson),是纵向强构件。中内龙骨位于船体中线面上,一般采用钢板焊接T型材;旁内龙骨对称地布置在中内龙骨的两侧,一般采用钢板焊接T型材或钢板折边型材。

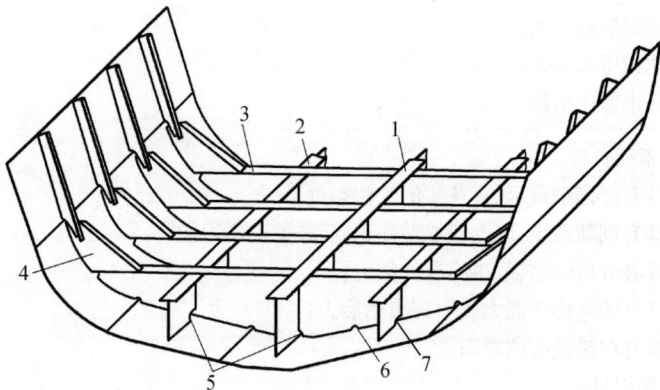

1—中内龙骨;2—旁内龙骨;3—肋板;4—舭肘板;5—焊缝切口;6—流水孔;7—船底板。

图2-10 横骨架式单层底结构

(2)肋板

肋板是设在底部每一个肋位处的横向构件,一般采用钢板焊接T型材或钢板折边型材(机舱内不允许用折边的型材)。肋板(floor)的主要作用是承担横向强度,并将底部载荷传递给舷侧。

为了疏通舱底的积水,靠近内龙骨的肋板下缘开有半圆形(半径为30~75 mm)或长圆形的流水孔,也可扩大焊缝切口作为流水孔。

(3)舭肘板

肘板具有连接及加强的作用。舭肘板(bilge bracket)是连接肋骨下端与肋板的构件,用来加强节点连接的强度。舭肘板应有面板和折边,与肋骨连接常用搭接形式。

2. 纵骨架式单层底结构

纵骨架式单层底结构由船底板、内龙骨、肋板和数量较多的船底纵骨组成,如图2-11所示。纵骨架式单层底结构纵向强度高、结构质量轻,但工艺较复杂,常见于小型舰艇等。

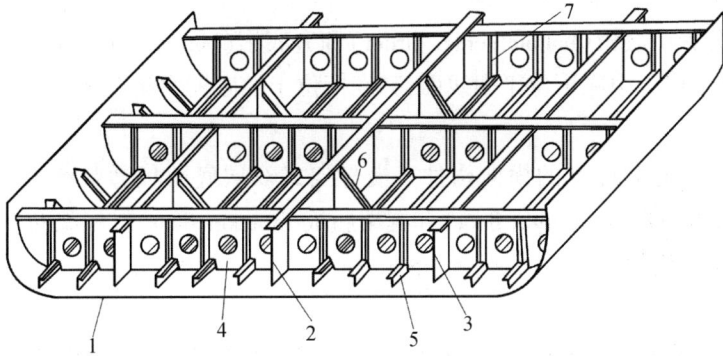

1—船底板;2—中内龙骨;3—旁内龙骨;4—肋板;5—船底纵骨;6—肘板;7—加强筋。

图 2-11　纵骨架式单层底结构

（1）内龙骨

内龙骨包括中内龙骨和旁内龙骨,是纵向强构件,其结构、布置和作用与横骨架式单层底结构中相应的构件相同。

（2）肋板

肋板是横向构件,间距较大,每隔几个肋位设置一个。肋板的作用是保证船底横向强度并支持船底纵骨。

（3）船底纵骨

船底纵骨是纵向小构件,大多用球扁钢或不等边角钢,大型船也有用 T 型材制成的。船底纵骨平行于中内龙骨,纵向密集设置,球头朝向船中,但靠近中线面两根船底纵骨球头背离船中。船底纵骨的作用是支持外板并提高船底纵向强度。

3. 横骨架式双层底结构

横骨架式双层底结构由外底板、内底板、底纵桁和各种形式的肋板组成,如图 2-12 所示。

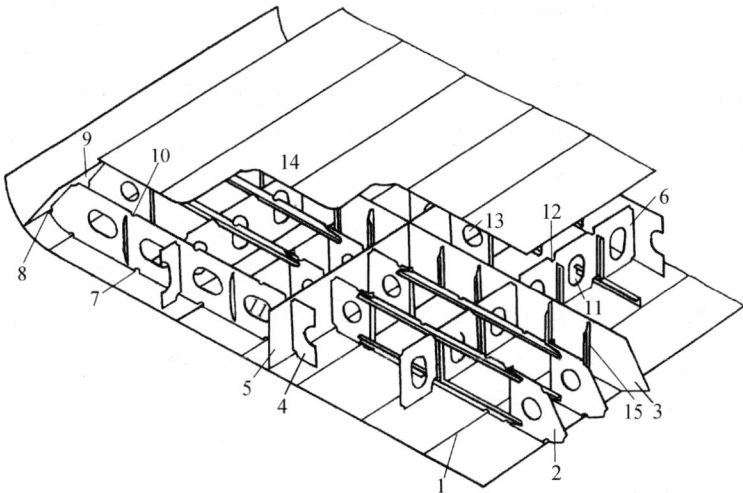

1—外底板;2—框架肋板;3—水密肋板;4—主肋板;5—中底桁;6—旁底桁;7—流水孔;8—焊缝切口;
9—内底边板;10—透气孔;11—人孔;12—切口;13—减轻孔;14—内底板;15—加强筋。

图 2-12　横骨架式双层底结构

（1）底纵桁

底纵桁可分为中底桁（bottom center girder）和旁底桁（bottom side girder），它是纵向强构件，一般是板材结构。中底桁位于中线面，旁底桁位于中底桁两侧对称布置。

（2）肋板

肋板是位于船底肋位上的横向构件。横骨架式双层底肋板通常有三种形式：主肋板（solid floor）、水密肋板（watertight floor）和框架肋板（bracket floor）。框架肋板有时用轻型肋板（lightened floor）代替。

①主肋板

主肋板又称实肋板，是开有人孔、流水孔、透气孔和通焊孔的非水密肋板，如图2-13所示。

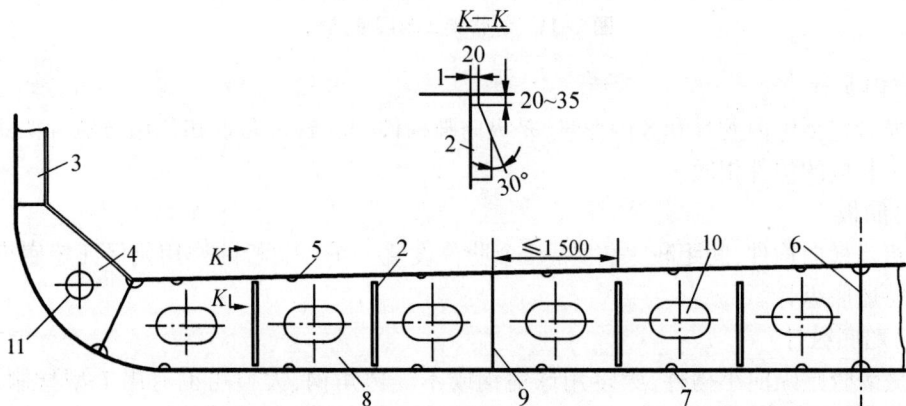

1—内底板；2—加强筋；3—肋骨；4—舭肘板；5—透气孔；6—中底桁；

7—流水孔；8—主肋板；9—旁底桁；10—人孔；11—减轻孔。

图2-13 横骨架式双层底主肋板结构

主肋板上开有人孔，同时起着减轻孔的作用，以减轻结构质量。各肋板开孔位置在船长方向应尽量按直线排列。人孔的高度应不大于双层底高度的一半，否则应予加强。不作人孔用的减轻孔尺寸可以减小。在主肋板下缘开有半圆形或半长圆形流水孔。在上缘还应开透气孔，让空气流通，以免形成气垫而影响灌水和灌油。为了保证主肋板的刚性，在两个人孔之间用垂直加强筋加强。

②水密肋板

水密肋板是没有任何开孔而且在规定压力下不透水的肋板。它与水密的底纵桁一起将双层底分隔成若干互不相通的各种舱室，通常在水密横舱壁下都设有水密肋板。

水密肋板可能在单面受到局部液体压力，垂直加强筋应设置得密一些，水密肋板厚度也较主肋板厚1~2 mm。图2-14所示为水密肋板结构。

③框架肋板

框架肋板也叫作组合肋板，是由内底横骨（reverse frame）、船底肋骨（bottom frame）和肘板（bracket）等组成的框架结构，如图2-15所示。内底横骨和船底肋骨用不等边角钢制成，并用肘板与中底桁和内底边板连接。肘板的宽度不小于中底桁高度的3/4，并要求折边。在旁底桁一侧设置与内底横骨尺寸相同的扶强材，它同时起着内底横骨和船底肋骨中间支撑的作用。内底横骨的剖面模数为船底肋骨剖面模数的 85%。

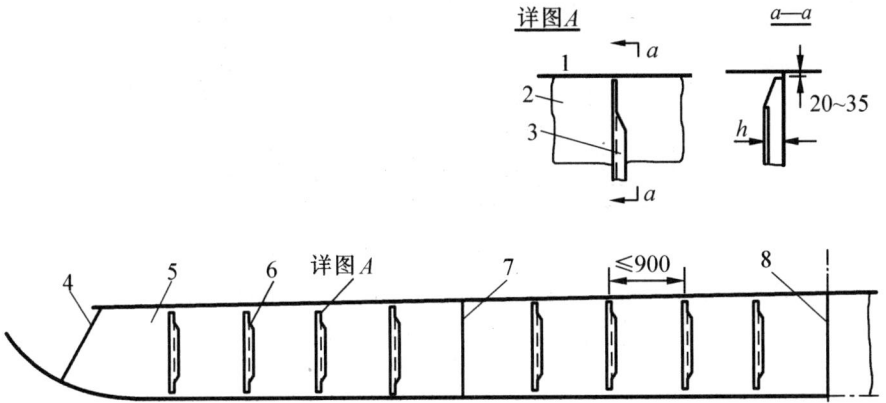

1—内底板；2—水密肋板；3—加强筋；4—内底边板；5—水密肋板；6—加强筋；7—旁底桁；8—中底桁。

图 2-14　水密肋板结构

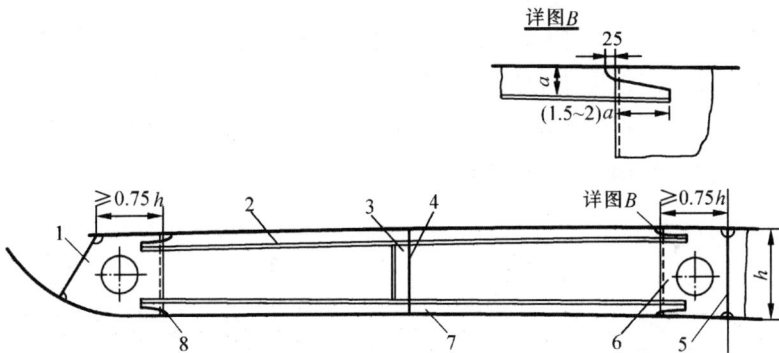

1—肘板；2—内底横骨；3—扶强材；4—旁底桁；5—中底桁；6—肘板；7—船底肋骨；8—焊缝切口。

图 2-15　框架肋板结构

④轻型肋板

横骨架式双层底在不设置主肋板的肋位上，可设置轻型肋板以代替框架肋板。轻型肋板的厚度与主肋板相同，但允许有较大的减轻孔。减轻孔的尺寸大小和位置各大船级社分别有明确的要求。与框架肋板相比，轻型肋板施工方便。轻型肋板结构如图 2-16 所示。

（3）内底板和内底边板

①内底板

内底板（inner bottom plate）是双层底上的水密铺板，内底铺板的长边沿船长方向布置。在每个双层底舱的内底板上，设有呈对角线布置的人孔，人孔上须装设水密的人孔盖。

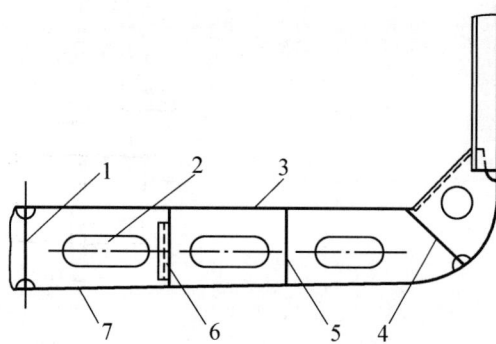

1—中底桁;2—减轻孔;3—内底板;4—内底边板;5—旁底桁;6—加强筋;7—船底板。

图 2-16 轻型肋板结构

②内底边板

内底边板(margin plate)是指与外板相连的那列内底板,内底边板应比内底板厚些,并应有足够的宽度。内底边板的结构有四种类型:下倾式、上倾式、水平式和折曲式,如图2-17所示。其中图(a)为下倾式内底边板,内底边板与舭列板所形成的沟槽可作为舭部污水井。图(b)为上倾式内底边板,在散货船上采用,以利于散货的装卸作业。图(c)为水平式内底边板,内底边板水平延伸至舷侧外板,舱底平坦,施工方便、安全。为防止内底板上积聚污水,需另外装设用以聚集和排出舱底水的污水井(bilge well)。图(d)为折曲式内底边板,适用于航行在多礁石浅水航道的船舶,例如长江上游的客货船。其优点是安全性好;缺点是多占货舱容积,结构复杂,施工不便。

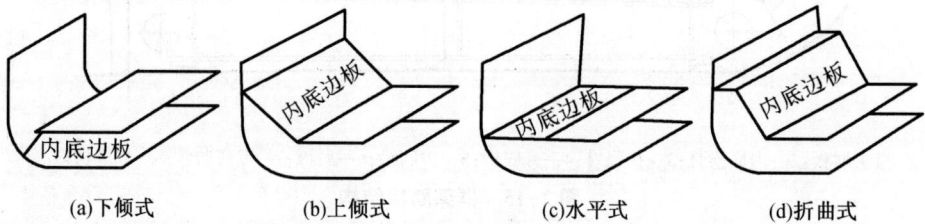

(a)下倾式   (b)上倾式   (c)水平式   (d)折曲式

图 2-17 内底边板的类型

(4)双层底端部的过渡结构

双层底结束时应以逐渐交替变窄的方式过渡到单底,通常将它转变为中内龙骨和旁内龙骨上面的锯齿状的舌形面板,舌形面板的延伸长度应不小于双层底高度的2倍或不小于3个肋距。内底边板也向单底延伸,其宽度可逐渐减小,如图2-18所示。

在过渡区域,当底纵桁的高度和内龙骨高度不同时,应将较大的桁材从某一高度逐渐过渡到另一高度。

4.纵骨架式双层底结构

纵骨架式双层底结构是由外底板、内底板、内外底纵骨、肋板和底纵桁组成,如图2-19所示。

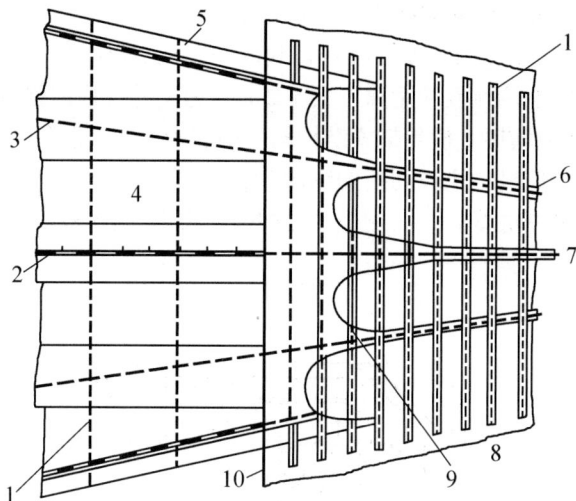

1—肋板；2—中底桁；3—旁底桁；4—内底板；5—内底边板；6—旁内龙骨；

7—中内龙骨；8—船底板；9—舌形面板；10—横舱壁。

图 2-18　双层底过渡至单底结构

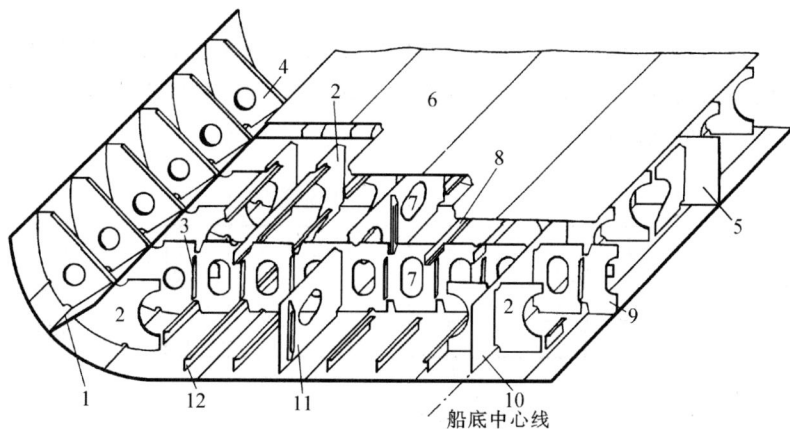

1—内底边板；2—肘板；3—加强筋；4—舭肘板；5—水密肋板；6—内底板；7—人孔；

8—内底纵骨；9—主肋板；10—中底桁；11—旁底桁；12—船底纵骨。

图 2-19　纵骨架式双层底结构

　　内外底板由密集的纵骨支持，它增加了板的刚性和稳定性，提高了底部的纵向强度，因此纵骨架式的内外底板可以比横骨架式薄些，这样可以减轻结构质量。现代大中型船舶普遍采用此种骨架形式。

　　（1）底纵桁

　　纵骨架式双层底的底纵桁分为中底桁和旁底桁，是纵向强构件、板材结构。

　　（2）箱形中底桁

　　箱形中底桁(duct keel)是在双层底中线面处设置的，沿船长方向的一条水密箱形通道。它通常从防撞舱壁通向机舱前端壁，用于集中布置各种管路，避免管子穿过货舱而妨碍装货,故又称为管隧(pipe tunnel)。机舱前端壁开有水密装置的人孔,便于人员进入箱形中底桁检查,此外,箱形中底桁应设通向露天甲板的应急出口。

箱形中底桁是由两道水密的侧板(底纵桁)和内外底板、骨材等组成,如图 2-20 所示。侧板的厚度与水密肋板相同,两侧板的距离不大于 2 m。为了补偿横向强度的削弱,箱形中底桁区域的船底板和内底板应增厚。横骨架式结构箱形中底桁的每个肋位上应设环形框架或船底横骨和内底横骨,横骨的跨度中央设间断的纵向骨材。纵骨架式结构箱形中底桁在每挡主肋板处设置环形框架或内、外底横骨。与侧板连接的横骨端部,其腹板高度应增大。

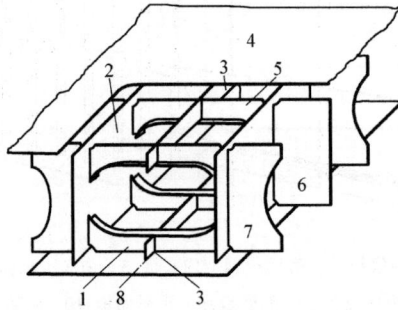

1—船底横骨;2—水密底纵桁;3—纵骨;4—内底板;5—内底横骨;6—主肋板;7—肘板;8—船底中心线。

图 2-20　箱形中底桁结构

箱形中底桁有两种结构布置形式,如图 2-21 所示。其中,图(a)为一道侧板位于中线面上,另一侧板偏向船的一舷,采用环形框架的形式;图(b)为对称于中线面的箱形中底桁,采用内、外底横骨的形式。

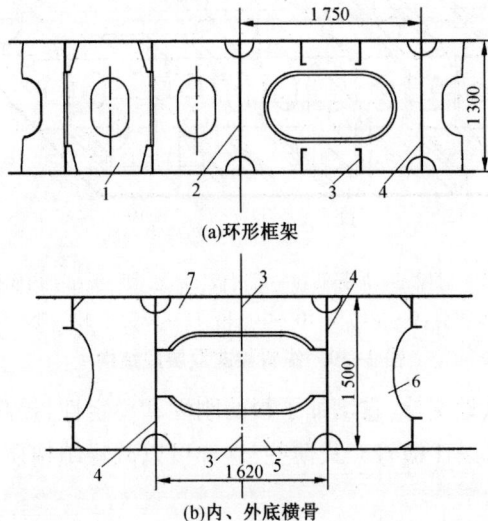

(a)环形框架

(b)内、外底横骨

1—肋板;2—中底桁;3—纵骨;4—水密底纵桁;5—船底横骨;6—肘板;7—内底横骨。

图 2-21　箱形中底桁的结构布置形式

(3)纵骨

纵骨(longitudinal)是仅在纵骨架式结构中设置的纵向小构件。其中位于船底板上的纵骨叫作船底纵骨(bottom longitudinal),位于内底板上的叫作内底纵骨(inner bottom longitudinal)。它们是保证船体总纵强度的重要构件。纵骨通常由球扁钢制成,大型船舶采用T型材。内底纵骨的剖面模数为船底纵骨的85%。

习惯上将纵骨型材的凸缘朝向中线面,但是邻近中底桁的那根纵骨应背向中线面,以便于安装中底桁两侧的肘板。

纵骨是沿船长方向设置的构件,每根纵骨在纵向都要遇到肋板,为了保证纵向连续,通常在肋板上开切口让纵骨穿过或纵骨间断用肘板连接。

纵骨与非水密肋板连接有两种方法:一是采用腹板焊接型切口的节点形式。它是在肋板上开切口让纵骨穿过,骨材腹板的一侧与肋板焊接。如图2-22所示,其中图(a)为扁钢;图(b)为球扁钢;图(c)为不等边角钢;图(d)为T型材。二是采用具有非水密衬板型切口的节点形式。它是在腹板焊接型切口的基础上加上非水密衬板的连接形式,可用于承受较大载荷处,如图2-23所示。切口的大小和形状与所用的骨材有关,开口和衬板的尺寸在有关标准中有具体规定。

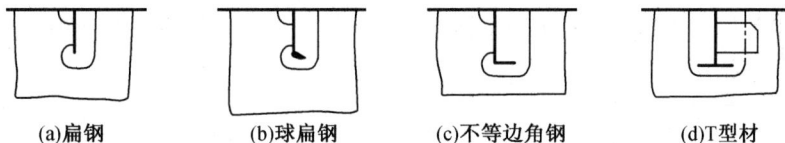

| (a)扁钢 | (b)球扁钢 | (c)不等边角钢 | (d)T型材 |

图2-22 腹板焊接型切口的节点形式

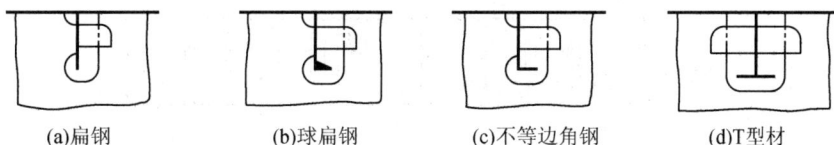

| (a)扁钢 | (b)球扁钢 | (c)不等边角钢 | (d)T型材 |

图2-23 具有非水密衬板型切口的节点形式

纵骨与水密肋板连接也有两种方法:一是纵骨切断,用肘板与水密肋板连接,如图2-24所示。其中图(a)适用于球扁钢和不等边角钢;图(b)适用于T型材的纵骨。二是纵骨穿过水密肋板,用衬板封焊起来,如图2-25所示。前一种是普遍采用的方法;后一种方法较少采用,但当船长大于200 m时,必须采用纵骨穿过水密肋板的结构形式。

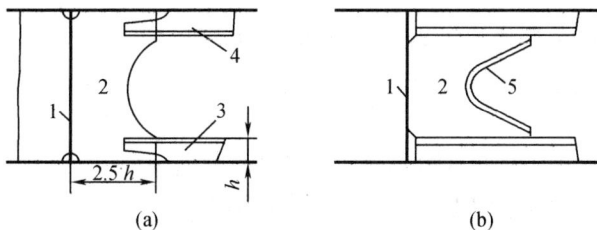

| (a) | (b) |

1—水密肋板;2—肘板;3—船底纵骨;4—内底纵骨;5—面板。

图2-24 纵骨在水密肋板处间断

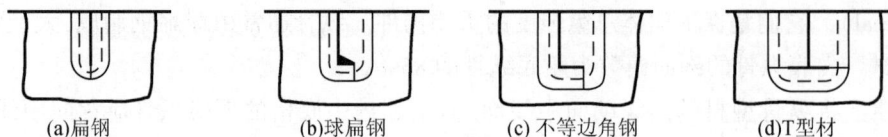

| (a)扁钢 | (b)球扁钢 | (c)不等边角钢 | (d)T型材 |

图 2-25　具有水密衬板型切口的节点形式

图 2-22、图 2-23 和图 2-25 是船舶标准中规定的非水密切口和水密切口的节点形式。这些切口节点形式也适用于其他部分骨材穿过板材的节点结构。

为了排除双层底内的积水及疏通灌水时残留的空气，在内底纵骨上要开透气孔，在底纵骨上开流水孔。流水孔、透气孔和通焊孔都应做成圆形或带圆角的开孔。

（4）肋板

纵骨架式双层底中的肋板有主肋板和水密肋板两种形式，是横向构件、板材结构。图 2-26 所示为万吨级货船肋板结构。

（5）舭肘板

纵骨架式和横骨架式双层底的舭肘板有着相似之处。舭肘板应在每个肋位上设置，其厚度与主肋板相同。在舭肘板上可开圆形减轻孔，舭肘板的自由边缘有面板或折边。

5.底部其他结构

（1）舭龙骨结构

舭龙骨（bilge keel）是设置在船中附近的舭部外侧，沿水流方向的一块长条板，长度为 $(1/4 \sim 1/3)L$，其作用是减轻船舶横摇。

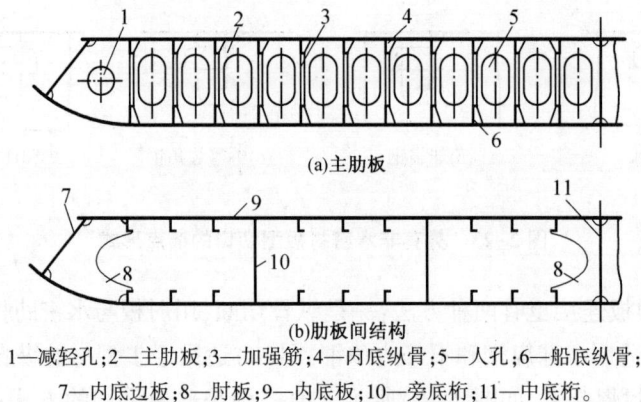

(a)主肋板

(b)肋板间结构

1—减轻孔；2—主肋板；3—加强筋；4—内底纵骨；5—人孔；6—船底纵骨；

7—内底边板；8—肘板；9—内底板；10—旁底桁；11—中底桁。

图 2-26　万吨级货船肋板结构

在横剖面方向，舭龙骨近似垂直于舭列板，其外缘不能超过船底基线和舷侧线所围成的区域，以免靠离码头时碰损，如图 2-27 所示。

舭龙骨应不参与总纵弯曲，因此一般不将其直接焊在舭部外板上，而用一个过渡构件连接。舭龙骨的形式有许多种，常用的如图 2-28 所示。舭龙骨末端不能突然中断，宽度应逐渐减小并消失，且在端点处的船体内应有适当的内部构件支持。

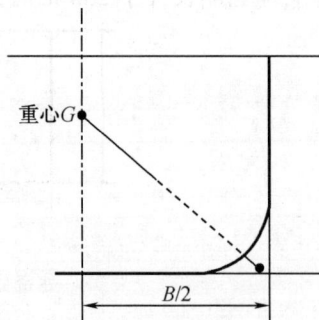

重心 G

$B/2$

图 2-27　舭龙骨在舭部的位置

（2）主机基座结构

船上用来固定机械装置的底座结构称为基座（foundation seating）。船舶的机械装置分布在机舱内、甲板上和其他许多地方，各类基座的数目可达几十个到几百个，基座的大小和形式视机械装置的类型而有所不同。其中主机基座的类型有内燃机、蒸汽机、汽轮机和燃气轮机基座之分。

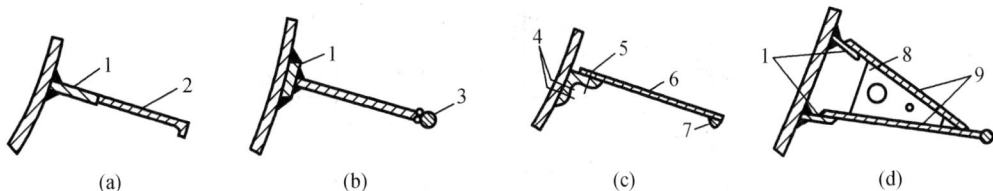

(a)　　　　　　　　(b)　　　　　　　　(c)　　　　　　　　(d)

1—扁钢；2—球扁钢；3—圆钢；4—双行铆钉；5—单行铆钉；6—单层板；7—半圆钢；8—横向板；9—双层板。

图 2-28　舭龙骨结构形式

图 2-29 所示为双层底上的柴油机主机基座结构，两道基座纵桁对称于船体中心线布置。基座纵桁下应有旁底桁支撑加强，如图 2-30（a）所示。如不能做到，须加装半高旁底桁，如图 2-30（b）所示。

（3）轴隧结构

轴隧（shaft tunnel）是设置于机舱和艉室（tunnel recess）之间的水密通道。其作用是保护艉轴，便于工作人员对轴系进行检查和维修。艉室靠近艉尖舱壁处设有应急通道（emergency exit），可以直通上层露天甲板，如图 2-31 所示。

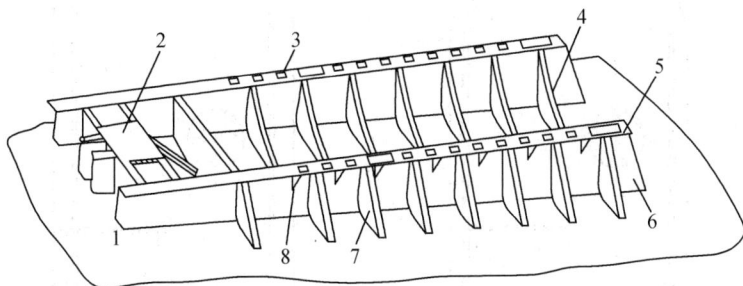

1—内底板；2—推力轴承基座；3—垫块；4—横隔板；5—面板；6—基座纵桁；7—肘板；8—加强肘板。

图 2-29　双层底上的柴油机主机基座结构

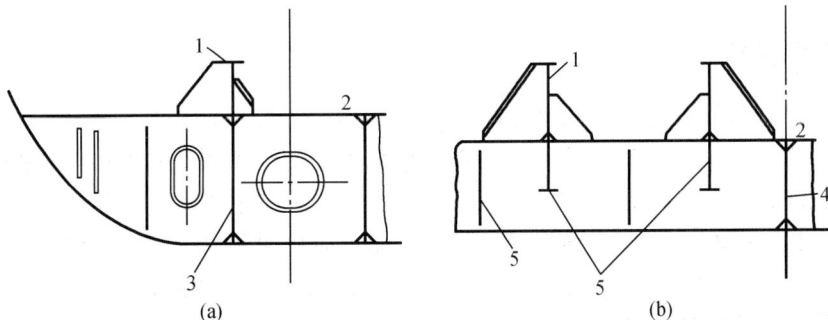

(a)　　　　　　　　　　　　(b)

1—基座纵桁；2—内底板；3—旁底桁；4—中底桁；5—半高旁底桁。

图 2-30　基座纵桁下的旁底桁和半高旁底桁

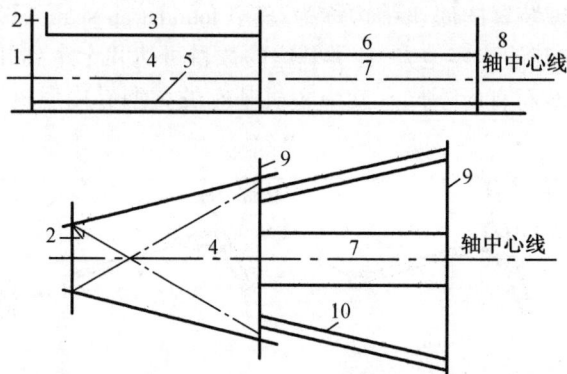

1—艉尖舱壁;2—应急通道;3—第 5 货舱;4—艉室;5—双层底;
6—第 4 货舱;7—轴隧;8—机舱;9—舱壁;10—内底边板。

图 2-31　轴隧布置图

轴隧有拱顶和平顶两种形式,如图 2-32 所示。轴隧结构构件包括侧壁板、顶板和扶强材。单桨船的轴隧偏向左舷,左舷的空间可供人员通行。双桨船对称于船体中线而设左右两个轴隧,两轴隧间还设有通道。

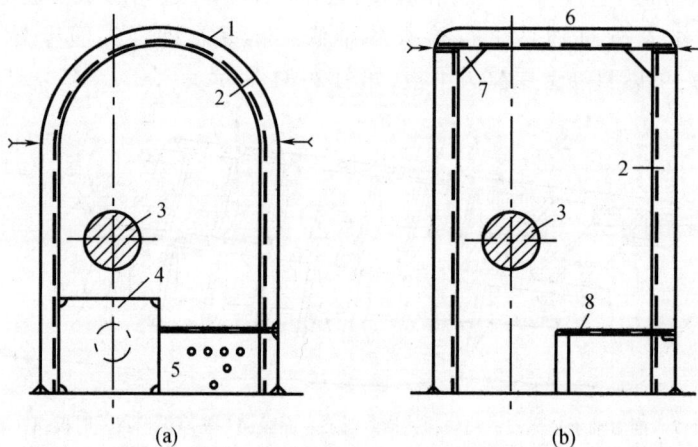

1—拱形顶板;2—扶强材;3—推进器轴;4—轴承基座;5—管系;6—平顶板;7—肘板;8—格子板。

图 2-32　轴隧结构的两种形式

二、舷侧结构

舷侧可分为单层舷侧、双层壳舷侧和多层壳舷侧。舷侧结构按骨架形式可分为纵骨架式和横骨架式。民用船大多采用横骨架式舷侧结构,但双壳油船舷侧大都为纵骨架式。

单层舷侧只有一层舷侧外板,一般船舶多采用此种形式;双层壳舷侧除了舷侧外板,还有一层内壳板,这种形式用于甲板大开口的船(如集装箱船和分节驳)及现代大型油船等;此外,大型军舰的机炉舱等重要舱位也有做成双层壳或多层壳的舷侧结构。

1. 横骨架式单层舷侧结构

横骨架式单层舷侧结构由舷侧外板、舷侧纵桁和各种形式的肋骨组成,如图 2-33 所示。横骨架式舷侧结构的主要优点是制造方便,横向强度好,适用于内河船和一般货船。

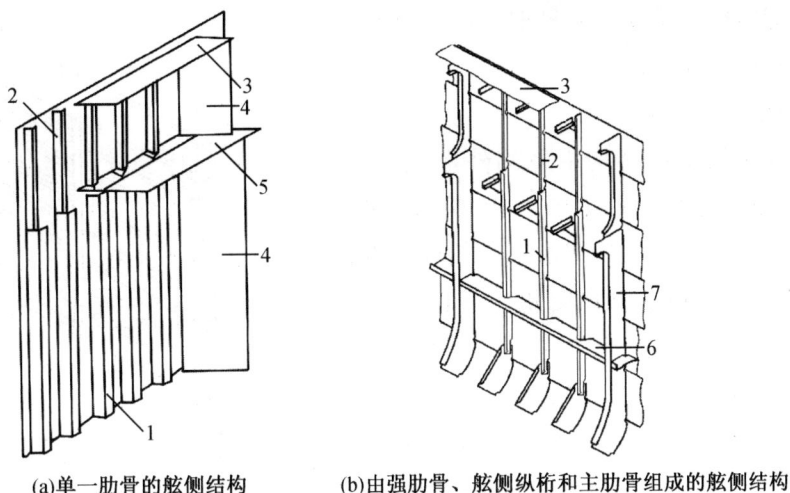

(a)单一肋骨的舷侧结构　　　(b)由强肋骨、舷侧纵桁和主肋骨组成的舷侧结构

1—主肋骨;2—甲板间肋骨;3—上甲板;4—横舱壁;5—下甲板;6—舷侧纵桁;7—强肋骨。

图 2-33　横骨架式单层舷侧结构

横骨架式舷侧结构有两种形式:单一肋骨的舷侧结构形式,通常用于杂货船和散货船货舱区域的舷侧。由强肋骨、舷侧纵桁和主肋骨组成的舷侧结构形式,主要用于海船的机舱区域、长江船和内河船的舷侧。

(1)肋骨

肋骨(frame)(也叫普通肋骨)是横骨架式舷侧结构中的横向构件。多层甲板船上的肋骨有主肋骨和甲板间肋骨两类。

①主肋骨(main frame)是指最下层甲板以下的船舱肋骨,它是横骨架式舷侧结构的主要构件,通常采用不等边角钢或焊接 T 型材。当采用不等边角钢时,型钢凸缘一般都朝向船中横剖面。

②甲板间肋骨(tweendeck frame)是指两层甲板之间的肋骨,由于舷侧上部水压力比下部的小,故甲板间肋骨的剖面尺寸比主肋骨的小。

③中间肋骨(intermediate frame)是指冰区航行的船舶位于水线附近两肋骨中间设置的短肋骨。其作用是增强舷侧外板,以抵抗浮冰的撞击和冰块的挤压,如图2-34 所示。

(2)强肋骨

强肋骨(web frame)是由尺寸较大的组合 T 型材制成的舷侧横向构件。在横骨架式舷侧结构中每隔几个肋位设置一强肋骨,强肋骨的作用是用于局部加强,支持舷侧纵桁,保证舷侧的横向强度。

(3)舷侧纵桁

舷侧纵桁(side stringer)是舷侧结构中沿船长方向设置的纵向强构件,通常由组合 T 型材或折边板制成,腹板高度与强肋骨腹板高度相同。

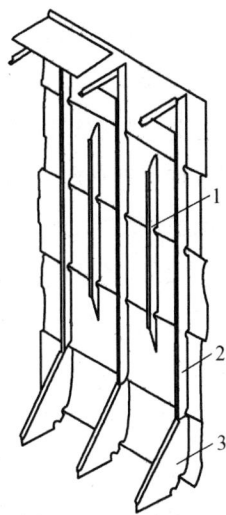

1—中间肋骨;2—主肋骨;3—舭肘板。

图 2-34　舷侧的防冰加强

舷侧纵桁的作用是支持主肋骨并将一部分载荷传递给强肋骨和横舱壁。

2. 纵骨架式单层舷侧结构

纵骨架式单层舷侧结构由舷侧外板、舷侧纵桁、舷侧纵骨和强肋骨组成,如图2-35所示。纵骨架式舷侧结构的优点是其骨架形式与船底和甲板一致,有利于保证船体总纵强度和外板的稳定性,常用于军舰和一些矿砂船上。采用纵骨架式舷侧结构可以使外板的厚度减小,从而减小结构质量。

纵骨架式舷侧结构形式有两种:纵骨和强肋骨的舷侧结构形式,主要用于中小型舰艇;纵骨、舷侧纵桁和强肋骨的舷侧结构形式,主要用于中小型舰艇机舱的舷侧区域及大型船舶的舷侧。

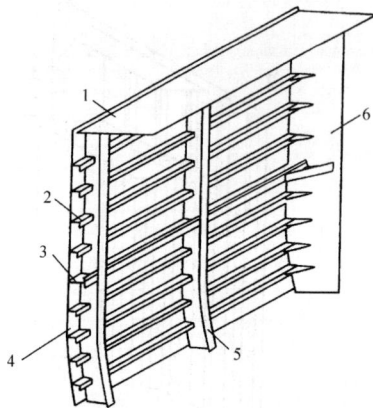

1—甲板;2—舷侧纵骨;3—舷侧纵桁;
4—舷侧外板;5—强肋骨;6—横舱壁。

图2-35 纵骨架式舷侧结构

(1)舷侧纵骨

舷侧纵骨(side longitudinal)是纵骨架式舷侧结构的纵向连续小构件,通常采用球扁钢或不等边角钢制成,大型船采用组合T型钢。当采用不对称型材时,型钢凸缘一般都向下。

(2)强肋骨

强肋骨是纵骨架式舷侧结构的唯一横向构件,结构形式与横骨架式的强肋骨基本相同,用组合T型材制成。其作用是支持舷侧纵骨,保证横向强度,安装在有实肋板的肋位。

(3)舷侧纵桁

舷侧纵桁是纵骨架式舷侧结构的纵向强构件,是强肋骨的支点,其腹板高度大于舷侧纵骨,采用组合T型材。其作用是增加舷侧强度,并将一部分载荷传给横舱壁。

3. 横骨架式双层壳舷侧结构

具有宽大货舱口的船舶,为了补偿大开口对总纵强度的削弱,采用双层舷侧结构。双层舷侧结构可增加船舶的安全性,减小海洋污染,分节驳(integrated barge)、油船、集装箱船采用双层舷侧结构,此外,散货船舷侧也有采用双层结构的。目前油船双层舷侧结构一般采用纵骨架式,其他船舶双层舷侧结构可以是横骨架式,也可以是纵骨架式。

双层舷侧的外壳称为舷侧外板,内壳称为纵舱壁,上面的构件同舷侧外板和舱壁构件的名称如图2-36所示。但有的双层舷侧结构中的骨架是桁板结构,纵向的桁板称为平台(起到舷侧纵桁的作用),横向的桁板称为横隔板(或称强肋骨),如图2-37所示。

4. 纵骨架式双层壳舷侧结构

纵骨架式双层舷侧结构由舷侧外板、纵舱壁(或称内壳板)、横隔板(或称强肋骨)、平台(或称舷侧纵桁)和纵骨组成,如图2-38所示。纵骨分为舷侧纵骨、内壳板纵骨,当采用不对称型材时,型钢凸缘一般都向下。

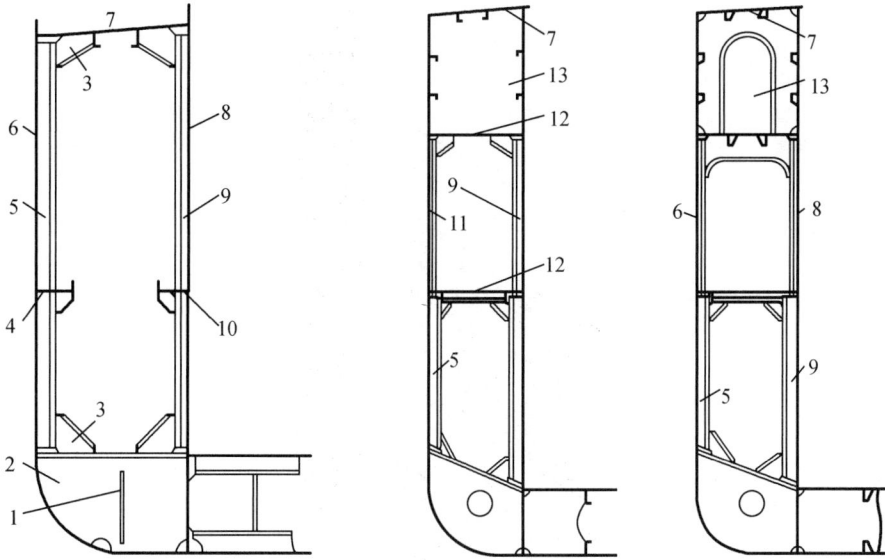

(a)分节驳双层舷侧结构　　　　　　　　　　(b)集装箱船双层舷侧结构

1—加强筋;2—肋板;3—肘板;4—舷侧纵桁;5—主肋骨;6—舷侧外板;7—上甲板;
8—纵舱壁;9—垂直扶强材;10—水平桁;11—甲板间肋骨;12—平台甲板;13—抗扭箱。

图 2-36　横骨架式双层舷侧结构

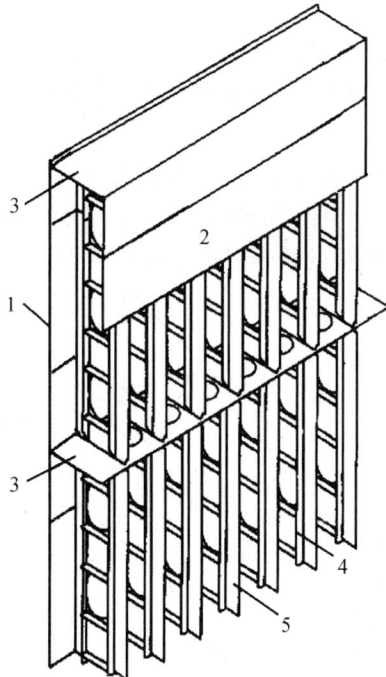

1—舷侧外板;2—纵舱壁;3—平台(舷侧纵桁);4—加强筋;5—强肋骨(开孔横隔板)。

图 2-37　散货船横骨架式双层舷侧结构

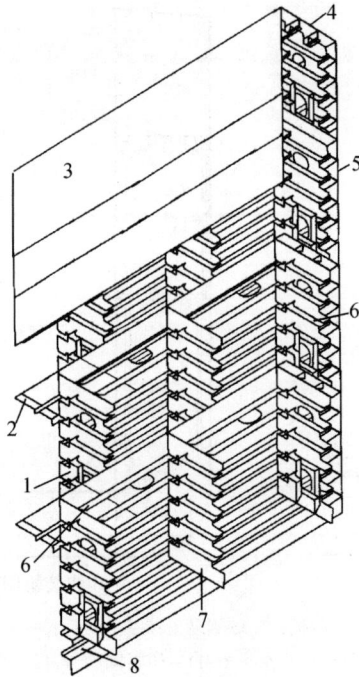

1—开口横隔板;2—开口平台;3—内壳板;4—上甲板;5—舷侧外板;6—加强筋;7—水密横隔板;8—舷侧纵骨。

图 2-38 油船纵骨架式双层壳舷侧结构

5. 舷墙和护舷材结构

（1）舷墙结构

舷墙(bulwark)是安装在露天甲板舷边的纵向垂直板材。其作用是保障人员安全,减少甲板上浪,防止甲板物品滚落海中。露天甲板、船楼及甲板室甲板的露天部分均应装设舷墙和栏杆。

舷墙结构主要由垂直的舷墙板、舷墙板上缘的水平特制型钢和扶强肘板组成,如图 2-39 所示。为避免舷墙参与总纵弯曲,除艏艉端外,舷墙结构一般不与船体的甲板或舷顶列板紧密连接,而用带有折边或面板的扶强肘板支撑在甲板上。

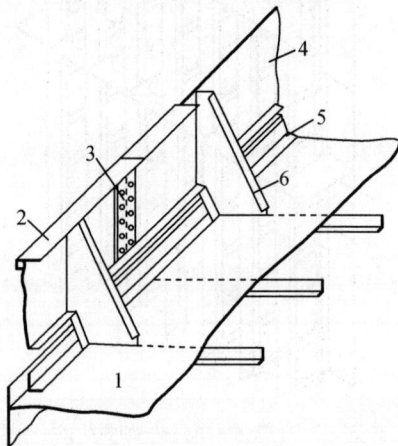

1—露天甲板;2—特制型钢;3—伸缩接头;4—舷墙板;5—舷边角钢;6—扶强肘板。

图 2-39 舷墙结构

（2）护舷材结构

内河船和一些工作船经常停靠码头或船靠船,为了保护舷侧外板,在船舶中段舷侧顶部靠近甲板处,需要装设护舷材(fender)。

护舷材有木质和钢质两种,现在多数船舶采用钢质护舷材。图2-40所示为护舷材结构。其中,图(a)是木质的护舷材,舷侧外板顶部焊有两条扁钢或间断的耳板,木质护舷材装在上下扁钢或耳板之间,护舷材外侧装有扁钢或半圆钢;图(b)是钢质护舷材,用4~8 mm厚的钢板弯成半圆形,间隔一定距离用横向板加强,横向板之间焊以纵向的扁钢加强筋。

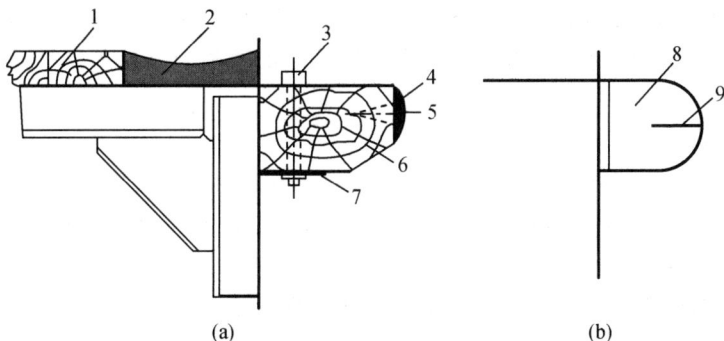

(a)　　　　　　(b)

1—木铺板;2—水泥流水沟;3—螺栓;4—半圆钢;5—木螺钉;6—硬木;7—扁钢;8—横向板;9—扁钢加强筋。

图2-40　护舷材结构

三、甲板结构

甲板大部分是单层板架结构,按骨架设置形式可分为纵骨架式甲板结构和横骨架式甲板结构两种。甲板上有货舱口、机舱口等大开口及相关的建筑,结构比较复杂。

连续的上甲板主要承受总纵弯曲应力,所以大型船舶普遍采用纵骨架式结构;下甲板主要承受横向载荷,因此大多采用横骨架式结构。

1. 横骨架式甲板结构

横骨架式甲板结构的横向强度好,制造方便,适用于小型船舶、内河船及船舶的下甲板。横骨架式甲板结构由甲板板、横梁和甲板纵桁等组成,如图2-41所示。

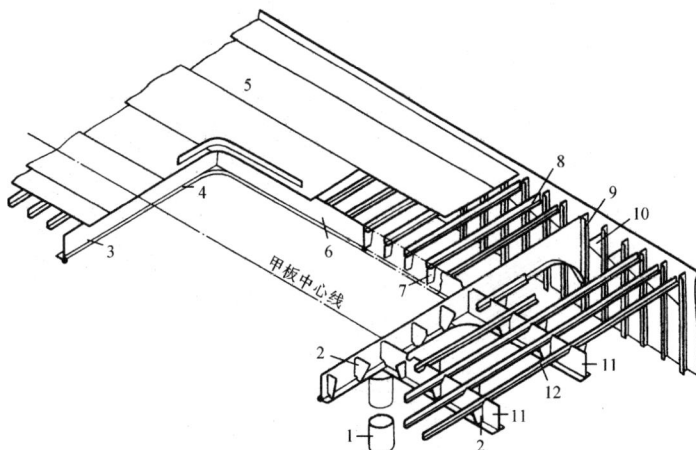

1—支柱;2—防倾肘板;3—舱口端横梁;4—圆钢;5—甲板;6—舱口纵桁;
7—肘板;8—半梁;9—主肋骨;10—梁肘板;11—甲板纵桁;12—横梁。

图2-41　横骨架式甲板(下甲板)结构

（1）横梁

甲板结构中的横向构件统称为横梁(beam)，设置在肋位上。横梁按其设置位置和尺寸大小分为以下三种类型：

①普通横梁(deck beam)。普通横梁是横骨架式甲板结构中采用的主要构件，一般由尺寸较小的不等边角钢制成。型钢凸缘朝向同肋骨朝向。

②半梁(half beam)。舷侧至舱口边的横梁称为半梁，它的一端与舱口纵桁用肘板相连，另一端用梁肘板与肋骨连接。

③舱口端横梁(hatch end beam)。舱口端横梁是位于舱口前后两端的强横梁，由尺寸较大的组合 T 型材制成，舱口一段应采用组合角钢。端横梁与肋骨的连接最好采用加大腹板高度的圆弧形代替梁肘板，圆弧形腹板上焊以加强筋。

（2）甲板纵桁

①甲板纵桁(deck girder)是甲板结构中纵向强构件，由尺寸较大的组合 T 型材制成。

②舱口纵桁(hatch side girder)是位于舱口两边舱口端横梁之间的那段甲板纵桁，为了防止吊货时磨损绳索，通常采用组合角钢，即在相互垂直的腹板和面板的交角处焊接一圆钢，纵桁面板应偏向舷侧一边。舱口端横梁与舱口纵桁的腹板等高。

（3）肘板

横梁与肋骨、甲板纵桁必须用肘板牢固连接，以增强节点处的刚性，并能相互传递作用力。横骨架式甲板结构中有许多肘板，包括连接横梁与肋骨之间的梁肘板(beam knee)、连接横梁与甲板纵桁的防倾肘板等。

2.纵骨架式甲板结构

纵骨架式甲板结构的纵向强度好，但装配施工比较麻烦，主要用于总纵强度要求较高的大中型船舶的上甲板。

纵骨架式甲板结构由甲板板、甲板纵骨、甲板纵桁和强横梁等组成。图 2-42 所示为纵骨架式上甲板结构，其中，舱口之间的甲板仍采用横骨架式结构。

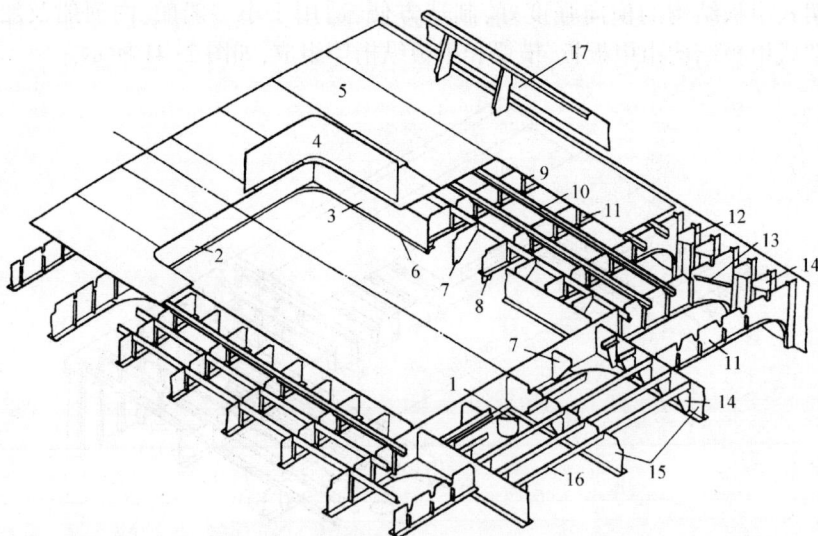

1—支柱；2—舱口端横梁；3—舱口纵桁；4—舱口围板；5—上甲板；6—圆钢；7—防倾肘板；8—小肘板；9—强横梁；10—甲板纵骨；11—加强筋；12—肋骨；13—斜置加强筋；14—肘板；15—甲板纵桁；16—横梁；17—舷墙结构。

图 2-42　纵骨架式甲板(上甲板)结构

（1）甲板纵骨

甲板纵骨（deck longitudinal）是纵骨架式甲板结构中采用的纵向小构件，由球扁钢、不等边角钢及扁钢制成。甲板纵骨平行于中线面布置，型钢腹板垂直于基平面安装，除了靠近舱口的一根背向船中以外，其余折边通常朝向船中，甲板纵骨间距与船底纵骨间距一致。其主要作用是保证船舶总纵强度和甲板板的稳定性，同时承受甲板板的横向载荷。

（2）甲板纵桁

甲板纵桁是纵骨架式甲板结构中采用的纵向强构件，甲板纵桁的结构和布置与横骨架式甲板结构中的甲板纵桁基本相同。其作用主要是支承横梁，同时也承受总纵弯曲。

（3）强横梁

强横梁是纵骨架式甲板结构中采用的主要横向构件，由尺寸较大的组合 T 型材或折边钢板制成。其作用是支持甲板纵骨，保证横向强度。

3. 货舱口结构

在货船的甲板上开有大的货舱口（cargo hatch），货舱口周围设有舱口围板（hatch coaming），其作用是增加舱口处的强度，防止海水灌入舱内，保障作业人员安全。

（1）露天上甲板货舱口结构

图 2-43 所示为露天上甲板货舱口结构。舱口围板上缘用半圆钢加强，围板四周装有水平的加强筋（舱口围板高出甲板面 600 mm 以上时）和垂直的肘板。这些构件起着防倾和增强刚性的作用。半圆钢还可以减轻装卸货物时吊杆的钢丝绳与围板上缘的摩擦。肘板应尽可能与甲板下面的舱口纵桁和舱口端横梁的防倾肘板装在同一平面内。

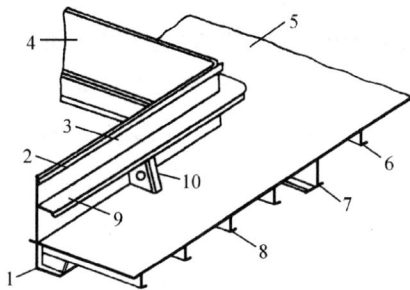

1—圆钢；2—半圆钢；3—纵向围壁；4—横向围板；5—上甲板；
6—横梁；7—舱口端横梁；8—半横梁；9—水平加强筋；10—肘板。

图 2-43　上甲板货舱口结构

由于甲板货舱口四角都为圆角，舱口角隅处结构连接比较复杂。露天上甲板舱口角隅结构如图 2-44 所示。其中，图（a）为舱口围板伸入甲板内，与甲板开口四周焊接；图（b）为甲板伸入舱口围板内，将围板分成上下两部分。上甲板以下的舱口纵桁与舱口端横梁交叉处的面板可用一块菱形面板（gusset plate）连接。

（2）下甲板货舱口结构

为了便于装卸货物，下甲板货舱口上的围板一般不必装得过高，甚至可不设围板。下甲板货舱口结构的形式如图 2-45 所示。其中，图（a）是把甲板以上的舱口围板做成楔形剖面,甲板以下为 L 形剖面,此种形式比较简单;图(b)是把舱口纵桁做成带圆弧的箱形纵桁,此种形式对于钢索的防磨作用较好,且放置舱口盖比较方便;图(c)是用于长大的货舱口的箱形纵桁,箱形纵桁内有横隔板加强,其上开有减轻孔,此种结构的强度和刚性都较好。

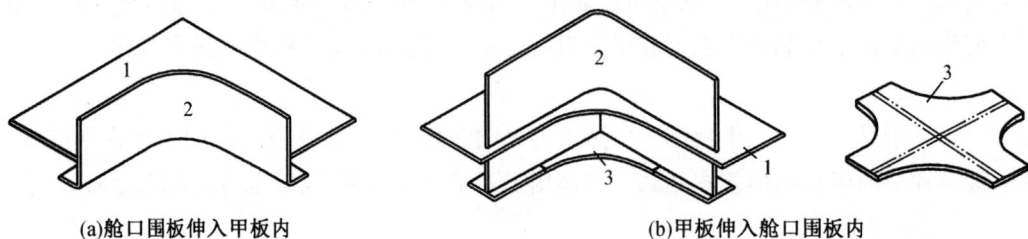

(a)舱口围板伸入甲板内   (b)甲板伸入舱口围板内

1—甲板;2—舱口围板;3—菱形面板。

图 2-44 舱口角隅结构

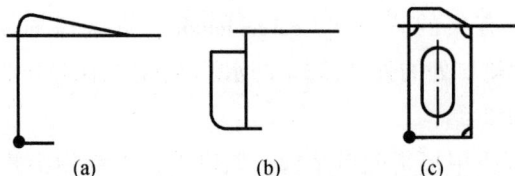

(a)   (b)   (c)

图 2-45 下甲板货舱口结构的形式

4.支柱结构

支柱(pillar)是船舱内的垂向构件,由钢管或工字钢等做成。其作用是支撑甲板骨架,主要承受轴向压缩力,但在装载液体的深舱内的支柱也可能受到轴向拉伸力。

支柱的布置如图 2-46 所示。舱内支柱一般有 2 根或 4 根,通常 4 根支柱设置在舱口的四角,2 根支柱设置在舱口两端的船体中线上。在多层甲板船上,支柱应尽可能设在同一垂线上。为了有效地支撑甲板骨架,支柱应设在甲板纵桁与横梁的交叉节点上;船舱支柱的下端则设在底纵桁和实肋板等刚性较大的构件上,若支柱的间距较大则应设在交叉点上。

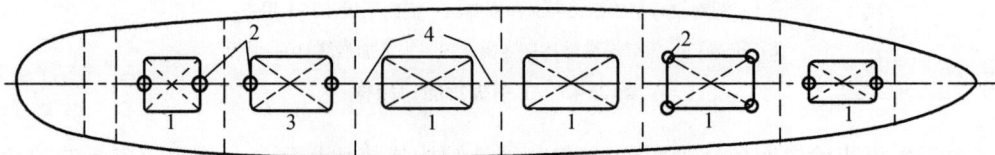

1—货舱;2—支柱;3—机舱;4—半纵舱壁。

图 2-46 货舱内支柱的布置形式

支柱一般采用圆管制成,也有用钢板或其他型钢制成的各种剖面形状。

支柱上下端的连接情况如图 2-47 所示。其中,图(a)为在圆管支柱的上端端面装设垫板,下端装覆板,垫板和覆板形状可为圆形或方形,其直径或宽度为支柱直径的两倍。图

(b)为上下端装有肘板的圆管支柱,此结构形式适用于受拉或偏心载荷的支柱。肘板高度约为支柱直径的1.5倍,宽度等于支柱直径。图(c)为设在机舱内的工字形剖面的支柱。

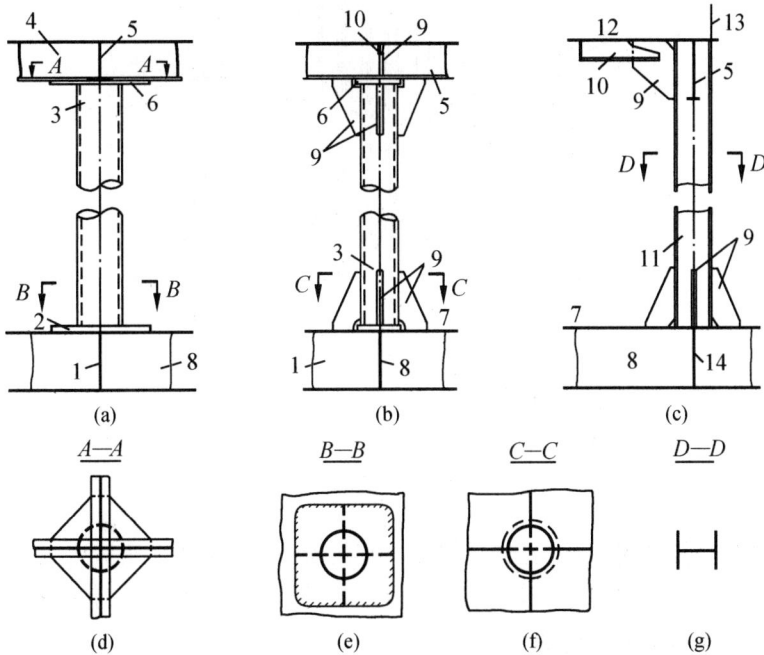

1—底纵桁;2—覆板;3—支柱;4—强横梁;5—甲板纵桁;6—垫板;7—内底板;8—肋板;
9—肘板;10—横梁;11—机舱支柱;12—机舱平台;13—机舱围壁;14—旁底桁。

图2-47　支柱两端的连接形式

四、舱壁结构

船上有许多横向和纵向布置的垂直隔板,这些隔板叫作舱壁(bulk-head)。其中沿船长方向设置的舱壁是纵舱壁,沿船宽方向设置的舱壁是横舱壁。舱壁的种类很多,按用途可分为水密舱壁、液体舱壁、制荡舱壁、轻舱壁和防火舱壁;按结构形式可分为平面舱壁和槽形舱壁。这些舱壁将船体内部空间分隔成供各种用途的舱室。水密舱壁将船体分成若干个水密分舱,可保证船舶抗沉性;液货船的纵舱壁可限制液体摇荡,减少自由液面对船舶稳性的影响,较长的纵舱壁还参与总纵弯曲;横舱壁可保证船体横向强度和刚性;此外,舱壁还可以防止火灾蔓延,军船上舱壁还能防止毒气扩散。

1.平面舱壁

平面舱壁(plane bulkhead)由舱壁板和骨架组成,如图2-48所示。舱壁骨架由扶强材和桁材两种构件组成,起到增加舱壁板强度和刚性的作用。

(1)扶强材

扶强材是较小的构件,一般采用不等边角钢或T型材制成。扶强材按其设置方向,分为垂直扶强材和水平扶强材两种。

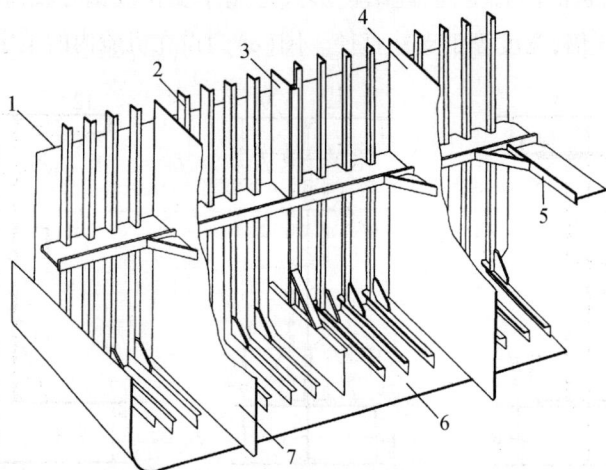

1—横舱壁板;2—垂直扶强材;3—竖桁;4,7—纵舱壁;5—水平桁;6—船底板。

图 2-48　平面舱壁结构

在货舱舱壁上都采用垂直扶强材,但在狭窄的舱壁上,其高度比宽度大得多,且舱壁内左右舷方向的受力又较大时,可采用水平扶强材代替垂直扶强材。例如,在冰区航行的船舶的首尾舱壁上多采用水平扶强材。

扶强材可安装在舱壁面向船中的一侧,也可根据需要安装在背向船中的一侧。垂直扶强材通常将扶强材的凸缘朝向船体的中线面,但也有例外,如考虑舱壁上的开孔、扶强材与甲板纵桁的连接等情况,垂直扶强材与船底及甲板的纵向构件对准。水平扶强材折边朝下,并与舷侧纵骨对应。

(2)桁材

桁材是较大的构件,一般采用组合 T 型材或折边板。它支持扶强材,作为中间支座使其跨度减小,从而减小扶强材剖面的尺寸。一般仅设在深舱或油船的纵横舱壁上。桁材按其设置方向分为水平桁和竖桁。

上面主要讨论了横舱壁的结构情况,纵舱壁与横舱壁在结构上无原则差别,一般平行于中纵剖面或位于中纵剖面上。

2. 槽形舱壁

槽形舱壁是由钢板压制而成的,以它的槽形折曲来代替扶强材的作用,如图 2-49所示。

(1)槽形舱壁的特点

与平面舱壁比较,槽形舱壁的特点是:在保证同样强度条件下,中小型船舶槽形舱壁结构质量轻,节省钢材;组成槽形舱壁的零件较少,可减少装配和焊接的工作量;便于清舱,有利于防止锈蚀。但中小型船舶垂直于槽形方向的承压能力较差,槽形舱壁占据较大舱容,不利于装载件杂货物。因而槽形舱壁适用于油船、散货船,也可用于集装箱船及舱深较大的杂货船。

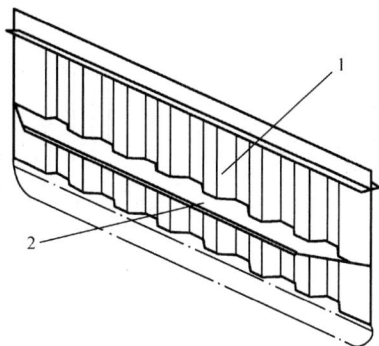

1—槽形舱壁板;2—水平桁材。

图 2-49 槽形舱壁结构

(2)槽形舱壁的剖面形状

槽形舱壁的剖面形状有三角形、矩形、梯形和弧形,如图 2-50 所示。其中,梯形剖面应用较广,但在大型军舰或油船的槽形舱壁上也有采用弧形剖面的。

(3)槽形体的布置及上下端的连接

槽形体有垂直布置和水平布置两种形式。这种舱壁在垂直于槽形方向和平行于槽形方向的承压能力不同,应合理布置。横舱壁的槽形体,考虑与纵舱壁水平槽形连接方便,且对支持甲板载荷有利,通常垂直布置,并应在靠近舷侧处保留一部分平面舱壁,其上设置扶强材,另一面设斜置的加强筋,或在槽形舱壁四周加装平面框架。油船上的纵舱壁因参与总纵弯曲,槽形体采用纵向水平布置。

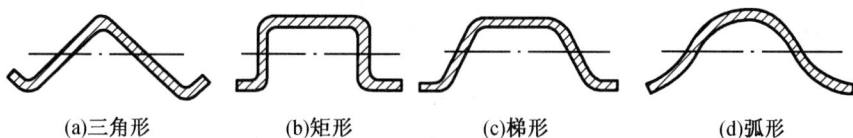

(a)三角形   (b)矩形   (c)梯形   (d)弧形

图 2-50 槽形舱壁的剖面形状

槽形舱壁端部连接情况如图 2-51 所示。其中,图(a)为将槽形体直接与船底及甲板焊接;图(b)(c)为将槽形体装在 T 型材的面板上;图(d)为将槽形体装在凳式结构(或称壁墩)上。凳式结构是一种内部带有隔板的箱形结构,在舱壁上端称为顶凳(或称为上壁墩),在舱壁的下端称为底凳(或称为下壁墩)。

3. 轻舱壁

轻舱壁是指只起分隔舱室作用而不承受载荷的舱壁。通常用作上层建筑内部舱室的隔壁,须具有一定的刚性。

轻舱壁分为平面轻舱壁和压筋轻舱壁两种。平面轻舱壁由舱壁板和扶强材组成,其结构与主船体平面舱壁在结构上相似,只是所用钢板很薄,扶强材尺寸也较小。由于薄板在焊接时产生较大变形很难校正,现在常用压筋板做成的压筋轻舱壁,如图 2-52 所示。

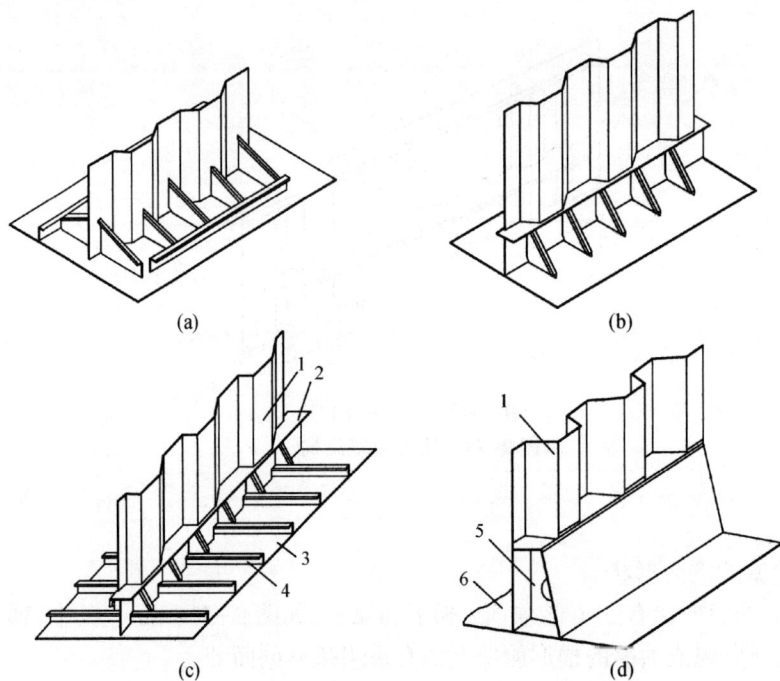

(a)

(b)

(c)

(d)

1—槽形舱壁;2—T型材;3—船底板;4—船底纵骨;5—凳式结构;6—内底板。

图 2-51 槽形舱壁端部的连接

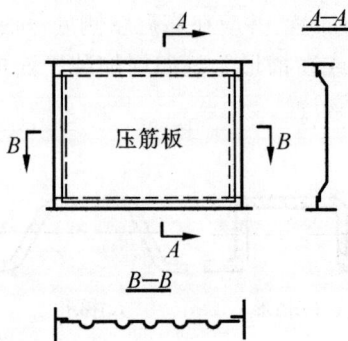

图 2-52 压筋舱壁

➤ 能力训练

训练名称:货船主船体货舱区各部位结构认知

训练内容:见《能力训练活页手册》"任务 2.1 能力训练"

任务2.2　主船体首尾结构认知

➤ 任务解析

学习任务	主船体首尾结构认知
任务导入	主船体分为船首、船中、船尾三部分。船体首尾结构与中部结构一样,也由船底结构、舷侧结构、甲板结构、舱壁结构等组成,但由于艏艉端所在部位及形状特点,其在外形及结构上又有自己的特点。本任务先了解艏艉端形状,再对艏艉端结构进行学习
任务要求	通过学习艏部结构、艉部结构,了解艏艉部形状,掌握艏艉端结构特点,熟悉艏艉柱结构,了解艉轴架和轴包套结构
实施步骤	(1)认识船首结构特点; (2)认识船尾结构特点
任务目标	职业素质目标: (1)具有严谨细致、认真务实的工作态度; (2)具有创新意识,以及获取新知识、新技能的学习能力; (3)具有分析问题、解决问题的能力; (4)具有团队协作能力和语言表达能力; (5)具有迎接挑战的意识。 职业知识目标: (1)了解艏、艉部形状; (2)掌握艏、艉端结构特点; (3)熟悉艏、艉柱结构; (4)了解艉轴架和轴包套结构。 职业技能目标: (1)能正确分析艏部结构特点; (2)能正确分析艉部结构特点
学习资源	教材、教学课件、图片、图纸、动画及微课等

➤ 任务实施

一、船首结构

艏艉位于船舶的最前端和最后端,线型变化复杂,主要受局部外力作用,其中,船首主要受波浪的冲击力,船尾主要受螺旋桨的振动力,因此其结构与船体中部有很大不同。

船首结构也包括船底、舷侧、甲板等部分,船首最前端有艏柱,船体两舷结构在此相会合。从艏柱到防撞舱壁之间的舱室叫作艏尖舱。由于船首线型比较尖瘦,艏尖舱内不宜装载货物,一般作为压载舱,调节船体纵倾。艏尖舱内设有锚链舱,用来存放锚链。艏尖舱上面的空间一般作为放置工具和设备的贮藏室。

1.船首形状

船首形状与船舶的用途和性能有关。船舶首部所采用的形状不同,其内部结构就不完全相同。船舶首部形状主要有图 2-53 所示的几种形式。

（1）直立型艏（vertical bow）

艏部轮廓线呈与基线相垂直或接近垂直的直线，艏部甲板面积不大。这种艏部现在主要用于驳船和特种船舶上，见图 2-53（a）。

（2）前倾型艏（raked bow）

艏柱呈直线前倾或微带曲线前倾，艏部不易上浪，甲板面积大，在发生碰撞时船体水线以下的部分不易受损，外观上比较简洁，有快速感。军用船多采用直线前倾型，民用船多采用微带曲线前倾型，见图 2-53（b）。

（3）飞剪型艏（clipper bow）

艏柱在设计水线以上呈凹形曲线，艏部不易上浪，较大的甲板悬伸部分可以扩大甲板面积，有利于布置锚机和系船设备。飞剪型艏常用在远洋航行的大型客船和一些货船上，见图 2-53（c）。

（4）破冰型艏（icebreaker bow）

设计水线以下的艏柱呈倾斜状，与基线约成 30°夹角，以便冲上冰层。该艏型用于破冰船上，见图 2-53（d）。

（5）球鼻型艏（bulb bow）

设计水线以下的艏部前端有球鼻形的突出体，突出体有多种形状，其作用是减小兴波阻力。球鼻型艏多用于大型远洋运输船和一些军舰上。军舰上可利用球鼻的突出体装置声呐，见图 2-53（e）。

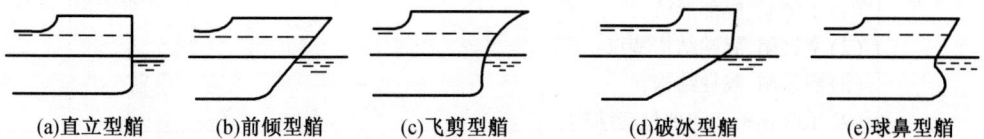

(a)直立型艏　　(b)前倾型艏　　(c)飞剪型艏　　(d)破冰型艏　　(e)球鼻型艏

图 2-53　船首形状

2. 艏端的加强

艏端的加强可分为艏尖舱区域、艏尖舱后的舷侧区域和底部区域三个部分，见图 2-54。

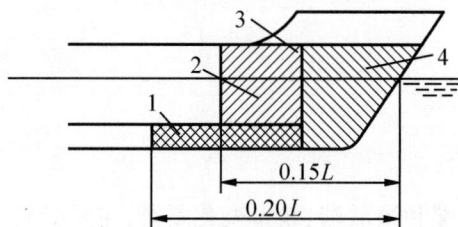

1—底部；2—舷侧；3—防撞舱壁；4—艏尖舱。

图 2-54　艏端的加强区域

（1）艏尖舱区域的加强

艏尖舱（fore peak）加强的范围是从艏柱至防撞舱壁（collision bulkhead）。艏尖舱底部每一挡肋位上均设升高肋板（raised floor），其高度向船首逐渐升高。升高肋板之间设置间断的中内龙骨作为防撞舱壁后面船底中底桁的延伸。艏尖舱内的肋骨要求延伸至上甲板，肋骨间距不超过 600 mm。每隔一挡肋位设置上下间距不大于 2 m 的强胸横梁（panting beam），沿每列强胸横梁必须设置舷侧纵桁；也可用开孔平台代替强胸横梁和舷侧纵桁，开孔平台上下间距应不大于 2.5 m。当舱深超过 10 m 时，在舱深中点处必须设置开孔平台。艏尖舱中线面上设置开孔的制荡舱壁（wash bulkhead），其作用是防止艏尖舱内的压载水左右摇荡并缓和冲击，如图 2-55 所示。

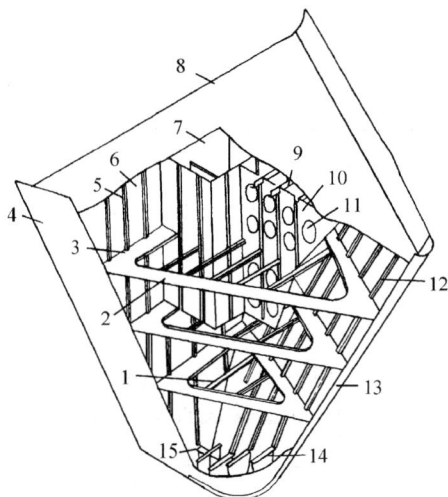

1—强胸横梁；2—舷侧纵桁；3—水平桁；4—舷侧外板；5—扶强材；6—艏尖舱壁；7—锚链舱；8—甲板；
9—横梁；10—中纵制荡舱壁；11—减轻孔；12—肋骨；13—艏柱；14—升高肋板；15—间断的中内龙骨。

图 2-55　艏端结构

（2）艏尖舱后的舷侧加强

加强范围从防撞舱壁后至距艏端 0.15L 区域。横骨架式的舷侧，当肋骨跨距小于 9 m 时，该区域舷侧外板需加厚 5%～15%；当肋骨跨距大于 9 m 时，该区域必须设置延伸的间断舷侧纵桁，位置是在艏尖舱每道舷侧纵桁或开孔平台向后的延长线上，腹板高度同舱内肋骨。并在防撞舱壁处设宽度等于艏尖舱内舷侧纵桁的舱壁肘板，肘板延伸的长度不小于两挡肋距，如图 2-56 所示。防撞舱壁后至艏垂线 0.2L 舷侧加强区的肋骨间距不大于 700 mm。

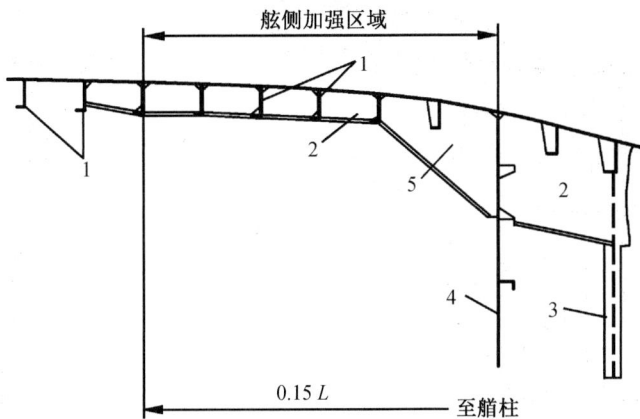

1—主肋骨；2—舷侧纵桁；3—强胸横梁；4—防撞舱壁；5—舱壁肘板。

图 2-56　防撞舱壁后的舷侧纵桁

（3）船首底部的加强

加强范围从防撞舱壁后至距艏端0.2L区域。对横骨架式双层底结构，应在每一肋位上设置不超过船中肋距的实肋板，并设置间距不大于3挡肋距的旁底桁，其间加设半高旁底桁，如图2-57所示。

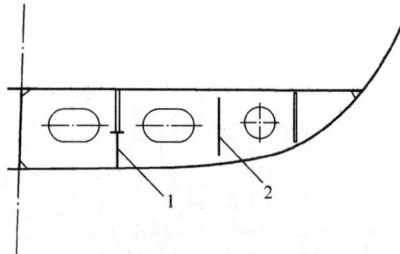

1—半高旁底桁；2—旁底桁。

图2-57　半高旁底桁

对纵骨架式双层底结构，应每隔一个肋位设置实肋板，纵骨尺寸要相应增加，并设间距不大于3个纵骨间距的旁底桁，旁底桁应尽量向艏延伸。

3. 艏端结构

艏端结构有横骨架式和纵骨架式两种形式。民用船舶的首端通常采用横骨架式结构，图2-55所示是横骨架式艏端结构。图中艏尖舱内防撞舱壁前设置锚链舱（chain locker）。中线面上有纵向制荡舱壁，舱壁板上开有圆形的减轻孔。沿着舷侧设置三道舷侧纵桁和强胸横梁。每一肋位上均设升高肋板（raised floor），其高度向船首逐渐升高。升高肋板之间设置间断的中内龙骨作为防撞舱壁后面船底中底桁的延伸。

当船舶的中部为纵骨架式结构时，艏端采用纵骨架式结构，如图2-58所示，这样可保证艏端连接部位的强度，并可避免因采用横骨架式艏端结构而使过渡结构复杂化。对于线型瘦长的舰艇，其艏端趋向采用纵骨架式结构或纵横混合骨架式结构。

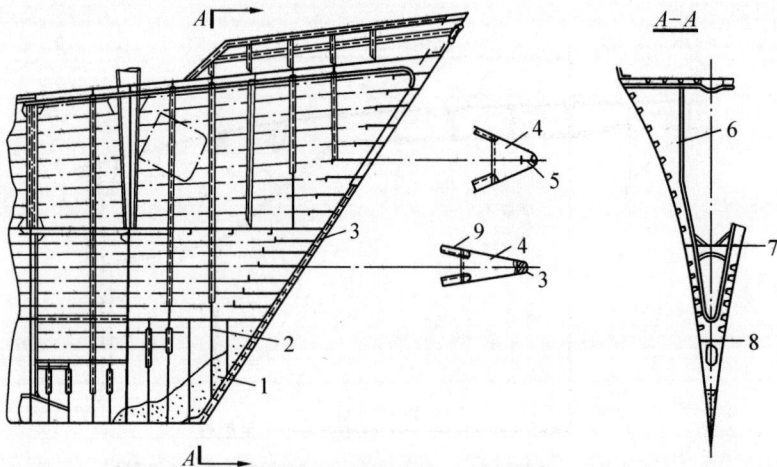

1—水泥填料；2—升高肋板；3—艏柱；4—艏肘板；5—加强筋；6—强肋骨；7—下甲板；8—平台；9—纵骨。

图2-58　纵骨架式艏端结构

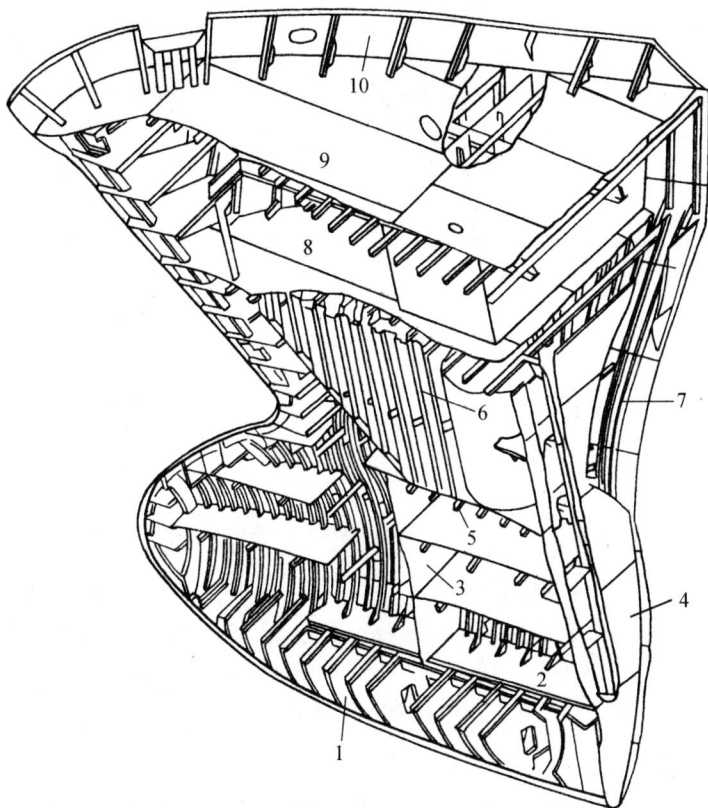

1—肋板;2—平台;3—横隔板;4—横舱壁;5—平台;6—中纵制荡舱壁;7—肋骨;8—平台;9—上甲板;10—舷墙。

图 2-59　球鼻型艏部结构

很多大型远洋货船都采用球鼻型艏,如图 2-59 所示。球鼻型艏的优点是在波浪中航行时可以降低兴波阻力;缺点是球鼻妨碍船舶抛锚、起锚和船舶靠码头,且外形和结构复杂,施工麻烦。

4. 艏柱

艏柱(stem)是位于船体最前端,汇拢艏部两侧外板,保持船首形状的强力构件。艏柱受力主要是偶然性的外力,如水面漂浮物和浮冰的撞击,以及船舶间可能发生的碰撞。因此要求艏柱具有足够的刚性和强度。

艏柱的形状随艏部线型而变化,通常在水线附近艏柱截面较窄,从水线向上逐渐加宽,水线以下至平板龙骨处也要加宽。

(1)钢板艏柱

钢板艏柱(steel plate stem)是由厚钢板弯曲焊接而成的艏柱。其内侧装有间距不大于1 m 的水平的艏肘板,并延伸至邻近的肋骨或舷侧纵桁以获得可靠的连接,曲率半径大的艏柱设置与艏肘板等厚的竖向加强筋。钢板焊接艏柱的特点是制造方便、质量小、成本低,受碰撞后易变形,但变形范围小,且易修理。图 2-60(a)所示为钢板焊接艏柱。

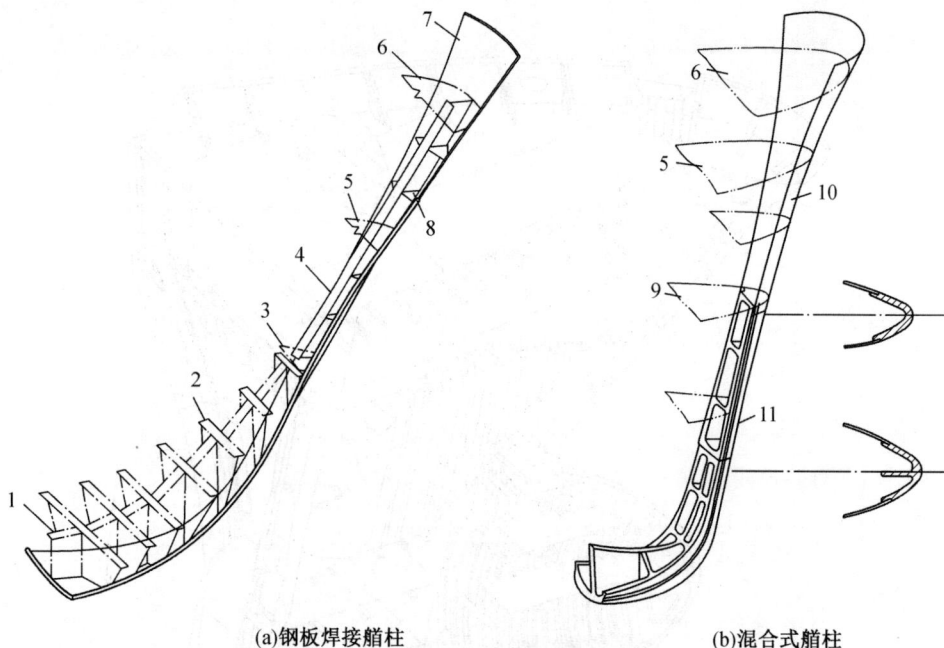

(a)钢板焊接艏柱　　　　　　　　(b)混合式艏柱

1—中内龙骨;2—实肋板;3—舷侧纵桁;4—加强筋;5—上甲板;6—艏楼甲板;

7—艏柱板;8—肘板;9—下甲板;10—钢板艏柱;11—铸钢艏柱。

图 2-60　艏柱结构

(2)铸钢和钢板混合艏柱

铸钢艏柱为钢水浇铸而成的艏柱。其特点是刚性好,可制作较复杂的结构,但质量大、韧性差,因此适用于断面复杂且刚性要求较高的艏柱。在破冰船上通常采用这种艏柱,其他船上很少采用。现代大中型船舶常采用铸钢和钢板混合式艏柱(combination cast and rolled stem),即在夏季载重线之上 0.5 m 以下区域采用铸钢件,在该处以上区域用钢板焊接。图 2-60(b)所示为混合式艏柱,图中铸钢的一段铸有横向和纵向的加强筋,加强筋可与船体的其他构件相焊接。铸钢艏柱的边缘有凹槽,便于外板嵌入焊接。

(3)锻钢艏柱

锻钢艏柱(forged steel stem)是用钢锭锻造的艏柱。其特点是强度和冲击韧性好,适于截面形状简单、容易加工的构件。大型的锻件常因船厂设备条件的限制,不易加工制造,因此可采用锻钢和钢板混合的结构。小船的艏柱可用厚的棒状型钢制造。

二、船尾结构

船尾结构指的是从艉尖舱壁到艉端的船体结构,由船尾的底、甲板、舷侧结构和艉柱组成,有的船还有舵轴架、艉轴架。在船尾上甲板下面的舱室内装有舵机设备,称为舵机舱。舵机舱下面的舱室是艉尖舱。艉尖舱比较狭小,一般作为艉压载水舱,用来调节船体的纵倾。舵机舱与艉尖舱之间的平台叫作舵机平台。

1.船尾形状

船尾主要有图 2-61 所示的几种形状。

（1）椭圆型艉（elliptical stern）

椭圆型艉的特点是艉部有短的艉伸部，折角线以上呈椭圆体向上扩展，端部露出水面较大，桨和舵易受破坏。现在仅在某些驳船上可以见到，见图 2-61（a）。

（2）巡洋舰型艉（cruiser stern）

巡洋舰型艉的特点是艉部具有光顺曲面的艉伸部，艉部大部分浸入水中，增加了水线长度，有利于减小船的阻力及保护舵和螺旋桨。巡洋舰型艉曾在巡洋舰和民用船上都应用较广，见图 2-61（b）。

（3）方型艉（transom stern）

方型艉的特点是艉部有垂直或斜的艉封板，其他仍保留巡洋舰型艉的特点。艉部水流能较平坦地离开船体，使航行阻力减小，艉部甲板面积较大，有利于舵机布置，并能防止高速航行时艉部浸水过多，且施工简单。方型艉大多用于航速较高的舰艇及许多货船上，见图 2-61（c）。

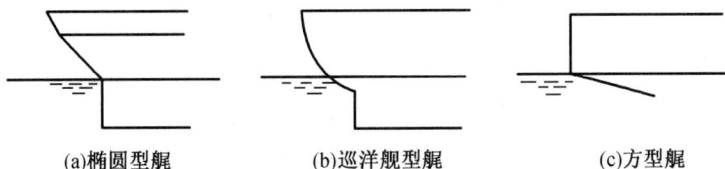

(a)椭圆型艉   (b)巡洋舰型艉   (c)方型艉

图 2-61 船尾形状

2. 艉端的加强

艉端结构应有较好的防振加强措施，艉端的加强区域是从艉尖舱舱壁至艉端，包括艉尖舱内和艉尖舱以上舷侧的加强。

（1）艉尖舱区域的加强

艉尖舱（after peak）内的肋骨间距不大于 600 mm，每挡肋位设置升高肋板，当舷侧为横骨架式时，肋板以上应设置间距不大于 2.5 m 的强胸横梁和舷侧纵桁或开孔平台。艉尖舱悬伸体的中线面应设置纵向制荡舱壁，当悬伸体特别宽大时，最好在中线面左右两侧各设一个制荡舱壁。艉尖舱内设间断的中内龙骨，或用数道水平加强筋加强升高肋板。

（2）艉尖舱以上的舷侧加强

艉尖舱上面的甲板间舱内应设置抗拍击舷侧纵桁或增加外板厚度，并应设置不大于 4 个肋距的强肋骨。

3. 艉端结构

艉端结构有横骨架式和纵骨架式两种形式。民船的尾部多用横骨架式结构；纵骨架式艉端结构通常只用于军用船舶，艉端与船中的骨架形式相同更有利于保证纵向强度。

艉部结构包括艉尖舱和艉部悬伸体。艉部悬伸体的作用是扩大甲板面积，保护螺旋桨和舵，并改善航行性能。艉部悬伸体内设有舵机舱，在艉部悬伸体下还装有舵和螺旋桨。

（1）巡洋舰型艉端结构

巡洋舰型艉广泛用于客船和货船上，也常用于中低速军舰上。如图 2-62 所示，巡洋舰型艉端结构由于悬伸体较大，且采用弧形的外壳板，因此其结构和工艺性都很复杂。为了使弧形外壳板与甲板有效地连接，在艉突出体后端，采用扇形斜肋骨（cant frame）和斜横梁（cant beam）。舵机舱平台以下的艉尖舱内设有一道中纵制荡舱壁，每挡肋位有升高肋板，有一道强胸横梁和舷侧纵桁结构。

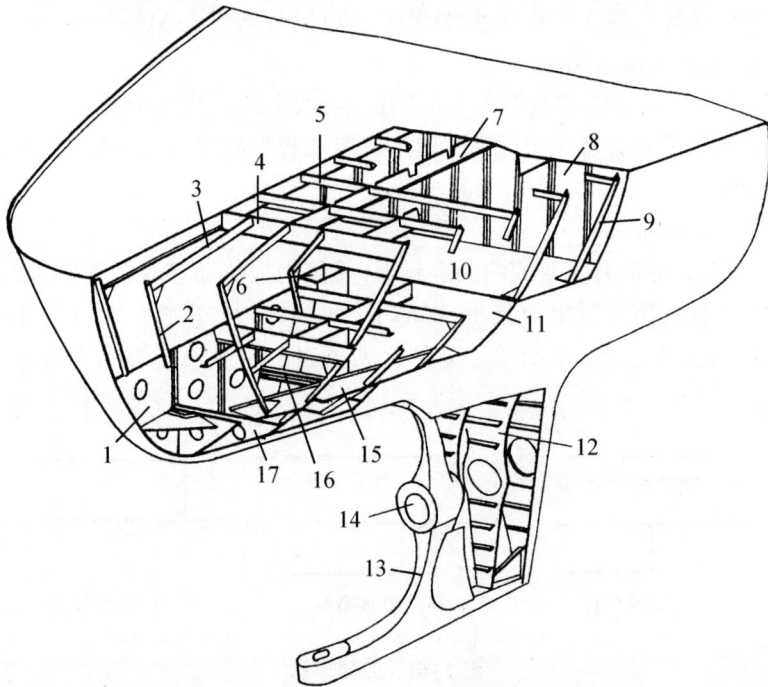

1—制荡舱壁;2—斜肋骨;3—斜横梁;4—强横梁;5—横梁;6—舵杆管;7—甲板纵桁;8—横舱壁;9—肋骨;
10—舵机舱平台;11—艉尖舱壁;12—艉升高肋板;13—艉柱;14—轴毂;15—舷侧纵桁;16—强胸横梁;17—肋板。

图 2-62　巡洋舰型艉端结构

（2）方型艉端结构

方型艉主要用于货船和高速军舰。其结构较巡洋舰型艉的结构简单,施工也方便。方型艉相当于将巡洋舰型艉的扇形部分切去,用一平直的艉封板代替。艉封板倾斜或竖直布置,其上装有扶强材。其艉部看上去比巡洋舰型艉短,除了省掉扇形部分外,其他结构不变,如图 2-63 所示。

4.艉柱

艉柱(stern frame)是设置在艉端下部中纵剖面上的大型构件。其作用是连接两侧外板和平板龙骨,加强艉部结构,并支持和保护螺旋桨与舵。

艉柱按其制作方式又可分为钢板焊接艉柱、铸钢艉柱和锻钢艉柱。钢板焊接艉柱如图 2-64(a)所示,其质量小,且不需要大型的浇铸设备。形状复杂的艉柱都采用铸钢艉柱,大型的艉柱可分段铸造,然后焊接起来,如图 2-64(b)所示。结构简单的艉柱可采用锻钢制造。图 2-65 所示均为装有下支承式平衡舵单桨船的艉柱,由螺旋桨柱、艉柱底骨及舵轴架组成。

5.艉轴架和轴包套

双螺旋桨船上的推进器为左右舷对称布置,由于船尾下部比较瘦,推进器轴在未到艉端时就伸出船体外面。为了使螺旋桨获得有效的支持,伸出船体外面的推进器轴必须有艉轴架或轴包套支撑,如图 2-65 所示。

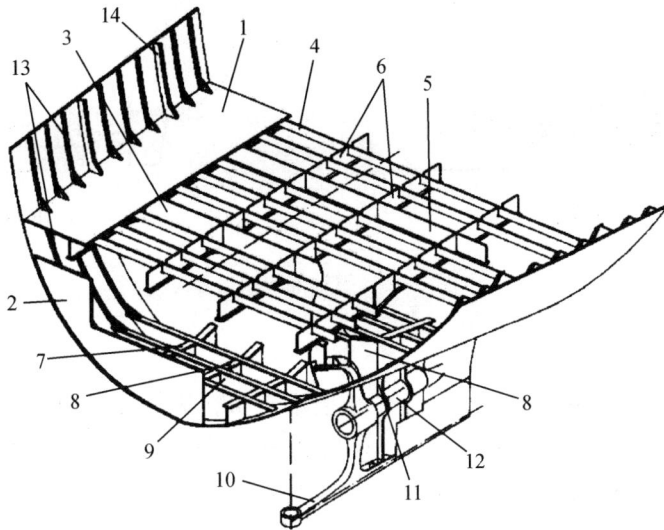

1—平台甲板；2—艉封板；3—舱壁；4—甲板横梁；5—甲板强横梁；6—甲板纵桁；7—旁内龙骨；
8—中内龙骨；9—肋板；10—艉柱；11—升高肋板；12—艉轴管；13—肋骨；14—强肋骨。

图 2-63 方型艉结构

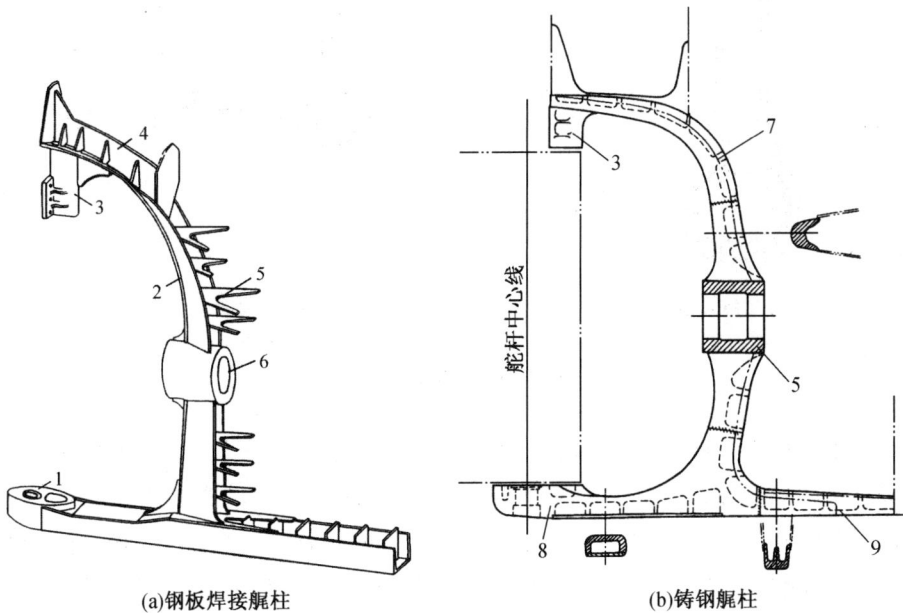

(a)钢板焊接艉柱   (b)铸钢艉柱

1—下支承；2—圆钢；3—舵轴架；4—加强筋；5—肘板；6—轴毂；7—螺旋桨柱；8—后伸底骨；9—底骨。

图 2-64 艉柱结构

艉轴架和轴包套形状须配合艉部线型，以减小水阻力；并且应能承受局部的振动力，当
一个叶片折断时艉轴架也能承受最大转速产生的不平衡力。

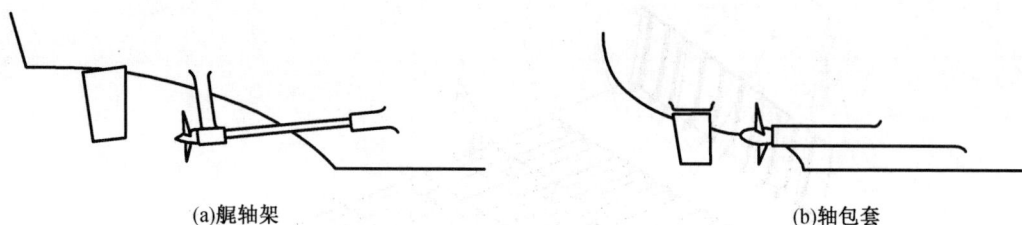

(a)艉轴架　　　(b)轴包套

图 2-65　艉轴架和轴包套

（1）艉轴架

艉轴架（propeller shaft strut）常用于中小型船舶和舰艇上，根据艉轴在船体外伸出的长度和支承要求，采用 1~2 个艉轴架支撑。艉轴架的优点是结构质量小，造价低；缺点是曝露在外面的艉轴易受碰撞和腐蚀。艉轴架有单臂和双臂之分，如图 2-66 所示。

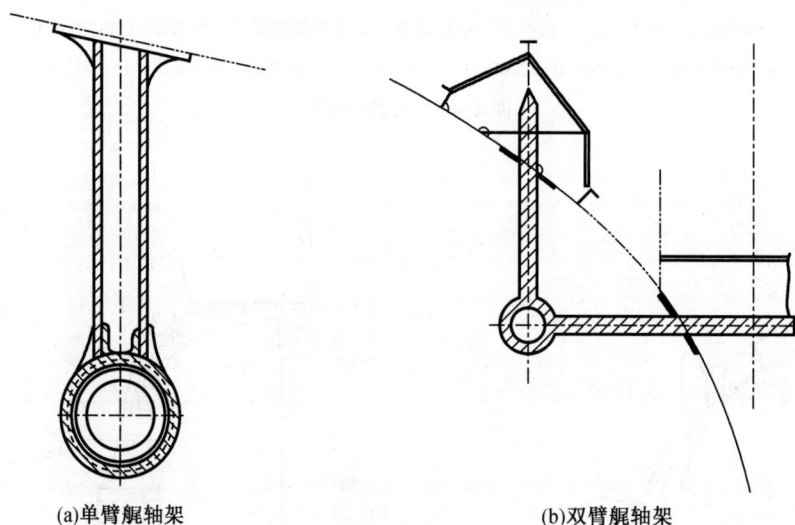

(a)单臂艉轴架　　　(b)双臂艉轴架

图 2-66　艉轴架结构

单臂艉轴架是指只有一个支臂的艉轴架。其刚性较差，但质量小，损坏时易修理更换，常用于多螺旋桨的小型舰艇上。双臂艉轴架是指有两个支臂的艉轴架，俗称人字架（A-bracket）。其结构刚性比单臂艉轴架好，人字架两个支臂的夹角为 60°~90°，角度接近 90°时艉轴架的支撑刚性最好。军舰的船体线型较瘦，艉部抬离基平面，两个支臂的夹角很难做成 90°。如护卫舰上的铸钢人字架结构，两个支臂的夹角约为 60°。

（2）轴包套

轴包套（shell bossing）常用在线型较肥、航速较低的大型船舶上，艉轴伸出部分全部包在鼓出的包套内。轴包套的优点是艉轴和轴承保养和检修方便，能提高螺旋桨的工作效率，还可起到减摇的作用；缺点是操纵和回转性差，结构复杂，施工麻烦。

轴包套使艉轴伸出部分的外包板向外凸出，肋骨鼓出成眼镜形骨架（spectacle frame），将螺旋桨轴包在里面，如图 2-67 所示。图 2-68 所示为将轴架与艉端骨架连在一起的眼镜形铸造骨架。这种结构的刚性好,能承受质量大的螺旋桨和艉轴。

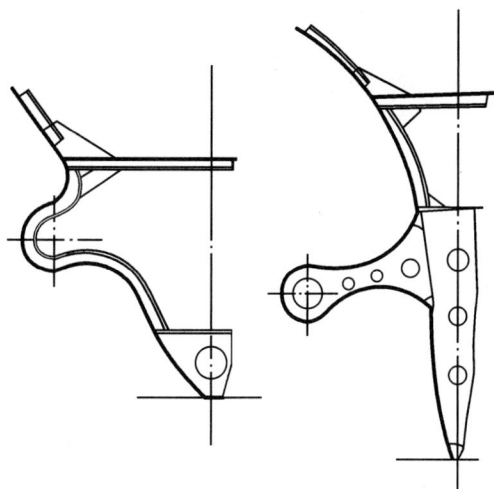

图2-67 艉轴鼓出处的肋骨剖面

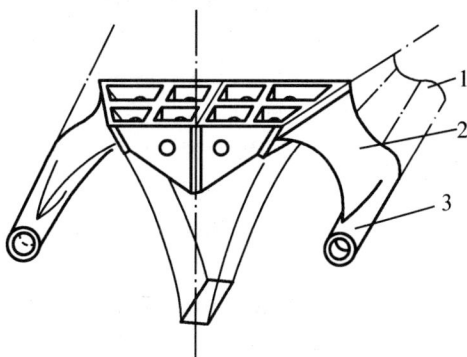

1—轴包板;2—支臂;3—轴毂。

图2-68 眼镜形铸造骨架

➤ 能力训练

训练名称:船体首尾端结构认知

训练内容:见《能力训练活页手册》"任务2.2能力训练"

任务2.3 上层建筑结构认知

➤ 任务解析

学习任务	上层建筑结构认知
任务导入	上层建筑结构是指上甲板以上部分,有船楼及甲板室之分。船楼及甲板室由纵向围壁、前端壁、后端壁和甲板组成。认知上层建筑结构应从这几部分入手,要考虑上层建筑所处船长的位置不同,结构形式也不尽相同
任务要求	通过学习船楼、甲板室结构,对船舶上层建筑的整体结构有一个全面认知
实施步骤	(1)认识船楼结构; (2)认识甲板室结构; (3)认识机舱棚结构; (4)能采取正确的措施减小长甲板室参加总纵弯曲的程度; (5)能采取正确的措施减缓上层建筑端部的应力集中

表(续)

任务目标	职业素质目标： (1)具有严谨细致、认真务实的工作态度； (2)具有创新意识，以及获取新知识、新技能的学习能力； (3)具有分析问题、解决问题的能力； (4)具有团队协作能力和语言表达能力； (5)具有迎接挑战的意识。 职业知识目标： (1)掌握船楼的种类及其结构特点； (2)掌握甲板室的种类及其结构特点； (3)掌握机舱棚结构的组成及结构特点。 职业技能目标： (1)能够正确认知船楼的种类及其结构特点； (2)能够正确认知甲板室的种类及其结构特点； (3)了解机舱棚结构的组成及结构特点； (4)能采取正确的措施减小长甲板室参加总纵弯曲的程度； (5)能采取正确的措施减缓上层建筑端部的应力集中
学习资源	教材、教学课件、图片、图纸、动画及微课等

➤ 任务实施

上层建筑是指上甲板以上的各种围蔽建筑物的统称，它有船楼和甲板室两种形式。有时上层建筑专指船楼，上层建筑各部分结构组成与主船体相应部位相似。

一、船楼结构

1. 船楼的种类

船楼根据其参与总纵弯曲的程度，分为强力上层建筑和轻型上层建筑两类。强力上层建筑是指长度大于船长的 15% 及其本身高度的 6 倍的长桥楼。轻型上层建筑是指短桥楼及长度不延伸至船中 $0.5L$ 区域以内的艏楼和艉楼。强力上层建筑参与抵抗总纵弯曲，则要求其结构强些；轻型上层建筑不参与抵抗总纵弯曲，则其结构尺寸可弱些。

2. 船楼结构

船楼由两侧壁、前后端壁和甲板板围成，并由横向骨架(肋骨、横梁)及纵向骨架(纵桁、纵骨)加以支持，其结构形式与主船体相应的板架结构类似。为了保持结构的连续性，船楼的舷侧和甲板骨架应尽量与主体相应骨架的间距一致；端壁的骨架间距视门窗开口的宽度而定，一般为750 mm 左右，前端壁扶强材两端应设肘板。船楼的侧壁或甲板上设有大开口时应予以加强。

船楼端部的下方应设置支柱、隔壁、舱壁或其他强力构件以支持上层建筑。船楼的端部应装置弧形板自船楼的舷侧板逐渐向主体的舷顶列板过渡，并用加强肘板支持，以缓和应力集中的程度。弧形延伸板的长度不小于船楼高度的 1.5 倍，厚度应增加 25%；同时，在伸出弧形延伸板两端各两个肋距的范围内，舷顶列板和甲板边板的厚度也须相应地增加

20%。图 2-69 所示为船楼端部的弧形延伸板。

二、甲板室结构

1. 甲板室的种类

甲板室设于船舶的上甲板或船楼甲板上。根据它参与总纵弯曲的程度可分为强力甲板室和轻型甲板室两类。强力甲板室是指在船中 0.5L 区域内，长度大于船长的 15% 及其本身高度的 6 倍，且又支持在主体的三道横舱壁或强肋骨框架之上的长甲板室。其他则为轻型甲板室。

2. 甲板室结构

甲板室也是由纵向围壁、前端壁、后端壁和甲板组成，其结构也与主船体相应的板架结构类似。图 2-70 所示为甲板室部分结构。甲板室端部的下面应设支柱、隔板、舱壁或其他强力构件给予支持。甲板室侧壁与端壁的连接应做成圆角，其圆弧半径应尽量取大些，以缓和端部应力集中的程度。

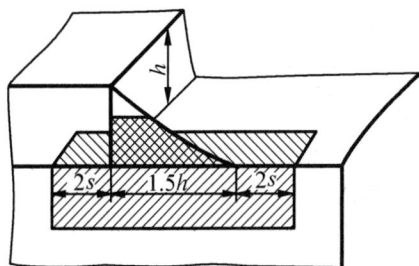

s—肋距；h—船楼高度。

图 2-69　船楼端部的加强

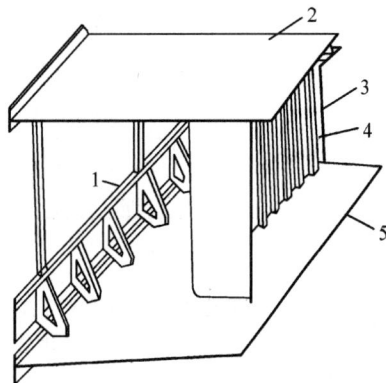

1—舷墙；2—甲板室甲板；
3—甲板室围壁；4—扶强材；5—上甲板。

图 2-70　甲板室部分结构

3. 伸缩接头

甲板室应尽量避免参与主体的总纵弯曲，以达到减小结构质量的目的。为了减小长甲板室的总纵弯曲应力，可将长甲板室分成若干段，各段之间采用伸缩接头（expansion joint）连接，使每段长度都不超过甲板室高度的 6 倍。

常用的伸缩接头有滑动伸缩接头和弹性伸缩接头两种形式，如图 2-71 所示。滑动伸缩接头，铆钉在长圆孔内滑动而使被连接的两块板能够自由滑移，使甲板室前后两段做较大的相对移动，从而避免参与主体的总纵弯曲。弹性伸缩接头，将甲板室的甲板和侧壁板在接头处做成 U 形，当甲板室下缘与主体一起弯曲时，接头的变形起到了缓冲作用，而使甲板室中的应力降低。伸缩接头的位置应与甲板室大开口的横端错开，其间距不得小于 4 个肋距。

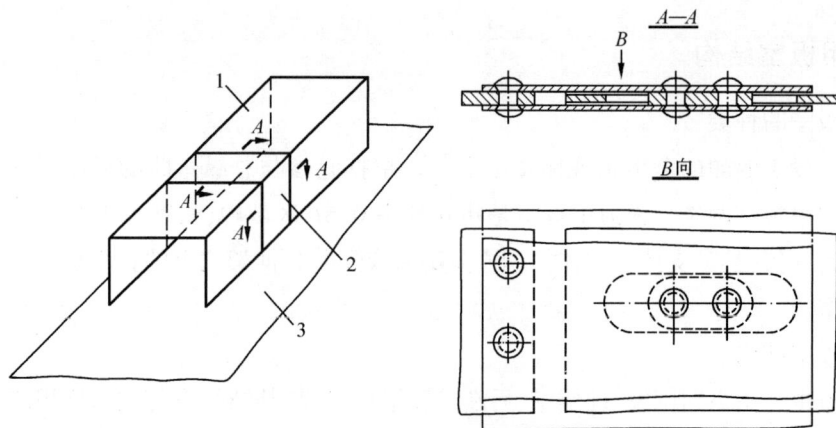

(a)滑动伸缩接头

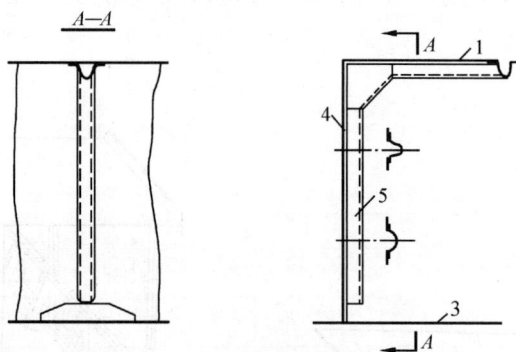

(b)弹性伸缩接头

1—甲板室甲板;2—滑动伸缩接头;3—主体甲板;4—甲板室侧壁;5—弹性伸缩接头。

图 2-71　伸缩接头的形式

三、机舱棚结构

1. 机舱棚的作用

机舱棚(engine casing)位于机舱口的上方。机舱口四周有围壁直通上部的露天甲板,其上设置有机舱棚顶盖,如图 2-72 所示。机舱棚的作用是给机舱采光和自然通风。机舱棚顶应高出露天甲板以防风暴天气时波浪海水的浸入。

2. 机舱棚围壁结构

机舱棚围壁板在干舷甲板以下部分必须保证水密,该部分应尽可能设于上层建筑内。露天甲板上开口四周的围板高度至少为 600 mm,在多层上层建筑的情况下则可减小些。露天机舱棚的高度应不小于 900 mm。在上下甲板间的机舱棚围壁可以连续,也可以被甲板切断,或呈下层甲板比上层甲板开口大的阶梯形状。为了减少应力集中,围壁的角隅应做成圆角。非露天机舱棚围壁板最小厚度在货舱区域应不小于 6.5 mm;在居住舱区域应不小于 5 mm。露天机舱棚围壁板的厚度与甲板室围壁板的厚度要求相同。

机舱棚围壁扶强材在纵向围壁上的间距常与肋距一致,而在横向围壁上的间距则视布置情况而定,当甲板结构为纵骨架式时,扶强材可按纵骨位置对应排列。扶强材应设于围壁内侧,末端削斜。

当机舱棚围壁支持其上面的甲板时,围壁上的门、窗等开口应有效地加强。

3.机舱棚顶结构

根据天窗的采光要求,机舱棚顶有水平和倾斜两种形式。图 2-73 所示为机舱棚顶结构,棚顶用螺栓连接在围板上。需要拆装机器时,可卸下螺栓,将棚顶吊离。

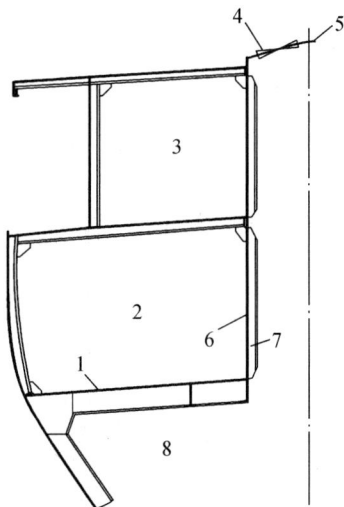

1—主甲板;2—餐厅;3—船员舱;4—天窗;
5—机舱棚顶;6—机舱棚围壁;7—扶强材;8—机舱。
图 2-72 机舱棚结构

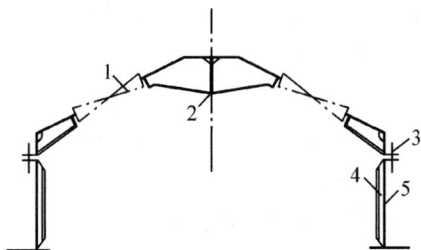

1—天窗;2—纵桁;3—螺栓;4—扶强材;5—围板。
图 2-73 机舱棚顶结构

➤ **能力训练**

训练名称:上层建筑名称及各部位认知
训练内容:见《能力训练活页手册》"任务 2.3 能力训练"

【拓展提高】

拓展知识:桅柱及加强结构

民船上的桅柱(derrick post)主要用于起吊货物,装设信号灯、天线,以及悬挂号旗。民船上常用的有单桅、人字桅和 V 形桅。军舰上的桅柱主要用于安装观察通信设备,常用三角桅和塔桅式。

起货用的单桅通常采用钢板卷成的圆筒形结构。圆筒形桅柱的直径靠近甲板支座处最大,上端的直径可以逐渐减小。圆筒钢板桅柱是分段焊接而成的,下端的钢板较厚,上端的钢板可减薄,这样可在减轻桅柱结构质量的情况下满足受力的要求。

桅柱下端通常穿过上层建筑或起货机平台(derrick platform),通至上甲板或下甲板,下面应有舱壁或支柱等刚性构架支撑加强。桅柱穿过的甲板和平台开孔周围应局部加厚和加焊覆板。

拓展训练:查阅资料了解民用船舶和军用船舶的桅柱结构特点。

【项目测试】

一、选择题

1. 纵骨架式板架结构主要用于船舶的_____。

A. 上甲板和底部　　　　　　　　B. 下甲板和底部

C. 上甲板和舷侧　　　　　　　　D. 舷侧和底部

2. 混合骨架式船体结构的船的舷侧板架为_____。

A. 纵骨架式　　　　　　　　　　B. 混合骨架式

C. 横骨架式　　　　　　　　　　D. 纵、横骨架式各占一部分

3. 外板边接缝在水线以上布置_____。

A. 应与甲板边线或折角线平行　　B. 向艏艉间距变小

C. 应采用并板　　　　　　　　　D. 应与内部纵向构件平行

4. 字母 K 表示_____代号。

A. 龙骨底板　　B. 舷侧列板　　C. 船底列板　　D. 舷顶列板

5. 主船体内的甲板主要有_____。

A. 艏楼甲板及平台甲板　　　　　B. 艉楼甲板及驾驶甲板

C. 上甲板、下甲板及平台甲板　　D. 驾驶甲板和起居甲板

6. 甲板板的排列通常是板的长边_____。

A. 沿横向布置　　　　　　　　　B. 沿纵向布置

C. 舱口间沿纵向布置　　　　　　D. 艏艉沿纵向布置

7. 内外底纵骨采用不对称型材时,其布置通常为_____。

A. 型材折边朝船体中线面　　　　B. 型材折边背向中线面

C. 型材折边无方向要求　　　　　D. 内外底纵骨折边方向相反

8. _____单层底,结构简单,建造方便,横向强度大。

A. 纵骨架式　　B. 横骨架式　　C. 混合骨架　　D. 单一骨架

9. 在横骨架式双层底结构中,肋板的形式是_____。

A. 实肋板　　　B. 组合肋板　　C. 水密肋板　　D. A+B+C

10 设置箱型中底桁的目的主要是_____。

A. 便于布置各种管路　　　　　　B. 隔离左右压载舱

C. 形成封闭空间　　　　　　　　D. 增强船体结构

11. 肋骨间距指的是_____之间的距离。

A. 两挡肋骨　　B. 两挡强肋骨　　C. 相邻两个肋位　　D. 两横向构件

12. 由主肋骨、强肋骨和舷侧纵桁组成的舷侧结构形式主要用于_____。

A. 海船货舱区　　B. 内河船舷侧　　C. 内河船货舱区　　D. 驳船舷侧

13. 纵骨架式甲板骨架的组合是_____。

A. 甲板纵桁　　　B. 甲板纵骨　　C. 强横梁　　　　D. 普通横梁

14. 横骨架式甲板结构一般用于_____。

A. 下甲板和小型船舶甲板　　　　B. 上甲板

C. 大型船舶甲板 　　　　　　　　D. 散货船甲板

15. 舱口纵桁设置在甲板下方的_____。

A. 舱口两端　　　B. 舱口两边　　　C. 两舱口之间　　　D. 两舱口间的中线面

16. 沿船长方向垂直布置的舱壁叫_____,沿船宽方向垂直布置的舱壁叫_____。

A. 横舱壁　　　B. 纵舱壁　　　C. 平面舱壁　　　D. 水密舱壁

17. 轻舱壁按结构分_____。

A. 平面舱壁和槽形舱壁　　　　　　B. 横骨架式和纵骨架式

C. 水密和非水密　　　　　　　　　D. 平面轻舱壁和压筋围壁

18. 槽形舱壁的优点是_____。

A. 有利于舱容　　　　　　　　　　B. 减少了装配和焊接工作量

C. 有利于防止锈蚀　　　　　　　　D. 减小结构质量,节省钢材

19. 舱壁桁材一般安装在_____。

A. 液体深舱　　　B. 散货舱　　　C. 杂货舱　　　D. 甲板室围壁外侧

20. 大型远洋客货船常用的船首形状是_____。

A. 球鼻型艏　　　B. 前倾型艏　　　C. 直立型艏　　　D. 飞剪型艏

21. 常见船尾形状是_____。

A. 椭圆型艉　　　B. 巡洋舰型艉　　　C. 方型艉　　　D. A+B+C

22. 艏尖舱内肋骨间距不大于_____。

A. 500 mm　　　B. 600 mm　　　C. 650 mm　　　D. 700 mm

23. 为减小艏尖舱内压载水的晃动,设置_____。

A. 水密纵舱壁　　　B. 开孔平台　　　C. 强胸横梁　　　D. 中纵制荡舱壁

24. 扇形斜肋骨和斜横梁用于_____。

A. 巡洋舰型艉端　　　B. 方型艉端　　　C. 横骨架式艉端　　　D. 纵骨架式艉端

25. 在船端部 0.05L 区域内船楼的横梁和肋骨的间距应不大于_____。

A. 450 mm　　　B. 600 mm　　　C. 700 mm　　　D. 800 mm

二、判断题(对的打"√",错的打"×")

1. 露天甲板形状通常为纵向有舷弧、横向有梁拱的曲面。　　　　　　（　　）

2. 甲板上大开口通常做成圆形开口。　　　　　　　　　　　　　　　（　　）

3. 外板端接缝通常布置在 1/4 或 3/4 肋距处。　　　　　　　　　　　（　　）

4. 外板开口处的结构一般不需要进行加强。　　　　　　　　　　　　（　　）

5. 箱型中底桁是一条位于船体的正中心水密的通道。　　　　　　　　（　　）

6. 平板龙骨是位于船底中线上的一列板。　　　　　　　　　　　　　（　　）

7. 内龙骨是船底结构上的主要横向构件。　　　　　　　　　　　　　（　　）

8. 船底纵骨遇肋板均不间断。　　　　　　　　　　　　　　　　　　（　　）

9. 水密肋板和实肋板是单层底结构中的横向构件。　　　　　　　　　（　　）

10. 横骨架式单层底结构中的肋板的主要作用是支撑纵骨。　　　　　（　　）

11. 采用船底纵骨时船底外板的厚度要比无纵骨时增加。　　　　　　（　　）

12. 主肋骨比甲板间肋骨尺寸小。　　　　　　　　　　　　　　　　（　　）

13. 舷侧纵骨遇强肋骨和横舱壁通常都间断。　　　　　　　　　　　（　　）

14. 甲板结构中的横向构件统称为横梁。 （   ）

15. 舱口端横梁设置在舱口左右两边。 （   ）

16. 纵骨架式甲板结构的纵向强度好,且装配施工方便。 （   ）

17. 艏尖舱舱壁后的第一道水密舱壁称为防撞舱壁。 （   ）

18. 水密舱壁是船底至上甲板的主舱壁。 （   ）

19. 设置轻舱壁可减小主船体的质量。 （   ）

20. 球鼻艏的优点是可减小兴波阻力,用于沿海小型杂货船。 （   ）

21. 民用船首端多采用横骨架式结构。 （   ）

22. 巡洋舰型艉仅用于巡洋舰上。 （   ）

23. 强胸横梁是设置在甲板下表面的横梁。 （   ）

24. 艉轴架和轴包套主要用于双桨和多桨船支承推进器轴。 （   ）

25. 舭龙骨与船体外板要直接牢固焊在一起,以防损坏。 （   ）

26. 轴隧主要用于货舱区管路系统穿过。 （   ）

27. 舷墙结构与上甲板和舷顶列板一般应牢固连接在一起。 （   ）

28. 护舷材的作用是保护艏部外板。 （   ）

29. 支柱通常用于油船上。 （   ）

30. 甲板室围蔽的下列板应较其他围蔽板厚些。 （   ）

三、名词解释

1. 纵(或横)骨架式板架

2. 舷顶列板

3. 甲板边板

4. 平板龙骨

5. 纵骨

6. 纵桁

7. 肋骨

8. 横梁

9. 艏(或艉)柱

10. 船楼、甲板室

四、简答题

1. 船体结构形式有哪几种? 分别适用于哪类船舶?

2. 外板的厚度沿船长和肋骨围长方向如何变化?

3. 纵骨架式双层底结构的组成及特点是什么?

4. 横骨架式双层底结构的组成及特点是什么?

5. 舷侧纵桁与强肋骨、主肋骨及横舱壁的连接形式是什么?

6. 横骨架式舷侧结构形式有哪几种? 分别用于什么情况?

7. 横(或纵)骨架式甲板结构主要由哪些构件组成?

8. 甲板纵骨与横向构件的连接是怎样的?

9. 舱壁的作用和形式是什么?

10. 艏(艉)尖舱区域如何加强?

11. 上层建筑有哪些形式? 上层建筑的作用是什么?

五、应用与拓展题

1. 分析船首、船尾分别有哪几种形状,不同形状船首和船尾分别应用在那种船上?

2. 分析纵骨架式舷侧结构的优点?并说明为什么在军船上多采用此种骨架形式?

3. 习图 2-1 所示为船体某部位的两个结构图,根据图中结构回答以下问题:

(1)分析结构所在部位是船体什么部位?两种结构分别是什么骨架形式?

(2)两个结构图中所标数字分别指的是什么构件?

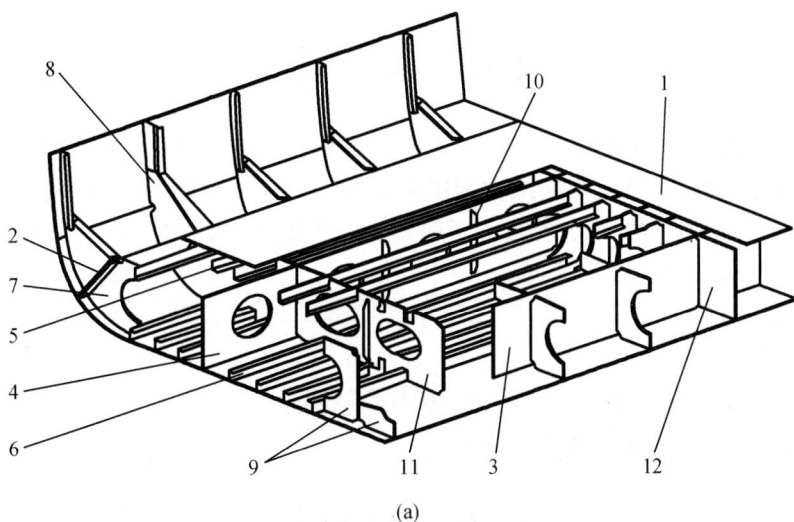

(a)

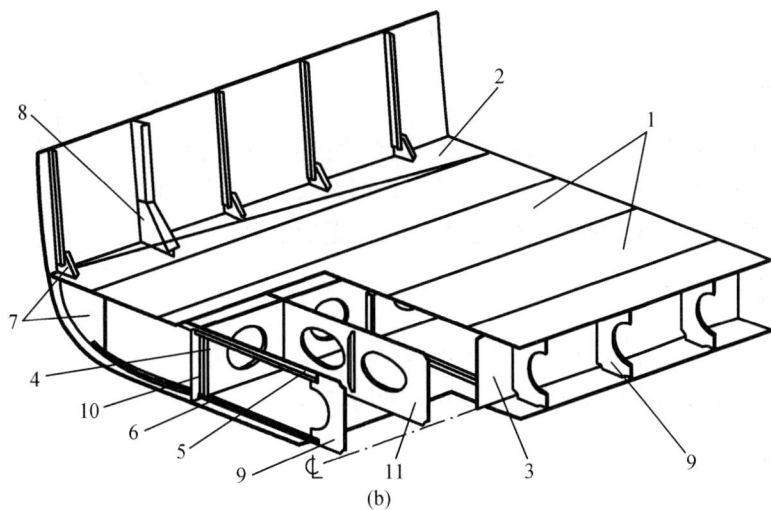

(b)

习图 2-1　船体某部位结构

项目3 几种典型船舶船体结构特点认知

【项目描述】

　　船舶用途不同,其结构形式也会有所不同。本项目着重介绍散货船、油船和集装箱船三种典型运输船的底部结构、舷侧结构和甲板结构。通过下面两个任务的学习,掌握散货船、油船和集装箱船整体的结构特点,并了解其他民用船舶的结构特点,从而全面地掌握船体结构,为后续课程的学习打下基础。

学习任务

任务 3.1　散货船、油船和集装箱船结构特点认知;
任务 3.2　其他运输船结构特点认知。

【项目目标】

素质目标

1. 具有爱岗敬业、精益求精、勤奋踏实和吃苦耐劳的工匠精神;
2. 具有勇于创新、不懈探索的开拓精神和掌握新知识、新技能的能力;
3. 具有严谨细致工作作风和分析问题、解决问题的能力。

知识目标

1. 掌握散货船、油船和集装箱船的结构特点;
2. 熟悉杂货船、滚装船、客货船和内河船的结构特点。

能力目标

1. 能初步认识各种典型船舶的结构形式及特点;
2. 能够分析判断几种典型船舶结构的优缺点;
3. 能够懂得各种典型船体结构的组成与作用;
4. 能够根据结构图形确定常见船舶的主要结构。

【相关知识】

一、散货船、油船和集装箱船底部结构特点

1.散货船底部结构特点

散货船底部是纵骨架式双层底结构。船底结构的特点是广泛采用箱形中底桁；以及靠近舷侧设有底边舱（bottom side tank）。底边舱的内底板向上倾斜，散货能自然地向中央倾注，便于卸货和清理，且有利于改善航行性能。

底边舱由斜顶板、旁底桁及舭部外板围成。底边舱的旁底桁通常做成水密形式，底边舱在货舱水密横舱壁肋位处设置有水密隔壁或制荡舱壁。底边舱内在肋板位置处设置环形框架或开有减轻孔的板，纵骨连续穿过框架并与腹板焊接。每隔一根纵骨用小肘板与框架腹板焊接，小肘板伸至框架面板。底边舱在靠近艏艉端终止处应考虑结构的连续过渡。

底边舱内有设置纵骨和无纵骨两种形式。图3-1所示为设置纵骨的底边舱结构，在主肋板平面上有环形框架，纵骨穿过框架腹板，并有加强筋和小肘板加强。图3-2所示为无纵骨的底边舱结构，图（a）为主肋板结构；图（b）为肋板间结构。

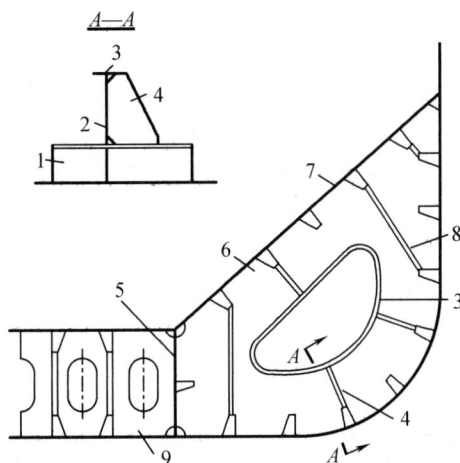

1—纵骨；2—框架腹板；3—围绕扁钢；4—小肘板；5—水密旁底桁；6—横框架；7—斜顶板；8—加强筋；9—肋板。

图3-1　设置纵骨的底边舱结构

兼运矿砂的散货船，底部做成全底桁结构而不设内外底纵骨，如图3-3所示。

图3-4所示为自卸式散货船船底结构，货舱底部呈W形，下面尖顶部位有卸货用的开口。底边舱内设置有纵骨，在主肋板平面上设置横向开孔板，开孔周围边缘附近有扁钢加强，纵骨穿过开孔板，用非水密衬板连接，纵骨处的开孔板上有加强筋加强。

2.油船底部结构特点

过去油船的货油舱底部都采用单层底结构，有纵骨架式和横骨架式两种结构，一般多采用纵骨架式单层底结构。目前根据国际有关防污染规定的要求，底部应采用纵骨架式双层底结构。与干货船不同的是，根据船的大小，油船货油舱内通常设置1~3道纵舱壁，沿船宽方向分隔成2~4个货油舱。这里只介绍油船纵骨架式双层底结构。

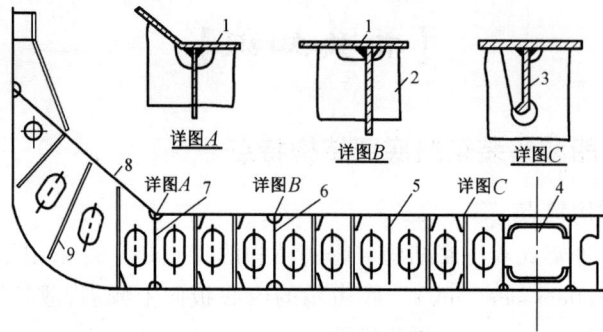

(a)主肋板结构

(b)肋板间结构

1—内底板；2—肋板；3—纵骨；4—箱形中底桁；5—间断旁底桁；
6—连续旁底桁；7—旁底桁；8—斜顶板；9—加强筋；10—肘板。

图3-2 无纵骨的底边舱结构

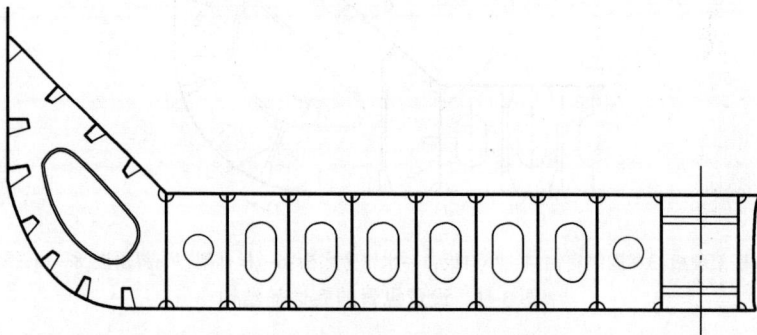

图3-3 纵骨架式全底桁船底结构

目前新建的油船货油舱底部都采用纵骨架式双层底结构。货油舱双层底应保持完整性，在货油舱的内底上不应开设人孔，也不应从机舱出入，进入双层底的出入口应通至露天甲板。

油船的双层底结构与杂货船纵骨架式双层底结构基本相同，但由于舷侧采用双层壳结构，底部靠近舷侧处通常设置成底边舱结构。底边舱上设有平台，底边舱斜板下必须设置旁底桁，如图3-5所示。

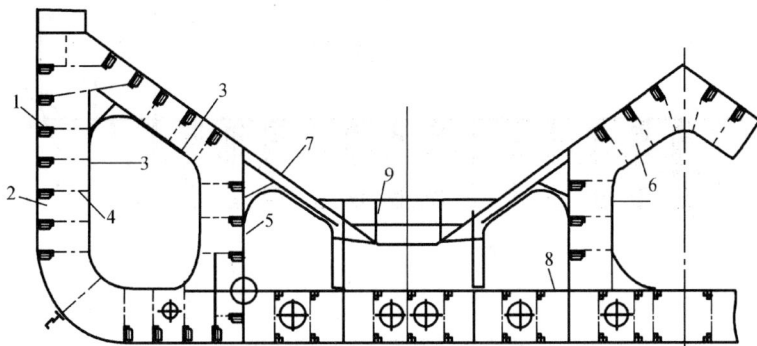

1—纵骨；2—横向开孔板；3—扁钢；4—加强筋；5—水密旁底桁；6—横框架；7—斜顶板；8—内底板；9—货物出口。

图3-4　自卸式散货船船底结构

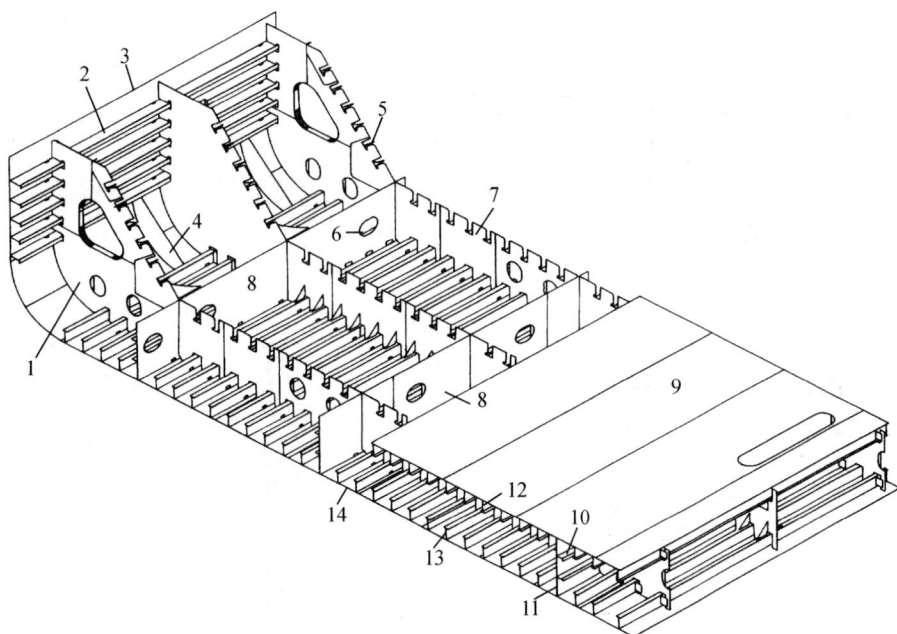

1—开孔横隔板；2—舷侧纵骨；3—舷侧外板；4—舭肘板；5—斜板纵骨；6—人孔；7—实肋板；
8—旁底桁；9—内底板；10—水平加强筋；11—中底桁；12—内底桁；13—船底纵骨；14—船底外板。

图3-5　150 000 t油船纵骨架式双层底结构

3. 集装箱船底部结构特点

集装箱船底部应采用纵骨架式双层底结构，其构件组成和结构形式与杂货船基本相同，如图3-6所示。但由于装载集装箱，内底板处应设有集装箱箱角，在集装箱的四角座点处应予以局部加强。旁桁材要布置在集装箱的座点下。在横舱壁下、舱长的中点及距横舱壁1/4舱长处都应设实肋板。

二、散货船、油船和集装箱船舷侧结构特点

1. 散货船舷侧结构特点

过去散货船均为单层舷侧，近年来也有将散货船做成双层壳结构的。

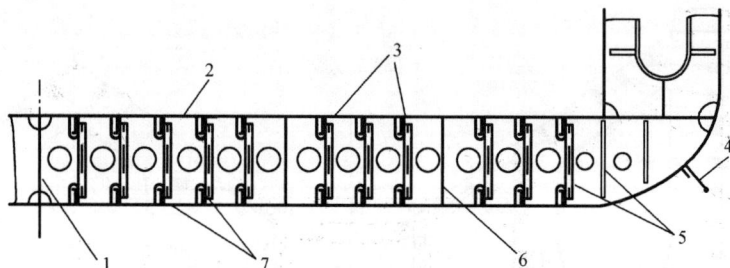

1—中底桁;2—内底板;3—内底纵骨;4—舭龙骨;5—加强筋;6—旁底桁;7—船底纵骨。

图3-6　集装箱船底部结构

(1)散货船横骨架式单层舷侧结构

单层舷侧的散货船在舷侧顶部和舭部设有顶边舱和底边舱,用于装压载水。舷侧采用单一的主肋骨。主肋骨的上下端用肘板与顶部及底部边水舱连接,如图3-7所示。肋骨与肘板的连接可用对接或搭接的形式,搭接的长度大于或等于肋骨腹板高度的1.25倍。

(2)散货船横骨架式双层舷侧结构

如图3-8所示,双层舷侧的散货船在上下两端分别与顶边舱和底边舱的斜顶板、斜底板端部相连,其连接处均设置有舷侧纵桁(平台),在双层舷侧中间也有一道舷侧纵桁,横向每挡肋位设置有强肋骨(开孔横隔板)。

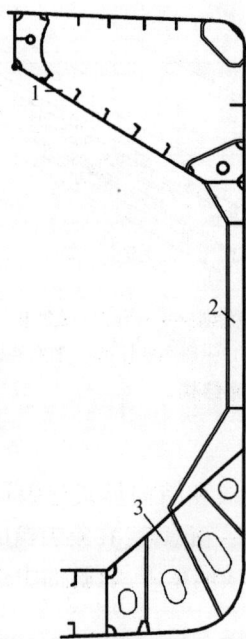

1—顶部边水舱;2—主肋骨;3—底部边水舱。

图3-7　散货船单层舷侧结构

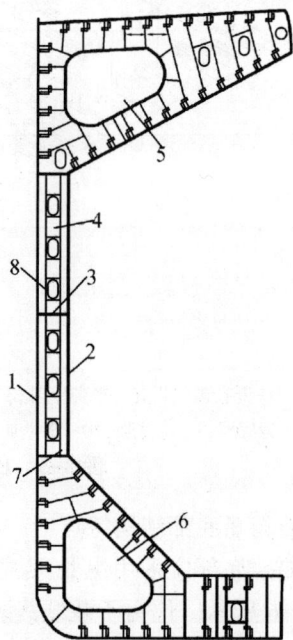

1—舷侧外板;2—内壳纵壁;3—舷侧纵桁;
4—强肋骨(开孔横隔板);5—顶边舱;6—底边舱;
7—平台;8—加强筋。

图3-8　散货船双层舷侧结构

2. 油船舷侧结构特点

过去油船采用单层壳结构,现代新型油船则采用双层壳舷侧结构。双层壳油船不仅能增加船舶的安全性,减少海洋污染,光滑的油舱内表面更便于清舱。其双壳内一般采用纵骨架式结构。双层壳舷侧结构中除了内外壳板外,其骨架组成有舷侧纵骨、内壳板纵骨、平台及其纵骨、横隔板(即强肋骨)等。图3-9所示为双层壳油船舷侧结构。

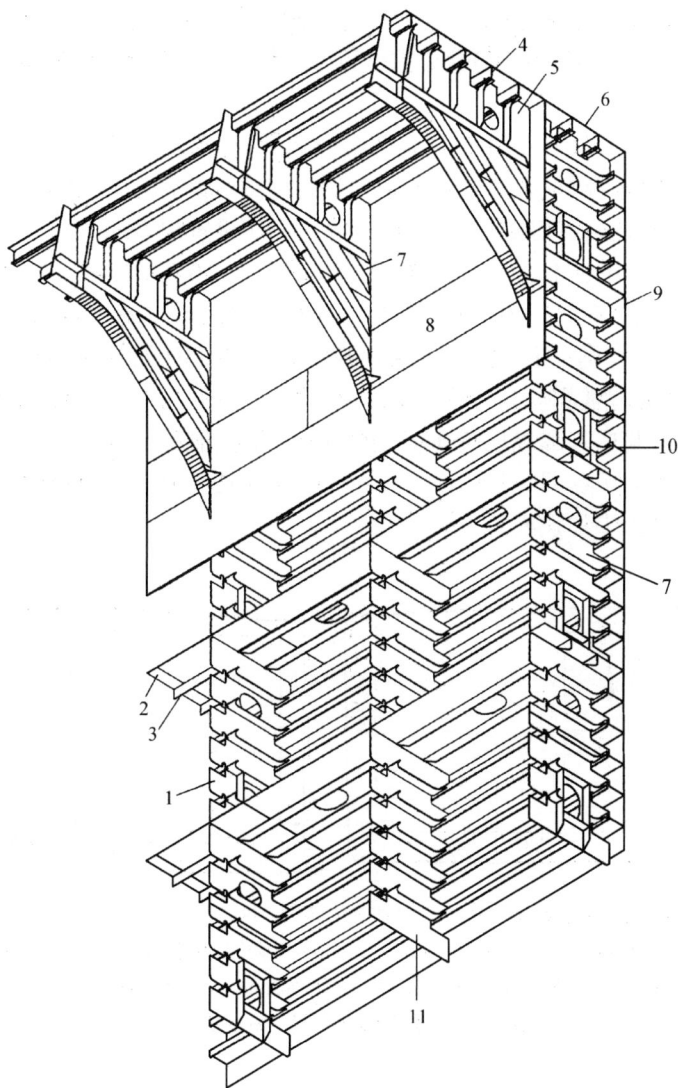

1—非水密横隔板;2—平台;3—纵骨;4—甲板纵骨;5—强横梁;6—上甲板;
7—加强筋;8—内壳板;9—舷侧外板;10—舷侧纵骨;11—水密横隔板。

图3-9 双层壳油船舷侧结构

(1)舷侧纵骨

舷侧纵骨一般采用球扁钢或T型材,沿船深方向等间距均匀布置。舷侧纵骨遇水密横隔板时,如在水密横隔板处切断,应用肘板与横隔板连接。船长超过150 m或纵骨采用高强度钢时,离船底和强力甲板 $0.1D$(D 为型深)范围内的舷侧纵骨应连续穿过水密横隔板。

舷侧纵骨遇非水密横隔板,在非水密横隔板上开切口让其穿过,并用补板相连。

(2)内壳板及其纵骨

内壳板应伸展到舷侧全深或从双层底顶端伸展到最上层甲板。内壳板的布置应使得全部货油舱皆位于边压载舱的内侧,同时应尽量向艏艉方向延伸并与该处结构有效连接和过渡。

内壳板的纵骨间距与舷侧纵骨间距相同,与横隔板的连接方式同舷侧纵骨。

(3)平台及其纵骨

双壳内与货油舱横舱壁的水平桁同一高度处应设置纵向连续的平台。在底边舱顶部高度处必须设平台,该平台根据稳性要求也可不开人孔。在平台下设置有2~3道纵骨。

(4)横隔板

双壳内与双层底肋板同一平面内应设置横框架或横隔板,它与货油舱甲板强横梁、纵舱壁的垂直桁材、横向撑材(设于内壳与纵舱壁之间或纵舱壁之间)和双层底的肋板构成横向强框架结构。横隔板上舷侧纵骨和内壳纵骨之间应设置加强筋。

具有2道纵舱壁的油船,横向强框架内应设置图3-10所示的水平撑材(或撑杆)(cross tie)。撑材的位置为:当设置1根水平撑材时,撑材中心线位于距甲板$0.5D$至$0.7D$处;当设置2根水平撑材时,则上面1根位于距甲板$0.4D$至$0.5D$处,下面1根位于距甲板$0.7D$至$0.8D$处。与水密横舱壁相邻的横向强框架内可以不设撑材。撑材两端应设置坚固的垂直肘板和水平肘板与内壳和纵舱壁垂直桁材连接,垂直肘板应与撑材腹板在同一平面内,水平肘板应与撑材面板在同一平面内。撑材腹板上应设置平行于面板的加强筋,并应设置肘板以支持面板和水平加强筋。

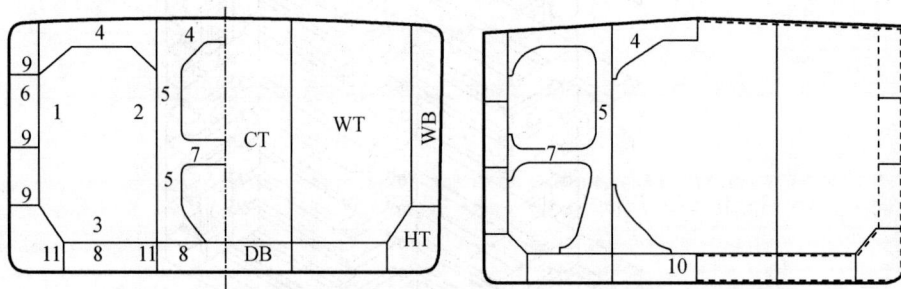

1—内壳;2—纵舱壁;3—内底;4—甲板强横梁;5—纵舱壁垂直桁材;6—双壳横隔板;
7—撑材;8—双层底肋板;9—双壳平台;10—双层底中桁材;11—双层底旁桁材;
WB—边压载舱;WT—边油舱;CT—中间油舱;HT—底边舱;DB—双层底。

图 3-10 双壳油舱中撑材的设置位置

撑材受轴向压缩力,通常采用开式型材,其剖面形状如图3-11所示。考虑到油类有膨胀的特性及油气渗入管内会有爆炸和火灾的危险,撑杆不能采用闭式的管状型材。

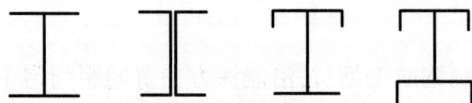

图 3-11 撑材的剖面形状

图 3-12 所示为既可装成品石油液货又可装化学品液货船的双层舷侧结构。其结构与双层壳油船相似,液货舱内部是光滑的结构,内层纵壁与甲板和底部的连接省掉了梁肘板和舷肘板。

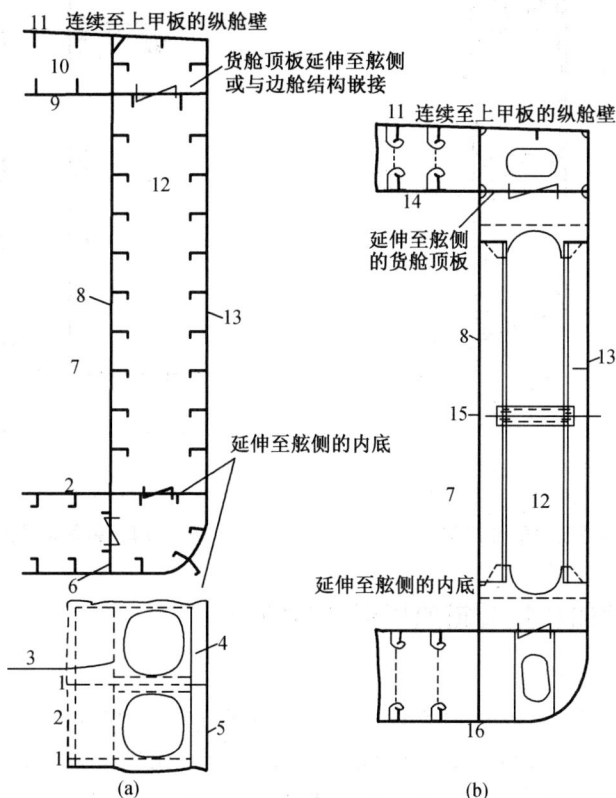

1—肋板;2—内底;3—内底板下纵桁;4—舷侧纵骨;5—舷侧;6—纵桁;7—货舱;8—纵舱壁;9—双层甲板;
10—甲板隔离舱;11—上甲板;12—边舱;13—舷侧;14—甲板;15—扶强材;16—舱壁下的纵桁。

图 3-12　液体化学品船的双层壳结构

3. 集装箱船舷侧结构特点

集装箱船货舱载货的有效宽度差不多与货舱口宽度相等,为了补偿甲板大开口对总纵强度造成的削弱,集装箱船货舱的舷侧都采用双层壳板结构,形成舷边舱(wing tank),如图 3-13 所示。舷边舱还能提高船舶的抗沉性能和用作压载水舱(ballast water tank)。舷边舱内一般应装设两层平台甲板,可增加横向强度和刚性,在风暴天气上层平台甲板还可作为人员的通道。上层平台与上甲板间的箱形结构叫作抗扭箱(torsion box),抗扭箱内必须采用纵骨架式,且设有横隔板或强肋骨,其他部位可采用纵骨架式或横骨架式。舷边舱内壳纵壁上的构件应与舷侧外板上的构件对应设置。抗扭箱处的甲板、外板和纵舱壁板都须加厚,以提高船舶的抗扭强度和总纵强度。

图 3-14 所示为多用途货船的舷侧结构。它可用于载运集装箱,但无舷边舱。其中,图(a)为主肋骨的结构形式,图(b)为桁板肋骨的结构形式。

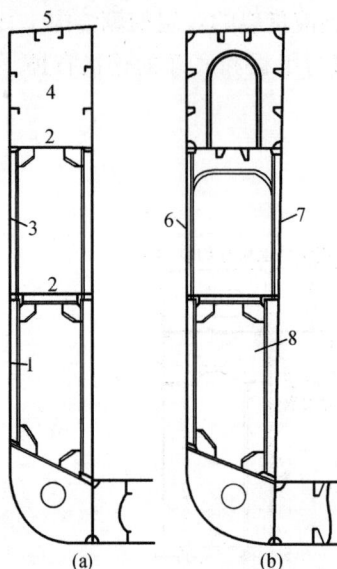

1—主肋骨;2—平台甲板;3—肋骨;4—舷侧纵骨;
5—甲板;6—外板;7—舷侧纵舱壁;8—舷边舱。

图 3-13　集装箱船舷侧结构

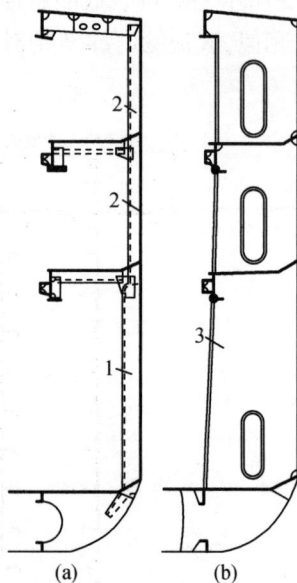

1—主肋骨;2—甲板间肋骨;3—桁板肋骨。

图 3-14　多用途货船舷侧结构

三、散货船、油船和集装箱船甲板结构特点

1. 散货船甲板结构特点

为了提高装卸效率,散货船上每个货舱设 2~3 个舱口,货舱口的宽度也较大。散货船的舷顶部做成三角形的顶边舱(topside tank)。顶边舱的作用是可防止散货偏向一舷影响船舶稳性,顶边舱内装压载水可提高船舶的重心,减小摇摆,改善航行性能,同时还能增强结构的强度。

顶边舱由甲板、舱口纵桁、斜底板、一部分舷侧外板及纵横骨架组成,如图 3-15 所示。其中,图(a)为无框架结构,顶边舱四周的板上全部设置纵骨,各个角上都安装肘板,以增强节点处的刚性;图(b)为环形框架结构(包括甲板强横梁、斜板强横梁和舷侧强肋骨),环形框架也可用开孔的板来代替。顶边舱在货舱水密舱壁处应尽可能设置水密隔壁,否则设置制荡舱壁。

2. 油船甲板结构特点

油船的甲板均为单层板架,货油舱区域大多采用纵骨架式结构,小型油船也有采用横骨架式结构的。

(1)油船纵骨架式甲板结构

油船纵骨架式甲板结构的骨架组成有高腹板的甲板纵桁、强横梁和密集的甲板纵骨。高腹板的纵桁既能增加甲板结构的强度,又能起制荡作用。

图 3-16 所示为 24 000 t 油船的中油舱甲板结构,中油舱强横梁间断于甲板纵桁,两端升高代替肘板。强横梁腹板上开切口让纵骨穿过,并且与腹板焊接,至少每隔一根纵骨设置垂直加强筋。甲板纵桁的腹板高度约为强横梁的 2 倍,为了提高纵桁腹板的稳定性,其上装设两道水平加强筋。甲板纵桁与横舱壁的连接方式与船底中内龙骨相同。甲板纵骨与横舱壁的连接应保证纵向强度,当船长大于 150 m 时,甲板纵骨应连续穿过横舱壁。

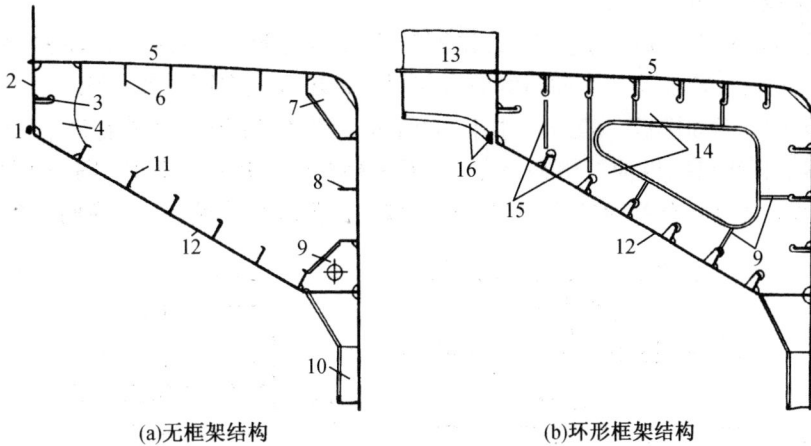

(a)无框架结构　　　　　　　　　(b)环形框架结构

1—半圆钢;2—舱口纵桁;3—纵骨;4—肘板;5—甲板;6—甲板纵骨;7—梁肘板;8—舷侧纵桁;
9—肘板;10—肋骨;11—斜底板纵骨;12—斜底板;13—舱口围板;14—横框架;15—加强筋;16—半圆钢。

图3-15　散货船顶边舱结构

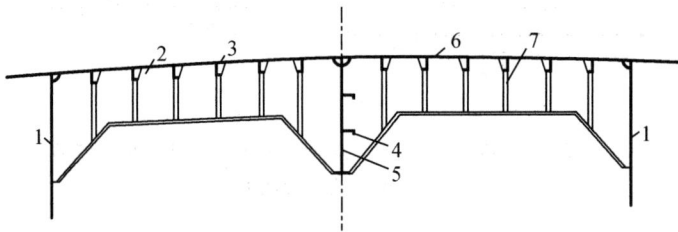

1—纵舱壁;2—强横梁;3—甲板纵桁;4—水平加强筋;5—甲板纵桁;6—甲板;7—加强筋。

图3-16　24 000 t 油船甲板结构

图3-17 所示为150 000 t 大型油船甲板中部局部结构,中纵舱壁将船体分成左右两个油舱。甲板上设有高腹板的强横梁和密集的纵骨,强横梁腹板升高与中纵舱壁及竖桁连接。

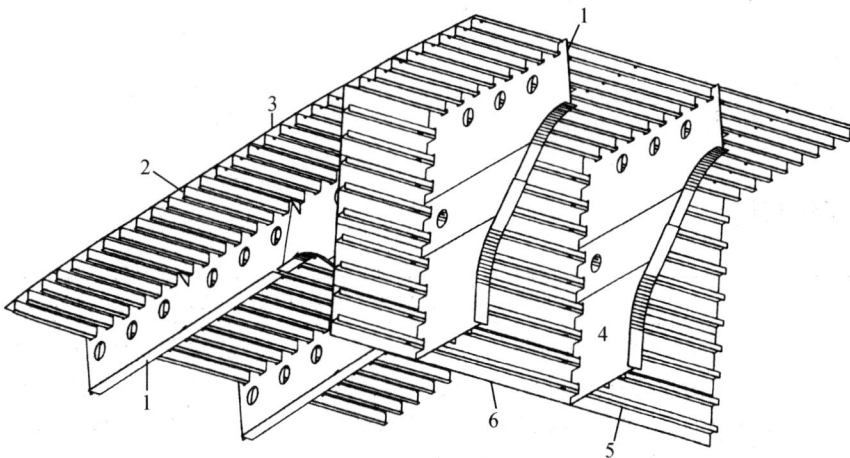

1—强横梁;2—甲板纵骨;3—甲板;4—竖桁;5—舱壁纵骨;6—中纵舱壁。

图3-17　150 000 t 大型油船甲板中部局部结构

（2）货油舱舱口结构

货油舱不须开大舱口，为了清舱，仅开设人员出入舱口（excess hatch），兼作膨胀井（expansion trunk）。边油舱和中油舱的舱口应尽量避免开设在同一肋距内。开口形状为圆形或椭圆形，舱口四周围板一般应不小于 600 mm。图 3-18 所示为油舱口结构。其中，图（a）为圆形舱口，舱口围板伸至甲板以下，切断一根纵骨并用肘板连接；图（b）为椭圆形舱口，其长轴沿船长方向布置，舱口围板不伸入甲板，在舱口前后端加装一横向的短角钢。

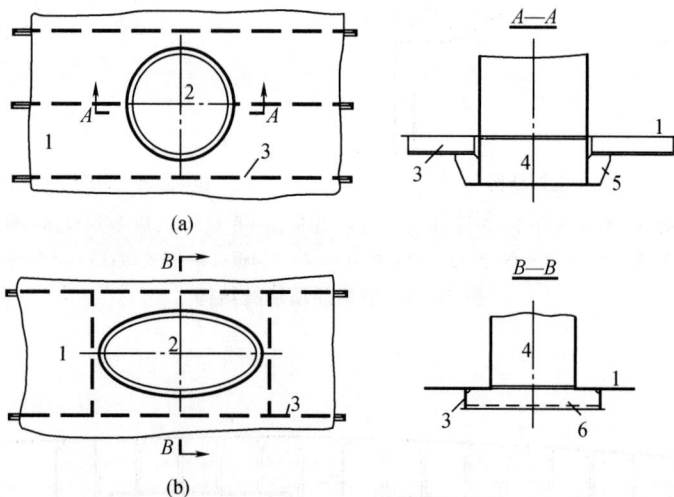

（a）

（b）

1—甲板；2—油舱口；3—甲板纵桁；4—舱口围板；5—肘板；6—短角钢。

图 3-18 油舱口结构

3. 集装箱船甲板结构

集装箱船的甲板货舱口宽度很大，货仓区域内的上甲板结构应全部采用纵骨架式，在舱口范围内至少于甲板中心线上设一根纵桁，或与之对称的左右各一根。

【学习任务】

任务 3.1 散货船、油船和集装箱船结构特点认知

➤ 任务解析

学习任务	散货船、油船和集装箱船结构特点认知
任务导入	本项目"相关知识"中分别介绍了散货船、油船和集装箱船底部、舷侧和甲板几个部位的基本结构，包括船体各部位构件的组成，构件的名称、布置、作用、所用型材及构件间的相互连接方式。本任务学习散货船、油船和集装箱船这三种典型船舶整体结构的特点，通过学习全面掌握常见的三大主力货船的结构

表(续)

任务要求	了解散货船、油船和集装箱船的结构特点,掌握结构组成、构件名称和作用,能够根据结构图形判断这几种船舶类型,并能制作其典型结构模型
实施步骤	(1)学习散货船的结构特点; (2)学习油船的结构特点; (3)学习集装箱船的结构特点
任务目标	职业素质目标: (1)具有一丝不苟的工作态度; (2)具有自我学习,不断更新知识结构的意识和能力; (3)具有分析问题、解决问题的能力。 职业知识目标: (1)掌握散货船、油船、集装箱船底部、舷侧和甲板结构组成及特点; (2)掌握散货船、油船、集装箱船的整体结构形式和特点。 职业技能目标: (1)能够初步判断散货船、油船和集装箱船的结构形式及特点; (2)能够分析判断散货船、油船和集装箱船船舶结构的优缺点; (3)能够区分散货船、油船、集装箱船结构的典型特征结构; (4)能够根据图样指出构件名称及结构所代表船舶类型,并能制作其结构模型
学习资源	教材、教学课件、图片、图纸、动画及微课等

➤ 任务实施

一、散货船结构特点的认知

散货船多为通用型,此外还有少量矿砂专用船、矿砂-散货-石油船、自卸散货船等,图3-19所示为几种散货船货舱典型横剖面形式。目前,散货船有单壳体和双壳体两种结构形式。过去散货船均为单壳体,近年来开始采用双壳体结构。

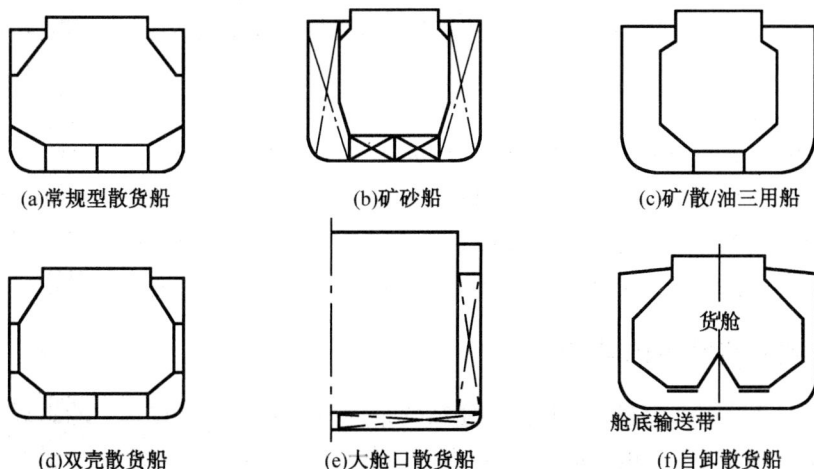

(a)常规型散货船　　(b)矿砂船　　(c)矿/散/油三用船

(d)双壳散货船　　(e)大舱口散货船　　(f)自卸散货船

图3-19 散货船货舱典型横剖面

1. 单壳体散货船结构

单壳体常规散货船采用的是混合骨架式船体结构。只有一层全通甲板,舱口围板高而大,甲板下面靠两舷有两个顶边舱,底部为双层底,双层底舭部有向上倾斜的底边舱。这样既可减少平舱工作,又可防止航行中因横摇过大而破坏船舶的稳性;同时货舱四角的三角形水柜为压载舱,可以用于调节吃水和稳性高度。甲板和舭顶部、双层底和舭侧下部是纵骨架式结构,舭侧中部为横骨架式结构。图3-20所示为装运谷物和煤的单壳体散货船货舱横剖面结构。

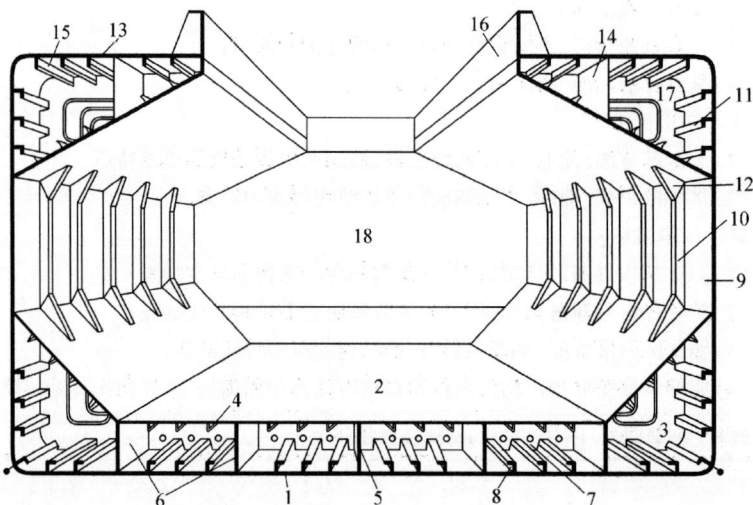

1—船底板;2—内底板;3—底边舱;4—内底纵骨;5—中底桁;6—旁底桁;7—肋板;8—船底纵骨;9—舭侧外板;
10—肋骨;11—舭侧纵骨;12—肘板;13—甲板;14—甲板纵桁;15—甲板纵骨;16—舱口围板;17—顶边舱;18—横舱壁。

图3-20 单壳体散货船货舱横剖面结构

2. 双壳体散货船结构

双壳体散货船是在单壳散货船的基础上产生的,舭侧设内壳,其他结构与单壳体船没有什么差别。舭侧双壳结构既可以是横骨架式,也可以是纵骨架式。在双壳内都设有水密或非水密的平台,而且内壳与底边舱及与顶边舱相交处通常都应设有平台。图3-21所示为某横骨架式双壳体散货船货舱区横剖面的部分结构,舭侧为横骨架式双层结构,底部为纵骨架式双层底结构。图3-22所示为纵骨架式双层舭侧散货船横剖面结构,底部、舭侧和甲板均为纵骨架式结构。

3. 矿砂船结构

矿砂船也属于散货船类型,其结构特点是:装矿砂的货舱容积不大,双层底较高(一般可达到型深的1/5),货舱区有两道纵舱壁,开口边线外强力甲板和双层底为纵骨架式。另外,矿砂船都是重结构船,为了减轻船体质量,普遍采用高强度结构钢。专线航行的矿砂船可利用舷边的空舱装载石油,设计成矿砂-石油两用船,如图3-23所示。

二、油船结构特点的认知

目前新型油船都采用双壳结构。油船结构布置最大的特点是在货油舱内设有纵舱壁,沿海小型油船中线处设一道纵舱壁,分左右两个货油舱;大型的油船设2~3道纵舱壁,分成3~4个货油舱。

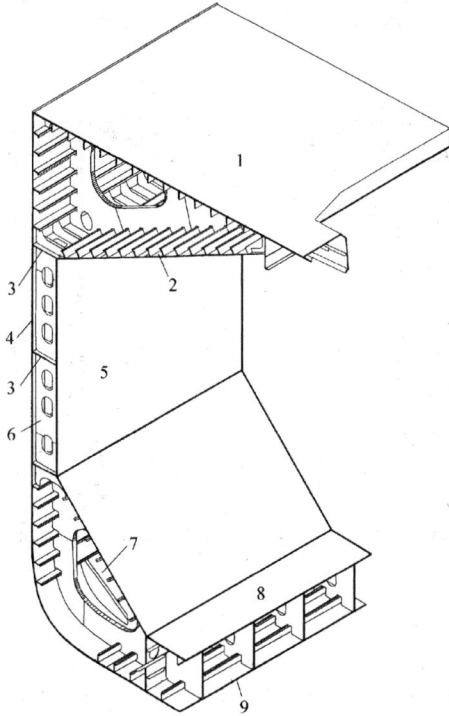

1—上甲板；2—顶边舱；3—平台；4—舷侧外板；5—内壳纵壁；6—横隔板；7—底边舱；8—内底板；9—外底板。

图3-21　横骨架式双壳体散货船货舱区横剖面的部分结构

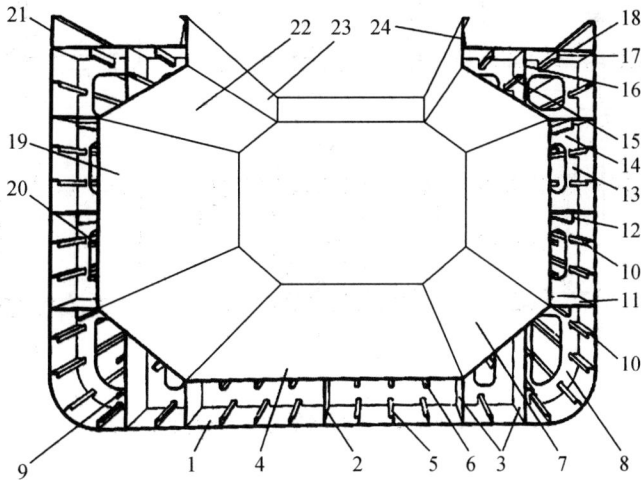

1—船底板；2—中底桁；3—旁底桁；4—内底板；5—船底纵骨；6—内底纵骨；7—内底边板；8—舭部强肘板；
9—旁底桁纵骨；10—舷侧纵骨；11—双舷水平隔板(平台板)；12—隔板纵骨；13—强肋骨；14—隔板强梁；
15—水平扶强材；16—边舱纵隔板；17—甲板纵骨；18—甲板边板；19—内舷板；20—水平扶强材；21—舷墙板；
22—顶边舱斜板；23—舱口围板；24—舱口围板肘板。

图3-22　纵骨架式双层舷侧散货船横剖面结构

双壳油船货油舱由双层底、双壳舷侧、甲板和隔离空舱围成,双层底内和双壳内不允许装货油和燃油。双壳油船的几种典型中剖面如图 3-24 所示。

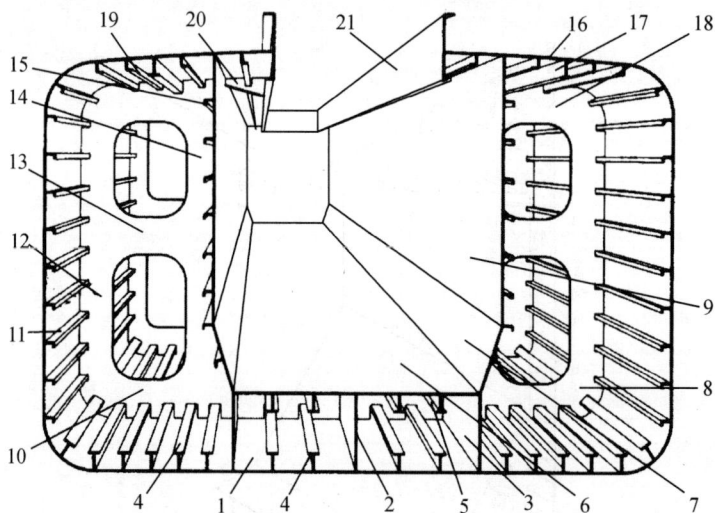

1—船底板;2—中底桁;3—旁底桁;4—船底纵骨;5—内底纵骨;6—内底板;7—内底斜板;
8—舭肘板;9—内壳板;10—肋板;11—舷侧纵骨;12—强肋骨;13—撑杆;14—垂直桁;
15—水平扶强材;16—甲板板;17—甲板纵桁;18—甲板强梁;19—甲板纵骨;20—肘板;21—舱口围板。

图 3-23 矿砂船横剖面结构

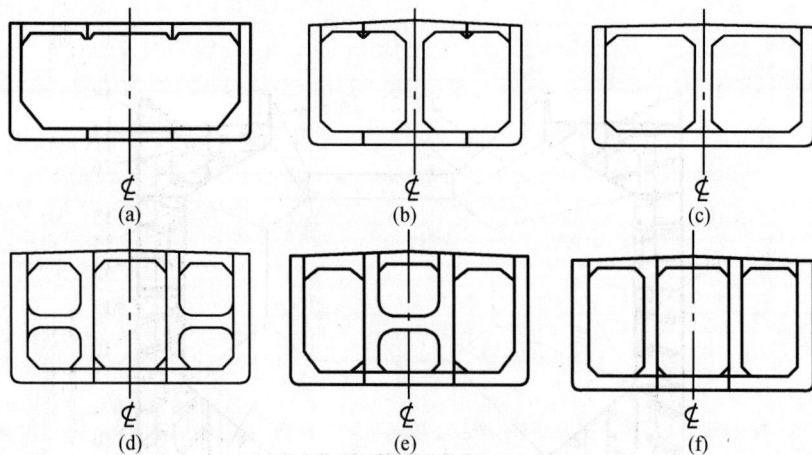

图 3-24 双壳油船典型中剖面

双壳油船货油舱的甲板骨架、双层底骨架应为纵骨架式,船长大于 190 m 时,舷侧、内壳和纵舱壁一般也应为纵骨架式。货油舱区域以外的船体结构可为横骨架式或纵骨架式。图 3-25 所示为双壳油船横剖面结构。图 3-26 所示为反装甲板骨架的双壳油船横剖面结构。槽形中纵舱壁将货油舱分为左右两个舱室,底部为纵骨架式双层底,并设有底边舱,舷侧为纵骨架式双壳结构,甲板则为纵骨架式单层结构。

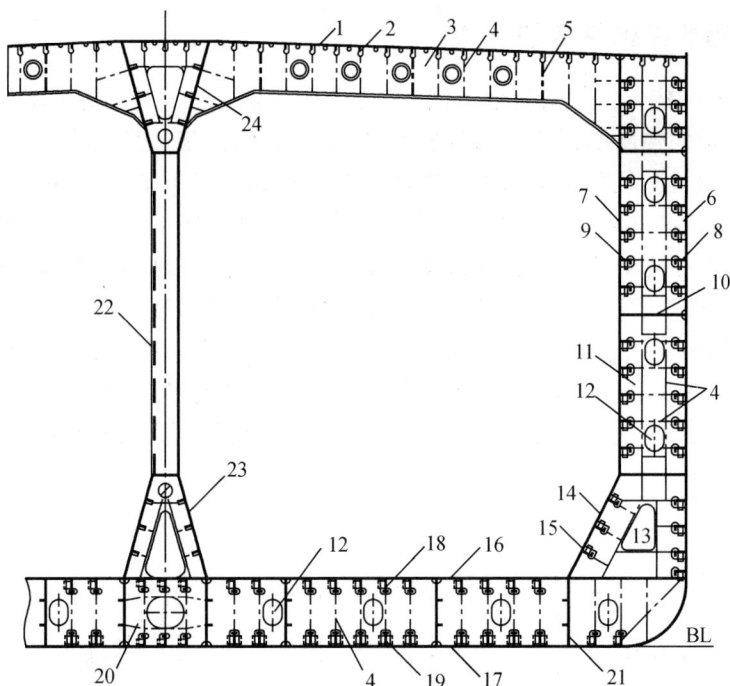

1—甲板板；2—甲板纵骨；3—强横梁；4—加强筋；5—加强肘板；6—舷侧外板；7—内壳板；8—舷侧纵骨；
9—内壳板纵骨；10—开孔平台；11—横隔板；12—人孔；13—底边舱；14—斜顶板；15—斜顶板纵骨；16—内底板；
17—船底板；18—内底纵骨；19—船底纵骨；20—箱形中底桁；21—旁底桁；22—槽形纵舱壁；23—底凳；24—顶凳。

图 3-25 双壳油船横剖面结构

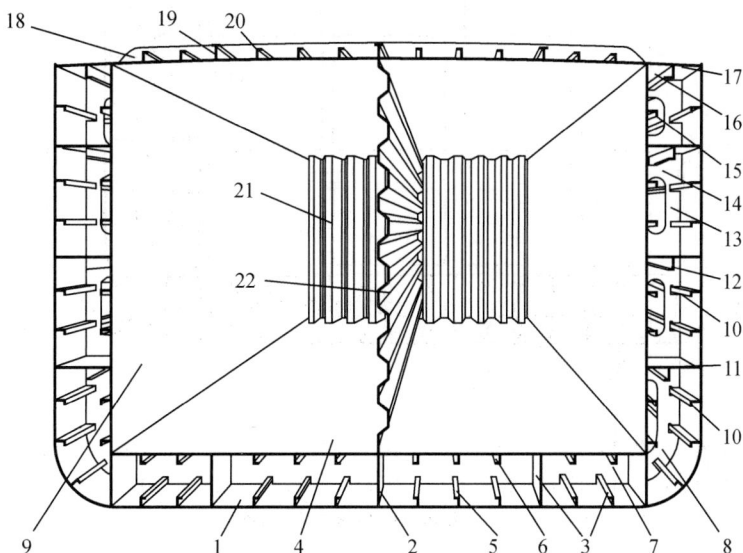

1—船底板；2—中底桁；3—旁底桁；4—内底板；5—船底纵骨；6—内底纵骨；7—肋板；8—舭部强肘板；
9—内壳板；10—舷侧纵骨；11—双舷水平隔板(平台板)；12—隔板纵骨；13—强肋骨；14—隔板强梁；
15—水平扶强材；16—甲板纵骨；17—甲板板；18—反装甲板强梁；19—反装甲板纵桁；20—反装甲板纵骨；
21—槽形横舱壁；22—槽形纵舱壁。

图 3-26 反装甲板骨架的双壳油船横剖面结构

三、集装箱船结构特点的认知

集装箱船的结构与一般的货船不同,它的货舱口宽度几乎与货舱宽度一样大,对船体的抗弯、抗扭和横向强度都很不利,在结构上应采取补偿措施。其船体基本结构形式为双层底和双层舷侧结构,且在双层舷侧的顶部设置有效的抗扭箱结构;也可用双层底和具有抗扭箱或其他等效结构的单层壳结构代替。在船的顶部和底部的强力部分均应采用纵骨架式,在其他处所纵骨架式和横骨架式均可采用,两个货舱口之间的舱口端横梁和甲板横梁应给予加强。图3-27所示为集装箱船货舱的横剖面结构,其中抗扭箱的甲板及双层底采用纵骨架式结构。舷边舱内为横骨架式结构,桁板肋骨上开有人孔或减轻孔,舷边舱内设有平台甲板。图3-28所示为纵骨架式集装箱船货舱区的横剖面结构,其底部和舷侧均为纵骨架式双层结构。舷边舱内设有水平隔板(平台板),横向设置有包括强横梁和强肋骨的开孔横隔板。

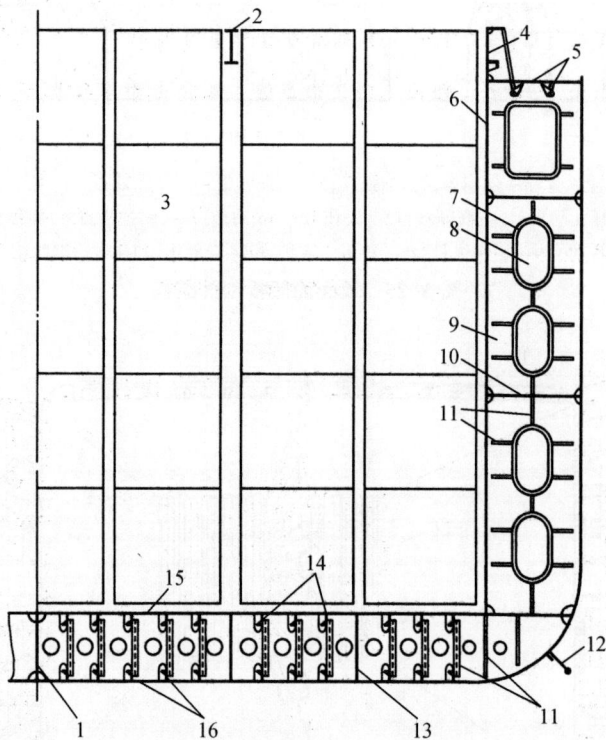

1—中底桁;2—纵桁;3—集装箱;4—舱口围板;5—甲板纵骨;6—纵舱壁;7—围绕扁钢;8—人孔;9—桁板肋骨;
10—平台甲板;11—加强筋;12—舭龙骨;13—旁底桁;14—内底纵骨;15—内底板;16—船底纵骨。

图3-27 集装箱船货舱的横剖面结构

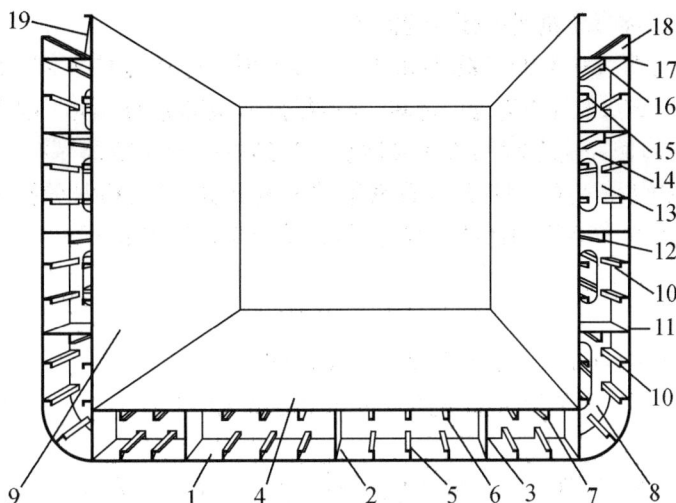

1—船底板；2—中底桁；3—旁底桁；4—内底板；5—船底纵骨；6—内底纵骨；7—肋板；8—舭部强肘板；9—内舷板；
10—舷侧纵骨；11—双舷水平隔板(平台板)；12—隔板纵骨；13—强肋骨；14—隔板强梁；15—水平扶强材；
16—甲板纵骨；17—甲板板；18—舷墙板；19—舱口围板。

图3-28　纵骨架式集装箱船货舱区的横剖面结构

四、散货船、油船和集装箱船结构的主要区别

散货船、油船和集装箱船是海洋货物运输船中三大主力船型,其结构有相同之处也有不同之处。

散货船的基本结构形式为双层底,在舷侧顶部和舭部设置有顶边舱和底边舱,舷侧为横骨架式单层舷侧或横骨架式双层舷侧结构。

油船的基本结构形式为双层底和双层舷侧结构,舭部设置有底边舱,舷侧为纵骨架式双层舷侧结构,甲板强构件腹板高度较大。

集装箱船基本结构形式为双层底和双层舷侧结构,且在双层舷侧的顶部设置有抗扭箱结构。

这三种船型基本上都采用双层底结构(油船600载重吨及以上),双层舷侧结构(散货船有采用双层舷侧,也有采用单层舷侧),甲板均为单层甲板,散货船设有顶边舱和底边舱结构,油船通常仅在舭部设有底边舱。

1. 散货船、油船和集装箱船底部结构区别

散货船、油船和集装箱船均为双层底结构,基本为纵骨架式结构。但因装载货物不同,其结构要求也不同,结构上还是有区别的。散货船最大特点是底部设置底边舱,以使散货向中间集中,防止船舶倾斜和便于散货的装卸;双壳油船底部通常也要设置底边舱,以保护油舱防止油船在碰撞或搁浅事故中产生油污染;而集装箱船底部区无向上倾斜的底边舱,因集装箱船所装载货物是集装箱,要求底部结构规整,便于集装箱的装载。

2. 散货船、油船和集装箱船舷侧结构区别

目前散货船货舱区有采用双层舷侧结构也有采用单层舷侧结构的,大中型油船货油舱和集装箱船货舱区舷侧基本都采用双层舷侧结构。散货船舷侧结构基本上是横骨架式结构;而油船货油舱处双层舷侧一般为纵骨架式结构,货油舱以外船体结构有采用横骨架式结构;集装箱船双层舷侧采用纵骨架式或仅在抗扭箱处采用纵骨架式结构。

3. 散货船、油船和集装箱船甲板结构区别

散货船、油船和集装箱船的甲板结构均为单层甲板。散货船因有顶边舱,且货舱口大,其甲板结构主要在顶边舱内和货舱口之间,顶边舱内甲板部分的结构一般为纵骨架式板架结构,货舱口之间为横骨架式结构;大中型油船甲板结构一般为纵骨架式,甲板下设有高腹板的甲板纵桁和强横梁等强构件,并设置密集的甲板纵骨;集装箱船货舱区甲板上设有大开口,甲板主要是舱口两侧纵向连续的强力甲板,采用纵骨架式结构。

➤ 能力训练

训练名称:船体横断面结构认知及结构模型制作

训练内容:见《能力训练活页手册》"任务 3.1 能力训练"

任务 3.2 其他运输船结构特点认知

➤ 任务解析

学习任务	其他运输船结构特点认知
任务导入	运输船包括客船、客货船、渡船、杂货船、集装箱船、滚装船、载驳船、驳船、冷藏船、运木船、散货船、油船、化学品船、液化气船等。除了散货船、油船与集装箱船三大运输船以外,还有杂货船等其他运输船。本任务学习杂货船、客货船、内河船、滚装船和液化气船的船体结构特点
任务要求	需要了解杂货船、客货船、内河船、滚装船及液化气体船的结构特点
实施步骤	(1)了解杂货船的结构特点; (2)了解客货船的结构特点; (3)了解内河船的结构特点; (4)了解滚装船的结构特点; (5)了解液化气船的结构特点
任务目标	职业素质目标: (1)具有一丝不苟的工作态度; (2)具有自我学习及不断更新知识结构的意识和能力; (3)具有分析问题、解决问题的能力。 职业知识目标: (1)掌握杂货船结构形式和特点; (2)掌握内河船和客货船结构形式和特点; (3)掌握滚装船结构形式和特点; (4)了解液化气船结构形式和特点。 职业技能目标: (1)能够初步判断杂货船、客货船、内河船、滚装船及液化气船的结构形式及特点; (2)能够分析判断杂货船、客货船、内河船、滚装船及液化气船船体结构的优缺点; (3)懂得杂货船、客货船、内河船、滚装船及液化气船船体结构的组成与作用; (4)能够根据图样指出构件名称及结构所代表的船舶类型
学习资源	教材、教学课件、图片、图纸、动画及微课等

➤ 任务实施

一、杂货船结构特点的认知

杂货船有横骨架式和混合骨架式两种结构。图 3-29 所示为杂货船货舱区横剖面结构。该船采用混合骨架式船体结构,在货舱区设有两层以上的甲板,底部为双层底结构。其中上甲板和双层底是纵骨架式结构,下甲板和舷侧是横骨架式结构。上甲板和下甲板上开有较大的货舱口,舱口角隅或舱口两端中心线处设有支柱,有的设置半纵舱壁或舱口悬臂梁。

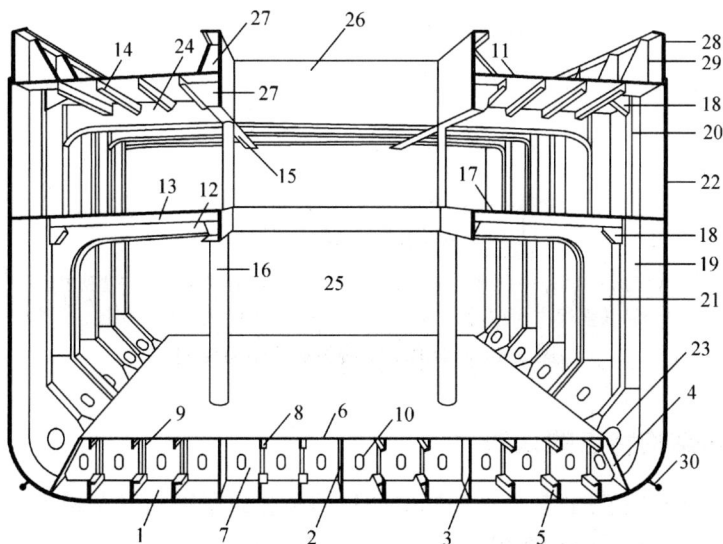

1—船底板;2—中底桁;3—旁底桁;4—内底边板;5—船底纵骨;6—内底板;7—肋板;8—内底纵骨;
9—加强筋;10—减轻孔;11—上甲板;12—强横梁;13—横梁;14—甲板纵骨;15—甲板纵桁;16—支柱;
17—下甲板;18—梁肘板;19—舱内肋骨;20—甲板间肋骨;21—强肋骨;22—舷侧外板;23—舭肘板;
24—舱口端横梁;25—横舱壁;26—舱口围板;27—肘板;28—舷墙;29—扶强肘板;30—舭龙骨。

图 3-29 杂货船货舱区横剖面结构

二、客货船结构特点的认知

客货船的特点是甲板层数多,房舱多,围壁多,甲板两旁及房舱间设有走廊。旅客和船员舱室大部分设在水线以上的甲板上。图 3-30 所示为单一横骨架式沿海小型客货船横剖面结构,底部为双层底结构。

三、内河船结构特点的认知

内河船受航道和吃水的限制,船长较短,船型宽而扁平,吃水浅,因此大多数中小型的内河船都采用单一横骨架式结构。图 3-31 所示为内河小型货船的横剖面结构。其甲板、底部和舷侧均采用横骨架式单层结构,底部略向两舷升高

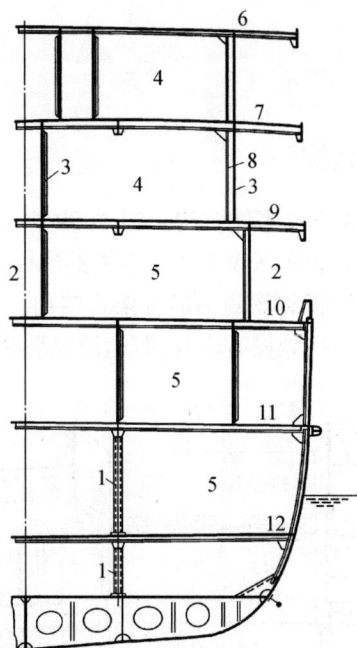

1—支柱;2—走廊;3—围壁;4—船员舱;5—客舱;6—罗经平台;7—驾驶甲板;
8—扶强材;9—艇甲板;10—上甲板;11—下甲板;12—平台甲板。

图3-30　沿海小型客货船横剖面结构

四、滚装船结构特点的认知

滚装船是一种专用船舶,其设计和制造的目的是装载车辆和以车辆为装卸手段的集装箱和货盘化货物。因此其结构布置与一般货船有很大的不同。

滚装船结构布置特点是艏艉设有尖舱,机舱位于艉部靠近两舷处,高度很低,近似于封闭式。船体中部是一个大货舱,货物用车辆从艉部的登岸跳板,通过艉门(stern door)进行装卸。有的船首部也设跳板,并设有艏门(bow door)。艏门可采用罩壳式(visor type)或边铰链式(side hinged type)。此外也有设置舷门进行装卸的。为了使车辆进入各层甲板,还设置有斜坡道或采用升降机,上下通道开口设置水密或非水密的盖板。有些专门装运车辆的滚装船,在货舱的局部区域设有活动平台,平时翻起贴在舷侧或升起置于上一层甲板下面,需要装运车辆时才放下。滚装船的上层建筑可设于艉部,也可设于船中或前部,由布置需要而定。机舱棚设在船尾两舷相应的机舱上方,高度较低。图3-32所示为滚装船布置图。

滚装船的上甲板上无货舱口。船体内设有多层甲板,甲板间舱多数不设或尽量少设横隔壁。为了保证船体的横向强度,应设置局部舱壁或强肋骨和强横梁。下甲板下方可设置左右边舱。滚装船的强力甲板和船底一般采用纵骨架式结构,底部为双层底结构。

滚装船上的升降平台一般都设计成上有平台板(厚度与车辆甲板相同),下有强横梁、桁材和扶强材等骨架(应有足够的强度)的箱形结构。

图3-33所示为滚装船横剖面结构。其底部为纵骨架式双层底,并设有箱形中底桁;主船体内有两层甲板,均为纵骨架式结构,横向装有尺度较大的强横梁;下层甲板下方设有舷边舱,内有开孔的横隔板;两层甲板之间舷侧为纵骨架式双层壳结构,内部也设有开孔的横向隔板。

1—甲板板；2—舷顶列板；3—舷侧板；4—舭列板；5—船底板；6—中内龙骨；7—平板龙骨；8—旁内龙骨；
9—梁肘板；10—甲板纵桁；11—肋骨；12—强肋骨；13—舷侧纵桁；15—横梁；16—横舱壁板；16—横舱壁。

图 3-31 内河小型货船横剖面结构

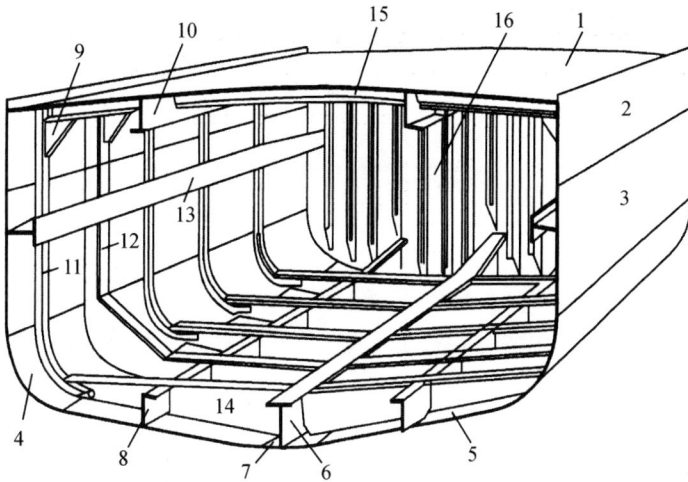

(a)

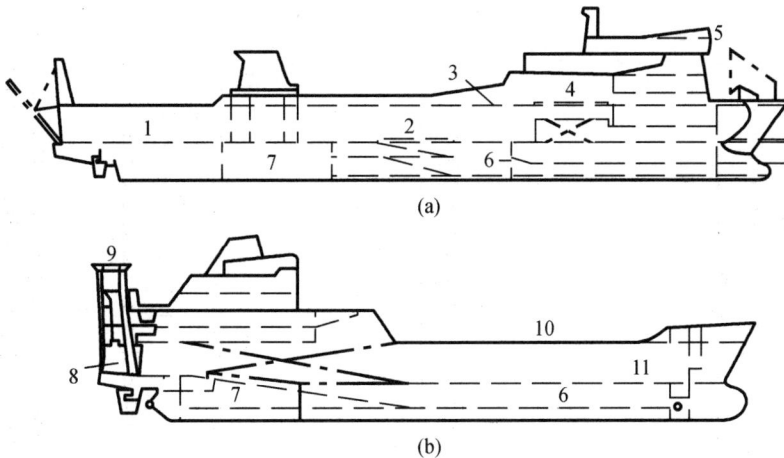

(b)

1—主甲板；2—跳板；3—上甲板；4—提升甲板；5—罩壳式艏门；6—货船；
7—机舱；8—偏斜式艉跳板；9—艉门；10—露天甲板；11—主甲板。

图 3-32 滚装船布置图

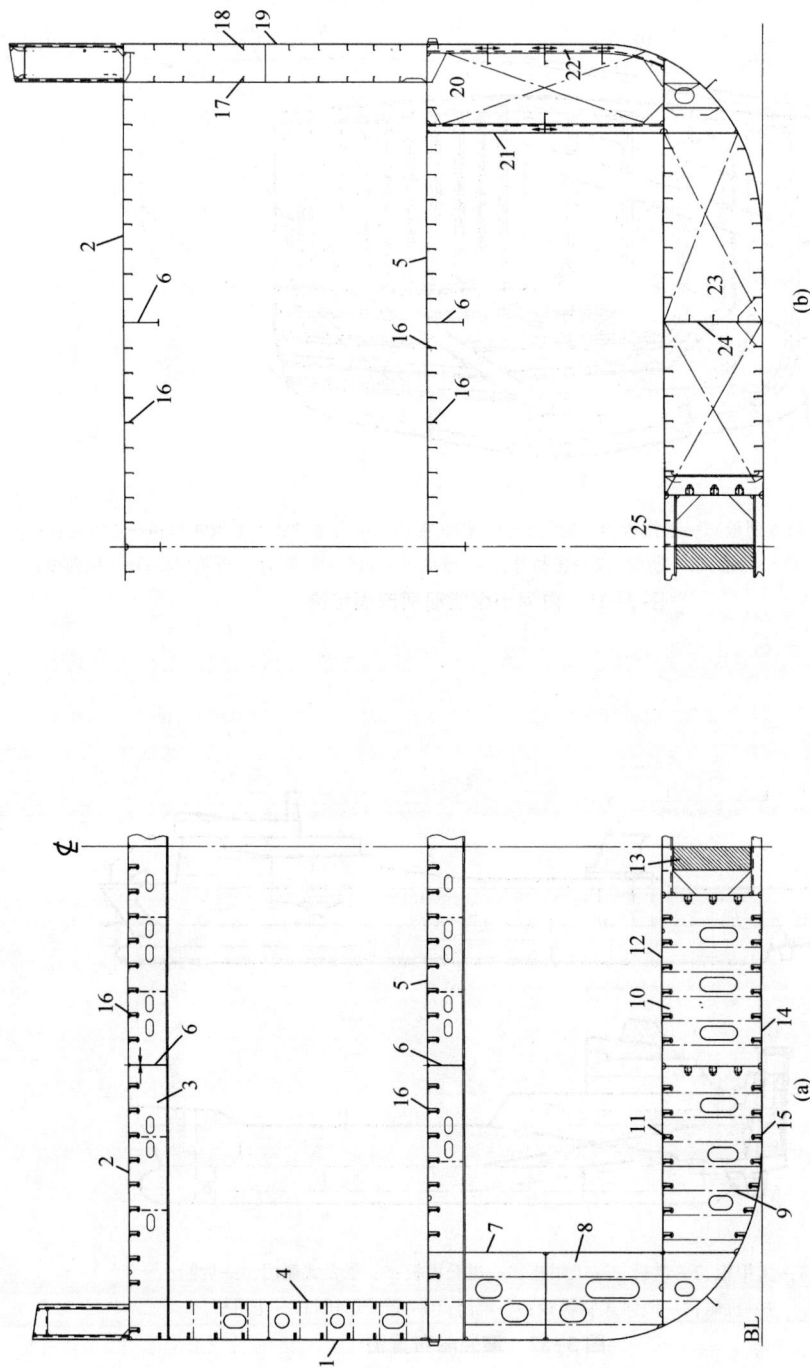

图3-33 滚装船的横剖面结构

1—舷侧外板；2—上甲板；3—强横梁；4—内壳板；5—主甲板；6—甲板；7—舷侧纵舱壁；8—开孔横隔板；9—加强筋；10—实肋板；11—内底纵桁；12—内底板；13—通道；14—船底板；15—船底纵骨；16—甲板纵骨；17—内壳板纵骨；18—舷侧外板；19—舷侧纵骨；20—舷边板；21—扶强材；22—肋骨；23—双层底液舱；24—旁底桁；25—箱形中底桁。

五、液化气船结构特点的认知

液化气船中最常用的是液化天然气（liquefied natural gas，LNG）船和液化石油气（liquefied petroleum gas，LPG）船。

1. 液化天然气船结构

液化天然气船需要对液化天然气进行低温液化，液舱具有严格的隔热结构与材料，能保证液舱恒定低温。早期的液化天然气船为独立储罐式，是将柱形、筒形、球形等形状的贮罐置于船内。储罐本身有一定的强度和刚度。船体构件对储罐仅起支持和固定作用。图3-34是液化天然气船的简图。后期的膜式液化天然气船采用双壳结构，船体内壳就是液货舱的承载壳体。在液货舱里衬有一种由镍合金钢薄板制成的膜。它与低温液货直接接触，但仅起阻止液货泄漏的屏障作用，液货施于膜上的载荷均通过膜与船体内壳之间的绝热层直接传到主船体。同独立储罐式相比，膜式的优点是容积利用率高，结构质量小，因此目前新建液化天然气船，尤其是大型的，多数采用膜式结构。这种结构对材料和工艺的要求较高。此外，日本还发展出一种构造介于两者之间的半膜式船。薄膜型液化天然气船的典型横剖面结构如图3-35所示。

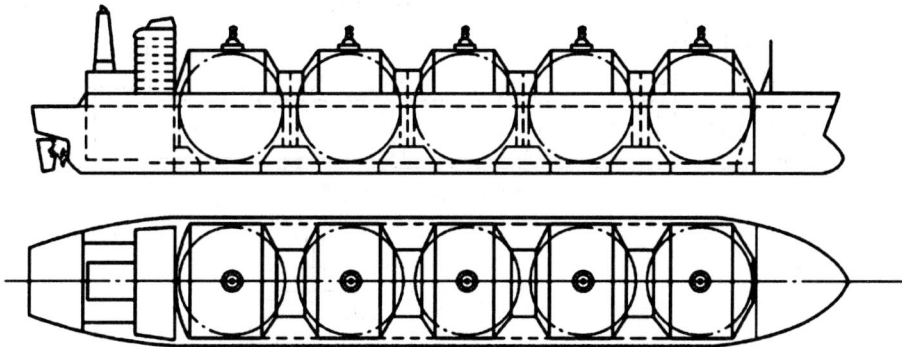

图3-34 液化天然气船(Moss 球形储罐)简图

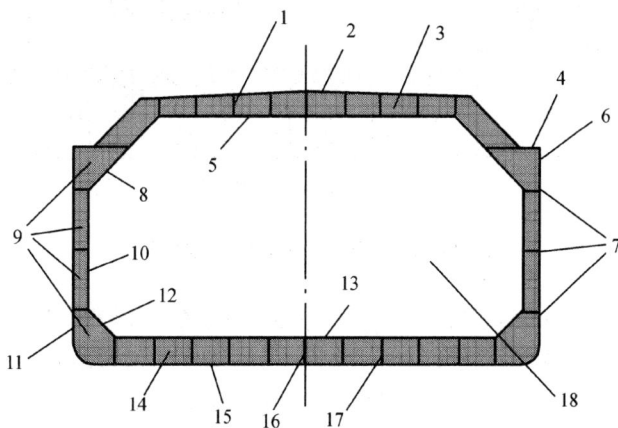

1—甲板纵桁；2—凸形甲板；3—甲板横梁；4—上甲板；5—内甲板；6—舷顶列板；7—舷侧平台；8—顶边舱斜板；9—舷侧横隔板；10—内壳；11—舷侧外板；12—底边舱斜板；13—内底；14—双层底肋板；15—船底；16—双层底中桁材；17—双层底旁桁材；18—横向舱壁。

图3-35 薄膜型液化天然气船的典型横剖面结构

2. 液化石油气船结构

液化石油气船的运输方法有三种：一种是将其加压液化，可在常温下进行装卸，这种船叫作全加压式液化石油气船，其货舱常为球形或圆柱形罐；另一种是冷冻液化，叫作全冷冻式液化石油气船，其货舱可制成矩形，舱容利用率高，但需设置良好的隔热层；第三种是既加压又冷冻液化，叫作半加压半冷冻式液化石油气船。

图 3-36 所示为两种类型的液化石油气船的布置简图。其中，图(a)为全冷藏式液化石油气船，该船液柜顶边做成倾斜状，主要作用是减小自由液面，舭部底边呈倾斜状是配合舭部结构的形状，因此液柜整体呈棱柱状；图(b)为全压式液化石油气船，它的液柜是独立型的圆柱状压力容器。

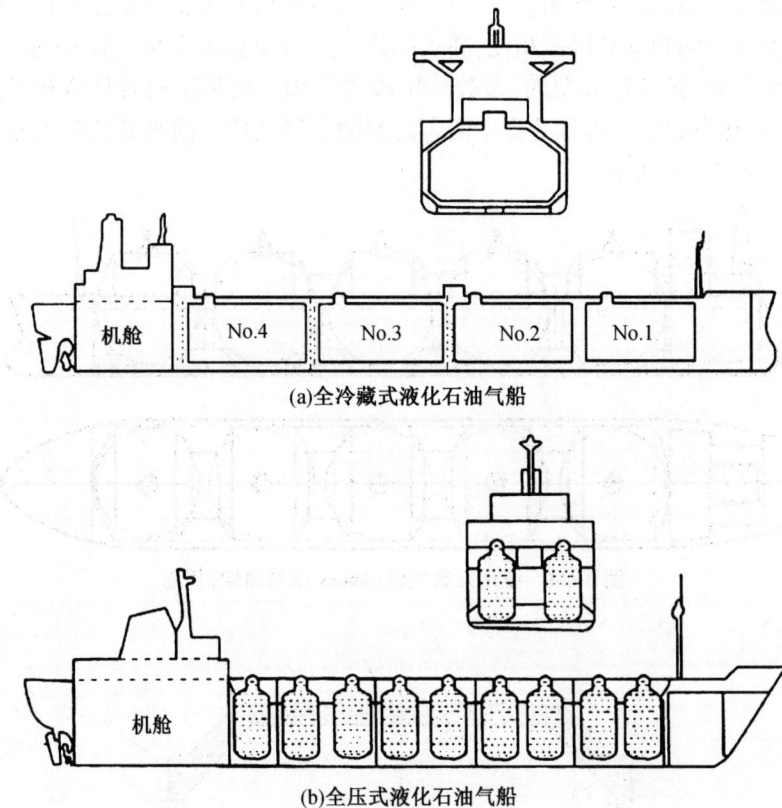

(a)全冷藏式液化石油气船

(b)全压式液化石油气船

图 3-36 液化石油气船的布置简图

液化石油气船货舱区的结构特点：采用双层船壳体，底部和舷侧结构与散货船相似，布置有底边水舱；舱室中间为球形或罐形耐压储液舱，与主船体间通过隔热层结构相连；上甲板结构为斜甲板，也有采用平直甲板的，并布置顶边水舱注入压载水以保证稳性。图 3-37 所示为某全压式液化气船的横剖面结构，图中左半部分为有横向结构处的剖面，右半部分为无横向结构处的剖面。

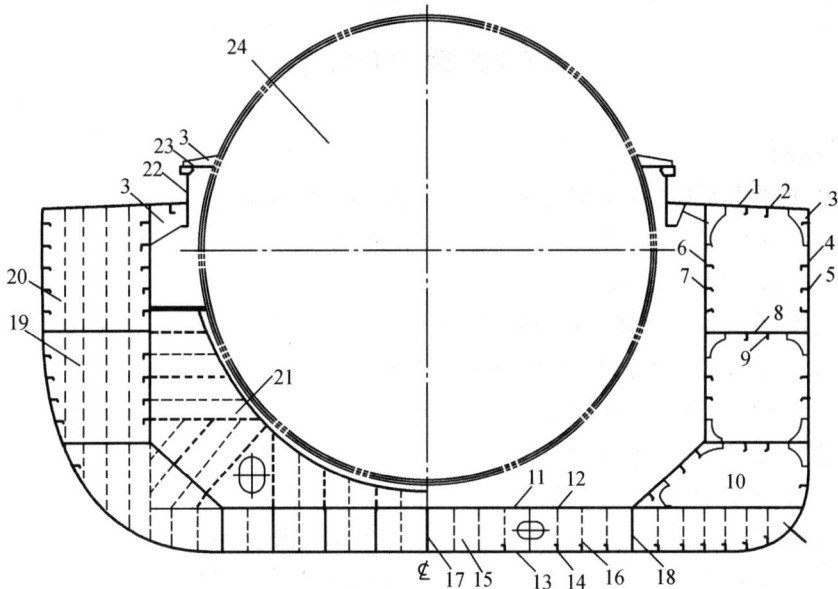

1—甲板;2—甲板纵骨;3—肘板;4—舷侧外板;5—舷侧纵骨;6—内壳板;7—内壳板纵骨;8—平台甲板;
9—平台甲板纵骨;10—底边舱;11—内底板;12—内底纵骨;13—船底板;14—船底纵骨;15—肋板;16—加强筋;
17—中底桁;18—旁底桁;19—边舱水密横舱壁;20—扶强材;21—鞍座;22—舱口围板;23—舱口盖;24—液罐。

图3-37 全压式液化气船的横剖面结构

➤ 能力训练

训练名称:船型及船体货舱结构认知
训练内容:见《能力训练活页手册》"任务3.2 能力训练"

【拓展提高】

拓展知识:驱逐舰结构

驱逐舰是各国海军兵力中使用最广的一种军舰,特别是大型导弹驱逐舰,是远洋作战舰艇的主要力量。目前各类驱逐舰的结构材料一般采用高强度低合金钢,少量次要结构材料采用优质碳素钢及铝合金,或者钢-铝混合结构。

驱逐舰的结构组成与民船相差不大。现代驱逐舰主船体结构材料性能较优,板材较薄,骨材较密,工艺要求较高。由于驱逐舰对船体的总纵强度要求较高,主体部分一般采用纵骨架式,局部区域根据具体情况可采用纵骨架式或横骨架式,骨架间距一般为 500 ~ 1 100 mm。驱逐舰的双层底由前弹药舱设至艉弹药舱,约为2/3舰长。早期的驱逐舰设有舷舱(side tank),新设计建造的驱逐舰一般均不设舷舱。

拓展训练:查资料了解水面战斗舰艇的主要结构特点及其与民船结构有什么不同。

【项目测试】

一、选择题

1. 现要求建造中型以上油船设置双层船壳的主要目的是_____。

A. 增加船体强度　　B. 增加压载水舱　　C. 防止严重污染　　D. A+B+C

2. 矿砂/石油两用船的特点是_____。

A. 运输矿砂时装在两侧边舱和中间货舱内

B. 运输原油时装在两侧边舱和部分中间货舱内

C. 运输矿砂时只装在两侧边舱内

D. 运输原油时只装在中间货舱内

3. 不符合杂货船结构特点的是_____。

A. 用来装载一般干货　　　　　　　B. 货舱为双层舷侧

C. 舱口尺寸较大　　　　　　　　　D. 货舱区有多层甲板

4. 矿砂船的特点是_____。

①单层全通甲板　　②双层底高　　③货舱内侧压载舱大　　④采取纵骨架式结构
⑤货舱长而大

A. ①②③④　　　　B. ②③⑤　　　　C. ①②③④⑤　　　　D. ①②③

5. 为保证集装箱船的舱体强度,其主船体货舱结构中采用了_____。

A. 双层壳、抗扭箱　　B. 多层甲板　　C. 多道纵向舱壁　　D. 圆形舱口

6. 为便于散装货物装卸,散货船货舱区结构设置有_____。

A. 货舱口　　　　B. 甲板　　　　C. 底边舱和顶边舱　　D. 双层舷侧

7. _____对于小型滚装船不适用。

A. 舷门跳板　　　　B. 舰门跳板　　　　C. 艏门跳板　　　　D. B+C

8. 为提高抗扭强度和总纵强度,集装箱船双层舷侧上部设有_____。

A. 顶边舱　　　　B. 抗扭箱　　　　C. 内壳纵壁　　　　D. 平台

9. 大型油船通常采用_____。

A. 横骨架式舷侧　　　　　　　　　B. 纵骨架式单层舷侧

C. 纵骨架式双层舷侧　　　　　　　D. 横骨架式双层舷侧

10. 散货船底部的主要结构特点是_____。

A. 单层底　　　　B. 纵骨架式　　　　C. 有底边舱　　　　D. 有中底桁

11. 油船设置双层船体的主要目的有_____。

A. 增加船体强度　　　　　　　　　B. 增加压载舱

C. 防止破损和造成污染　　　　　　D. 增加装油量

12. 散货船甲板货舱区结构最大的特点是_____。

A. 纵骨架式结构　　B. 横骨架式结构　　C. 设置有顶边舱　　D. 设置有底边舱

二、判断题(对的打"√",错的打"×")

1. 油船设置多道纵舱壁和大型肋骨框架的目的是提高船舶的总纵强度。　　　　　　（　　）

2. 采用水平装卸方式的船舶是集装箱船。　　　　　　　　　　　　　　　　　　　（　　）

3. 滚装船货舱内支柱极少,甲板为纵通甲板。 （　　）

4. 船型肥大、货舱呈棱形体、舱口围板也较高的这类船属于集装箱船。 （　　）

5. 滚装船上甲板平整,无舷弧和梁拱,不需要起货设备,甲板层数多。 （　　）

6. 大型油船通常采用纵骨架式双层舷侧。 （　　）

7. 杂货船在货舱区设置两层以上的甲板。 （　　）

8. 集装箱船多采用双层舷侧,并设置抗扭箱。 （　　）

9. 设置顶边舱和底边舱是油船货舱结构的主要特征。 （　　）

10. 散货船顶边舱里通常装载燃油。 （　　）

11. 客货船的甲板层数多,主要用来装载货物。 （　　）

12. 内河船多采用单一横骨架式船体结构。 （　　）

三、名词解释

1. 顶边舱

2. 底边舱

3. 撑杆

4. 抗扭箱

四、简答题

1. 简述散货船、集装箱船的结构特点。

2. 简述杂货船的结构特点。

3. 大型油船货油舱通常采用什么结构？

4. 简述滚装船的结构特点。

5. 简述集装箱船抗扭箱的作用及结构要求。

6. 简述散货船设置顶边舱和底边舱的用途。

五、应用与拓展题

1. 根据图 3-20 和图 3-22 所示的结构,回答以下问题。

(1)指出这两种结构表示的是什么船的结构？

(2)分析这两种结构有什么相同和不同之处。

(3)舷侧结构分别有哪些构件？

2. 根据图 3-25 和图 3-28 所示结构,回答以下问题。

指出这两种结构分别表示的是什么船的结构？分析这两种结构相同之处和不同之处,并简要说明采用这种结构形式的理由。

3. 根据习图 8-5(参见项目习题),回答以下问题。

(1)该船的甲板和船底分别为何种结构形式？

(2)结合图样,判断该船的类型,并简要描述其结构特征。

项目 4　船体制图一般规定的认知与应用

【项目描述】

　　船体图样是建造船舶的重要技术文件,为了便于船舶设计、生产和技术交流,船体图样的表达方法、尺寸注法、图线及所用符号需要做统一规定。为此,国家有关部门制定和颁布了一系列标准。中国船舶工业的标准及指导文件有国家标准总局(以 GB 表示)颁布的国家标准、全国船舶标准化技术委员会(以 CB*、CB*/T 表示)和中国船舶工业总公司(以 CB、CB/T 表示)颁布的行业标准、中华人民共和国交通部(JT、JT/T)颁布的部级标准,此外还有各工厂企业批准的企业标准。这些标准适用范围不同,但统属技术法规,每个从事造船工业的人员必须严格遵守,认真执行。

　　与船体制图直接相关的标准主要有:

《金属船体制图》(GB/T 4476—2008);

《船舶产品图样和技术文件管理》(CB/T 3243—1995);

《金属船体构件理论线》(CB/T 253—1999);

《船舶产品专用图样和技术文件编号》(CB/T 14—2011);

《船体结构　相贯切口与补板》(CB* 3182—83);

《船体结构　型材端部形状》(CB/T 3183—2013);

《船体结构　流水孔、透气孔、通焊孔和密性焊段孔》(CB* 3184—2008);

《船舶焊缝符号》(CB/T 860—1995);

《造船　船舶布置图中元件表示法》(GB/T 3894—2008)。

　　以上标准代号中的中间数字是标准的编号,最后的数字表示该标准颁布的年份。本项目及以后相关项目中将择要介绍这些标准的内容,并将部分内容列于书末附录中,作为绘图和读图的依据。

　　本项目介绍船体制图相关规定,包括图纸幅面、图样比例、标题栏、书写方法及船舶图形符号和技术文件等有关规定。通过下面四个任务的学习,掌握图线应用、尺寸标注方法、理论线的规定和焊缝符号标注方法,从而为船体制图及后续课程的学习打下基础。

学习任务

　　任务 4.1　船体图样中图线的认知与应用;

　　任务 4.2　船体图样中尺寸标注的认知与应用;

　　任务 4.3　金属船体构件理论线的认知与应用;

　　任务 4.4　船体焊缝符号的认知与应用。

【项目目标】

素质目标

1. 具有良好的职业道德,质量意识、诚信意识和遵守行业规范的工作意识;
2. 具有具有较强的责任意识和精益求精、一丝不苟的工作态度;
3. 具有较强的自主学习能力,新知识、新技能的掌握能力。

知识目标

1. 了解船体制图图纸幅面、图样比例、标题栏、书写方法、船舶图形符号和技术文件等有关规定;
2. 掌握图样中图线种类、规格、含义和使用方法;
3. 掌握船体图样中尺寸标注的规定和表达方法;
4. 熟悉船体构件理论线的规定和标注方法;
5. 熟悉船体图样中焊缝符号的表达含义及表达方法。

能力目标

1. 能够根据图线种类确定其在图中表达的含义并能正确使用图线;
2. 能够正确标注船舶图样中的尺寸;
3. 能够根据金属船体构件理论线规定正确确定船体构件理论线的位置;
4. 能够正确理解船图中焊接符号所代表的含义并能在船图中正确标注焊缝符号。

【相关知识】

一、图纸幅面和图样比例

1. 图纸幅面及格式

(1)基本幅面

标准中规定了五种基本幅面,见表4-1,绘制图样时应优先采用。

表4-1 基本幅面

幅面代号	A0	A1	A2	A3	A4
$B \times L$/mm	841×1 189	594×841	420×594	297×420	210×297
图纸幅面/m	1.00	0.50	0.25	0.12	0.06
c/mm		10		5	
a/mm			25		

(2)幅面的延伸

根据绘图需要,也可延伸基本幅面,其方法是按所选基本幅面短边的整数倍沿短边延伸,如图 4-1 所示。延伸后的图幅宽度不得超过 A0 幅面的宽度。

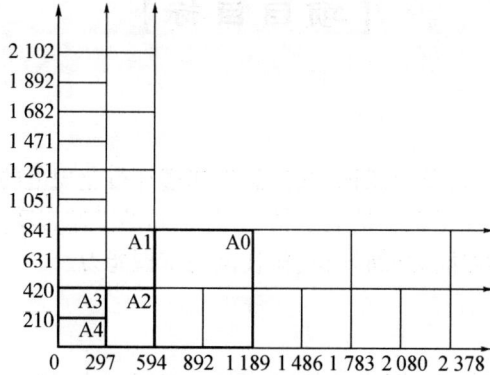

图 4-1　图纸幅面延伸的规定(单位:mm)

(3)图纸边框格式

图纸边框格式见图 4-2,边框线用粗实线绘制,a、c 尺寸见表 4-1。标题栏、图样管理栏和反向图号栏的尺寸、格式及内容详见后面相关内容。

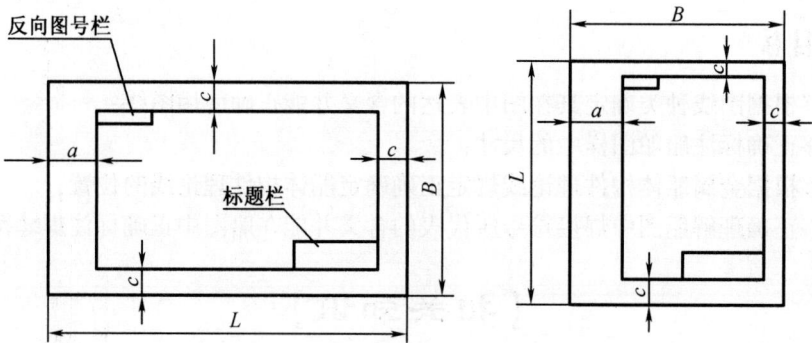

图 4-2　图纸边框格式

2.图样比例

(1)船体图样的比例

绘制船体图样时,应采用表 4-2 中规定的比例,其中括号中的比例不推荐使用。

表 4-2　船体图样的比例

比例的种类	采用的比例			
与实物相同	1:1			
缩小的比例		1:2	1:2.5	1:5
	1:10	1:20	1:25	1:50
	1:100	1:200	1:250　(1:30)	(1:40)
放大的比例	2:1	2.5:1		

（2）比例的标注

每张图样上均标注采用的比例。同一图样中，各图形采用的比例相同，则将比例标注在标题栏内；各图形的比例不一致，则将主要视图的比例标注在标题栏内，其他图形的比例标注在各图形名称线的下方，见图4-3。

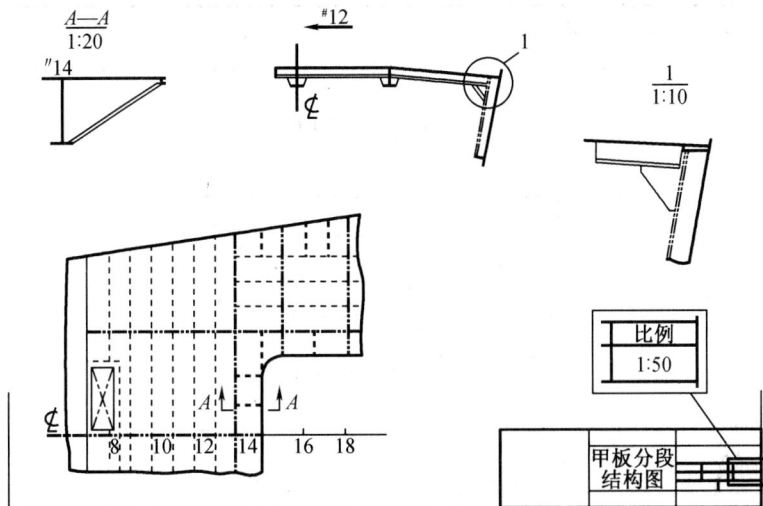

图4-3　比例的标注

二、标题栏、明细栏及反向图号栏

船舶标准《船舶产品图样和技术文件管理》（CB/T 3243.3）中对标题栏及明细栏的格式做了规定。

1. 图样标题栏

图样标题栏设于图纸的右下角，其格式见图4-4。学生用的标题栏格式可参见图4-5的简化标题栏。

2. 反向图号栏

为便于图样的管理，在图样的左上角，还设有反向图号栏（A4图纸除外）。填写的图号方向与标题栏中图号方向相反。其格式见图4-6。

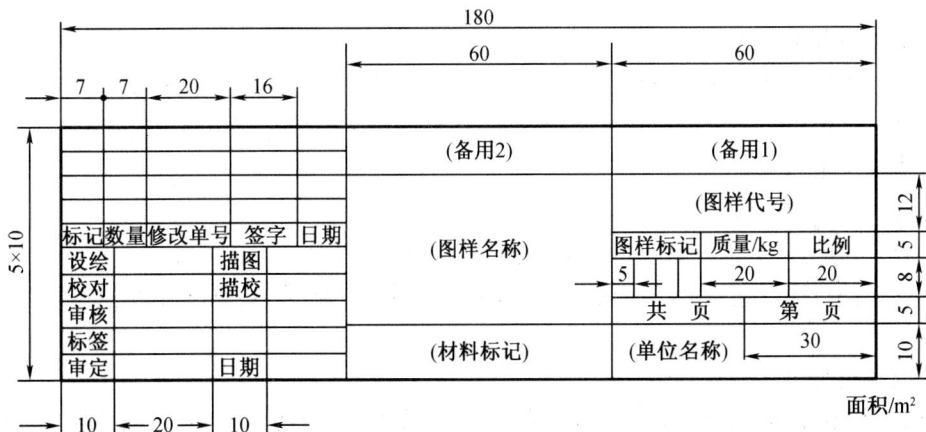

图4-4　图样标题栏

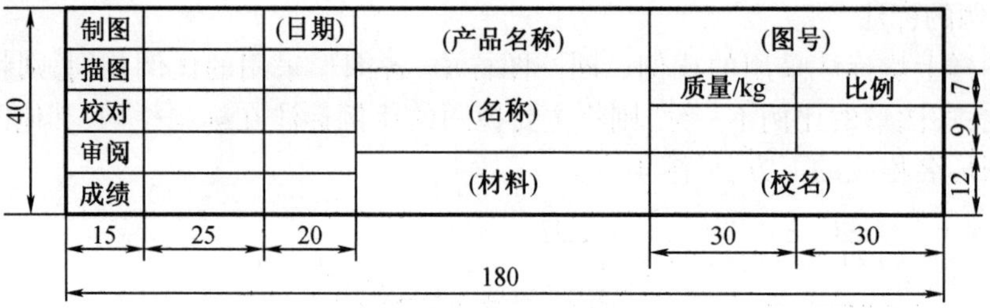

制图		(日期)	(产品名称)		(图号)		
描图					质量/kg	比例	
校对			(名称)				
审阅							
成绩			(材料)		(校名)		

图 4-5　简化标题栏

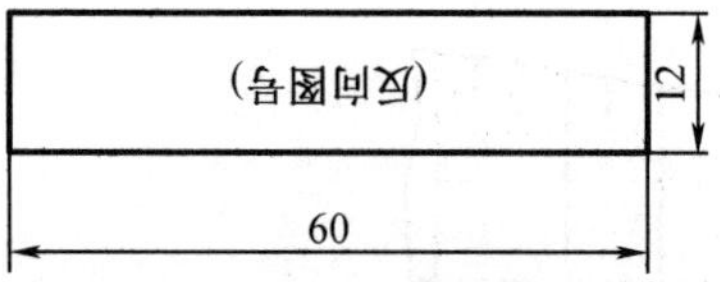

图 4-6　反向图号栏

3. 明细栏

明细栏设在标题栏上方,通用明细栏的格式见图 4-7。

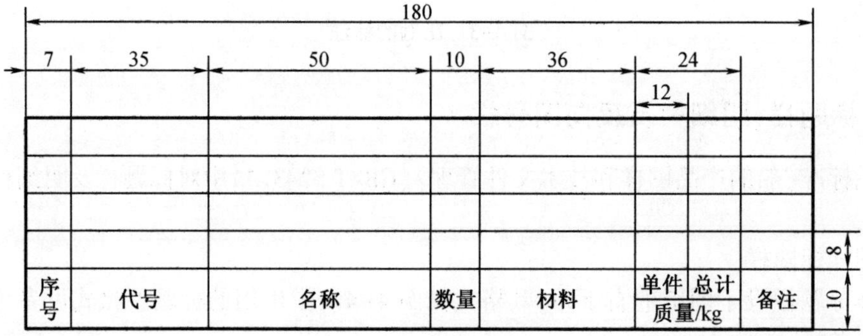

序号	代号	名称	数量	材料	单件 质量/kg	总计	备注

图 4-7　通用明细栏

三、书写方法

1. 文字书写的要求

在所有的图样和技术文件中,书写汉字、数字和字母时,都必须做到:字体端正,笔画清楚,排列整齐,间隔均匀。汉字应写成长仿宋体,并采用国家正式公布使用的简化字。数字一般采用阿拉伯数字。

2. 计量单位的书写

计量单位应采用中华人民共和国法定计量单位,并用规定的符号表示。

图样中的尺寸以毫米为单位时,不需标注其计量单位的符号;如采用其他单位时,则必须注明。

3. 数值的写法

(1)图样和技术文件中标明量的数值,一般应采用阿拉伯数字。10 以内的数字,在某种情况下可按习惯用中文书写,如"做三次试验"。

（2）在表示分数和百分数时,不得将数字与汉字混杂使用。例如四分之三应写成 3/4,
不得写成 4 分之 3;百分之三十五应写成 35%,不得写成百分之 35。

四、图样和技术文件编号的规定

技术文件按其内容分成若干章、条、款、项进行叙述,章、条、款、项的编号采用阿拉伯数
字加圆点制,圆点加在阿拉伯数字的右下角。编号方法可参见下列的编号示例来编号:

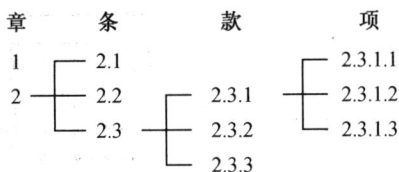

```
  章        条          款          项
  1 ┌── 2.1               ┌── 2.3.1.1
  2 ┤── 2.2      ┌── 2.3.1 ┤── 2.3.1.2
    └── 2.3  ┌── 2.3.2 └── 2.3.1.3
             └── 2.3.3
```

五、船体图样中的图形符号

国标《金属船体制图图形符号》中对船体图样中的图形符号做了规定,见表 4-3。个别
符号的使用说明:对于表中的连续符号和间断符号,若图形上的断续关系已经明确,该符号
可以不画;舱底图、围壁平面图等图形中,小开口虽未被剖切,但仍可使用小开口剖面符号;
若同一图形中,小开口剖面符号使用较多时,可采用其下部分的简化画法形式;对于扁钢或
面板的开口,使用上、下部分中上方的符号,否则使用下方的符号。

表 4-3　金属船体制图图形符号

序号	名称		符号	示例
1	吃水符号			
2	船中符号			
3	轴系剖面符号			
4	端接缝和边接缝符号	一般接缝		
		分段接缝		

表 4-3(续 1)

序号	名称	符号	示例
5	连续符号	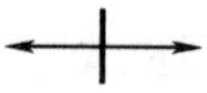	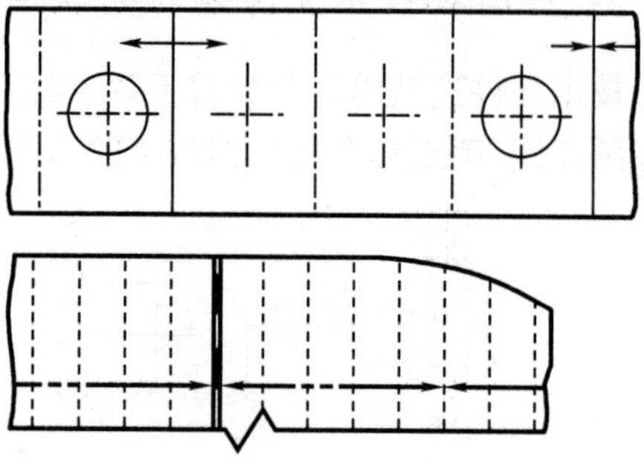
6	间断符号	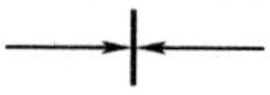	
7	视向符号	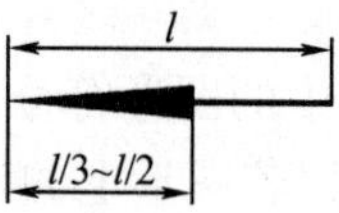	
8	肋位符号	FR 或#	FR50 或 #50
9	小开口符号	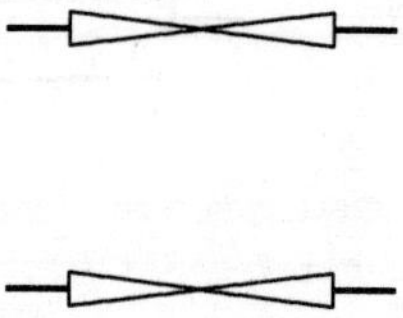	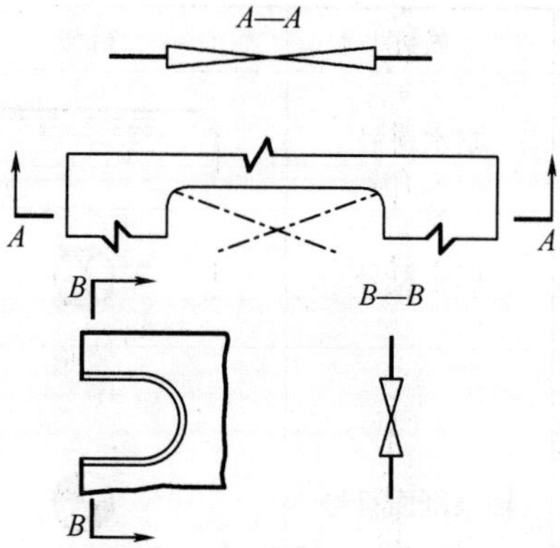

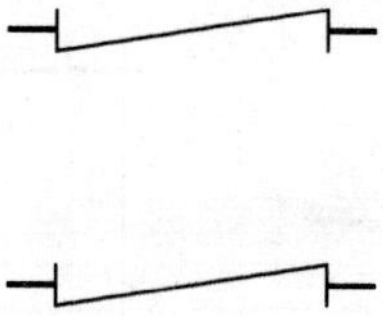

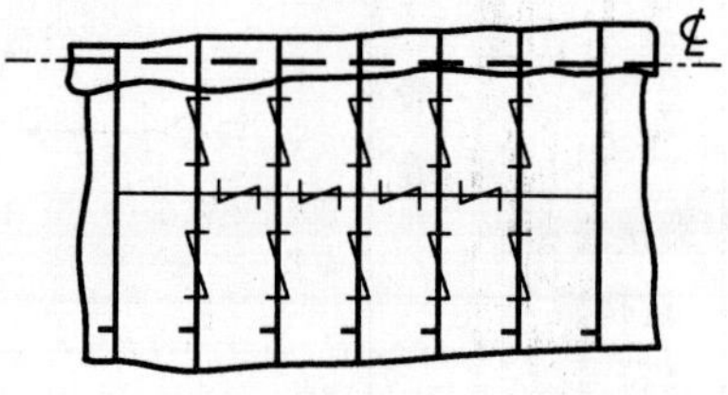

表 4-3(续 2)

序号	名称	符号	示例
10	剖切符号		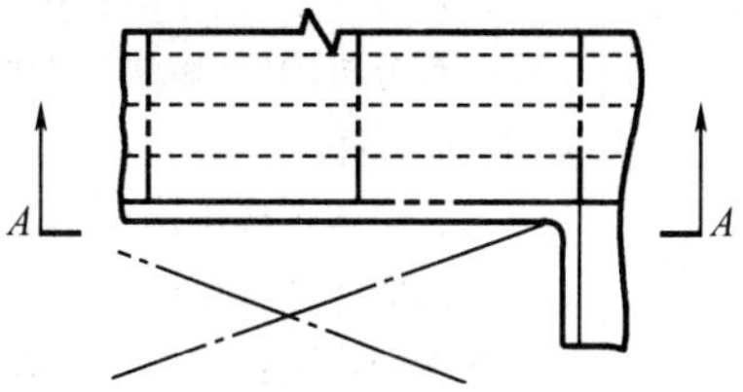

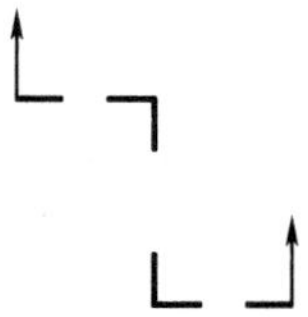

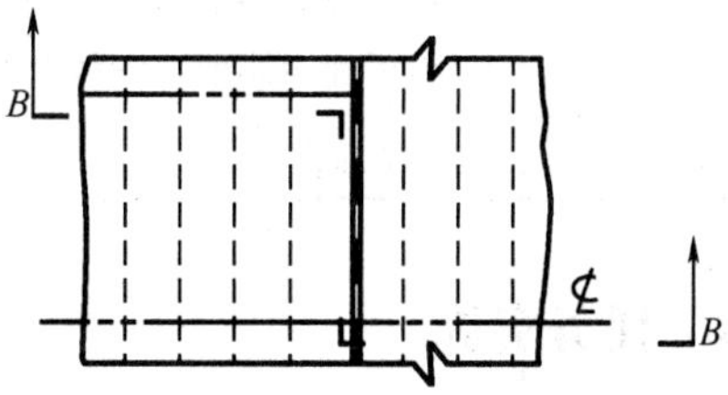

【学习任务】

任务 4.1 船体图样中图线的认知与应用

> **任务解析**

学习任务	船体图样中图线的认知与应用
任务导入	图线除了组成图形表示船体、设备、构件的形状外,在结构图样中还表示不同构件在视图中的投影,不同图线则代表不同的船体结构。本任务学习船图中图线的形式、规格及其应用,并通过实船结构图样进行图线绘制训练。该任务学习和训练对于绘制和识读船体图样是十分重要的
任务要求	通过对船体图样中的图线学习,了解船体图线的形式和应用范围、图线的画法和要求,能够根据图线正确判断其表达的含义,并能够正确使用图线绘制船图
实施步骤	(1)了解船体图线的种类、规格及应用范围; (2)对照表中示例加深对图线应用的理解; (3)根据应用例图判断图线表达的含义

表(续)

任务目标	职业素质目标： (1)具有一丝不苟的工作态度； (2)具有自我学习,不断更新知识结构的意识和能力； (3)具有分析问题、解决问题的能力。 职业知识目标： (1)掌握船体图样中图线的形式； (2)掌握船体图样中图线的应用范围； (3)掌握船体图样中图线的画法。 职业技能目标： (1)能够掌握船体图线的种类、规格及应用范围； (2)能够综合运用船体结构的知识,与船体图线相结合识读船体图样。 (3)能够正确运用船体图线绘制船体图样
学习资源	教材、教学课件、图片、图纸、动画及微课等

➤ 任务实施

一、船体图样中图线的认知

图线除了组成图形表示船体、设备、构件的形状外,在结构图样中还以不同图线表示不同构件在视图中的投影。因此,熟悉船图中图线的形式及其应用范围,正确掌握图线画法,对于绘制和阅读船体图样是十分重要的。

1. 图线的形式及应用范围

国标《金属船体制图》中规定的船体图样应采用的图线形式及其应用范围见表4-4。

表4-4 图线形式及其应用范围

序号	名称	形式(宽度)	应用范围	示例
1	粗实线	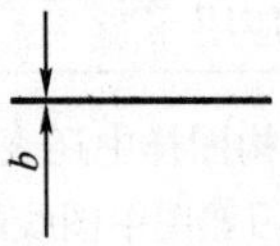 b $(b=0.35\sim1.4\text{ mm})$	a.板材、骨材剖面简化线； b.设备、部件可见轮廓线(总布置图除外)； c.名称线	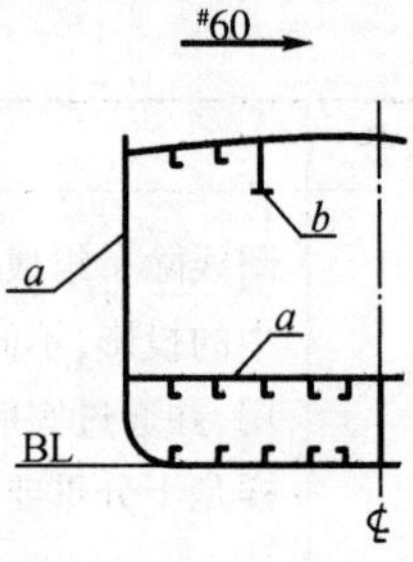
2	细实线	$(<b/3)$	a.可见轮廓线； b.尺寸线与尺寸界线； c.型线； d.基线； e.引出线与指引线； f.接缝线； g.剖面线； h.规格线	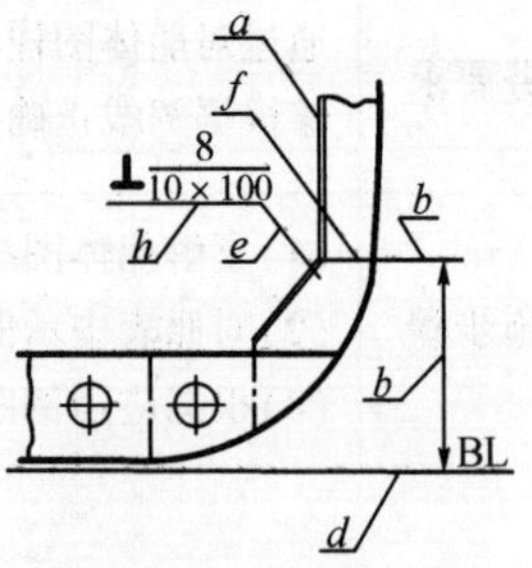

表 4-4(续 1)

序号	名称	形式(宽度)	应用范围	示例
3	粗虚线	(b)	不可见板材简化线(不包括规定采用轨道线表示的情况)	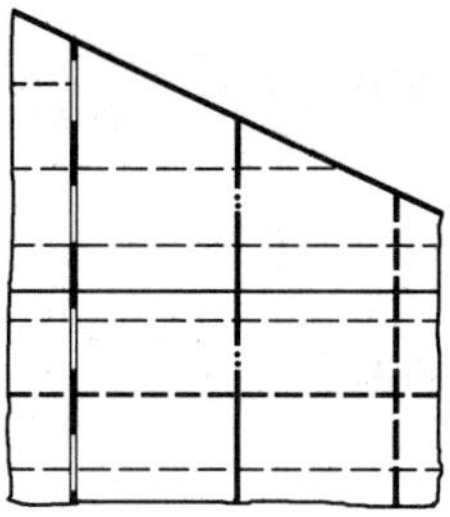
	轨道线	(b)	主船体结构图内不可见水密板材简化线(肋骨型线图、分段划分图等除外)	
4	细虚线	$(<b/3)$	a. 不可见轮廓线; b. 不可见次要构件(肋骨、横梁、纵骨、扶强材等)的简化线	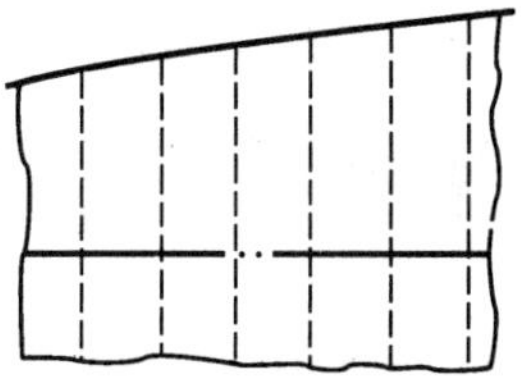
5	粗点画线	(b)	a. 可见主要构件(强肋骨、舷侧纵桁、舱壁桁材等)的简化线; b. 钢索、绳索、链索的简化线	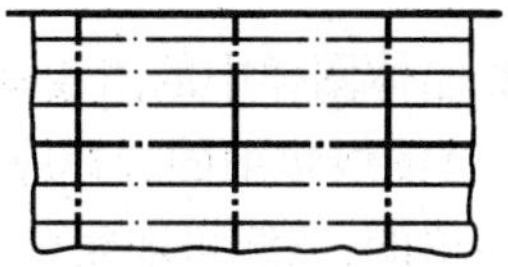
6	细点画线	$(<b/3)$	a. 中心线; b. 可见次要构件(同 4)的简化线; c. 开口对角线; d. 转圆线; e. 液舱范围线; f. 折角线	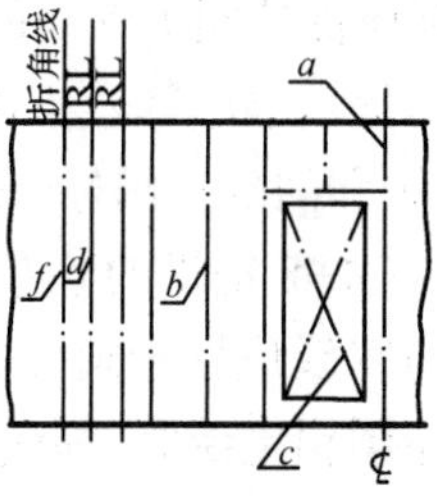
7	粗双点画线	(b)	不可见主要构件(强肋骨、舷侧纵桁、强横梁、甲板纵桁、舱壁桁材等)的简化线	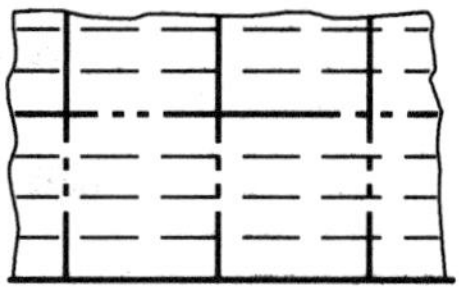
8	细双点画线	$(<b/3)$	a. 非本图构件可见轮廓线; b. 假想构件可见轮廓线; c. 肋板边线; d. 工艺开口线	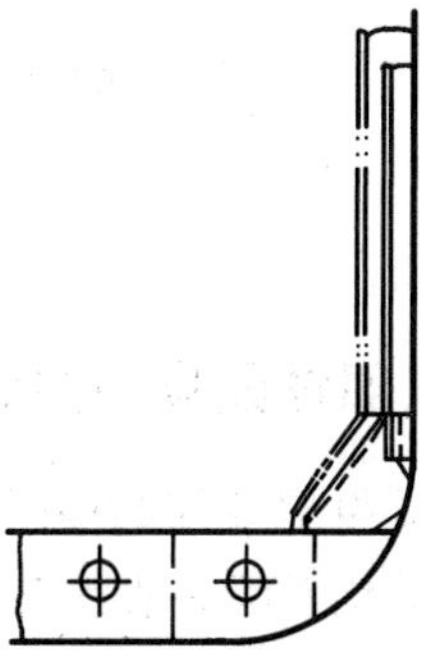

表 4-4（续 2）

序号	名称	形式（宽度）	应用范围	示例
9	波浪线	（<b/3）	构件断裂边界线	
	折断线	（<b/3）		
10	斜栅线	（<b/3）	分段界线（分段划分图除外）	

2. 船体图样中的图线画法和要求

（1）图线粗细的选择应根据图形的大小、复杂程度及图样的类型而定。一般来说，图形大而简单的，图线可取粗些；型线图中的图线则要求细。图线宽度 b 的选择一般根据图样性质及图纸幅面的情况分为 0.35 mm、0.5 mm、0.7 mm、1 mm 和 1.4 mm 五种形式。粗细一经选定，则应保持同类图线的粗细浓淡基本一致。

（2）虚线、轨道线、点画线及双点画线的线段长短和间隔应各自大致相等。这几种线的线段长短和间隔在国标《金属船体制图》中未作规定，画图时可按图样的具体情况而定，一般可按图 4-8 提供的参考数据绘制。

（3）粗线应尽量画得黑而光亮，细线也应黑而清晰。手工绘图时，通常粗线可用 B、HB 或 2B 绘图铅笔绘制，细线可用 2H 或 3H 绘图铅笔绘制。

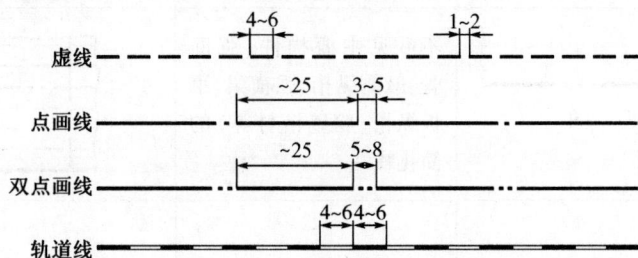

图 4-8　虚线等的画法

二、船体图样中图线的应用

图 4-9 是船体结构图样中图线应用的图例，图中所表达结构为艏部甲板结构。结合艏部甲板结构及线条表达含义，可以了解图线的应用。

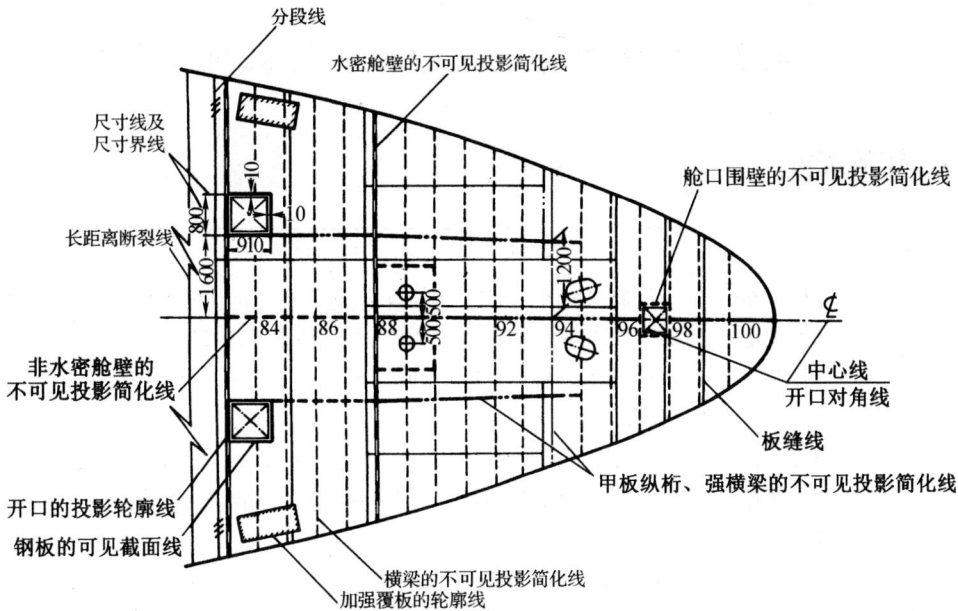

图4-9 结构图样中图线的应用图例

图中外板截面轮廓用粗实线表示,由于甲板断裂处是长距离断裂,所以采用折断线表示。在艏部甲板后端有一条斜栅线,是艏部分段与船中方向相邻分段的接缝线。图中甲板结构构件采用简化画法,即用简化线条表达构件投影。沿船舶横向,图中#83 和#88 肋位有两条轨道线表示不可见水密板材,根据结构可判断是甲板下方的水密横舱壁。#94 肋位有一条横向粗双点画线,是不可见强构件,应为强横梁。其余肋位均为横向细虚线,表示不可见次要构件,应为设置的普通横梁。沿船舶纵向,位于船体中线处#83～#88 肋位之间有一段粗虚线。从#88～#102 肋位(在船体中心线处)有一条粗双点画线,表示不可见强构件,为甲板中桁材。距中心线 1 200 mm 处还有两条对称的粗双点画线,表示设置的是不可见强构件,为甲板纵桁。此外图中还有若干横向和纵向细实线,表示甲板的板缝线。图中还有两个长圆形开孔是锚链孔。#89 肋位处有两条细实线围成的圆,是在锚链舱上方左右对称的圆形锚链入口。#84 肋位处左右舷对称各有一个方形,为小舱口开孔,孔周围有一圈方形粗实线,表示舱口围板的截面。靠舷边还有两个细实线围成的矩形,内缘画有倾斜短线,为加强覆板投影。

➤ 能力训练

训练名称:绘制船体图样中的图线

训练内容:见《能力训练活页手册》"任务 4.1 能力训练"

任务 4.2　船体图样中尺寸标注的认知与应用

➤ 任务解析

学习任务	船体图样中尺寸标注的认知与应用
任务导入	尺寸标注在国标《金属船体制图》中有具体的规定,包括尺寸标注的一般原则和尺寸标注的一般规定。本任务对尺寸标注的原则和规定进行认知学习,根据给出的例图加以应用,并根据实船图样进行尺寸标注训练。该任务的学习和训练对于绘制和识读船体图样是十分重要的
任务要求	通过尺寸标注训练,了解船体图样中尺寸标注的原则和规定,掌握其标注方法和要求,能够根据图样上的尺寸标注正确确定构件等的位置和大小,并能够在船体图样上正确进行尺寸标注
实施步骤	(1)学习船体图样中尺寸标注的一般原则和一般规定; (2)对照相应的示例图加深对尺寸标注的理解; (3)根据应用例图尺寸标注,确定构件位置和表达含义
任务目标	职业素质目标: (1)具有一丝不苟的工作态度; (2)具有自我学习,不断更新知识结构的意识和能力; (3)具有分析问题、解决问题的能力。 职业知识目标: (1)掌握船体图样中尺寸标注的一般原则; (2)掌握船体图样中圆、圆弧、开口的尺寸标注法; (3)掌握船体图样中倾斜度、曲线和的标注方法; (4)掌握船体图样中肋位和主尺度的标注方法。 职业技能目标: (1)能够掌握船体图样中尺寸标注的原则和规定; (2)能够看懂船体图样中标注的尺寸; (3)能够在船体图样中正确标注尺寸
学习资源	教材、教学课件、图片、图纸、动画和微课等

➤ 任务实施

一、尺寸标注的原则和规定的认知

国标《金属船体制图》对尺寸标注的方法做了规定,现择要介绍如下。本标准没有明确的部分,应按国家标准《机械制图》绘制。

1.尺寸标注的一般原则

(1)船体构件的大小应以图样上所注的尺寸数字为依据,与图形的大小和绘图的准确度无关。

（2）图样和其他技术文件中的尺寸以毫米为单位时，不需标注其计量单位，若采用其他单位，应注明其单位。

（3）船体结构的定位尺寸应标注构件理论线距基准线（一般为基线、船体中线、艉垂线等）的距离。若不符合国标《金属船体构件理论线》（CB/T 253—1999），可用符号"⌐▨▨▨"表示该构件的理论线位置，见图4-10。

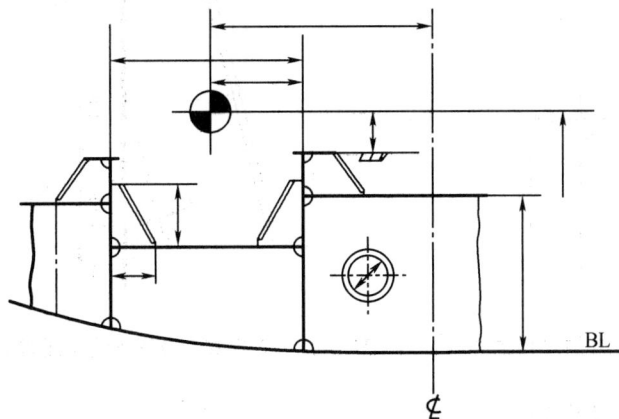

图4-10 定位尺寸的标注

（4）同一构件的尺寸一般只标注一次。规格或尺寸相同的构件可只标注一个。尺寸应标注在表示构件最清晰的视图上。

（5）定位尺寸高度方向的基准常为基线、水线；宽度方向的基准常为船体中线、船舷；船长方向的基准常为船中、站线、肋位线。

（6）待定尺寸标注时，要在尺寸数字前加"～"符号。

2. 尺寸标注的一般规定

（1）圆、圆弧尺寸的注法

圆的直径和圆弧半径按图4-11形式标注。当圆弧半径过大或在图形范围内无法标出其圆心位置时，按图4-11（d）形式标注。

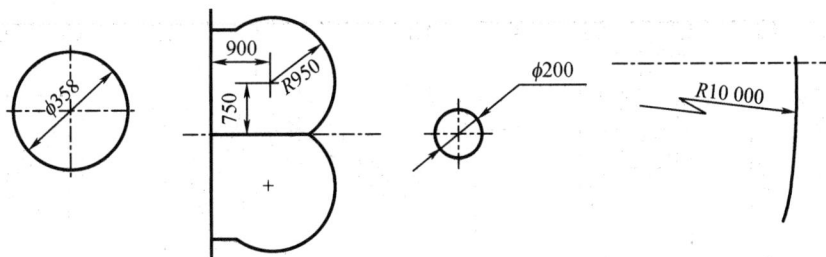

图4-11 圆的直径和圆弧半径的注法

（2）光滑过渡处尺寸的注法

在光滑过渡处标注尺寸，必须用细实线将轮廓线延伸，从它们交点处引出尺寸界线，见图4-12。

（3）无足够的位置画箭头或写数字时的尺寸注法

无足够的位置画箭头或写数字时，可按图4-13的形式标注。

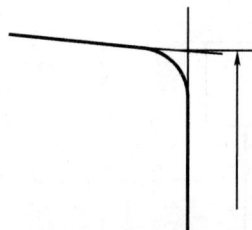

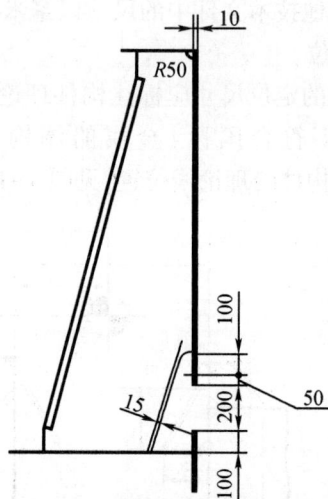

图 4-12 光滑过渡处的尺寸注法   **图 4-13 无足够的位置画箭头或写数字时的尺寸注法**

(4)开孔、开口的尺寸注法

人孔、减轻孔的开孔尺寸标注方法见图 4-14。人孔需在开孔中心线下方标明"人孔"字样,见图 4-14(a)。

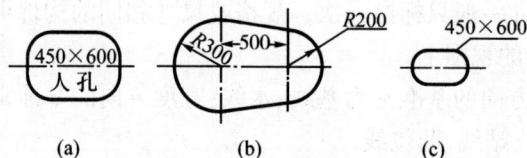

(a)   (b)   (c)

图 4-14 人孔、减轻孔的尺寸注法

矩形开口尺寸的标注为短边×边长,用"R"表示开口圆角半径。窗的开口高度为开口中心到围壁下甲板上表面的垂直距离。"h"指门的开口下缘距甲板上表面的最小高度。相同的开口尺寸可只注一个。图 4-15 表示了门、窗开口尺寸的标注形式。

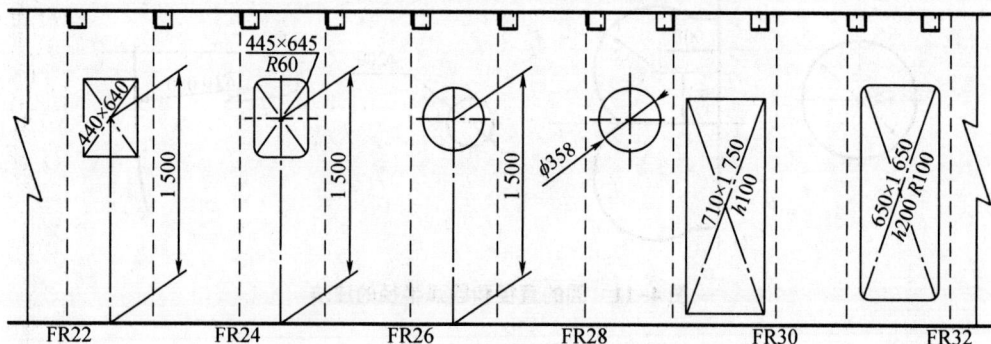

图 4-15 门、窗开口尺寸的注法

流水孔、通焊孔、透气孔的开孔尺寸标注见图 4-16。

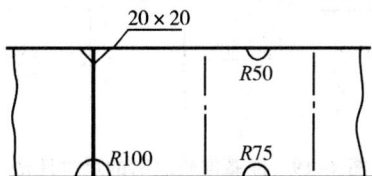

图4-16 流水孔等的尺寸注法

（5）倾斜度的注法

船体上某些结构的倾斜度，如烟囱和甲板室前端壁倾斜度应采用直角坐标法，而不宜采用角度标注，见图4-17。

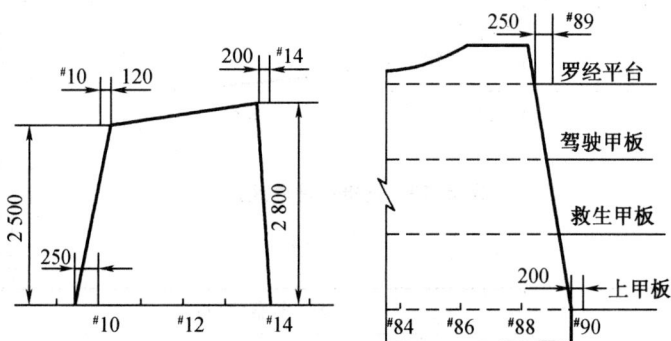

图4-17 倾斜度的注法

（6）尺寸的简化注法

构件等距离布置时，构件间距尺寸可采用图4-18所示注法。

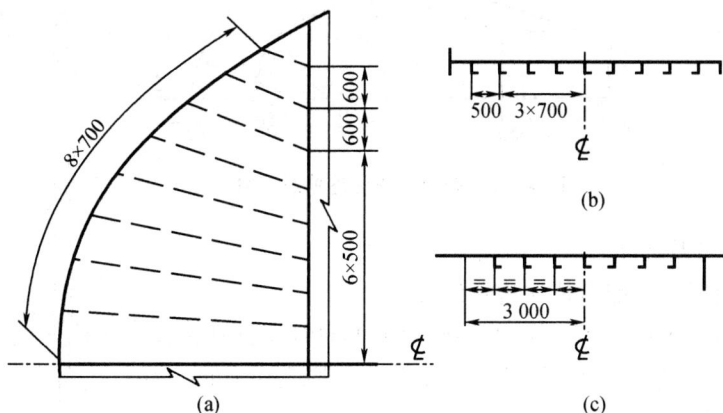

图4-18 构件等距布置的尺寸注法

当尺寸界线的一端为基准平面且尺寸线较长时，则基准平面的尺寸界线可省略，如图4-19所示。

（7）曲线尺寸的注法

曲线轮廓的尺寸是通过标注曲线上若干点的坐标来表示的。曲线上若干点的坐标值可直接标注在图上，如图4-20所示；也可以型值表的形式列出，如图4-21所示。

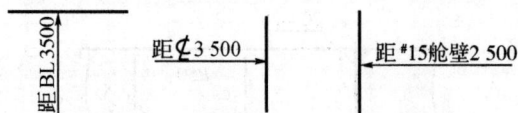

图 4-19　距基准较远时的尺寸注法

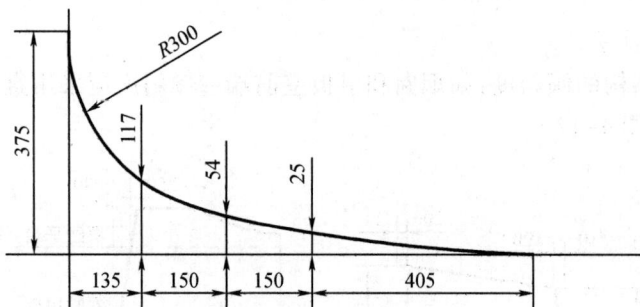

图 4-20　直接标注曲线尺寸

名称	烟囱半宽值/mm										
	FR74	FR75	FR76	FR77	FR78	FR79	FR80	FR81	FR82	FR83	FR84
顶线	—	—	1 310	1 475	1 610	1 685	1 587	1 515	1 072	—	—
底线	1 332	1 530	1 722	1 890	2 045	2 170	2 235	2 200	2 032	1 710	1 040

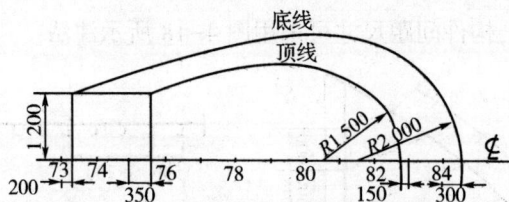

图 4-21　型值表法标注曲线尺寸

(8)肋位的编号及标注

民用船肋位由船尾向船首依次进行编号。

全船性图样每隔 5 挡肋距标注肋位号,肋距不同时应分别标注出不同区域的肋距。船体分段结构图中,肋位按偶数标注,不满 4 个肋位的均应标出肋位号。

(9)船体主尺度的标注

船体主尺度以列表的形式标注,书写时上、下行的小数点应对正,数值的有效位数需全部写出。

主要尺度

总　　长	59.74 m	型　　深	5.60 m
垂线间长	55.00 m	设计吃水	3.60 m
型　　宽	9.50 m		

二、船体图样中尺寸标注的应用

图4-22所示为尺寸标注应用图,该图表达的是船舶双层底局部结构。从图中尺寸标注可以看出,双层底高度为1 300 mm。舭部形状为半径1 500 mm的圆弧,采用大半径圆弧标注方式。舭部肋板处有一直径400 mm的圆孔。在肋板和加强肘板上开有多个圆弧形通焊孔、流水孔或透气孔,由于开孔较小,故只在开孔附近标注其半径,如 *R*75 mm、*R*35 mm、*R*50 mm、*R*100 mm 和 *R*250 mm。内、外底纵骨间距均为620 mm,采用等距离布置简化标注方式。根据定位尺寸标注,可以确定底纵桁分别布置在距船体中心线2 480 mm、4 960 mm、7 440 mm 和 8 680 mm 处。此外,图上也表达出了加强筋等其他构件的定位尺寸。

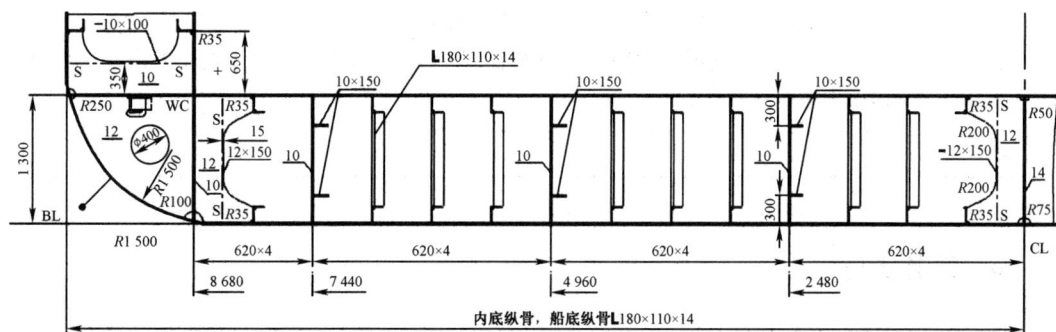

图4-22 尺寸标注应用

➤ **能力训练**

训练名称:船体图样尺寸标注
训练内容:见《能力训练活页手册》"任务4.2能力训练"

任务4.3 金属船体构件理论线的认知与应用

➤ **任务解析**

学习任务	金属船体构件理论线的认知与应用
任务导入	船体构件理论线是确定构件定位尺寸的依据,在船体建造时是确定构件安装位置的基准线。本任务学习国标《金属船体构件理论线》的相关规定,根据给出的例图加以应用,并根据实船图样进行标注的构件理论线训练。该任务的学习和训练对识读和绘制船体结构图样,确定船体构件安装位置及看懂船体理论线图有非常重要的意义
任务要求	通过理论线的学习和训练,了解应用金属船体构件理论线基本规定及其他规定,判断金属船体构件理论线位置,并能够在相关图样中正确标出理论线位置
实施步骤	(1)了解确定理论线的基本规定; (2)了解确定理论线的其他规定; (3)根据应用图例确定构件理论线的位置

表(续)

任务目标	职业素质目标: (1)具有严谨认真的工作态度; (2)具有创新意识,以及获取新知识、新技能的学习能力; (3)具有分析问题、解决问题的能力。 职业知识目标: (1)掌握金属船体构件理论线的基本规定; (2)掌握确定理论线的其它规定。 职业技能目标: (1)能够正确应用金属船体构件理论线的基本规定; (2)能够正确应用金属船体构件理论线的其他规定; (3)能够结合生产图纸,根据金属船体构件理论线的基本规定和其他规定的内容,确定船舶构件的理论线位置
学习资源	教材、教学课件、图片、图纸等

➤ 任务实施

一、金属船体构件理论线的认知

船体结构图样常采用小比例绘制,构件又通常采用不同图线表示其投影,因此,图样中构件的定位尺寸可能出现不同理解。图4-23(a)所示的舷侧纵桁距基线的距离为3 100 mm,由于舷侧纵桁腹板的截面为粗实线,该尺寸可能理解为图4-23(b)所示的多种情况。为了给予明确的表示,国标《金属船体构件理论线》规定了船图中定位尺寸的度量原则,即规定了构件理论线的位置。

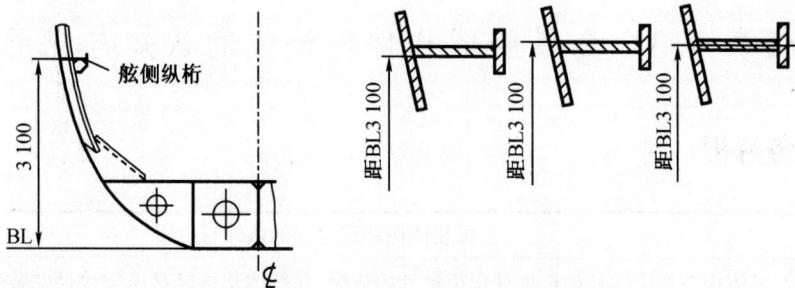

图4-23　构件定位尺寸的度量

1.确定理论线的基本规定

(1)沿高度方向定位的构件,以靠近基线(BL)一边为理论线,见图4-24(a)。

(2)沿船长方向定位的构件,以靠近船中(⊠)一边为理论线,见图4-24(b)。

(3)沿船宽方向定位的构件,以靠近船体中线(⊄)一边为理论线,见图4-24(c)。

(4)位于船体中线的构件,取其厚度中线为理论线,见图4-24(d)。

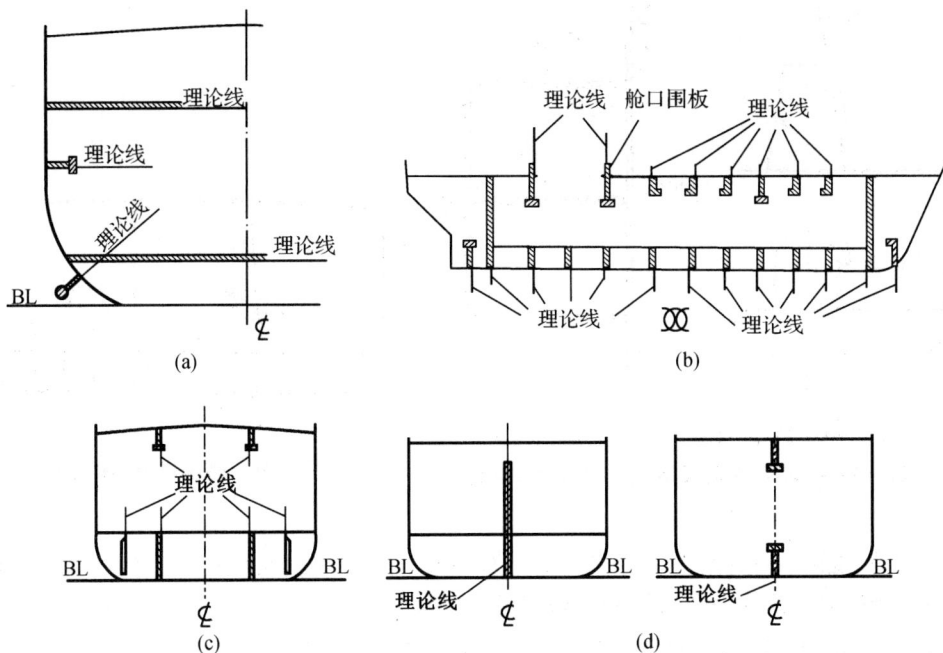

图 4-24 确定理论线的基本原则

2.确定理论线的其他规定

下列构件或具有下列结构形式的构件,其理论线位置由下列规定确定,而与基本规定无关。

(1)不对称型材和折边板材以其背面为理论线,见图 4-24 (b)和图 4-25。

(2)封闭形对称型材,以其对称轴线为理论线,见图 4-26。

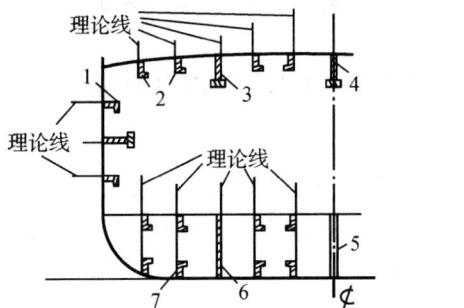

1—舷侧纵骨;2—甲板纵骨;3—甲板纵桁;
4—甲板中纵桁;5—中底桁;6—旁底桁;7—船底纵骨。

图 4-25 不对称型材的理论线

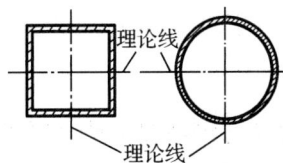

图 4-26 封闭形对称型材的理论线

(3)外板、烟囱、轴隧以板的内缘为理论线,见图 4-27(a)。锚链舱围壁以板的外缘为理论线,见图 4-27(b)。

(4)基座纵桁腹板以靠近轴中心线一边为理论线,纵桁面板以面板下缘为理论线。与基座纵桁连接的旁桁材或旁内龙骨及基座纵桁下的旁桁材的理论线同基座纵桁一致,见图4-28。

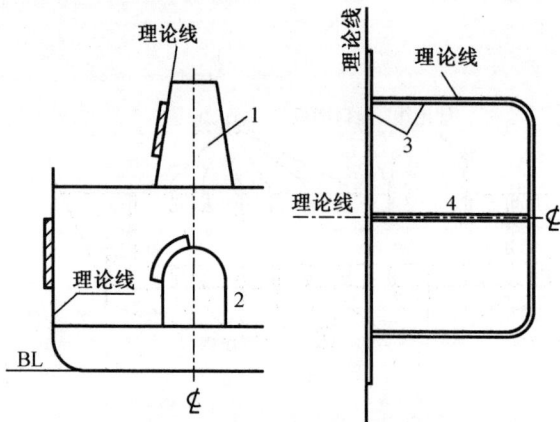

1—烟囱;2—轴隧;3—锚链舱围壁;4—锚链舱中纵舱壁。

图 4-27 外板、烟囱、轴隧及锚链舱围壁的理论线

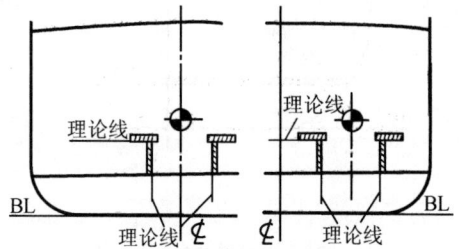

图 4-28 基座纵桁的理论线

（5）舱口围板以靠近舱口中心线一边为理论线。舱口纵桁及舱口端围板所在肋位的横梁、肋骨、肋板的理论线与舱口围板一致,见图 4-24 和图 4-29。

（6）边水舱的纵舱壁以布置扶强材一边为理论线,见图 4-30。

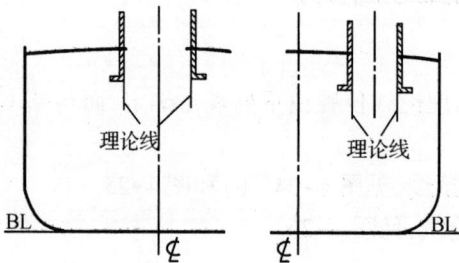

图 4-29 舱口围板的理论线

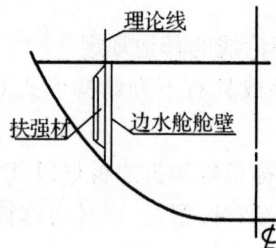

1—扶强材;2—边水舱。

图 4-30 边水舱纵舱壁的理论线

为了便于记忆,可以用一口诀来概括以上基本内容:壳板靠内缘,上下靠基线,左右靠中线,艏艉靠船中,不对称取背面,对称取中心。口诀中没有的其他个别内容,则须另外特殊记忆。

二、金属船体构件理论线的应用

图 4-31 所示为某甲板分段局部结构图,图中标出了纵横构件安装的理论线符号。从图中可以看出,该甲板结构中横向构件理论线位置为:#6、#7、#9、#10、#11、#13 肋位靠艉一侧,#8、#12、#14 肋位靠艏一侧。该甲板结构中纵向构件理论线位置为:甲板中桁材腹板厚度中间为理论线,舱口纵桁和两边纵桁以靠近船体中线一侧为理论线。

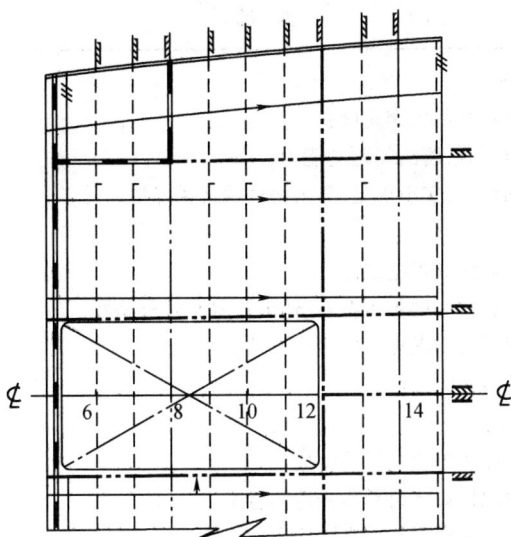

图 4-31　甲板局部结构图中理论线位置

➤ 能力训练

训练名称：理论线标注

训练内容：见《能力训练活页手册》"任务 4.3 能力训练"

任务 4.4　船体焊缝符号的认知与应用

➤ 任务解析

学习任务	船体焊缝符号的认知与应用
任务导入	现代船舶是采用焊接形式连接的，在船体图样上标注船舶焊缝符号，主要是为了表明船舶焊接中所采用的焊接方法、焊缝形式及焊缝尺寸。焊缝符号主要在船体施工图样上使用。本任务学习船体焊接方法，焊缝形式，焊缝基本符号、辅助符号和补充符号，焊缝符号的表达方法，在船体结构节点图样中加以应用，并在船体结构图上进行焊接符号标注训练。该任务的学习和训练对识读和绘制船体施工图样是十分重要的
任务要求	通过学习焊缝符号标注和训练，了解船体焊接方法、焊缝形式、焊缝符号及其标注方法
实施步骤	(1) 了解焊接方法和焊接形式； (2) 了解焊缝基本符号、辅助符号和补充符号； (3) 了解焊缝符号的表示方法

表(续)

任务目标	职业素质目标: (1)具有严谨认真的工作态度; (2)具有分析问题、解决问题的能力; (3)具有爱岗敬业、实事求是、与人协作的优秀品质。 职业知识目标: (1)掌握焊接方法和焊缝的形式; (2)掌握焊缝符号中的基本符号、辅助符号和补充符号; (3)掌握焊缝符号在图样上的表达方法; (4)掌握焊缝符号的标注方法。 职业技能目标: (1)能够掌握船体焊缝符号的组成; (2)能够理解船体焊缝符号所表达的含义; (3)能够掌握船体焊缝符号在图样上的应用; (4)能够正确识读船体图样中的焊缝符号
学习资源	教材、教学课件、图片、图纸及微课等

➤ 任务实施

一、船体焊缝符号的认知

1. 焊接方法和焊缝形式

(1)焊接方法

现代船舶建造中常用的焊接方法有电弧焊和电渣焊两类,其中电弧焊最为常用。

电弧焊是利用电弧热局部熔化焊体和填充金属(焊条或焊丝),然后凝固成坚实接缝的一种焊接方法。电弧焊分为手弧焊、埋弧焊(自动和半自动焊)、气体保护焊和等离子焊等。

电渣焊是利用电流通过液态熔渣(渣池)产生的电阻热使焊件和填充金属(电极)熔化,然后凝固成坚实接缝的一种焊接方法。根据电极的不同,电渣焊可分为板极电渣焊、丝极电渣焊和熔嘴电渣焊。

(2)焊缝形式

船体焊缝形式主要取决于焊接接头的形式。焊接接头是指焊件相互连接需要焊接的部分。船体焊接中常见的焊接接头形式有对接接头、T 型接头、角接接头、搭接接头和塞焊接头等,见图 4-32。

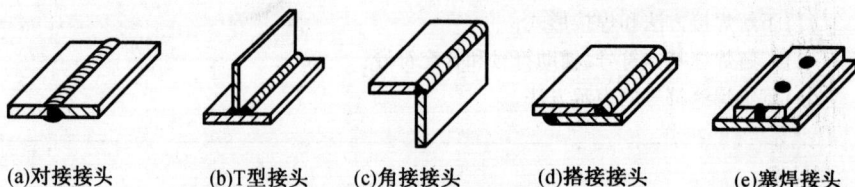

(a)对接接头　　(b)T型接头　　(c)角接接头　　(d)搭接接头　　(e)塞焊接头

图 4-32　焊接接头的形式

焊缝是焊接接头经施焊后形成的接缝。常见的焊缝形式有对接焊缝、角焊缝和塞焊缝。船体焊接中,角焊缝数量最多,对接焊缝次之,塞焊缝较少。

①对接焊缝

对接接头施焊后所形成的焊缝称为对接焊缝。为了保证一定的熔深和连接强度,对接焊缝又分为I型、V型、U型等形式,见图4-33。

(a)I型　　(b)v型　　(c)V型　　(d)u型　　(e)U型

图4-33　对接焊缝的形式

②角焊缝

T型接头、角接接头和搭接接头施焊后所形成的焊缝称为角焊缝。角焊缝又分为连续角焊缝和断续角焊缝两种。

连续角焊缝是指沿整个焊缝长度无中断的角焊缝。它又分为单面连续角焊缝和双面连续角焊缝。连续角焊缝也有I型、V型、U型等形式,见图4-34。

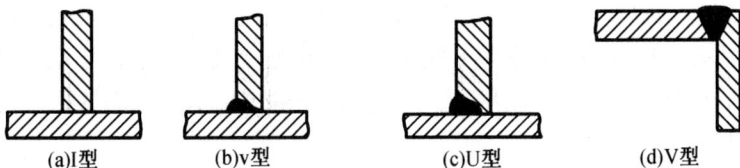

(a)I型　　(b)v型　　(c)U型　　(d)V型

图4-34　连续角焊缝的形式

断续角焊缝是指沿整个焊缝长度焊缝不连续的角焊缝。断续角焊缝又分为单面断续角焊缝(图4-35(a))、双面断续角焊缝(图4-35(b))和交错断续角焊缝(图4-35(c))三种。图中,k为焊角高度;l为焊缝长度;e为断续焊缝间距。

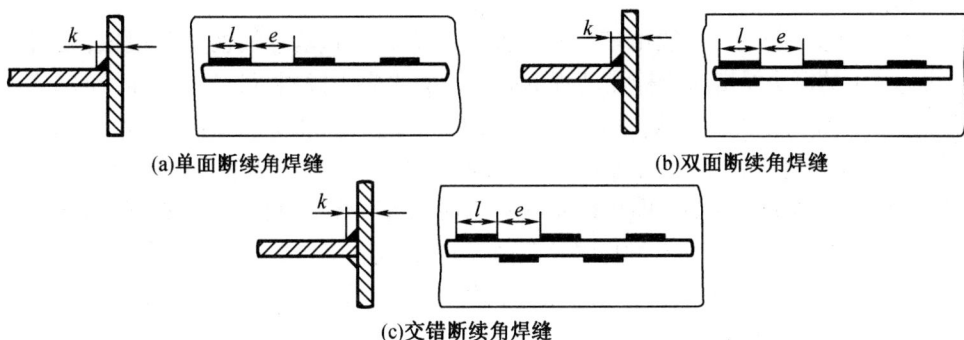

(a)单面断续角焊缝　　　　　　(b)双面断续角焊缝

(c)交错断续角焊缝

图4-35　断续角焊缝的形式

③塞焊缝

塞焊接头施焊后形成的焊缝称为塞焊缝。塞焊缝有圆孔塞焊缝(图4-36(a))和长孔塞焊缝(图4-36(b))两种。图中,d为圆孔塞焊直径;l为长孔塞焊孔长;c为长孔塞焊孔宽;e为圆孔塞焊中心距或长孔塞焊间距;e_1为行距;a为沿行距方向,圆孔或长孔中心线至板边距离;a_1为沿行向,圆孔中心线或长孔边缘至板边的距离。

2. 焊缝符号

焊缝符号应明确地表示所要说明的焊缝,而且不使图样增加过多的注解。焊接符号一般由基本符号和指引线组成,必要时还可以加上辅助符号、补充符号和焊缝尺寸符号及数据。

（1）基本符号

基本符号用以表示焊缝横截面形状,是焊缝符号中必须标注的符号,用粗实线表示。常用的焊缝基本符号见表 A1。

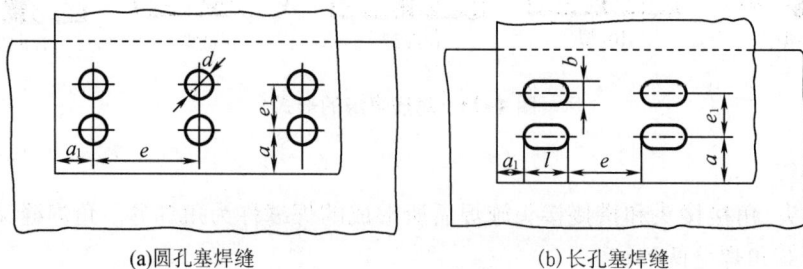

(a)圆孔塞焊缝　　　　　　　　　(b)长孔塞焊缝

图4-36　塞焊缝的形式

（2）辅助符号

辅助符号是表示焊缝表面形状特征的符号,也用粗实线表示,见表 A2。不需要确切地说明焊缝表面形状时,可以不用辅助符号。辅助符号的应用示例见表 A3。

（3）补充符号

补充符号是为了补充说明焊缝的某些特征而采用的符号,见表 A4。补充符号应用示例见表 A5。

3. 焊缝符号在图样上的表示方法

完整的焊缝表示方法除了上述基本符号、辅助符号和补充符号外,还包括指引线、一些尺寸符号及数据、焊接方法。

（1）指引线

指引线用细实线表示,一般由带有双边箭头的箭头线和基准线两部分组成,见图 4-37(a)。箭头线上的箭头要指向所标注的焊缝处。箭头线应当倾斜,可绘在基准线的左端或右端,当地位受限制时,允许箭头线弯折一次,见图 4-37(b)。基准线一般应保持水平,基准线的上下方用来标注焊缝基本符号、辅助符号、补充符号和有关尺寸。当箭头指向焊缝的正面时,基本符号应标注在基准线上面,见图 4-38(a);当箭头指向焊缝背面时,基本符号应标注在基准线下面,见图 4-38(b);标注对称焊缝及双面焊缝时,应在基准线上下两面同时标注,见图 4-38(c)。在基准线的尾端有时标有尾部符号,用以标注焊接方法或相同焊缝数量。

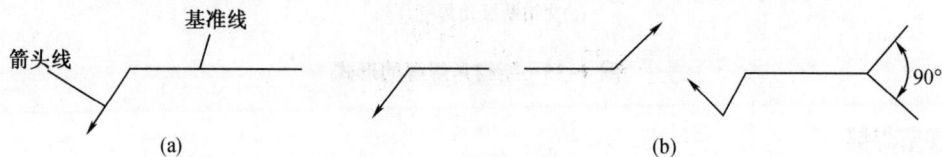

图4-37　指引线

（2）焊缝尺寸符号

根据需要,在标注焊缝符号时有时应标出有关尺寸。焊缝的有关尺寸包括工件厚度

(t)、根部间隙(b)、坡口深度(H)、钝边高度(P)、根部半径(R)、坡口角度(α)、坡口面角度(β)、焊角尺寸(K)、焊缝宽度(C)、焊缝有效厚度(S)、焊缝余高(h)、熔核直径(d)、焊缝长度(l)、焊缝间距(e)、交错焊缝(Z)及相同焊缝数量(N)。焊缝尺寸符号及数据的标注原则为:焊缝横截面上的尺寸标注在基本符号的左侧;焊缝长度方向的尺寸标注在基本符号的右侧;坡口角度、坡口面角度和根部间隙等尺寸标注在基本符号的上侧或下侧;相同焊缝数量符号标注在尾部,见图 4-39。

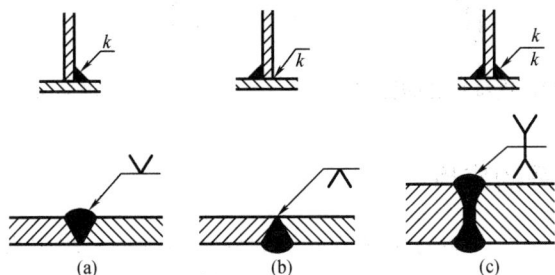

图 4-38　基本符号的标注方法

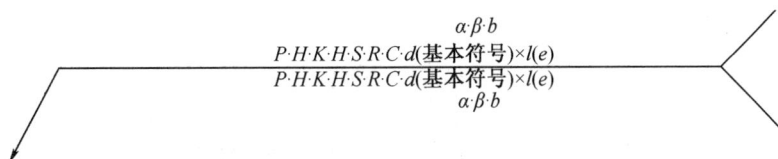

$$\begin{array}{c} \alpha \cdot \beta \cdot b \\ P \cdot H \cdot K \cdot H \cdot S \cdot R \cdot C \cdot d \text{(基本符号)} \times l(e) \\ \overline{P \cdot H \cdot K \cdot H \cdot S \cdot R \cdot C \cdot d \text{(基本符号)} \times l(e)} \\ \alpha \cdot \beta \cdot b \end{array}$$

图 4-39　焊缝尺寸的标注原则

4. 焊缝符号的标注方法

标准中规定的船舶焊缝符号标注方法的主要内容摘录在表 A6 和表 A7 中。

图样中标注焊缝符号时的要求如下:焊缝符号应标注在焊缝特征明显的视图中,并应相对集中,便于识读;同一条焊缝的焊缝符号一般只需标注一次;焊接形式相同,地位又相邻近的焊缝代号可共用一条横线,见图 4-40。

在标注焊缝符号时应注意以下几点:

(1)标注单边 V 型、单边 U 型的焊缝符号时,箭头应指向带有坡口一侧的工件,见图 4-41。

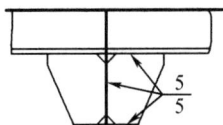

图 4-40　焊缝符号相同时的标注方法

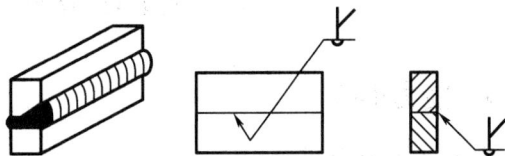

图 4-41　单边 V 型、单边 U 型焊缝代号的标注

(2)两个以上构件连接后产生的焊缝不能作为双面焊缝,其焊缝符号和尺寸应分别标注,见图 4-42。

(3)坡口尺寸标注,有时可将焊缝部位放大,在局部详图上进行标注,见图 4-43。

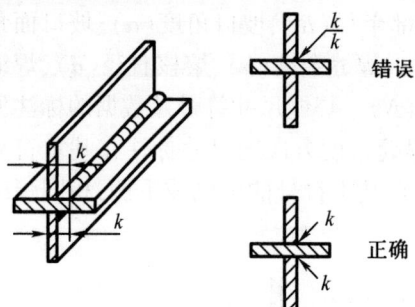

图 4-42　两个以上构件连接焊缝的标注

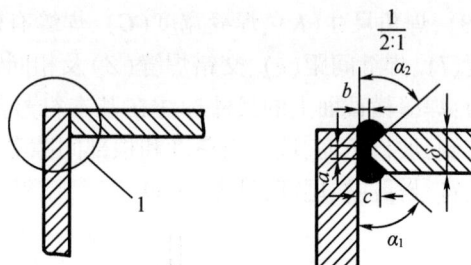

图 4-43　坡口详图

二、船体焊缝符号的应用

图 4-44 所示为双层底上面的支柱节点处的局部结构图。图中支柱与内底板的连接采用周围角焊,基准线和箭头线交点处的圆表示周围焊,7 为焊角高度 k。中桁材与内底板的连接、肋板与内、外底板的连接均采用双面连续角焊,焊角高度 k 为 5,图中标注时共用一个基准线(横线)。中桁材与外底板的连接采用双面连续角焊,焊角高度 k 为 6。扶强材与中桁材的连接采用单面连续角焊,焊角高度 k 为 4。肘板与其他构件的连接采用双面连续角焊,焊角高度 k 为 5。

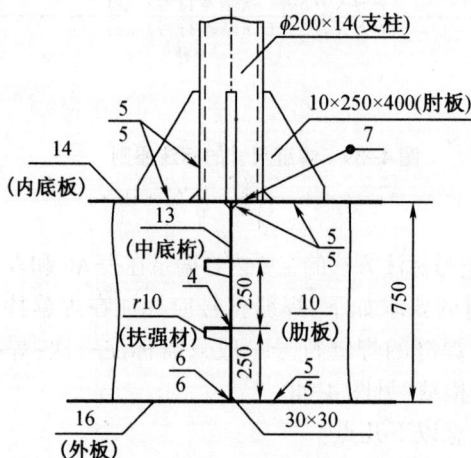

图 4-44　焊缝符号标注的应用

➤ 能力训练

训练名称:焊接符号标注
训练内容:见《能力训练活页手册》"任务 4.4 能力训练"

【拓展提高】

拓展知识:船舶工程 CAD 制图
计算机绘图是对手工绘图的一种模拟和改进。AutoCAD 广泛应用于绘制船舶、机械和建筑工程设计领域,替代了传统的手工绘图,提高了工程设计的速度和质量,使设计过程发生了根本的变革。对于船舶工程 CAD 制图,船舶行业专门制定了《船舶工程 AutoCAD 制图规则》(CB/T 3880—2007)。

拓展训练:查阅资料了解《船舶工程 AutoCAD 制图规则》。

【项目测试】

一、选择题

1. 细点画线简化表示_____。

A. 可见强构件　　　　　　　　　　　B. 可见次要构件

C. 不可见强构件　　　　　　　　　　D. 不可见次要构件

2. 粗双点画线简化表示_____。

A. 不可见强构件　　　　　　　　　　B. 可见强构件

C. 不可见水密板材　　　　　　　　　D. 不可见非水密板材

3. 全船性图样的肋位编号_____。

A. 按偶数标注　　　　　　　　　　　B. 每挡肋距标注

C. 隔 5 挡肋距标注　　　　　　　　　D. 隔 10 挡肋距标注

4. 船体焊缝代号由四部分组成,其中必须标注的是_____。

A. 辅助符号　　　B. 基本符号　　　C. 尺寸　　　　　D. 焊接方法

5. 分段接缝线常用的符号有_____。

A. ⟩——　　　　B. ⫘——⫘　　　C. ⊂⊃　　　　　D. ←—┼—→

6. 关于结构理论线,说法正确的有_____。

A. 外板的理论线朝外　　　　　　　　B. 舱口围板的理论线朝内

C. 舷侧 T 型纵桁的理论线朝下　　　　D. 内底板的理论线朝上

7. 尺寸注法的一般原则有_____。

A. 同类尺寸一般标注一次

B. 船体构件的定位尺寸是指构件理论线距基准线的距离

C. 定位尺寸不符合规定的时候用特殊符号表示该构件理论线的位置

D. 待定尺寸前加符号"~"

8. 船舶图样中可用细双点画线表示的有_____。

A. 工艺开口线　　　　　　　　　　　B. 肋板边线

C. 分段界线　　　　　　　　　　　　D. 假想构件可见轮廓线

9. 属于船体结构图样的有_____。

A. 中横剖面图　　B. 外板展开图　　C. 基座结构图　　D. 分段结构图

10. 对于专用图样编号中的专用分类号说法正确的有_____。

A. 可以表示产品的设计阶段　　　　　B. 可以表示图样的类别

C. 可以表示图样的性质　　　　　　　D. 一般用 2 位或 3 位数表示

11. 符号 ←———→ 表示的是_____。

A. 标注箭头　　　B. 该处连续　　　C. 该处断开　　　D. 以上都不是

12. CL(或 ℄)表示_____。

A. 船长的中点　　　 B. 船宽的中点　　　 C. 船深的中点　　　 D. 以上都不是

13. 船体焊缝代号由_____组成。

A. 辅助符号　　　 B. 基本符号　　　 C. 尺寸　　　 D. 焊接方法

二、判断题(对的打"√",错的打"×")

1. 轨道线表示不可见水密板材投影。　　　　　　　　　　　　　　( )

2. 倾斜度尺寸标注方法是标注倾斜角度。　　　　　　　　　　　 ( )

3. 曲线定形尺寸可以直接标在图中。　　　　　　　　　　　　　 ( )

4. 标注单边 V 型焊缝符号时,箭头要指向无坡口一侧。　　　　　 ( )

5. 船舶图形符号⊗表示船宽的中点。　　　　　　　　　　　　　 ( )

6. 船体外形轮廓线用细实线表示。　　　　　　　　　　　　　　 ( )

7. ⟩——表示的是连续符号。　　　　　　　　　　　　　　　　 ( )

8. A0 的图纸面积大于 A1。　　　　　　　　　　　　　　　　 ( )

9. 焊接符号 $\frac{5}{5}$ 表示双面连续焊,焊缝长度为 5 mm。　　　　　 ( )

10. 焊接符号 ∨ 表示 V 型坡口封底焊。　　　　　　　　　　　 ( )

11. 规格或尺寸相同的构件可只标注一个。　　　　　　　　　　　 ( )

12. 全船性图样的肋位编号按偶数标注。　　　　　　　　　　　　 ( )

13. 当圆弧半径过大或在图形范围内无法标出圆心位置时,半径线用折线表示。( )

14. 《金属船体构件理论线》中规定,船长方向构件以靠近船中一边为理论线。( )

三、名词解释

1. 定位尺寸

2. 金属船体构件理论线

3. 船舶焊缝符号

四、简答题

1. 船体图样中的图线有哪些形式和规格?

2. 写出船中符号、接缝符号、连续符号和肋位符号,并指出这些符号所表达的含义。

3. 对船舶图样中的图线的画法和要求有哪些?

4. 尺寸标注的一般原则有哪几项?

5. 试说明完整的圆、圆弧、半径过小的圆及半径过大的圆弧在标注上有什么区别?

6. 肋位编号标注有哪几种形式?

7. 《金属船体构件理论线》的基本规定有哪几项?

8. 根据下面的焊接要求写出焊缝代号标注形式:

(1)对接焊缝,V 型坡口,封底焊;

(2)单面连续角焊缝,焊角高度 $k=5$;

(3)双面连续角焊缝,焊角高度 $k=6$,采用自动焊;

(4)交错断续焊,焊角高度 $k=5$,焊缝长度 $l=75$,间断的距离 $e=125$。

五、应用与拓展题

1. 已知长圆形人孔,长轴长 600 mm,短轴长 450 mm,按 1:20 的比例画出此孔,并标出尺寸。

2. 在习图4-1上补标板和型材的理论线(按示例用"___▨▨▨"或用 ML 表示)位置。

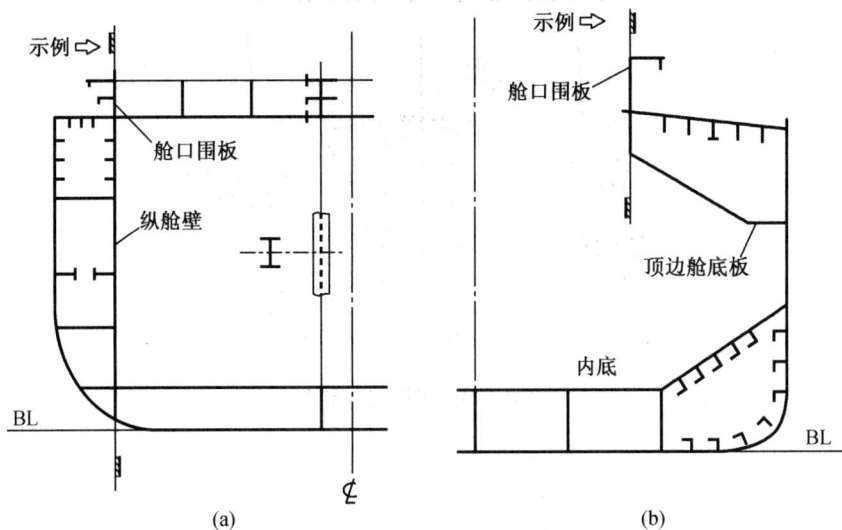

示例⇨
舱口围板
纵舱壁
BL
(a)

示例⇨
舱口围板
顶边舱底板
内底
BL
(b)

习图4-1 理论线位置标注练习

3. 根据习图4-2单层底局部结构图,完成以下练习:

(1)按从上向下顺序,指出所标序号所指各构件在投影图中采用什么简化线表示?

1 _____;2 _____;3 _____;4 _____;5 _____;6 _____。

(2)用简化线画出该底部结构的俯视平面投影图。

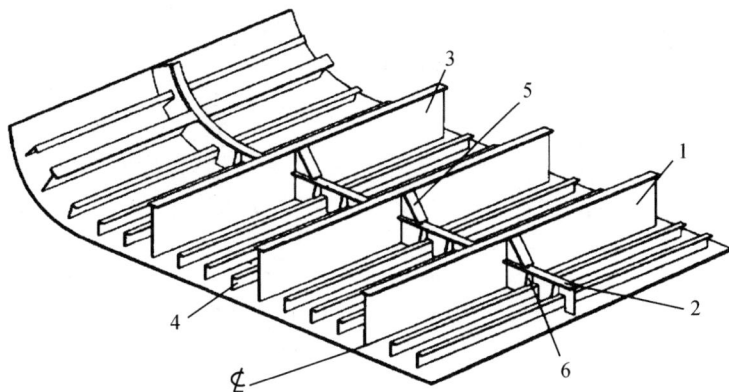

习图4-2 单层底局部结构图

4. 按下列要求在习图4-3中标注焊缝符号。焊接要求:

(1)甲板纵桁、强横梁与甲板板的连接采用交错断续角焊,$k=6,l=75,e=75$;

(2)甲板纵桁、强横梁的腹板与面板连接采用交错断续角焊,$k=7,l=75,e=175$;

(3)支柱与加强板的连接采用周围焊,$k=6$;

(4)肘板与其他构件的连接采用双面连续角焊,$k=5$。

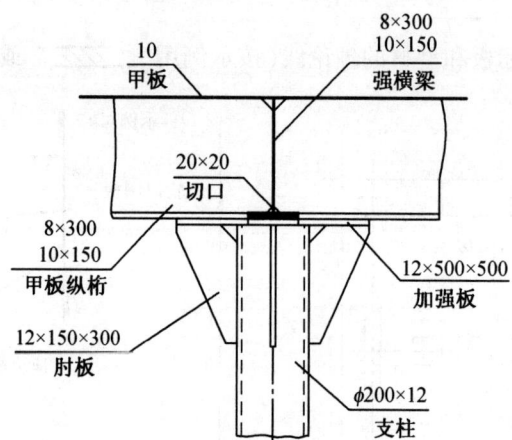

习图 4-3　甲板支柱节点

项目 5　船体结构节点图的识读与绘制

【项目描述】

　　船体由外板和纵横相交的构件所组成。船体纵横构件相互交叉连接的地方称为节点。表示节点处结构详情的视图称为节点视图。

　　在船体结构中,节点处的结构是比较复杂的。要正确认识船体结构,必须首先认识节点处的结构,而节点是由板材、型材和肘板相互交叉连接而成的,因此要绘制和识读船体结构图样,就必须能够正确绘制和识读节点处的视图;同样,要掌握节点视图的绘制和识读,就应该先掌握板材、型材和肘板的表达方法。

　　本项目介绍板材、型材和肘板的表达方法,板材、型材的连接画法和船体结构图样的表达方法。通过下面两个任务的学习,掌握节点视图的识读与绘制方法,从而为船体结构图样的学习打下基础。

学习任务

　　任务 5.1　识读船体结构节点图;
　　任务 5.2　绘制船体结构节点图。

【项目目标】

素质目标

1. 具有严谨的工作态度和踏实的工作作风;
2. 具有创新意识,以及获取新知识、新技能的学习能力;
3. 具有分析问题、解决实际问题的能力;
4. 具有团队意识、沟通能力和相互协作精神。

知识目标

1. 掌握板材与常用型材的表达方法;
2. 掌握板材、型材的连接画法;
3. 掌握节点视图的识读与绘制方法;
4. 熟悉船体结构图样的表达方法。

能力目标

1. 能正确识读与绘制船体结构节点视图;

2.能正确运用船体结构图样的表达方法。

【相关知识】

一、板材、常用型材和肘板的表达方法

在节点视图中,板材、常用型材和肘板的画法遵循正投影的基本原理,但由于绘制图样时要采用较小的比例,因此,板材、常用型材和肘板的画法和尺寸标注又有其特殊之处。必须按国家和有关行业标准的规定进行。

1.板材的画法及尺寸标注

(1)板材的画法

船体结构图样中,板材的表达主要有下面几种情况:

①小比例(如1:50,1:n×100,n=1,2,…)图样中,板材的轮廓线、板材与板材的焊接线采用细实线表示。板材厚度方向的投影,制图标准规定:如果板材厚度投影尺寸小于或等于2 mm时,其板厚轮廓的两条细实线间的距离等于同一图形中粗实线的宽度。板材的剖面用一条粗实线表示。

②在大比例(如1:1,1:2,1:5)图样中,板材的剖面轮廓采用细实线,并在剖面内填充剖面符号,见表5-1。

③板材轮廓不可见时,采用细虚线表示厚度,其轮廓的间距仍等于粗实线宽度。

(2)板材的尺寸注法

板材的尺寸注法有三种:整块板材尺寸按"厚度×宽度×长度"集中标注;断裂板材不标注折断方向尺寸;仅需知道厚度而没必要知道宽度和长度的图样中,可仅标注板材的厚度。尺寸可注在图形中,也可引出标注在图形外。折边板材的尺寸数字前要标注折边符号"L",尺寸按"L$\dfrac{\text{厚度×高度}}{\text{宽度}}$"形式标注。

板材的形式、画法和尺寸标注、用途见表5-1。

表5-1　板材的形式、画法和尺寸标注

形式	画法和尺寸标注		板材用途
平直板材	8×1 500×6 000 8×1 500×6 000 8×1 500 ≤2 >2 8		主要用于舱壁板、内底板和平台等部位

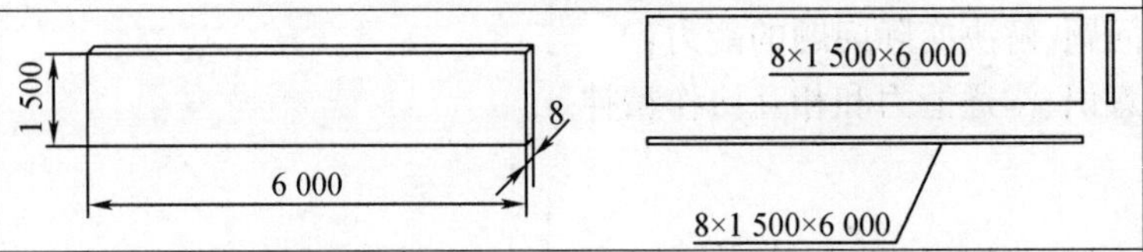

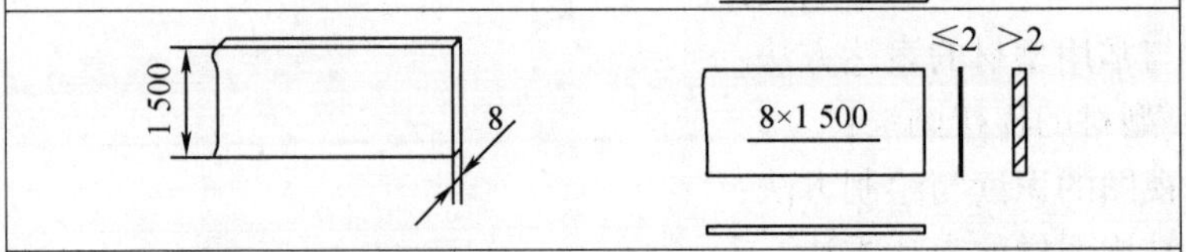

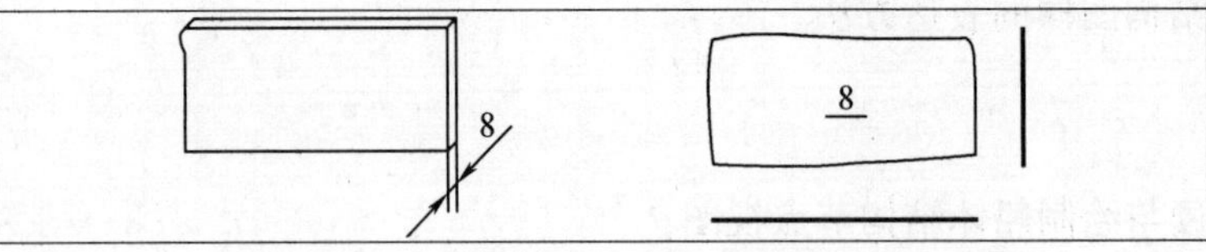

表 5-1(续)

形式	画法和尺寸标注	用途
弯曲板材		主要用于船体外板
折边板材		通常是将平直板材沿板边某一距离的直线折角而成(常为 90°)。在小比例时,板材厚度及剖面的画法与平直板材相同

2. 常用型材的画法及尺寸标注

型材是断面具有一定几何形状的钢材,可由钢厂轧制或由板材组合焊接而成。船体上常用的型材主要有扁钢、角钢、球扁钢、槽钢、工字钢、T 型钢、圆钢和钢管等。

（1）型材的画法

在小比例图样中,型材采用简化画法,球扁钢、槽钢和工字钢的内边缘倾斜及转折处小圆角省略不画,而用间距与粗实线宽度相等的两条细实线表示其厚度,用粗实线表示其剖面,如图 5-1 所示。T 型钢和工字钢的腹板厚度的不可见投影,允许用一条粗虚线表示。

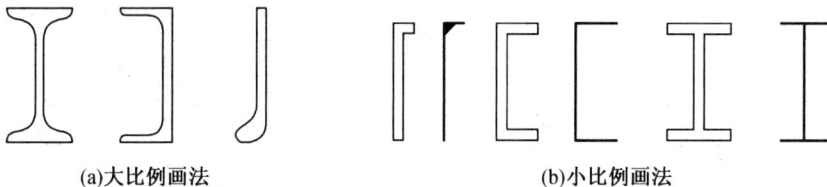

(a)大比例画法　　　　　　(b)小比例画法

图 5-1　轧制球扁钢、槽钢、工字钢的画法

（2）型材的尺寸标注

型材的尺寸采用集中标注,并在尺寸前标注型材符号,所标尺寸为型材断面尺寸。球扁钢、槽钢和工字钢的尺寸也可用它的型号表示。型材的型号数表示型材高度的厘米值,其他尺寸可由型材规格表中查出,见附录 B。

（3）型材的形式、符号和尺寸标注

型材的形式、符号和尺寸标注见表5-2。

表5-2　型材的形式、符号和尺寸标注

名称	形式	符号	尺寸标注
扁钢	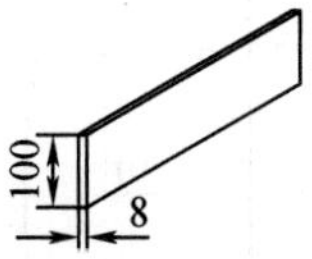 100　8	— 或 FB	宽度×厚度 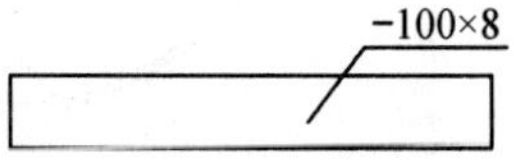 －100×8
钢管	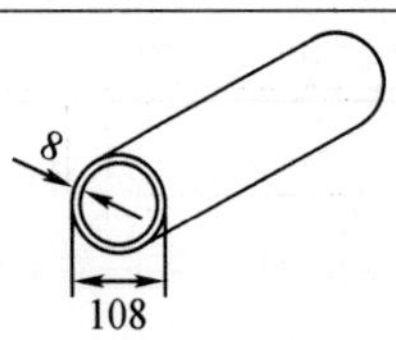 8　108	φ	外径×厚度 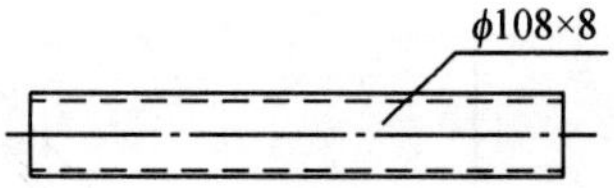 φ108×8
圆钢	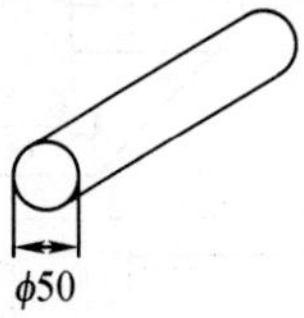 φ50	φ	直径 φ50 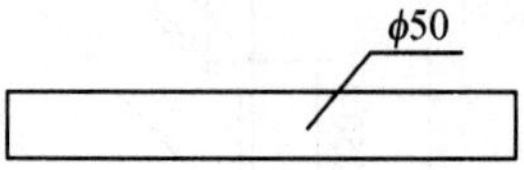
半圆钢	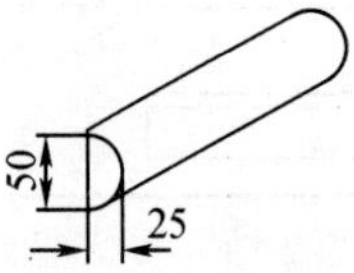 50　25	⌒	直径×厚度  ⌒50×25
角钢	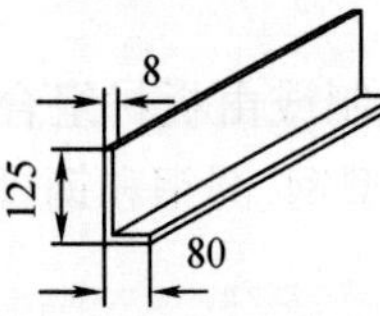 8　125　80	L	长边宽×短边宽×厚度 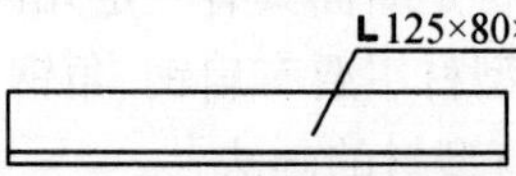 L125×80×8
球扁钢	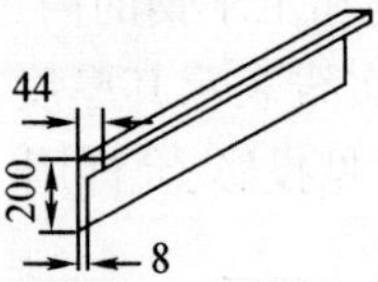 44　200　8	↸ 或 HP	高度×球宽度×壁厚 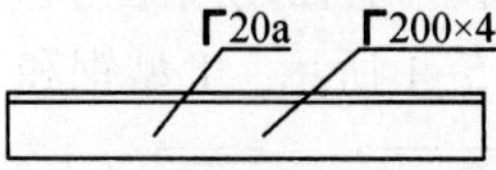 ↸20a　↸200×44×8
T型钢	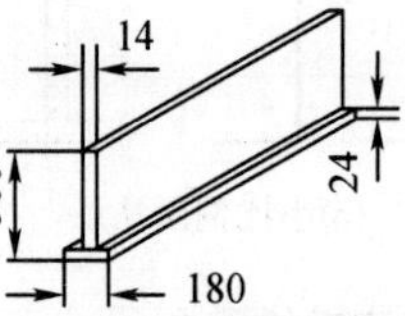 14　500　24　180	T	$\dfrac{\text{厚度×宽度（面板）}}{\text{厚度×总高度（腹板）}}$ 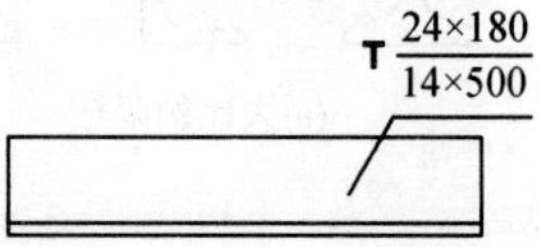 T$\dfrac{24\times180}{14\times500}$
槽钢	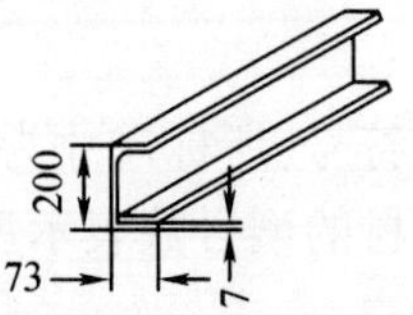 200　73　7	[	高度×宽度×壁厚 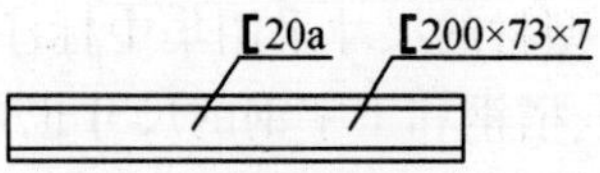 [20a　[200×73×7

表 5-2(续)

名称	形式	符号	尺寸标注
工字钢	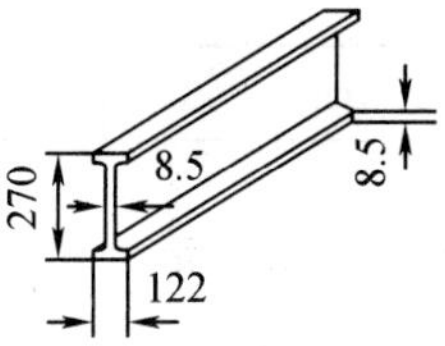 270 8.5 8.5 122	I	高度×宽度×壁厚 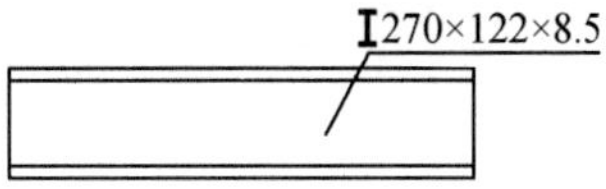 I270×122×8.5
组合球扁钢	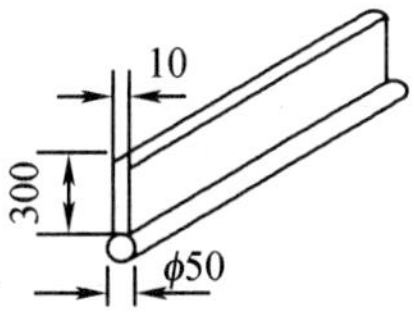 10 300 φ50	●	厚度×高度(腹板) / 圆钢直径 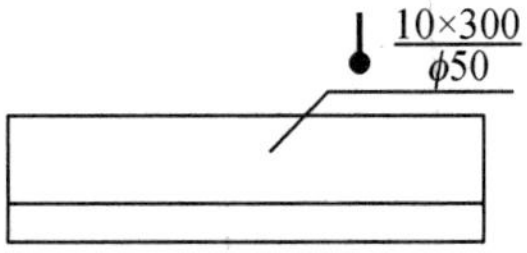 ● 10×300 / φ50
组合工字钢	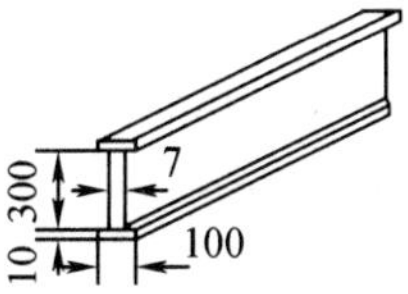 7 10 300 100	I	(厚度×高度)(腹板) / 2(厚度×高度)(面板) 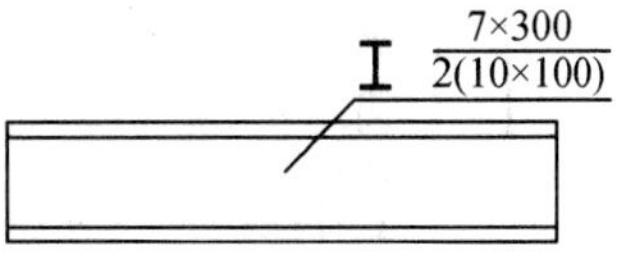 I 7×300 / 2(10×100)
组合T型钢	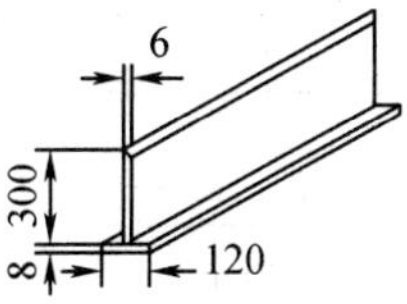 6 8 300 120	⊥	厚度×高度(腹板) / 厚度×高度(面板) 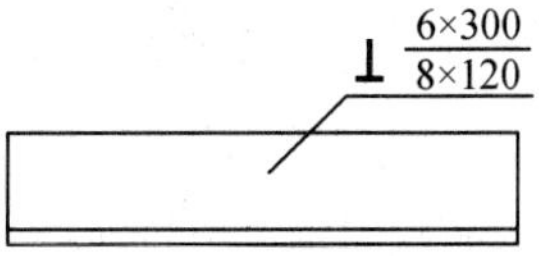 ⊥ 6×300 / 8×120
组合角钢	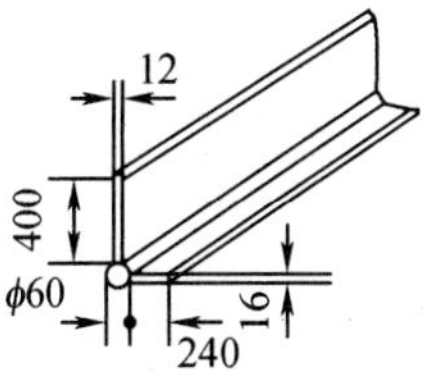 12 400 φ60 16 240	L	长边厚×长边宽 / 短边厚×短边宽圆钢直径 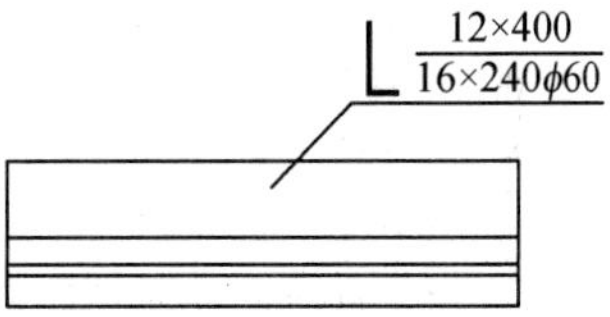 L 12×400 / 16×240φ60

(4)几种常用型材的画法及尺寸注法举例

几种常用型材的画法及尺寸注法举例见表 5-3。

表 5-3 几种常用型材的画法和尺寸标注

型材名称	画法和尺寸标注	用途
扁钢	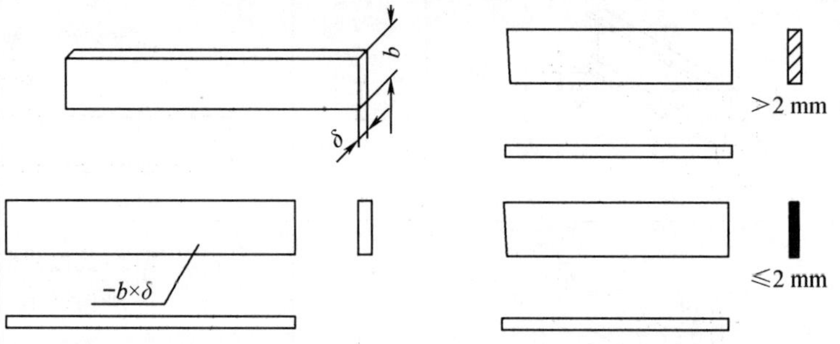 $-b×\delta$　　　　>2 mm　　　≤2 mm	主要用于加强筋或纵骨等小构件
角钢	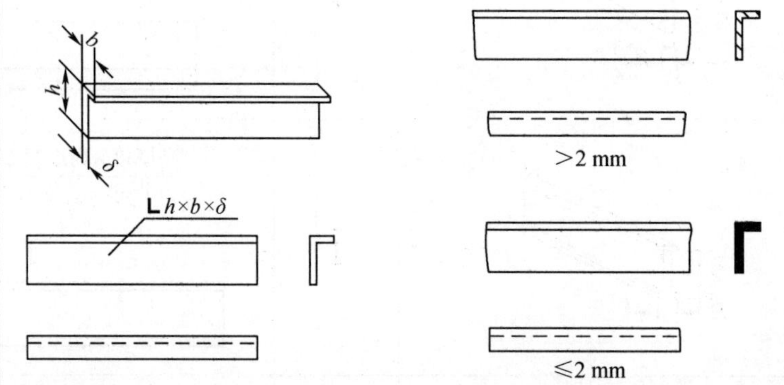 L $h×b×\delta$　　>2 mm　　≤2 mm	主要用于普通横梁、肋骨及扶强材等小构件
球扁钢	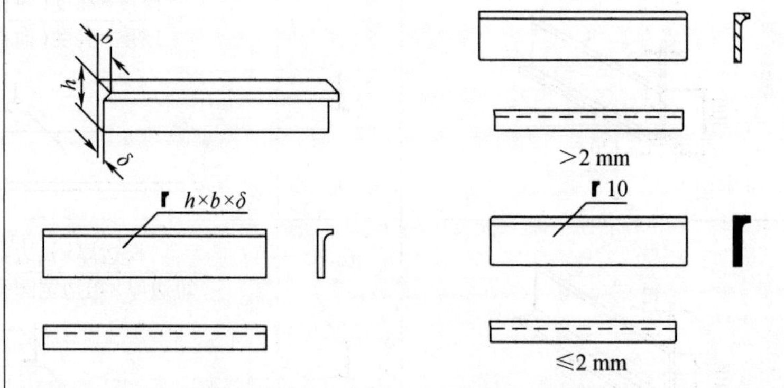 ᴦ $h×b×\delta$　　>2 mm　ᴦ 10　≤2 mm	主要用于各种纵骨等小构件
组合 T 型材	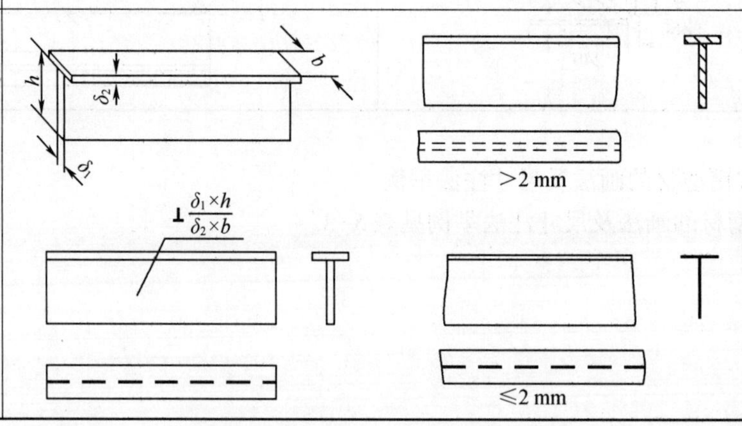 ⊥ $\dfrac{\delta_1×h}{\delta_2×b}$　　>2 mm　　≤2 mm	主要用于各种强构件

3.肘板的画法和尺寸标注

肘板是由板材加工而成的板件,通常用作连接构件以减少端点连接处的应力集中。肘板的形式一般有无折边肘板、折边肘板、T型肘板三种。

(1)肘板的画法

在用小比例绘图时,视图可以简化绘制。无折边肘板的画法与一般钢板相同,折边肘板的画法与折边钢板相同,T型肘板的画法类似于T型材的画法。

(2)肘板的尺寸标注

肘板的尺寸也以集中标注的形式标出。折边肘板和T型肘板的尺寸数字前还需分别标注符号"L"和"⊥"。

(3)肘板的形式、画法和尺寸标注示例

肘板的形式、画法和尺寸标注示例见表5-4。

表5-4 肘板的形式、画法和尺寸标注示例

	肘板形式	正投影图	小比例简化画法和尺寸标注
无折边肘板	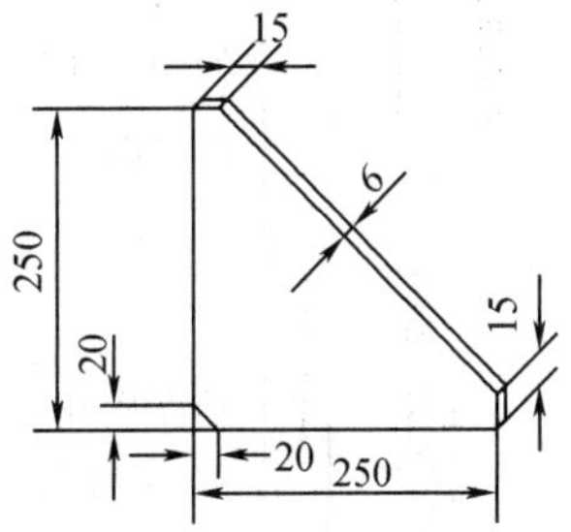	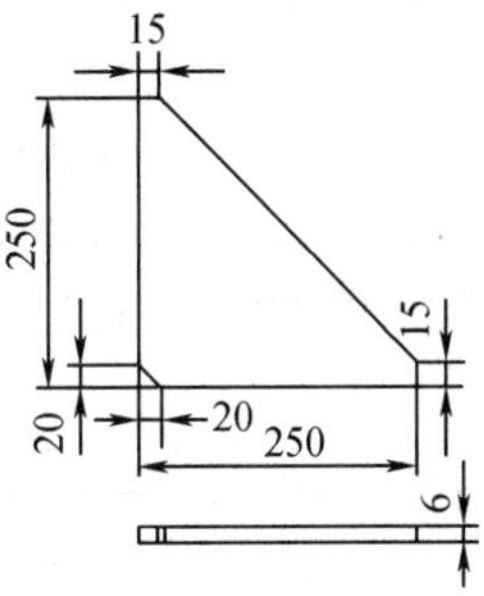	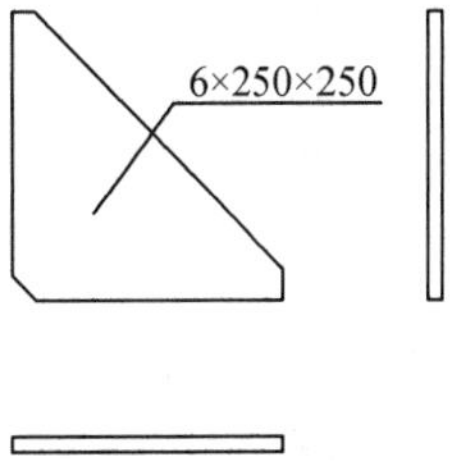
折边肘板	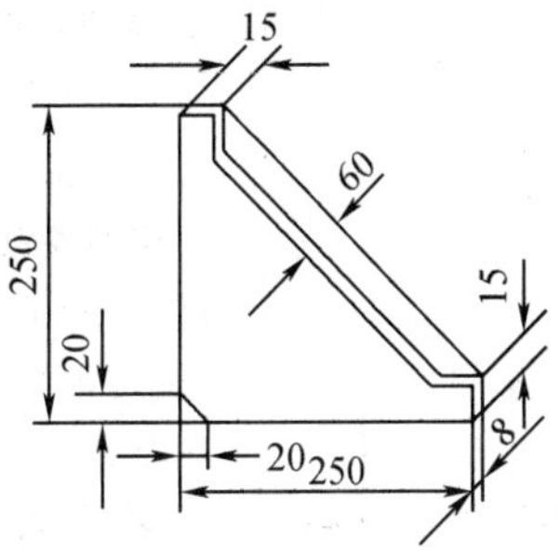	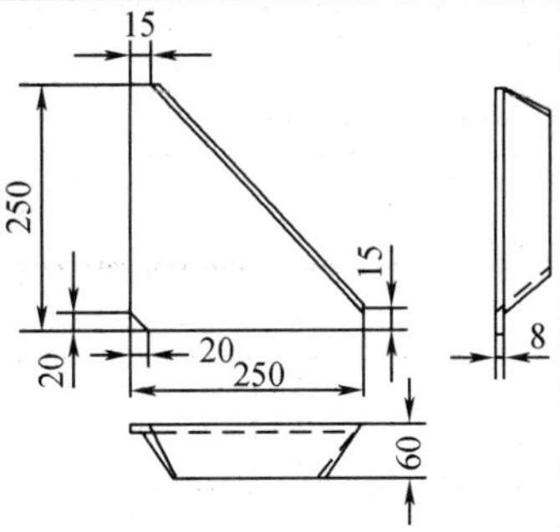	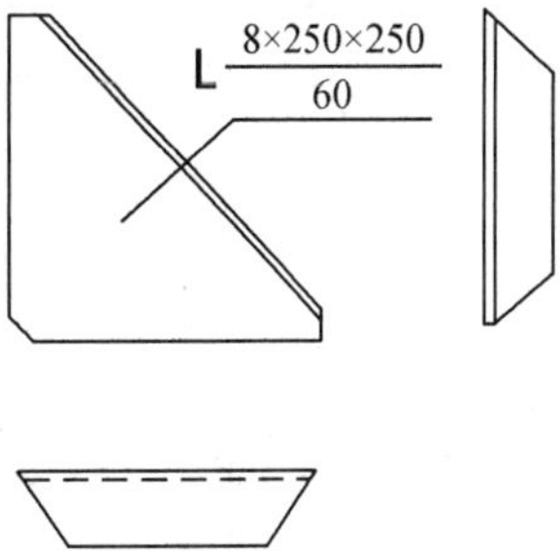
T型肘板	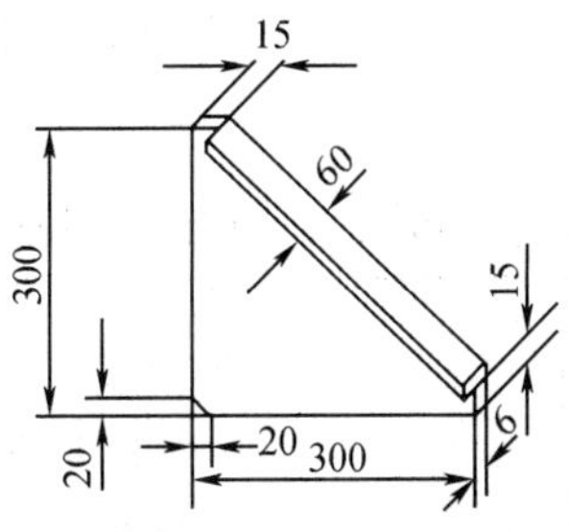	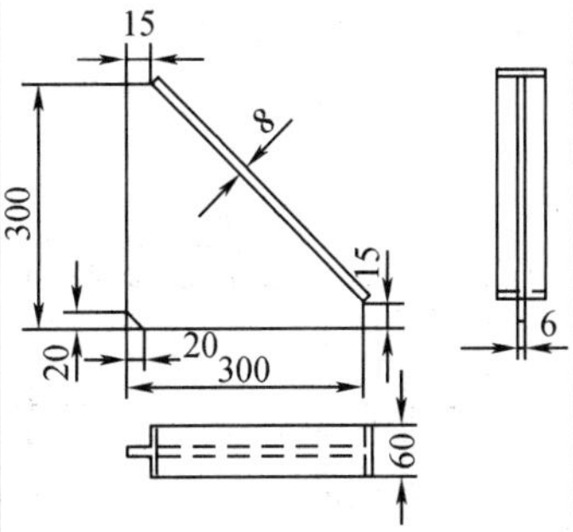	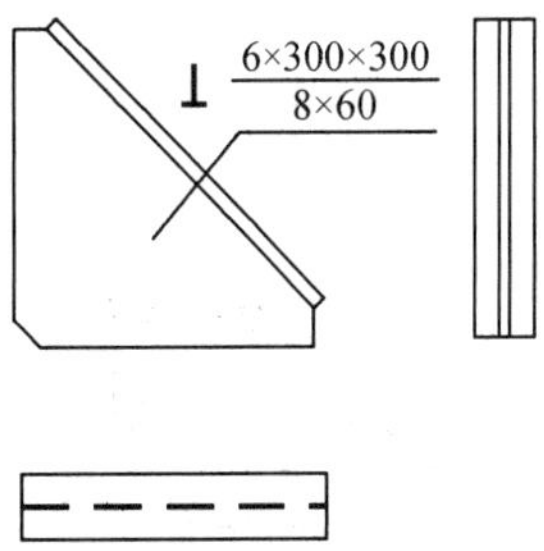

必须注意的是:不等边肘板在采用集中标注形式时,还应在视图中标注其中一边的边

长,以免读图时误解。

二、板材、型材的连接画法

船体是由板材、型材、肘板等许多基本构件相互连接而成的。构件通过各种连接方式构成船舶的整体结构。构件的连接方式有板材与板材的连接、型材与型材的连接、板材与型材的连接及型材贯穿连接等。

1. 板材与板材的连接

板材与板材的连接形式有对接、搭接、角接、交叉连接、覆板连接等。连接画法见表5-5。

表5-5 板材与板材的连接画法

连接形式	表达方法	说明
对接		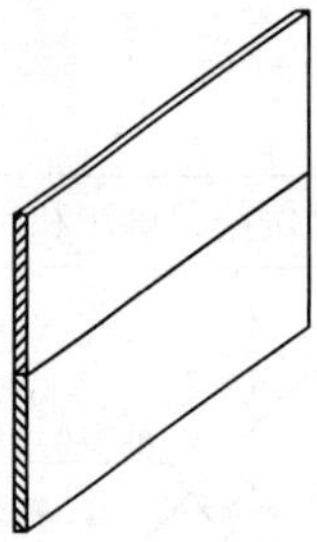 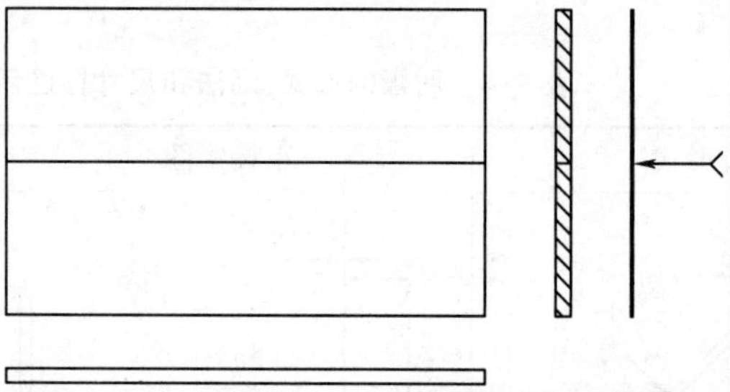 (1) 对接焊缝用细实线表示; (2) 剖面图中简化表示,对接焊缝的位置用" Ɣ "符号表示
搭接		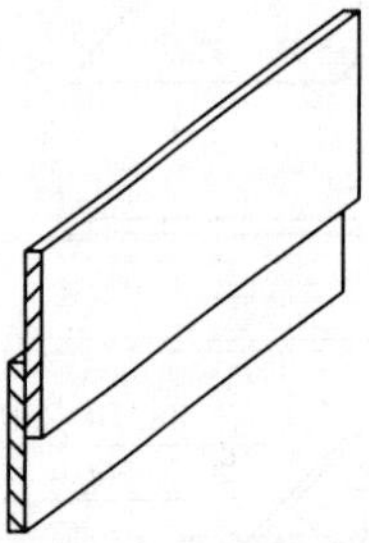 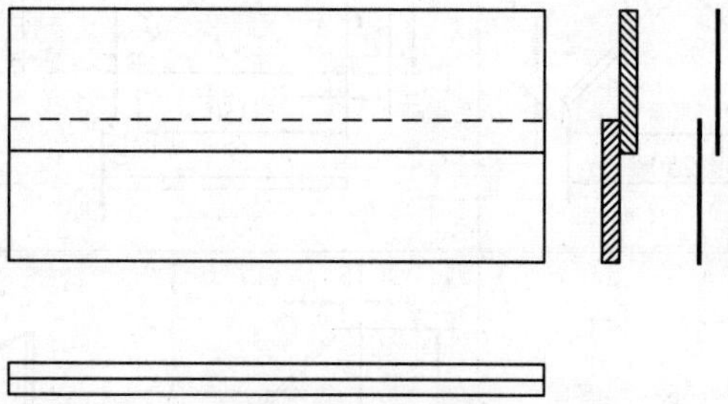 剖面图中简化表示,板材的重叠处留有宽度等于粗实线宽度的间隙
角接		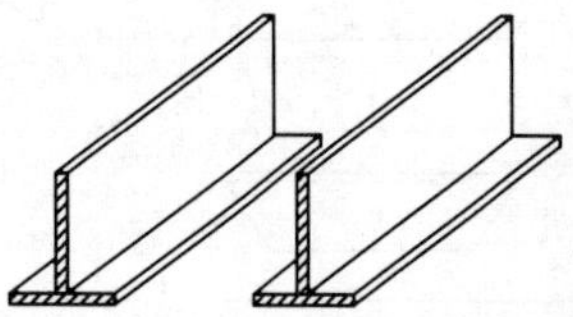 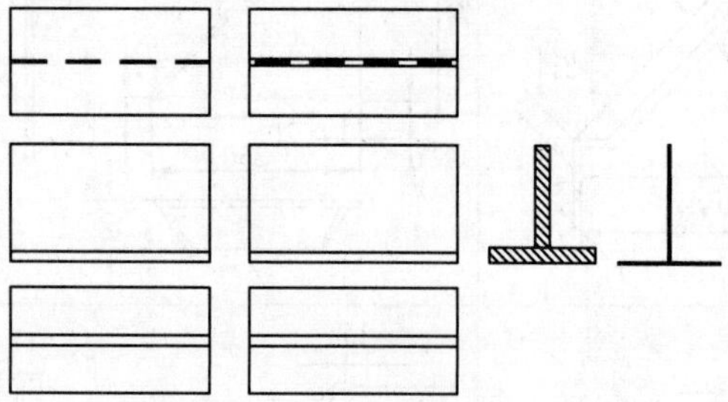 (1)粗虚线表示板与板之间非水密焊接时不可见交线(焊缝)投影; (2)轨道线表示不可见水密板材、外板的交线投影
交叉连接		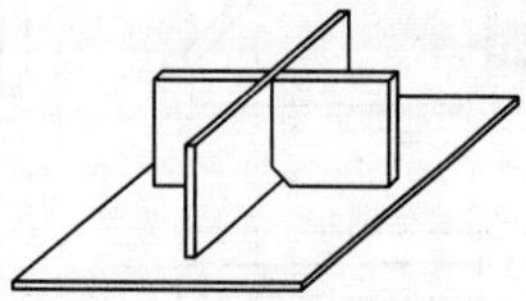 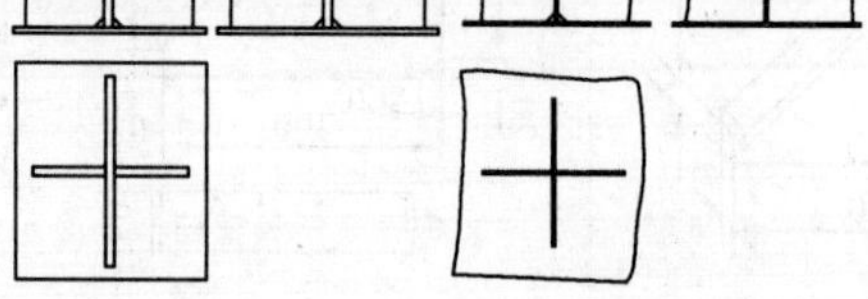 间断构件的工艺切角在显著的视图中表示(见主视图),其他视图可省略

表 5-5(续)

连接形式	表达方法	说明
覆板	≤2 mm	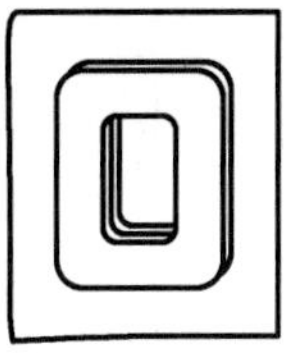 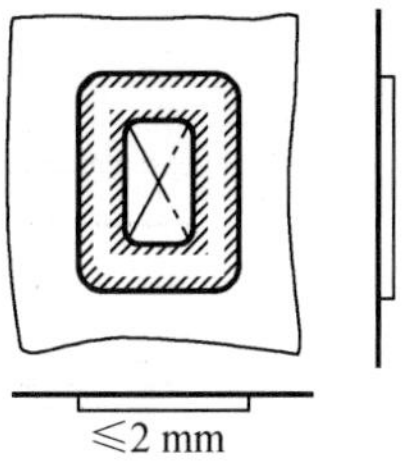 (1)平面图中,沿覆板轮廓线内缘画阴影线; (2)简化表达的剖面画法与板材搭接相似

2. 型材与型材的连接

型材与型材的连接形式有对接、搭接、相交等。连接画法见表 5-6。

表 5-6　型材与型材的连接画法

连接形式	表达方法	说明
对接		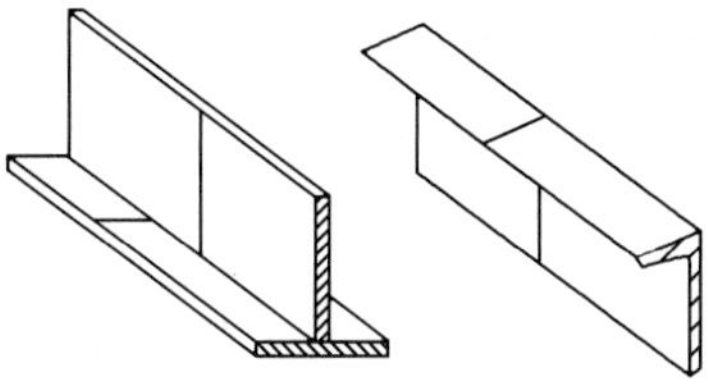 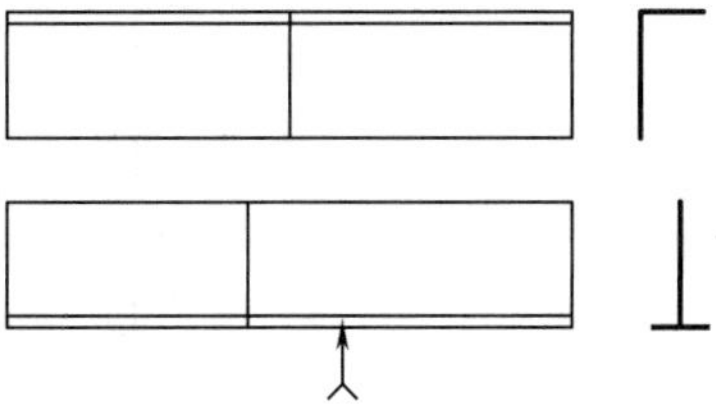 T 型材面板的焊接缝,用" ⍨ "符号表示
搭接		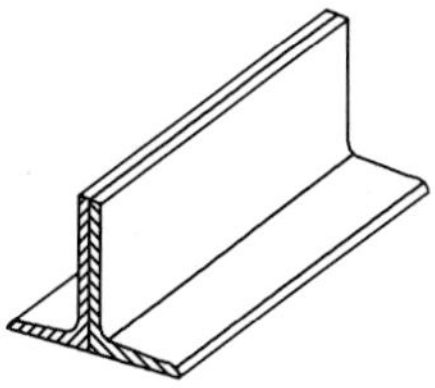 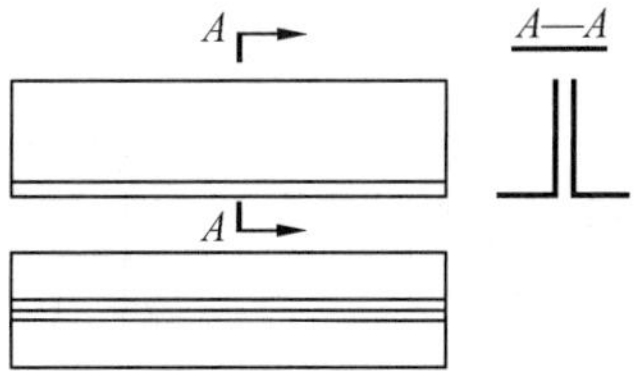 简化表达的剖面图中,两型材之间留有宽度等于粗实线宽度的间隙
相交		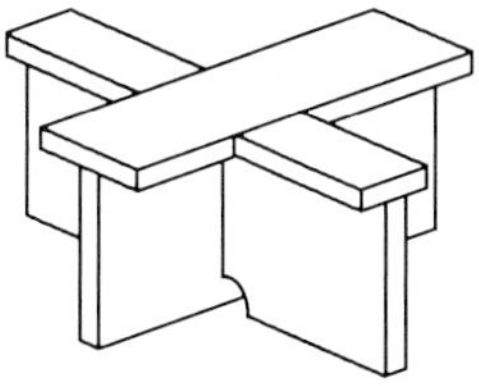 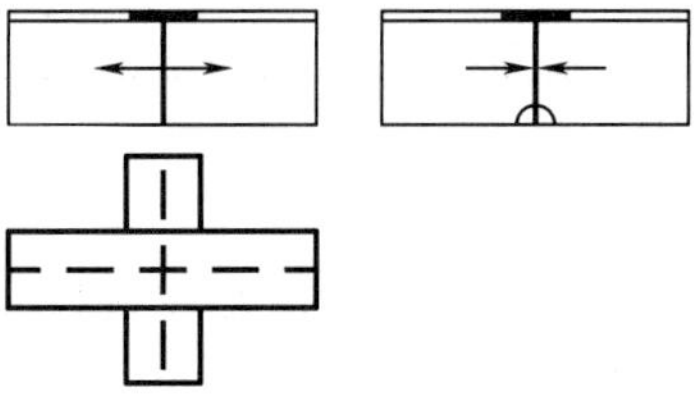 间断构件的工艺性切角在显著的视图中表示(见左视图),其他视图可省略

3. 板材与型材的连接

板材与型材的连接有角接、搭接、肘板连接等。连接画法见表 5-7。

表 5-7　板材与型材的连接画法

连接形式	表达方法	说明
角接	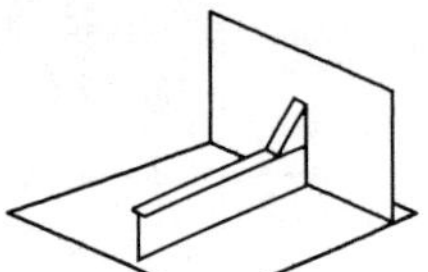	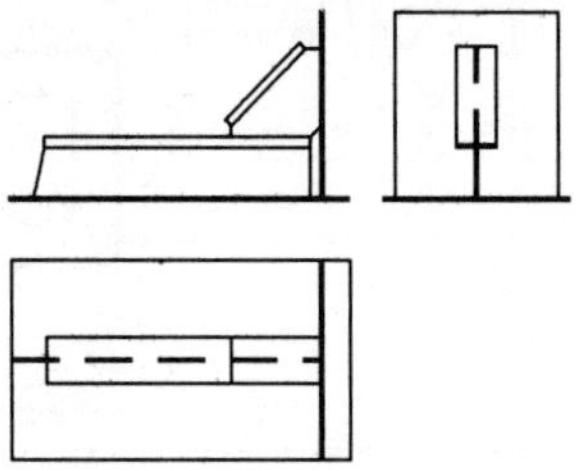
搭接		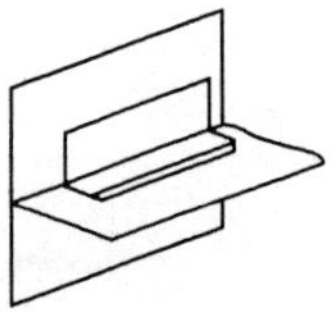 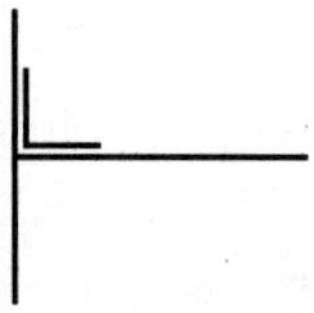 剖面图中简化表示型材断面与板材剖面之间留有宽度等于粗实线宽度的间隙
肘板连接		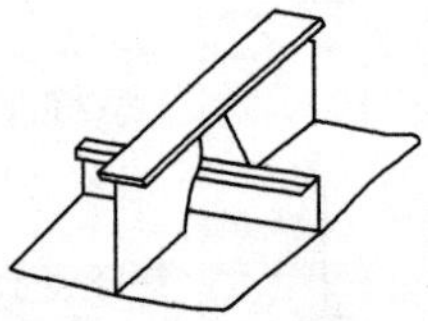 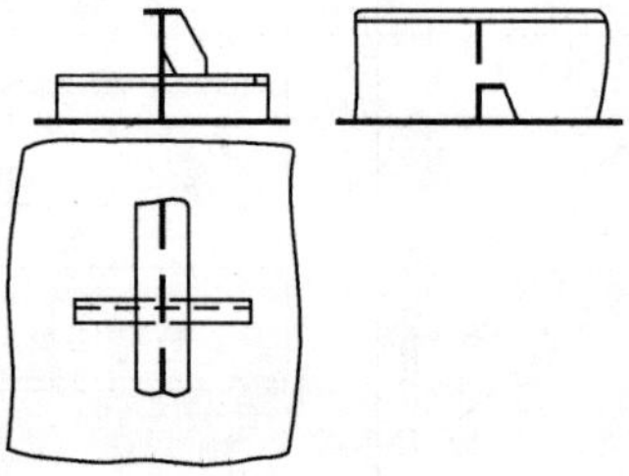 1. 腹板不可见投影用粗虚线表示； 2. 肘板不可见投影允许用粗虚线表示

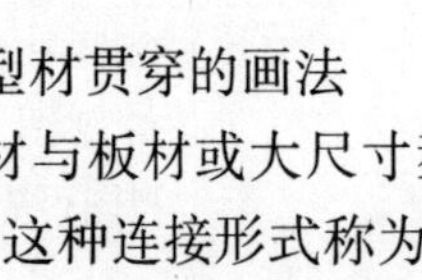

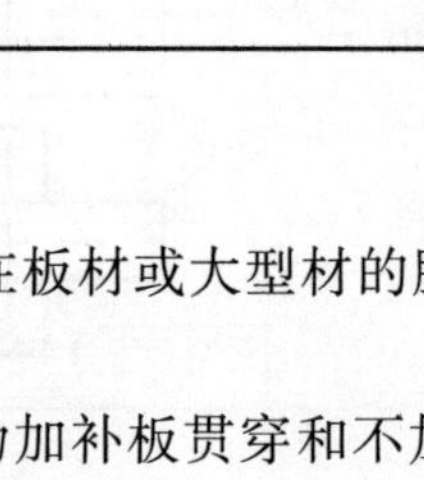

4. 型材贯穿的画法

型材与板材或大尺寸型材相交时,要在板材或大型材的腹板上开出切口,让小尺寸型材穿过,这种连接形式称为贯穿。

因为强度和水密性的原因,贯穿又分为加补板贯穿和不加补板贯穿两种。另外,根据型材的不同,贯穿切口的形状、大小和补板的尺寸也不尽相同,详细结构根据《船体结构相贯切口与补板》(CB 3182—1983)的规定(见附录 D)确定。

型材的贯穿有加补板与不加补板两种形式。在贯穿节点中,包括了板材开口、补板(水密和非水密补板)和镶嵌等多种连接方式,采用标准形式切口和补板时,只标明切口的代号及补板的厚度。

无补板和有补板型材的贯穿的简化画法见表 5-8 和表 5-9。

表 5-8 型材的贯穿画法(无补板)

贯穿形式		表达方法	说明
板材开切口,T型材穿过	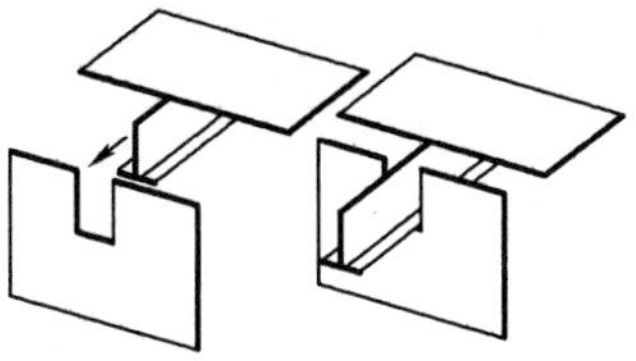	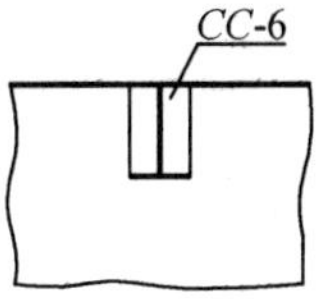 CC-6	(1)《船体结构相贯切口与补板》介绍了切口标准形式和尺寸。 (2)采用标准形式的切口时,视图中仅注明切口类型;否则,需注明全部尺寸
板材与T型材相互嵌入	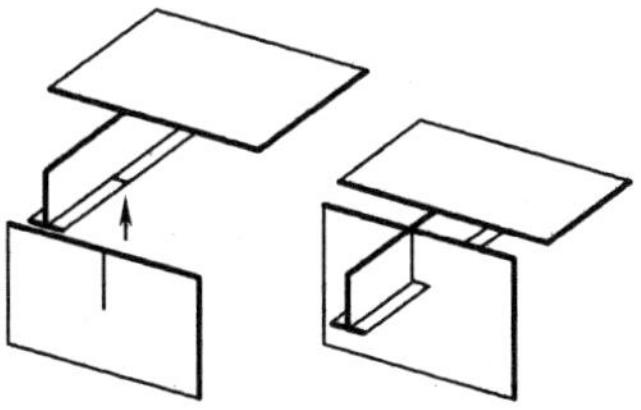	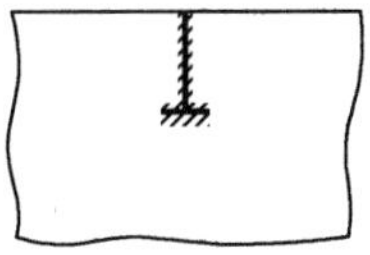	为表示型材穿过板材,在型材剖面周围加画短斜线
板材开切口,角钢穿过	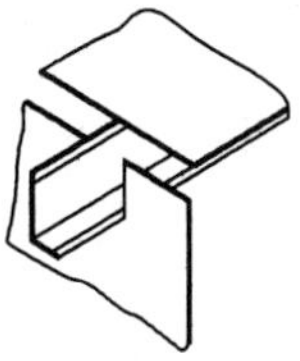	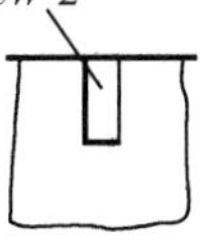 CW-2	(1)《船体结构相贯切口与补板》介绍了切口标准形式和尺寸。 (2)采用标准形式的切口时,视图中仅注明切口类型;否则,需注明全部尺寸
板材与角钢相互嵌入	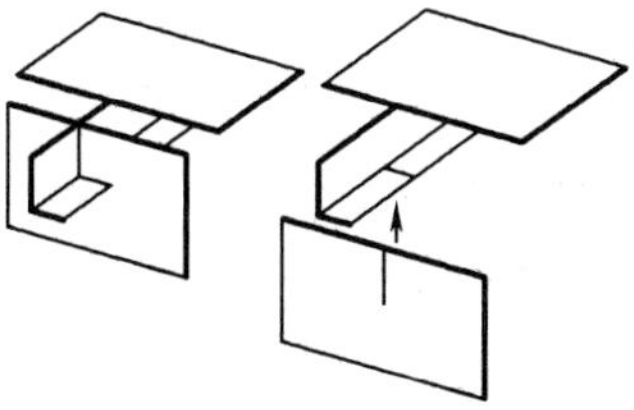	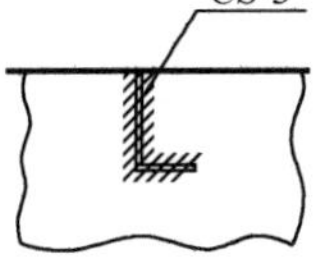 CS-3	为表示型材穿过板材,在型材剖面周围加画短斜线

表 5-9 型材的贯穿画法(有补板)

贯穿形式		表达方法	说明
板材开切口,T型材穿过并采用水密补板	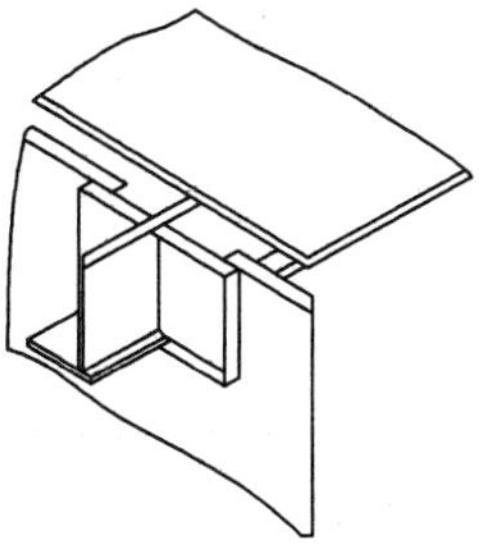	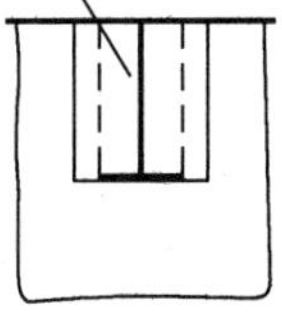 CT-9 / 5	(1)补板的标准形式和尺寸由《船体结构相贯切口与补板》规定。 (2)采用标准形式的补板时,视图中仅注明补板类型和厚度$\frac{补板类型}{补板厚度}$;否则,需注明补板的全部尺寸

表 5-9（续）

贯穿形式	表达方法	说明
板材开切口，T 型材穿过并采用非水密补板	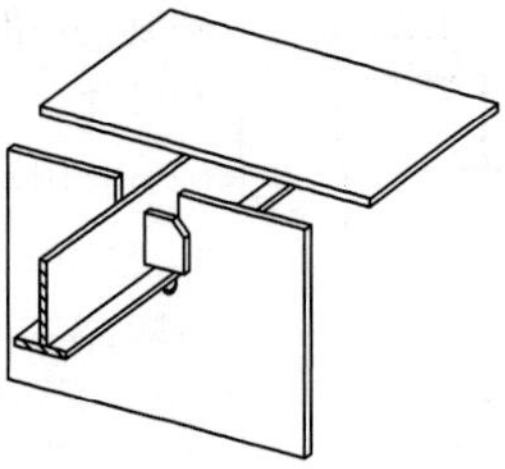 CM-9 / 6	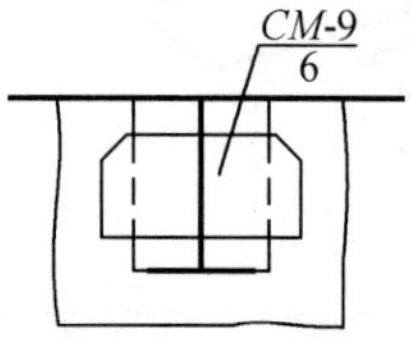
板材开切口，角钢穿过并采用水密补板	CT-7 / 6	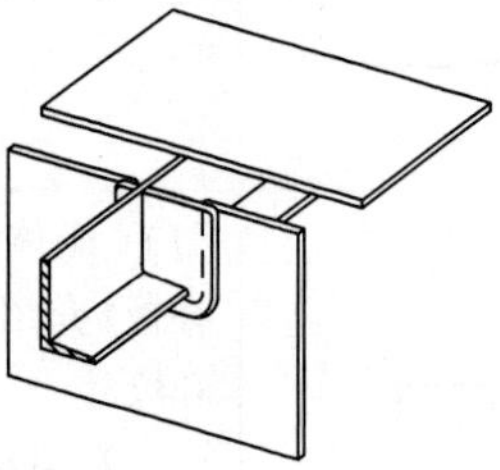 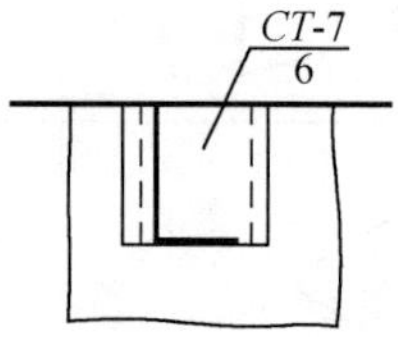 （1）补板的标准形式和尺寸由《船体结构相贯切口与补板》规定。 （2）采用标准形式的补板时，视图中仅注明补板类型和厚度：$\frac{补板类型}{补板厚度}$；否则，需注明补板的全部尺寸
板材开切口，角钢穿过并采用非水密补板	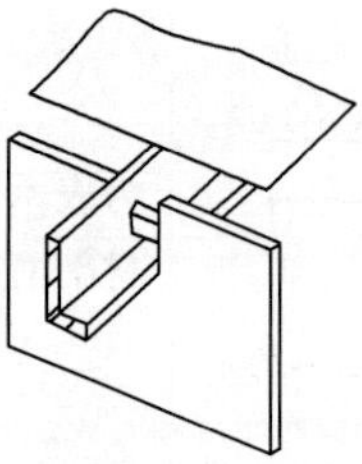 CN-3 / 6	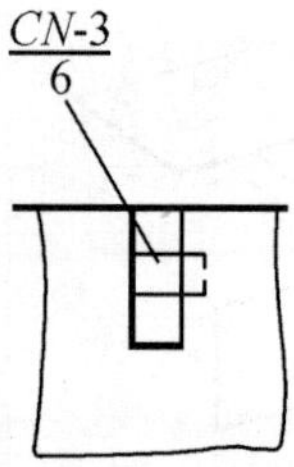

5. 型材端部形式

由于构件连接和施工工艺上的要求，型材端部有多种不同形状，有时需要斜切。标准形式的切斜尺寸由《船体结构　型材端部形状》（CB/T 3183—2013）规定。

型材端部通常有以下四种形式：S 型表示型材端部腹板和面板切斜以及腹材切斜（原标准中腹板和面板切斜用 SS 型）；F 或 FS 型表示型材端部面板切斜；L 型表示型材端部不切斜（原标准中用 W 型）；当型材端部用肘板连接时，则标注符号"B"。

型材端部采用标准切斜形式时，视图中只需标注切斜型别代号，从相关标注中可查得端部的具体尺寸。如果采用非标准的切斜形式，则需注明端部的详细尺寸。当型材在图中为简化画法时，只标注型别代号。表 5-10 所示为端部切斜的五种形式（以角钢为例）。

表 5-10　端部切斜的五种形式

墙部形状	画法和标注	简化画法中的标注
腹板切斜 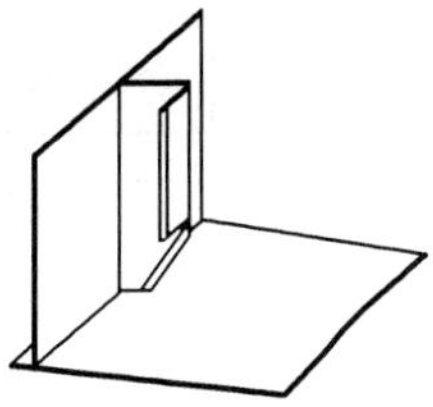 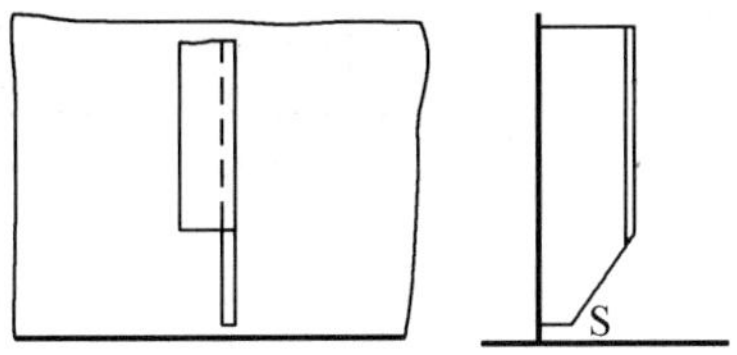 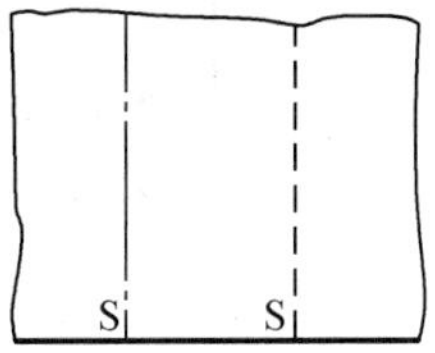	S	S　S
腹板和面板都切斜 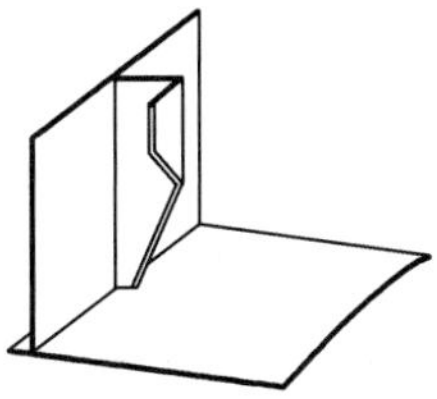 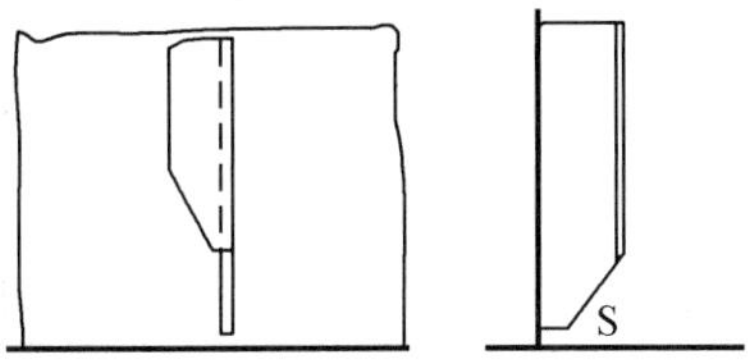 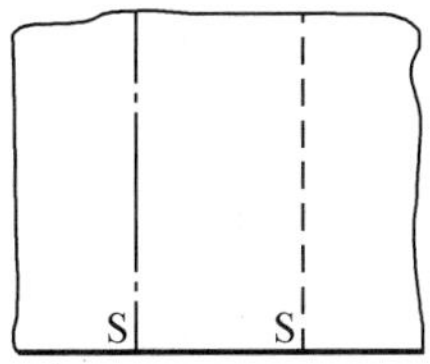	S	S　S
面板切斜 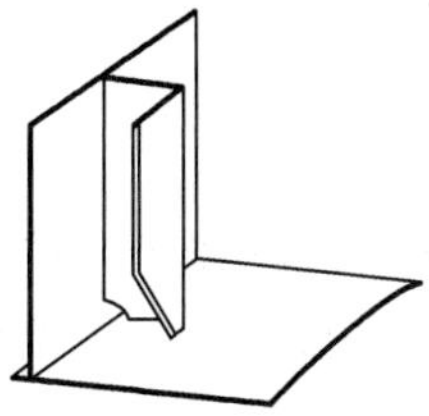 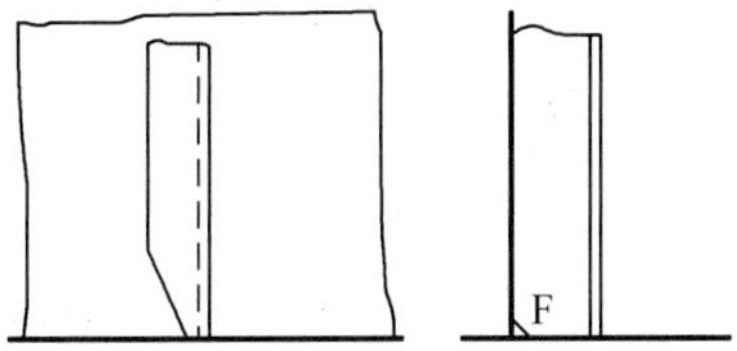 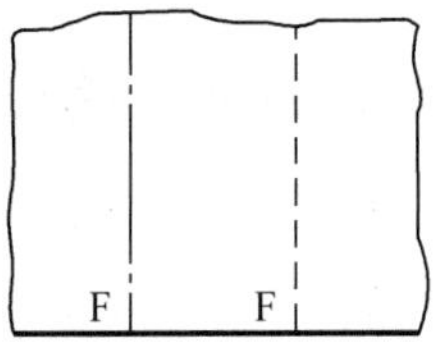	F	F　F
腹板和面板都不切斜 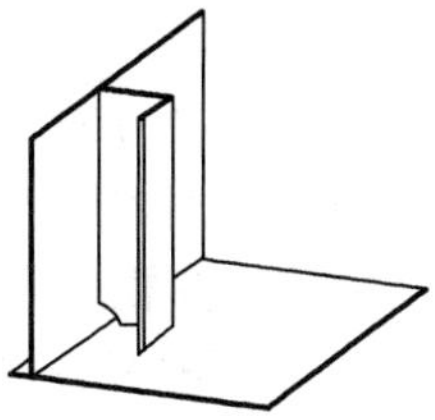 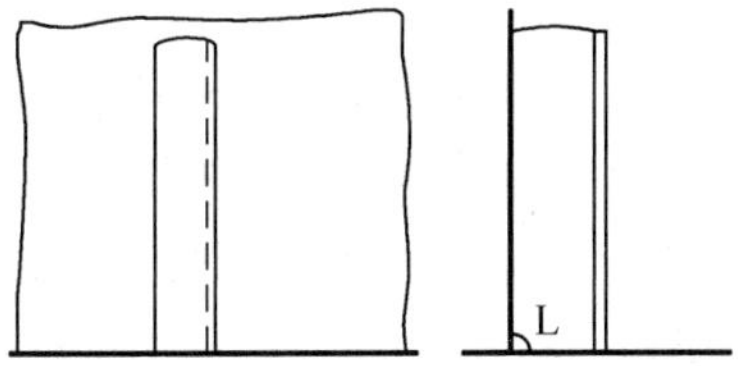 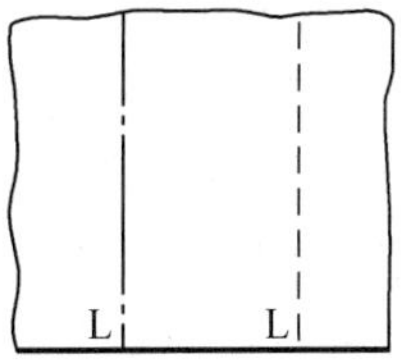	L	L　L
肘板连接 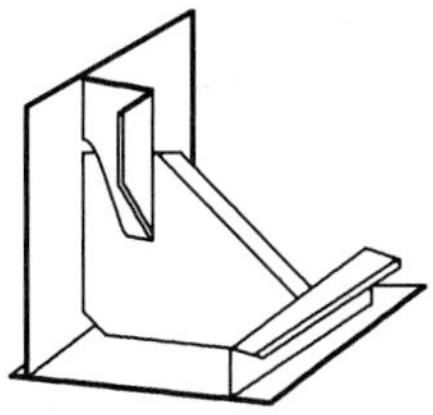 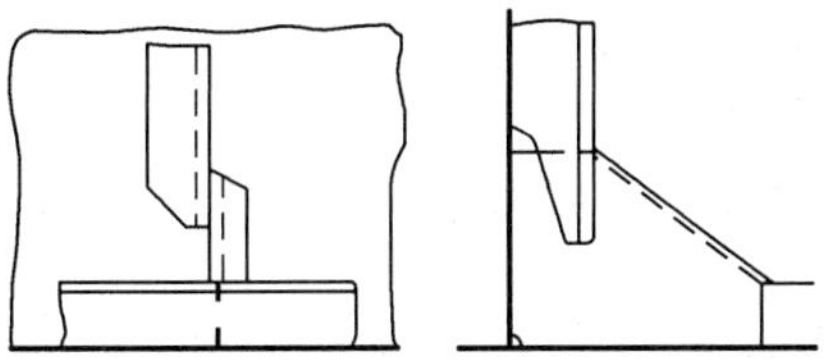 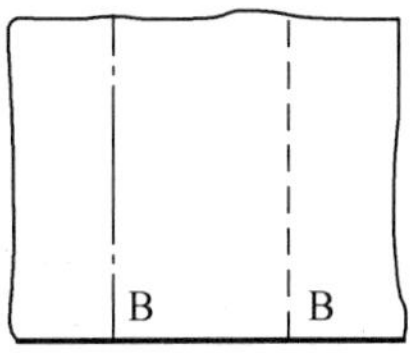		B　B

　　图 5-2 所示为扁钢、球扁钢、T 型钢端部切斜示例。在这里,扁钢、角钢、球扁钢和板材相焊接的一面均视为腹板。

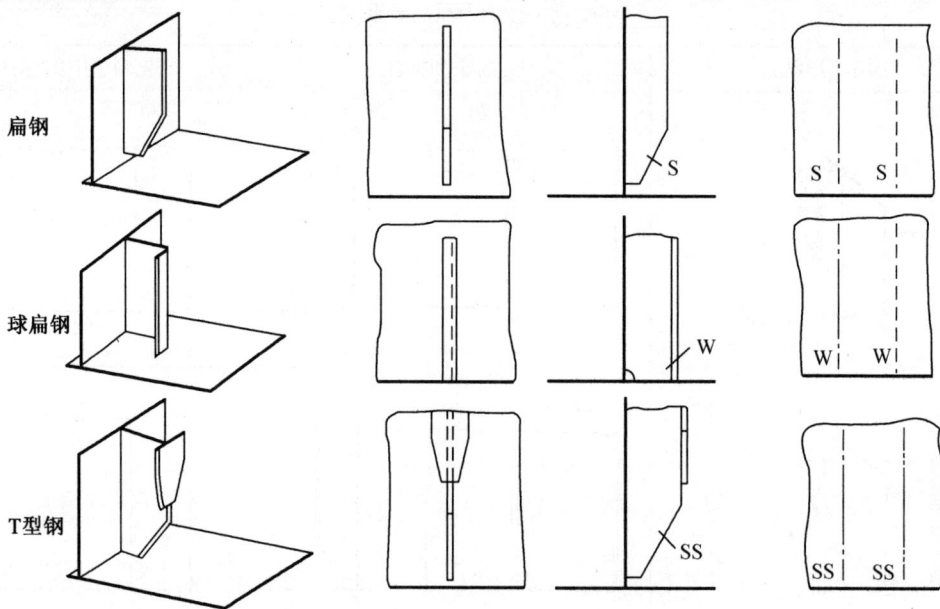

图 5-2 扁钢、球扁钢、T 型钢端部切斜示例

三、船体结构图样的表达方法

船体结构图样是船体图样中的重要组成部分,它完整、清晰地表达船体结构形式和构件连接方式。为便于识读,易于绘制,国家标准《金属船体制图》中,规定了船体结构图样的画法。下面介绍船体图样中常用的几种表达方法。

1. 视图

(1)基本视图

物体除了可以从上、前、左三个方向投影之外,还可以从下、后、右三个方向投影,如图 5-3(a)所示。这样就采用了六个基本投影面,船体结构向六个基本投影面投影所得的图形为基本视图。基本视图的名称分别为主视图、俯视图、左视图、右视图、仰视图和后视图。各投影面及视图配置方式如图 5-3 所示。在一张图纸中若按图 5-3(b)配置各视图时,一律不标注视图的名称。

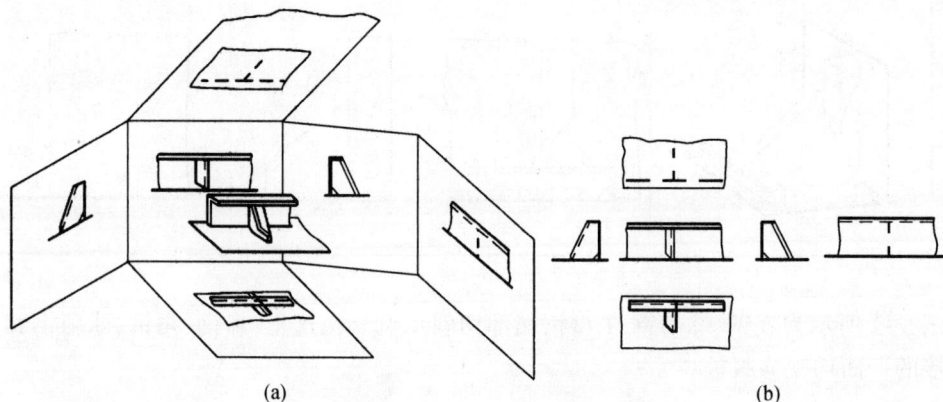

(a)

(b)

图 5-3 六个基本视图

（2）向视图

船体结构向某一方向投影所得的图形为向视图。向视图用视向符号与大写的英文字母表示其投影方向和视图名称，如图5-4及图5-5中的"A向"。在同一张图纸上画几个向视图时，应按字母顺序注写，如A、B、C…。视向符号一般为长15~25 mm 的粗实线箭头，习惯上箭头长为总长的1/3~1/2，见图5-4(b)。图5-5中的B向视图也表示了不在同一平面的圆柱面围壁结构，把不在同一平面内的结构展开在同一平面上，且用向视图表示的方法所得的视图称为展开视图。展开视图在视图名称中注明，如图5-5中的"B向展开"所示，图中注有 RL 的细点画线为转圆线。

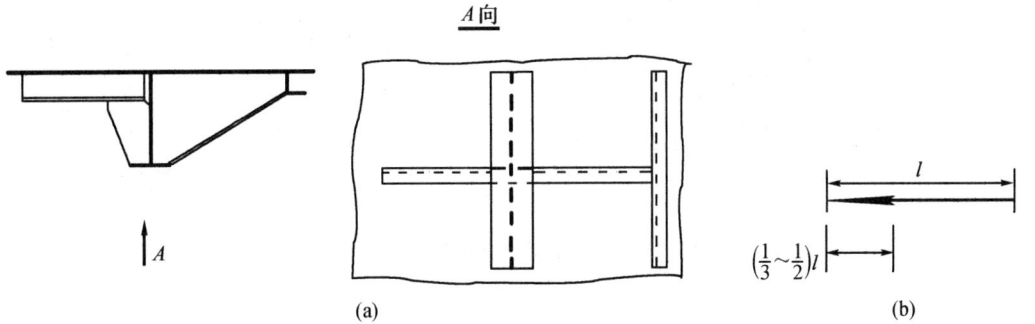

图5-4　向视图的标注方法(1)

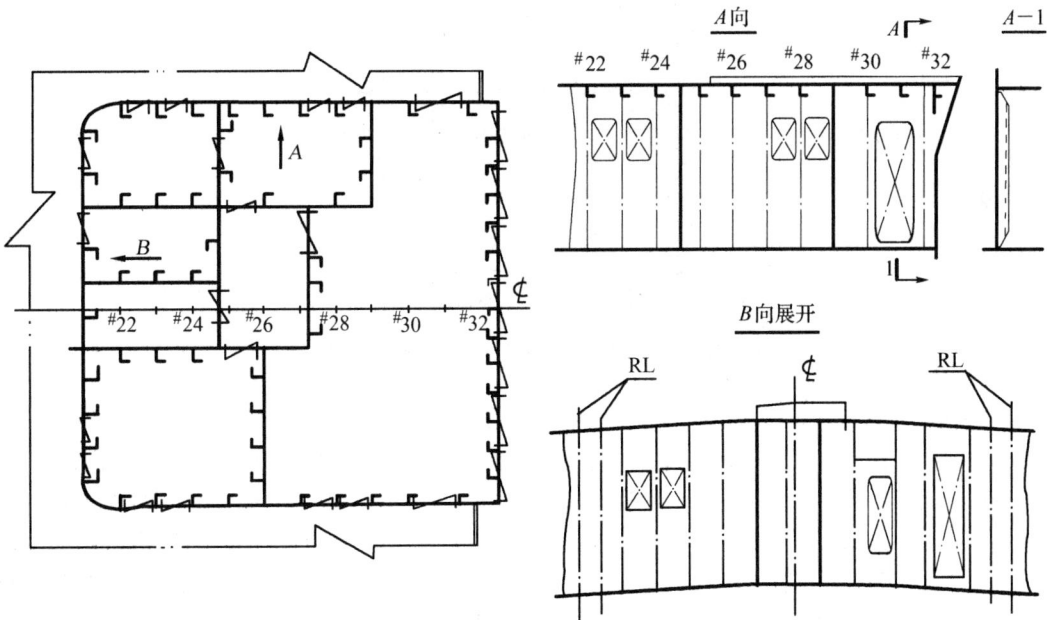

图5-5　向视图的标注方法(2)

2. 剖视图

假想用剖切平面剖切结构，将位于视者与剖切平面之间的部分移去，而将其余部分向投影面投影所得的图形称为剖视图。双层底结构的剖视图如图5-6所示。

当表示具有对称平面的结构时,可以对称中心线为界,一部分用剖视图表示,另一部分用其他视图表示,如图5-6、图5-7所示。需要表示局部结构时,可用局部剖视方法表示,如图5-7所示。

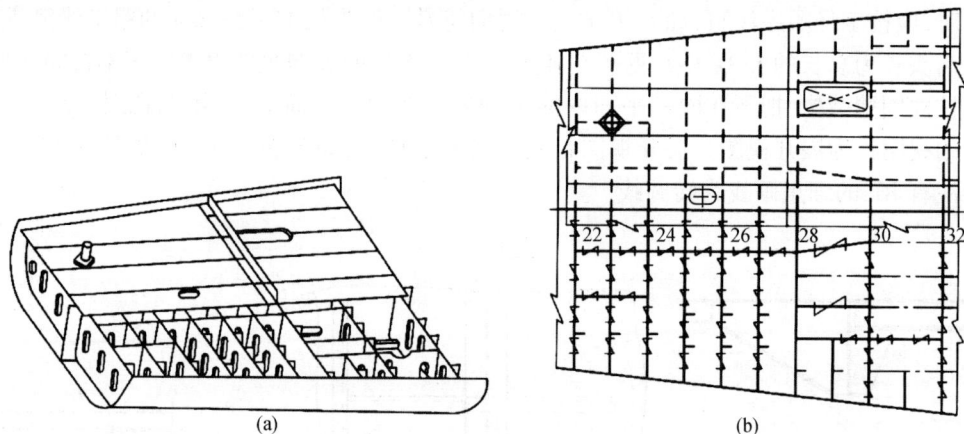

(a)

(b)

图5-6　双层底结构的剖视图

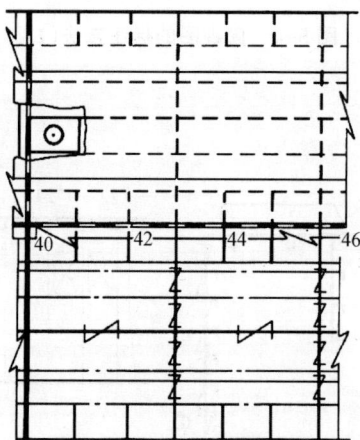

图5-7　双层底结构的舱底平面剖视图

3.剖面图

对于剖面图所表达的内容,船图与机械制图是不尽相同的。机械制图中,剖面图主要用来表达机器零件断面的形状。而船图中,剖面图除用来表达所剖构件的形状外,更主要的是用来表示欲表达构件与其相连构件间的连接情况。因此,船图中,剖面图是假想在要表达的构件附近作一剖切面,将位于视者与剖切面之间的部分移去,而把欲表达的构件及与其直接相连的其他构件向投影面投影所得到的图形。剖面图通常有以下几种类型:

(1)肋位剖面图

剖面图中以肋骨平面作为剖切平面得到的剖面图称为肋位剖面图。例如,为了表示图5-8(a)舷侧结构中的#16肋位的普通肋骨结构,可以假想取剖切面I,移去剖切面和视者之间的部分,而把#16肋骨及与其连接的外板、舷侧纵桁和肘板向投影面投影,得到的图形就是表示#16肋骨结构的剖面图,如图5-8(b)中的#16肋位剖面图"#16——"所示。由于肋位是编号的,对于某一号肋位,其位置是确定的,所以表示肋位剖面图时,在相应视图中不用剖切符号和箭头表示剖切位置和视向,而只在剖面图上方画长为 15~25 mm 的粗实线大箭头表示投影方向,箭头指向右表示向船首看,箭头指向左表示向船尾看。箭头线上方标注肋位符号"FR(或#)"和肋位编号,表示剖切位置,如图 5-8(b)中的#16(或 FR16)和#17(或 FR17)肋位剖面图。

(2)一般位置剖面图

除肋位外所有其他位置的剖面图称为一般位置剖面图。例如,为了表示图 5-8(a)舷侧结构中的舷侧纵桁结构时,可以假想取剖切面 Ⅱ,然后把舷侧纵桁及其连接的外板、横舱壁、普通肋骨、强肋骨和肘板向投影面投影,得到的图形就是表示舷侧纵桁结构的剖面图,如图 5-8(b)中的 A—A 所示。通常情况下,一般位置剖面图在相应的视图中用剖切符号与大写英文字母表示剖切位置、投影方向和剖面图名称($_A\ulcorner\quad\urcorner_A$),在剖面图上方标注相应的视图名称 A—A。剖切符号为断开的粗实线,箭头为长 15 mm 的粗实线大箭头,视图名称下的横线也为粗实线,如图 5-8(b)所示。

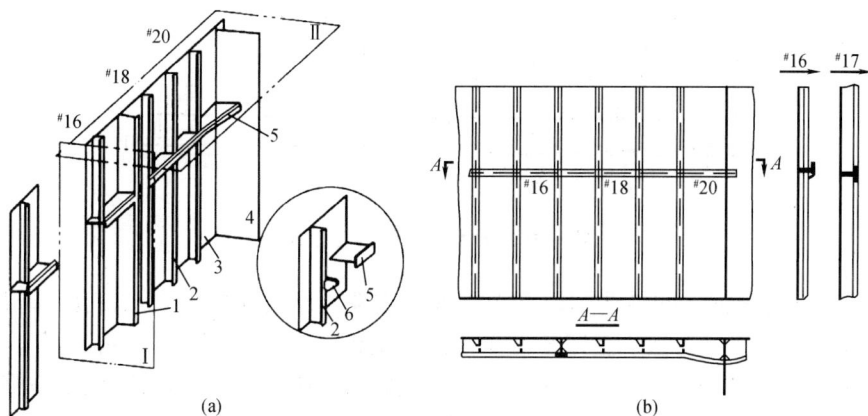

1—强肋骨;2—普通肋骨;3—外板;4—横舱壁;5—舷侧纵横;6—肘板。

图 5-8 剖面的表示法

剖面图也可以直接绘制在剖切平面迹线的延长线(细点画线)上,不再另加标注,如图 5-9 所示。

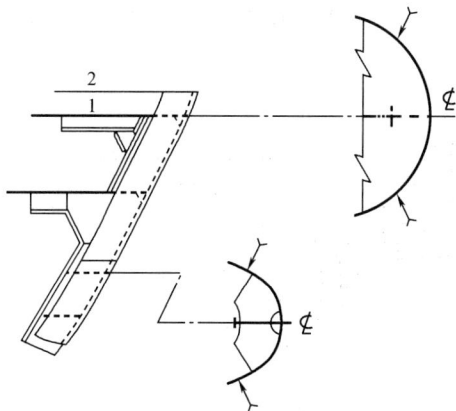

1—艏楼甲板;2—舷墙顶线。

图 5-9 配置在剖切平面迹线延长线上的剖面图

（3）分剖面图

如果在剖面图（或向视图）中再作剖面以表示原剖面图（或向视图）中尚未表示清楚的结构，则称此剖面图为分剖面图。其标注形式如图 5-10 所示，其中 1,2 是分剖面图的序号。

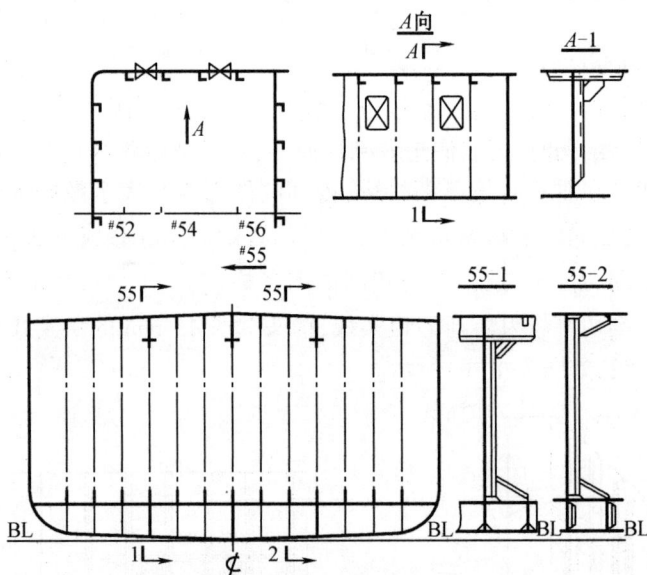

图 5-10　分剖面图的标注形式

在主视图中，根据不同结构辅以几个剖面图把船体结构完整地表示清楚，是船体结构图样中经常采用的表达方法。就图 5-8 中的舷侧结构而言，除主视图外，再选择#16 肋位剖面图表示普通肋骨结构，#17 肋位剖面图表示强肋骨结构及 A—A 剖面图表示舷侧纵桁结构，就可以把该段的结构表示清楚。至于#15、#18、#19 和 20 肋位的结构，因与#16 肋位相似，可以不再表示，而#21 横舱壁结构通常另画图样表示。

4. 重叠画法

重叠画法也称重叠投影法，即把不在某一剖面表达范围内的构件表示在该剖面图的相应位置上，并规定这些构件的可见轮廓用细双点画线表示，不可见轮廓用细虚线表示，如图 5-11 所示。#36 肋位上的强横梁、强肋骨和支柱等构件画在表示普通横梁和普通肋骨结构的#35 肋位剖面图中。

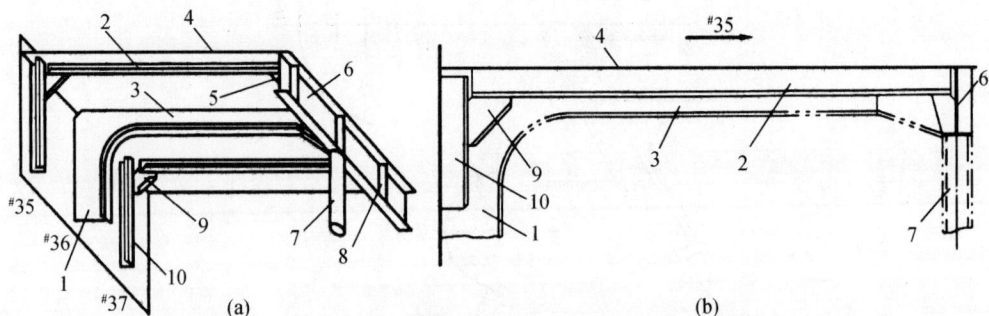

1—强肋骨；2—普通横梁；3—强横梁；4—甲板；5—肘板；6—甲板纵桁；7—支柱；8—加强筋；9—梁肘板；10—普通肋骨。

图 5-11　重叠表示法（示例）

重叠画法通常运用在中横剖面图和基本结构图中,目的是在基本的剖面图中把船体某些局部变化的结构表达清楚,以减少识图和绘图工作量。

采用重叠画法时,要注意保证基本剖面图的图形清晰,否则应另外选择视图来表示。

5.简化画法

为了绘图方便,船图中采用以下几种常用的简化画法。

(1)构件的简化表示法

组成船体的构件众多,如按钢板、型材的正投影画法表示船体结构,则图面往往线条繁多,给绘图、识图带来不便。因此,《金属船体制图》中规定,船体结构图中可采用不同的图线来表示构件的投影。这样既可简化图面,又能清晰表示结构;既便于识图,又便于绘制。图5-12(c)是图5-12(b)的简化表示图形。

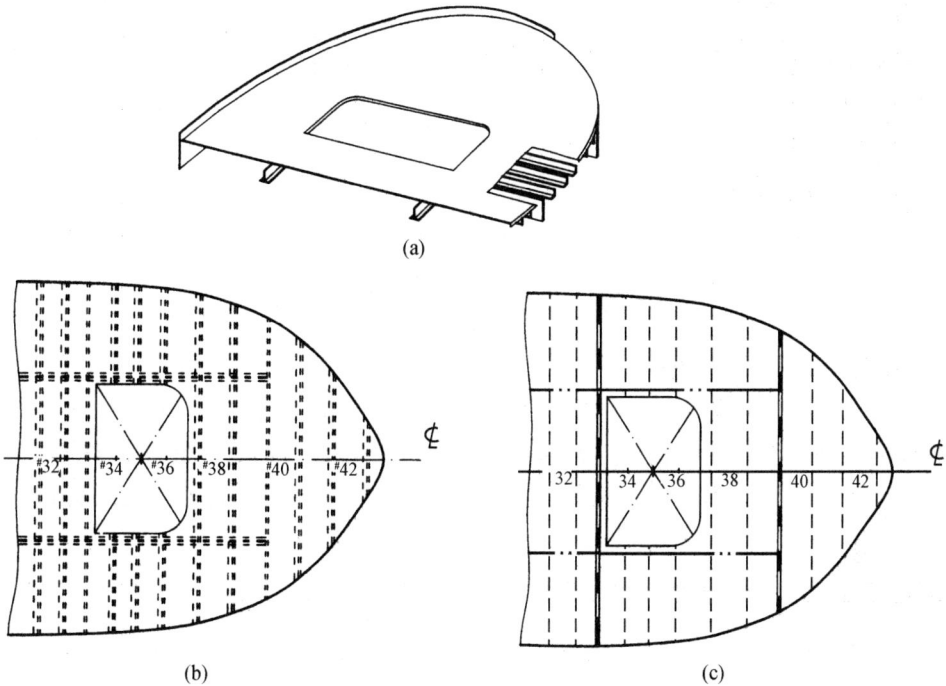

图5-12 结构图样的简化表示法示例(1)

根据《金属船体制图》规定的图线应用范围,构件投影简化表示时所采用的图线基本可归纳如下:

①可见的主要构件(如强肋骨、舷侧纵桁、中内龙骨、旁内龙骨、舱壁桁材等)的投影用粗点画线表示;

②可见的普通构件(如普通肋骨、纵骨、舱壁扶强材等)的投影用细点画线表示;

③不可见的主要构件(如甲板纵桁、强横梁等)的投影用粗双点画线表示;

④不可见的普通构件(如普通横梁、纵骨、舱壁扶强材等)的投影用细虚线表示;

⑤不可见的水密板材的投影用轨道线表示;

⑥不可见的非水密板材的投影用粗虚线表示;

⑦可见的板材的投影用粗实线表示。

图5-13是双层底舱底结构、舷侧结构及舱壁结构的简化表示法示例。

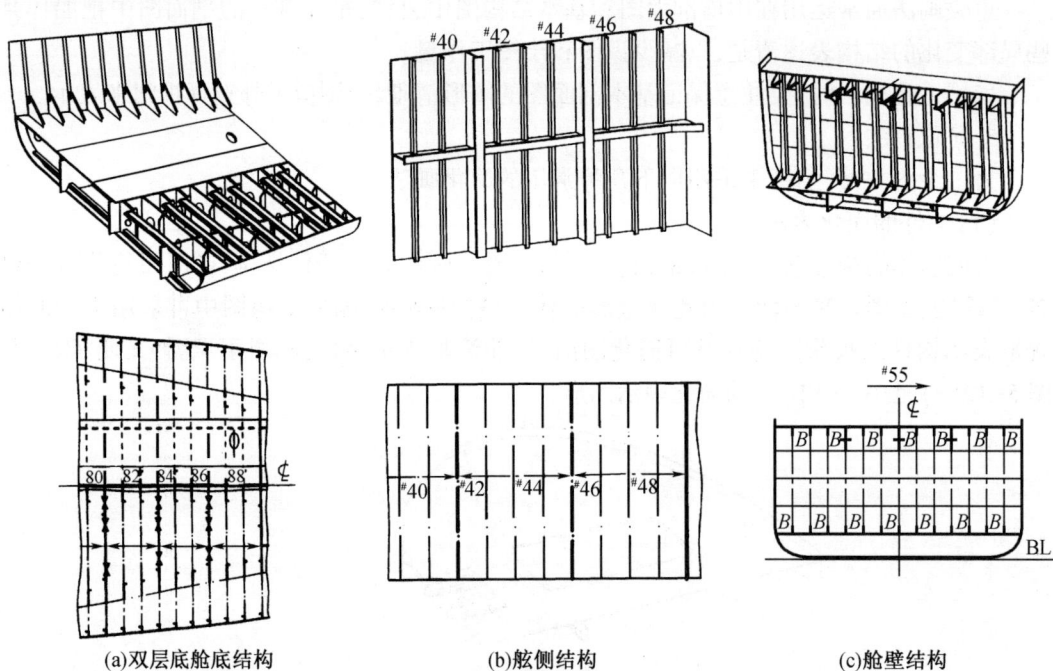

(a)双层底舱底结构 (b)舷侧结构 (c)舱壁结构

图 5-13 结构图的简化表示法示例(2)

（2）压筋围壁及槽形舱壁的简化表示法

《金属船体制图》中规定了压筋围壁及槽形舱壁的简化表示法，如图 5-14 所示。图中细点画线为压筋中线，且表示压筋数量。符号" ∨ "" ∪ "等表示压筋在平板正面，如图 5-14(a)和(c)所示；反之，符号" ∧ "" ∩ "等表示压筋在平板背面，如图 5-14(b)和(d)所示。

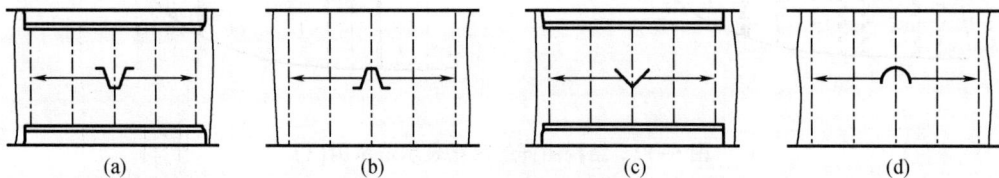

(a) (b) (c) (d)

图 5-14 压筋围壁及槽形舱壁的简化表示法

（3）构件上开孔的简化表示法

构件上开有若干形状和大小相同的均布孔（如人孔、减轻孔、流水孔及透气孔等）时，可仅在两端各画一孔，中间孔只需用定位中心线表示，如图 5-15 所示。

对于人孔和减轻孔，只需在两端的孔上注出其大小尺寸，如图 5-15(a)所示。而流水孔及透气孔只需注明其代号，如图 5-15(b)所示。图中 DY50×100 是腰圆形流水孔的代号。

6. 覆板表示法

覆板在平面图上用覆板轮廓线加细斜线表示，如图 5-16 所示。

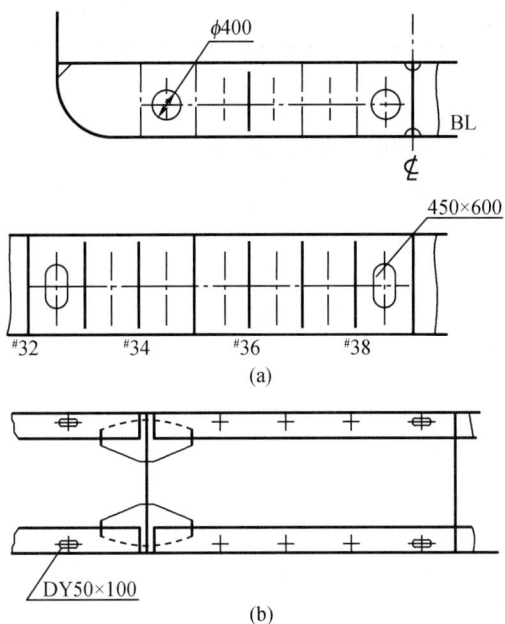

图 5-15 形状和大小相同的均布孔的简化画法

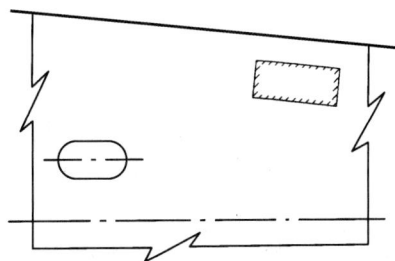

图 5-16 覆板表示法

【学习任务】

任务 5.1 识读船体结构节点图

➤ 任务解析

学习任务	识读船体结构节点图
任务导入	图 5-17 所示为旁内龙骨与舱壁连接的节点图,其上标注有各构件的尺寸。本任务以该节点为例,学习节点图的识读方法并进行节点图识读训练。识读过程中各视图相互对照,并参考给定尺寸,采用构件分析法,最终确定节点空间结构。通过对该节点图的识读,了解船体节点图的识读方法及必要的相关专业知识和应该注意的事项,为识读和绘制船体结构图样及毕业后从事的船舶建造岗位工作奠定基础
任务要求	通过对构件进行分析,即将节点图中的各个构件按板材、型材、肘板等进行分解,结合船图的表达特点和所标注的尺寸,识别构件的形状、尺寸、相对位置和连接方式,从而看懂节点视图所表达的结构
实施步骤	(1)分析节点的构件组成; (2)了解构件之间的相对位置和连接方式; (3)综合形成节点的整体概念

表（续）

任务目标	职业素质目标： (1)具有严谨认真的工作态度； (2)具有主动参与、积极进取、探究科学的学习态度和思想意识； (3)具有分析问题、解决问题的能力。 职业知识目标： (1)了解船体结构节点图的表达特点； (2)熟悉船体结构节点图的识读步骤； (3)掌握船体结构节点图的识读方法。 职业技能目标： (1)能够将节点图中的各个构件,按板材、型材、肘板等进行分解； (2)能够在几个视图中找出每个构件的对应投影； (3)能够结合视图看懂构件尺寸的标注； (4)能够结合视图看懂焊接符号的标注； (5)能够正确识读懂船体结构节点图,形成节点整体概念
学习资源	教材、教学课件、图片、图纸、动画

➤ 任务实施

一、船体结构节点视图识读方法

识读节点视图时,先进行构件分析,弄清组成节点构件的形状、尺寸及相对位置,然后合起来想象节点的整体情况。也就是采用"先分割再组合"的看图方法。

二、船体结构节点视图的识读

图5-17所示为船旁内龙骨与横舱壁连接节点视图,它由主视图和俯视图两个视图组成。下面以此节点为例,说明识图的方法和步骤。

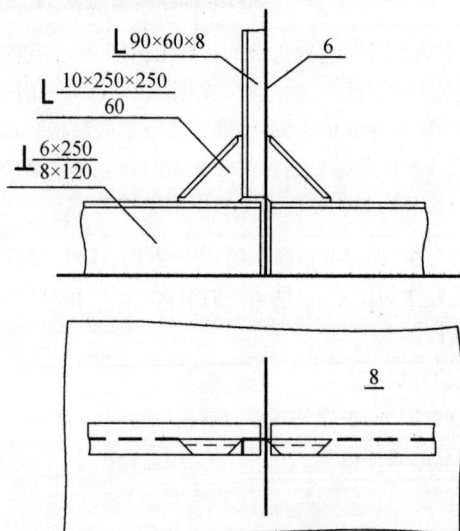

图5-17　船旁内龙骨与横舱壁连接节点视图

1.分析节点的构件组成

分析节点的构件组成,了解构件的形状和尺寸。结构图样中的构件尺寸通常采用集中标注方式,折边板材、折边肘板、T型肘板和型材的尺寸数字前面还注有规定符号,读图时根据这些特点及构件在视图中的投影关系,就不难确定组成节点的构件的尺寸和形状。

图5-18(a)表示了该节点主、俯视图中各构件投影的对应关系,对照构件尺寸标注可分析出各构件的形状和尺寸。该节点由水平钢板①、垂直钢板②、左T型材③、右T型材④、角钢⑤、肘板⑥、肘板⑦组成,其中水平钢板①厚度为8 mm,垂直钢板②的厚度为6 mm,T型材③和④腹板厚6 mm、高250 mm,面板厚8 mm、宽度120 mm,角钢⑤的尺寸为90×60×8,肘板⑥和⑦均为折边肘板,厚10 mm,宽和高均为250 mm,折边宽60 mm,如图5-18所示。

(a)

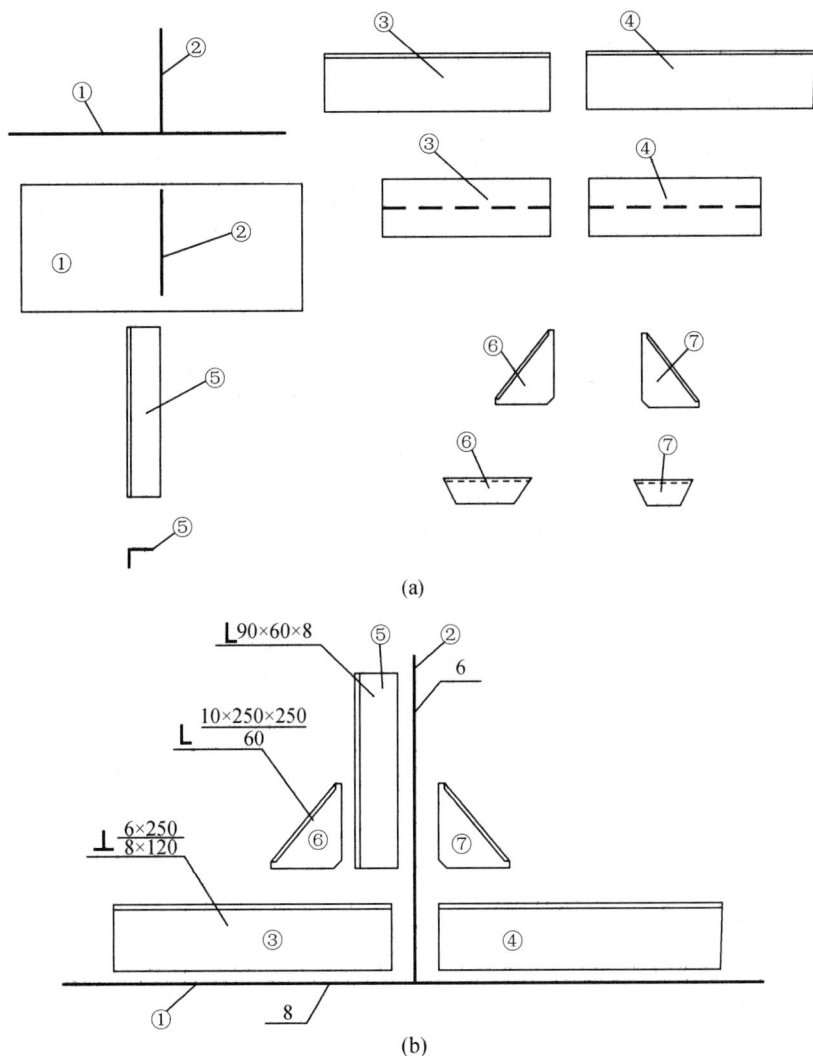

(b)

①—水平钢板;②—垂直钢板;③—左T型材;④—右T型材;⑤—角钢;⑥⑦—肘板。

图5-18 节点的构件分析

2.了解构件之间的相对位置和连接方式

了解组成节点的构件之后,就可根据视图搞清构件之间的相对位置和连接方式。

从图 5-18(b)可以看出：位于节点最下方水平放置的钢板①，其中间与钢板②角接；T型材③④位于钢板②的左、右两面，放在钢板①的中间，并与钢板②留有一定间隙；肘板⑥⑦同样位于钢板②的左、右两面而放在 T 型材面板的中央，其中肘板⑥一边与 T 型材面板连接，另一边与钢板②连接，肘板⑦一边与 T 型材面板连接，一边与钢板②连接；角钢⑤与钢板②角接，且位于肘板⑥的上部并与它连接。

3.综合形成节点的整体概念

根据各构件在视图上、下、左、右、前、后的相对位置及连接情况，经过分析和综合，想象出整个节点的结构，形成节点的整体概念。

经过以上对旁内龙骨与横舱壁连接节点图的分析，得出该节点的空间结构如图 5-19 所示。

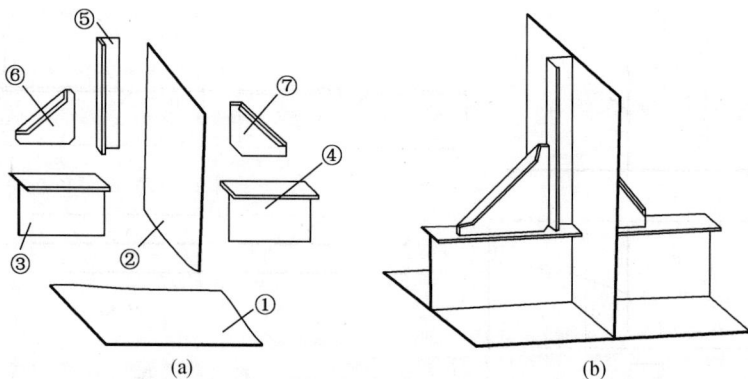

(a)   (b)

图 5-19　旁内龙骨与横舱壁连接节点的空间结构

➤ 能力训练

训练名称：识读船底纵骨节点视图

训练内容：见《能力训练活页手册》"任务 5.1 能力训练"

任务 5.2　绘制船体结构节点图

➤ 任务解析

学习任务	绘制船体结构节点图
任务导入	图 5-20 所示为支柱节点空间结构，图中给出了各构件的尺寸。本任务学习绘制支柱节点视图方法并进行绘制节点视图训练。通过节点视图的绘制，进一步熟悉和掌握板材、型材、肘板及其相互间连接的画法和尺寸注法，同时根据焊接要求能够进行焊接符号的标注
任务要求	运用正投影的基本方法，将节点按板材、型材和肘板等分解成单个构件，然后根据"长对正、高平齐、宽相等"的投影关系，弄清每个构件的形状、尺寸及各构件的相对位置和连接方式，进行节点视图绘制

表（续）

实施步骤	(1)构件分析； (2)选择视向,确定视图； (3)绘制节点视图； (4)节点视图的尺寸标注； (5)节点视图的焊缝符号标注
任务目标	职业素质目标： (1)具有团队意识和相互协作精神； (2)具有良好的学习态度和责任心； (3)具有自我学习、不断更新知识结构的意识； (4)具有分析问题、解决问题的能力。 职业知识目标： (1)掌握构件分析方法和视向选择方法； (2)熟悉船体结构节点图的绘制步骤； (3)掌握船体结构节点图的绘制方法。 职业技能目标： (1)能够将节点处的构件进行结构分析与构件分解； (2)能够根据节点的位置特点选择最合理的主视向； (3)能够掌握板材、型材和肘板等在节点图中的绘制方法； (4)能够掌握正确的尺寸标注和焊接符号标注方法； (5)能够正确绘制出船体结构节点图
学习资源	教材、教学课件、图片、图纸、动画

➤ 任务实施

一、船体结构节点视图绘制方法

绘制节点视图的基本方法也是构件分析法,即将节点按板材、型材和肘板分解成若干个构件,分析它们的形状、尺寸、相对位置和连接方式,并综合起来形成整体概念。画节点视图的步骤是先对节点进行构件分析,选择视向,然后按构件的相对位置画出图形。

二、船体结构节点视图的绘制

以图5-20支柱节点空间结构为例,各构件尺寸为:支柱 $\phi200\times12$,T型材 $\perp\dfrac{8\times350}{10\times150}$,肘板 12 mm×150 mm×300 mm,垫板厚8 mm,底板厚12 mm。

焊接要求:

(1)T型材与底板连接采用双面连续焊,$k=5$；

(2)T型材面板与腹板及T型材连接采用双面连续角焊,$k=5$；

(3)支柱与垫板连接采用周围焊,$k=5$；

(4)垫板与T型材面板连接采用周围焊,$k=5$；

(5)肘板与支柱的连接采用双面连续角焊,$k=5$。

1. 结构分析与构件分解

由图 5-20 可知,这是船底外板上的支柱节点结构。其构件分析如图 5-21 所示。整个节点共由 10 个构件组成。

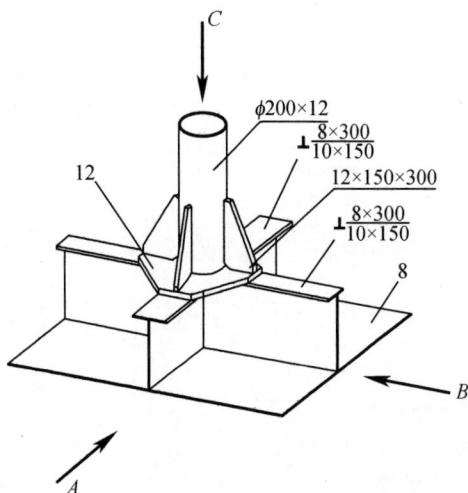

图 5-20 支柱节点空间结构

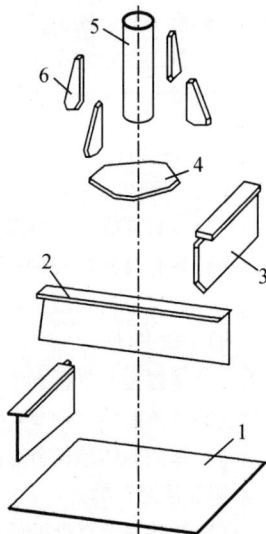

1—水平底板;2—左右设置的 T 型材(连续);
3—前后设置的 T 型材(间断);
4—八边形垫板;5—钢管;6—肘板(共 4 块)。

图 5-21 构件分析

2. 选择视向,确定视图

船体的结构节点可以用三视图来表达。如果用两个视图就能够完整而清晰地表达节点结构时,则可只画主、俯或主、左两个视图。将最能反映节点形状特征及各构件位置关系的视向作为主视图。根据图 5-20 节点的特点确定用两个视图表达。

A 向——主视图投影方向;

C 向——俯视图投影方向。

3. 绘制节点视图

节点视图的作图可以根据构件的投影规律,采用构件叠加的方法,几个视图相互对应同时绘制;也可以先画主视图,后画其他视图。作图顺序为先钢板,再型材,后肘板。

作图步骤如下:

(1)合理布置视图,画出主俯视图的基准线,见图 5-22(a);

(2)画出水平底板 1 的投影,见图 5-22(b);

(3)画出 T 型材 2 和 3 的投影,见图 5-23(c);

(4)画出八边形垫板 4 的投影,见图 5-22(d);

(5)画出钢管 5 的投影,见图 5-22(e);

(6)画出肘板 6 的投影,见图 5-22(f);

(7)检验底稿,并清理图面,按规定线条加深,见图 5-22(g)。

4. 支柱节点视图的尺寸标注

尺寸应尽量标注在表示构件外形特征明显的视图中,并要求相对集中,便于阅读。

在本例中,钢管、肘板和 T 型材的尺寸标注在外形特征明显的主视图中,底板和垫板的尺寸标注在外形特征明显的俯视图中,见图5-23。

5. 支柱节点视图的焊缝符号标注

焊缝符号标注在接缝特征明显的视图中,并要求相对集中,见图5-23。

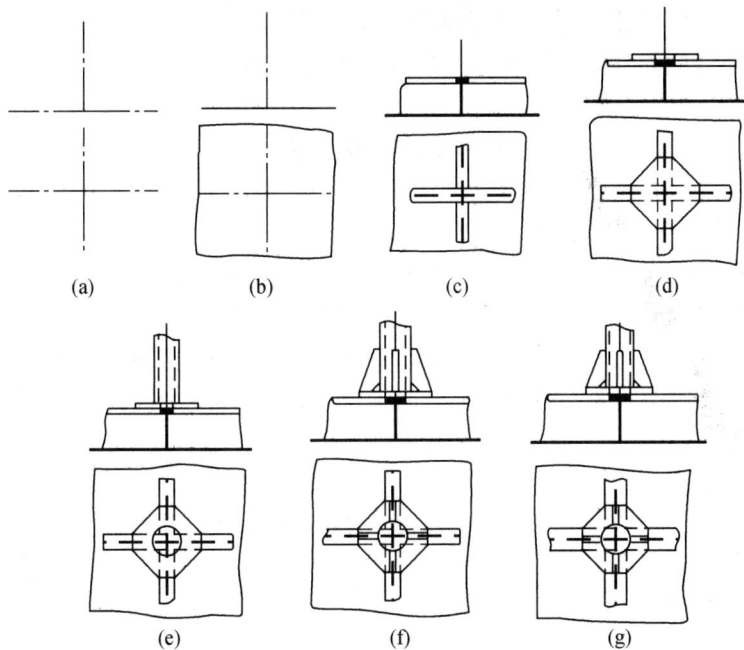

(a)　　　　(b)　　　　(c)　　　　(d)

(e)　　　　(f)　　　　(g)

图 5-22　支柱节点视图的画法

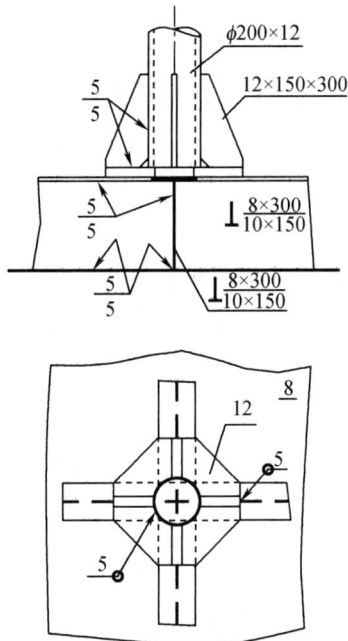

图 5-23　支柱节点视图的标注

总之,绘制节点视图时,根据节点结构复杂程度的不同,几个视图可以相互对照同时画出底稿;也可以先画出主视图,再按投影关系画出其他视图。简单的节点视图可以不打底稿一次完成。

➤ **能力训练**

训练名称:绘制甲板舱口纵桁处结构节点图

训练内容:见《能力训练活页手册》"任务5.2能力训练"

【拓展提高】

拓展知识:船图中常用的轴测图

轴测图也称立体图,在船图中通常作为辅助的图示法。船图中通常采用的轴测投影是:正二等轴测投影(正二测)、变形正二等轴测投影(变形正二测)、斜二等轴测投影(斜二测)。物体转动,而投影线垂直于投影面的投影为正轴测投影。物体不动,而投影线倾斜于投影面的投影为斜轴测投影。轴测投影时两轴(xz 或 yz)按同一比例缩短,而第三轴则按另一不同比例缩短。常用轴测投影的轴间角和沿各轴向的简化缩短率见表5-11。

表5-11 常用轴测投影的轴间角和沿各轴向的简化缩短率

轴测名称	正二测	变形正二测	斜二测
轴间角和简化缩短率	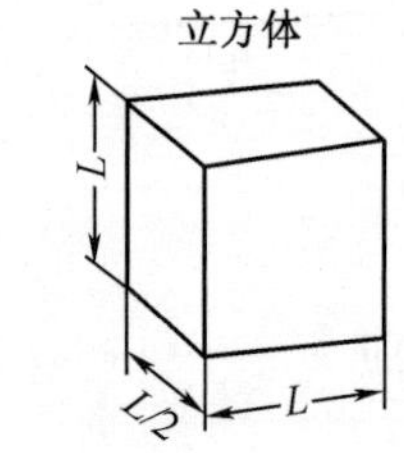	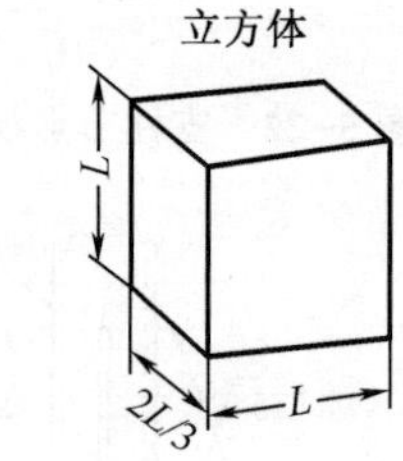	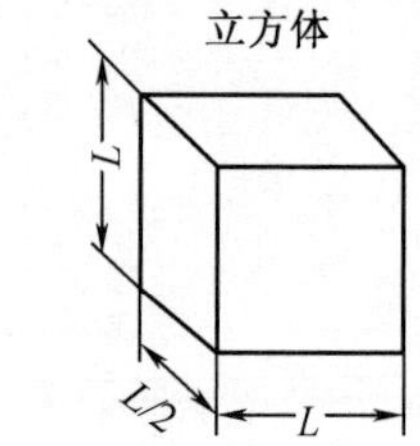

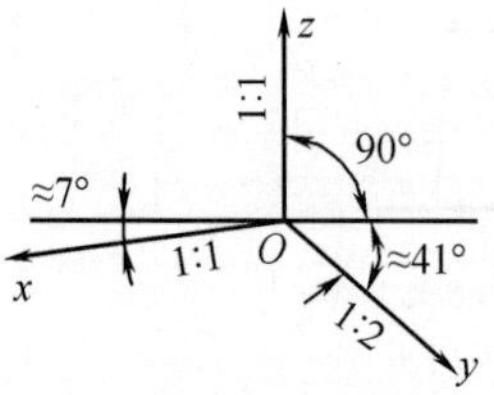

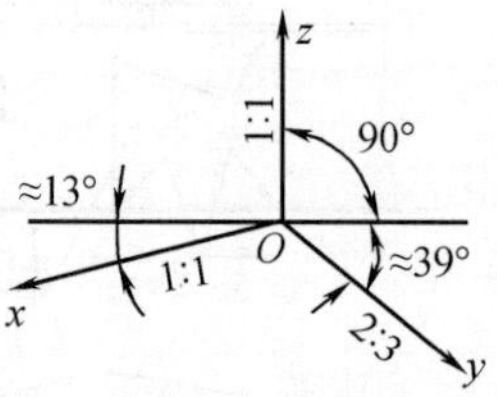

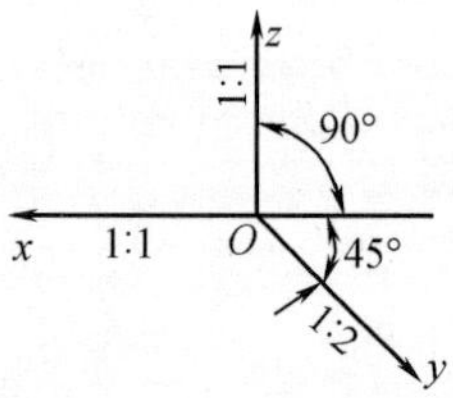

轴测图是一种单向视图,所以它不能把物体的各个面都清晰地表达出来。为了使轴测图能把欲表达的主要部分表示出来,就要选择合适的视向(即看视方向)。

轴测投影中有四个视向:相对于视者而言,从物体的右上方向物体看视的方向,称为第一视向;从物体的左上方向物体看视的方向,称为第二视向;从物体的左下方向物体看视的方向,称为第三视向;从物体的右下方向物体看视的方向,称为第四视向。不同的视向所表示物体的面也不同,每个视向只能表示物体的三个面。在画图时,要根据所要表达的面来选择视向,主要考虑使轴测图能清晰地表达所要表示的结构。图5-24所示为视向的选择示例图。

轴测图的图形除了与视向有关外,还与在物体中设立的坐标轴位置有关,也就是与在视图中设立的坐标轴 x、y、z 有关。由于 z 轴通常表示上下高度方向,所以主要与 x、y 轴的位置有关。在视向相同的情况下,若视图中所设的 x、y 轴的位置不同,则轴测图的图形也不同,图示效果也不一样。一般采用较多的是,把正投影图中的前后方向定为 y 轴,左右方向定为 x 轴,见图 5-25。但要清晰地表示出一个物体后面的另一个物体时,应把前后方向定为 x 轴,左右方向定为 y 轴。因此,要使轴测图能把物体或结构的主要部分表达清楚,一是适当地设置视图中的坐标轴,二是选择合适的视向。

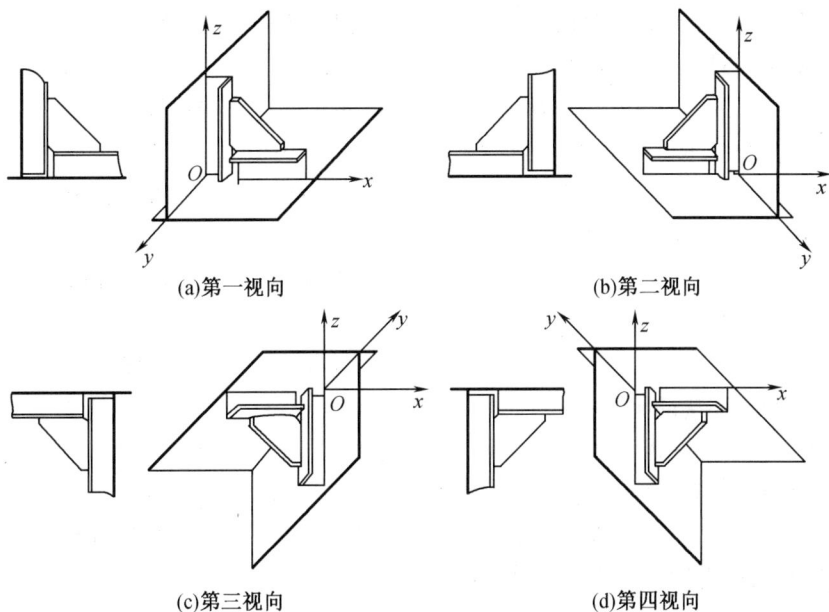

(a)第一视向　　　　　　　　　　(b)第二视向

(c)第三视向　　　　　　　　　　(d)第四视向

图 5-24　视向的选择

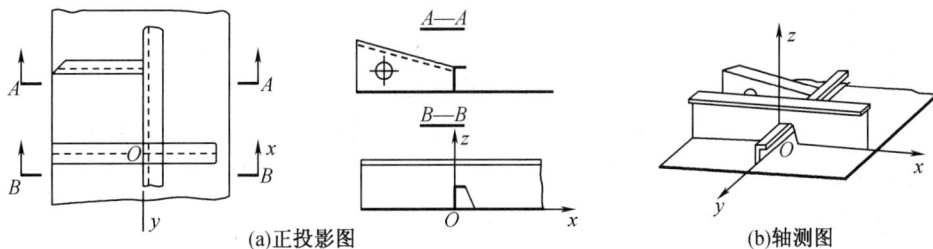

(a)正投影图　　　　　　　　　　(b)轴测图

图 5-25　正投影图中坐标轴的设置

拓展训练:查阅资料了解板材、型材和肘板的正二等轴测图画法及简单节点轴测图画法。

【项目测试】

一、选择题

1. 在船体结构图中,当板厚按比例缩小后,在图样上的尺寸_____时,将表示板厚投影的两条细实线的距离画成粗实线的宽度。

A. 大于或等于 2 mm　　　　　　B. 大于或等于 3 mm

C. 小于或等于 2 mm　　　　　　D. 小于或等于 3 mm

2. 假想用剖切平面剖切结构,将位于视者与剖切平面之间的部分移去,而将其余部分向投影面投影所得的图形称为_____。

A. 剖视图   B. 剖面图   C. 向视图   D. 基本视图

3. 重叠画法时,把不在某一剖面表达范围内的构件表示在该剖面图的相应位置上,这些构件的可见轮廓用_____表示。

A. 细实线   B. 细单点画线   C. 细双点画线   D. 细虚线

4. 绘制轴测图时,第一视向表达物体的_____三面。

A. 前、上、左   B. 前、上、右   C. 前、下、左   D. 前、下、右

5. 船体结构图中不可见普通构件的投影用_____表示。

A. 粗虚线   B. 细虚线   C. 细单点画线   D. 粗单点画线

6. T 型材腹板不可见投影用_____表示。

A. 轨道线   B. 粗虚线   C. 两条细实线   D. 两条细虚线

7. 板与型材连接的画法有_____等。

A. 角接   B. 搭接   C. 肘板连接   D. 对接

8. 型材与型材连接的画法有_____等。

A. 对接   B. 角接   C. 搭接   D. 相交

9. 型材是断面具有特定几何形状的钢材,有_____等。

A. 焊接   B. 轧制   C. 打磨   D. 以上都不是

10. 角钢型材端部腹板切斜的形式是_____。

A. S   B. SS   C. L(或 W)   D. F

11. 型材端部腹板和面板都切斜的形式中,S 通常表示_____。

A. 角钢   B. 折边材   C. T 型材   D. 不对称 T 型材

12. 肘板通常有_____。

A. 无折边肘板   B. 折边肘板   C. T 型肘板   D. 以上都不是

13. 型材贯穿板材后,保证板材水密采用的形式是_____切口。

A. 直通型   B. 腹板焊接型   C. 非水密补板型   D. 水密补板型

二、判断题

1. 型材的型号数表示型材高度的毫米值。 （　　）

2. 板材长度方向断裂时,断裂处用粗实线表示。 （　　）

3. 型材的贯穿有直通型、腹板焊接型、补板型和镶嵌型四种形式。 （　　）

4. 基本视图分别为主视图、俯视图、左视图、右视图、仰视图和后视图六个。 （　　）

5. 所有肘板在标注尺寸时均应在尺寸数字前加符号。 （　　）

6. 板材标注大小尺寸时必须完整标注长、宽、厚三个尺寸。 （　　）

7. 非水密补板型切口与直通型切口的区别是有无非水密的衬板。 （　　）

8. 小比例剖面图中两型材搭接之间要留 1 mm 左右的间隙。 （　　）

9. 板与型材用肘板连接时,肘板不可见投影可用粗虚线表示。 （　　）

10. 加强覆板与开口轮廓表示没有区别,都用细实线表示。 （　　）

三、名词解释

1. 基本视图

2. 向视图

3. 剖面图

4. 剖视图

5. 重叠画法

6. 节点图

四、简答题

1. 什么是节点、节点视图？什么是构件分析法？

2. 板材及型材的画法有什么要求？

3. 写出钢管、扁钢、角钢、球扁钢、组合 T 型材、组合角钢的型材符号。

4. 船体结构图样常用的表达方法有哪些？

5. 轴测图的视向如何选择？坐标轴如何设置？

五、应用与拓展题

1. 用简化画法补画出习图 5-1 的俯视图中板材与板材、板材与型材连接的简化线。

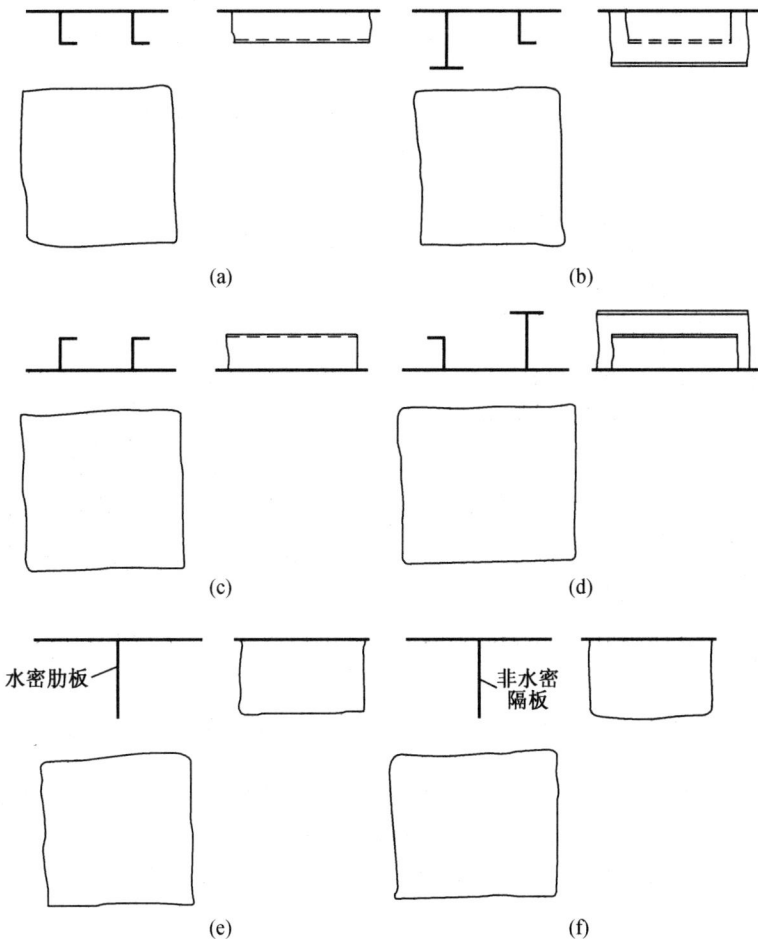

习图 5-1 补画板材与板材、板材与型材连接结构图

2. 习图 5-2 所示为船体舷肘板连接节点结构，根据图中所提供的尺寸，采用 1:10 的比例绘制此结构的节点视图并标注尺寸。

3. 习图 5-3 所示为下甲板处上下肋骨连接结构,根据图中所提供的尺寸,采用 1:10 的比例绘制此结构的节点视图并标注尺寸。

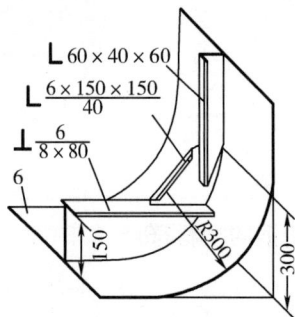

习图 5-2　舱部肘板连接结构

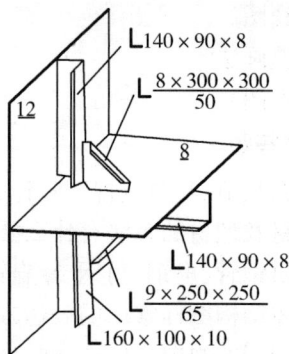

习图 5-3　下甲板上下肋骨连接结构

4. 习图 5-4 所示为舷侧纵桁与主肋骨和强肋骨连接结构,根据图中所提供的尺寸,采用 1:10 的比例绘制主视图、俯视图和左视图,并标注尺寸。(绘制时可采用重叠画法和简化画法)

5. 习图 5-5 所示为甲板支柱节点结构,根据图中所提供的尺寸,绘制节点视图并标注尺寸。

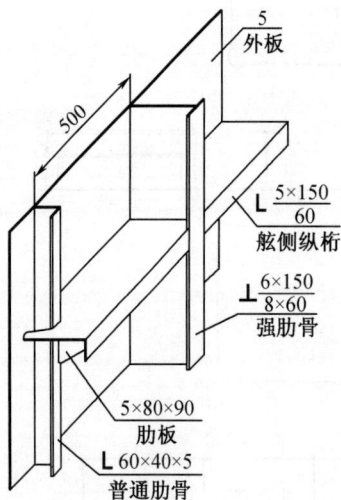

习图 5-4　舷侧纵桁与肋骨、强肋骨连接结构

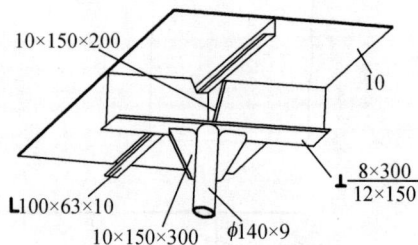

习图 5-5　甲板支柱节点结构

6. 习图 5-6 所示为甲板纵桁、纵骨和横梁连接的节点图,补画右视图和仰视图。

7. 根据习图 5-7,绘制 A—A 及 B—B 剖面图,并标注尺寸。

8. 根据习图 5-8,绘制 J—J 及 K—K 剖面图,并标注尺寸和焊缝代号。

焊接要求:

(1)中内龙骨的腹板与面板及与外板的连接采用双面连续角焊缝,$k=5$;

(2)肋板的腹板与面板的连接采用交错断续角焊,$k=5$、$l=75$、$e=75$;

(3)肋板与外板的连接采用双面连续角焊,$k=4$;

(4)纵骨与外板的连接采用半自动单面连续角焊,$k=5$;

（5）加强筋与中内龙骨腹板的连接采用双面连续角焊，$k=4$；

（6）加强筋与肋板的连接采用双面连续角焊，$k=4$。

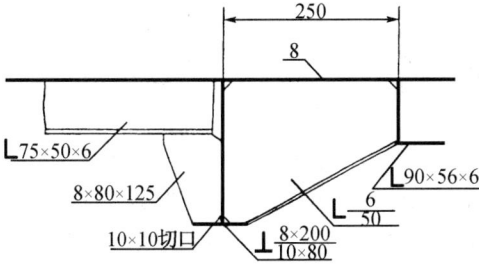

习图 5-6　甲板纵桁连接结构节点图

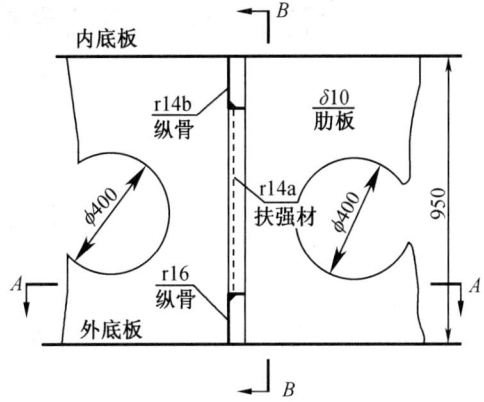

习图 5-7　双层底肋板与纵骨连接结构节点图

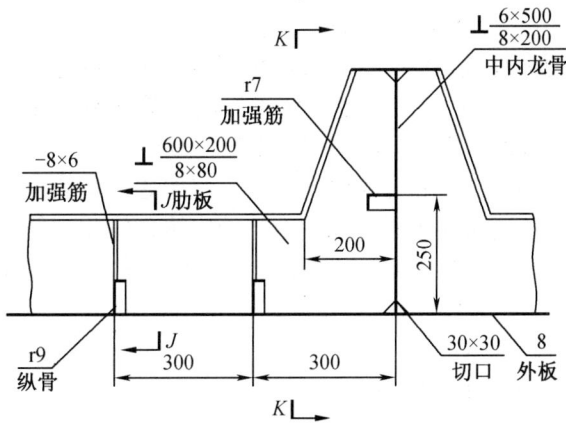

习图 5-8　中内龙骨连接结构节点图

项目 6 型线图的识读与绘制

【项目描述】

型线图是表示船体形状和大小的图样。船体形状的表达主要是表示船体外板型表面和甲板型表面的形状。船体外板和甲板均有厚度,因此船体外板有外表面和内表面之分,甲板则有上表面和下表面之分。对于金属船体而言,型线图所表示的形状是外板内表面和甲板下表面的形状,亦即船体型表面的形状。

为了使船舶具有良好的航海性能,船体外板的表面通常是具有纵向和横向双重曲度的光滑曲面;为了减少上浪及能够迅速排除甲板积水,露天甲板一般也是光滑曲面,因此船体的真实形状不能用正投影三视图完整地表达。目前,表达船体形状最常用的方法是图示法,即用船体型线图来描述船体的形状特征。

船体型线图是采用标高投影法(见本项目拓展提高)绘制的,是最基本的船体图样之一。它不仅表示船体的形状和大小,还是船舶设计时计算各种技术性能、绘制其他图样及船体放样工作的依据,因此必须正确识读和绘制船体型线图。

本项目介绍型线图的概念、组成和型线图中三视图之间的投影关系,并介绍型线图中各型线和各尺寸的标注。通过下面两个任务的学习,熟悉船体型线及表达特点,掌握型线图的识读与绘制方法,从而为其他船体图样及后续课程的学习打下基础。

学习任务

任务 6.1 识读 4 000 t 干货船型线图;
任务 6.2 绘制 4 000 t 干货船型线图。

【项目目标】

素质目标

1. 具有全局意识、质量意识和安全意识;
2. 具有严谨细致、认真务实的职业素质;
3. 具有正确的思维方式和分析问题、解决问题的能力;
4. 具有获取新知识、新技能的学习能力。

知识目标

1. 掌握型线图的概念和型线图的组成;
2. 掌握型线图中三视图之间的投影关系;
3. 掌握船体外板型表面和甲板型表面的表达方法;

4. 了解型线图中各型线和各尺寸标注所代表的意义；

5. 了解型值表中数字的含义；

6. 熟悉型线图的检验过程。

能力目标

1. 能正确利用型线图进行型值查取；

2. 能正确进行型线图的识读；

3. 能正确进行型线图的绘制及精度的检验。

【相关知识】

船体型线图由三视图、型值表和主要尺度三部分组成，如图 6-1（见书末附图）所示。型线图的三视图是在三个相互垂直的投影面上，以三组平行于这三个基本投影面的平面与船体型表面相截的截交线、投影线、外廓线表示船体外形的图样。

一、型线图中三个相互垂直的基本剖面

1. 中纵剖面（平行于 V 面）

将船体分为左右对称两部分的纵向（船长方向）垂直平面称为中线面。中线面剖切船体后所得剖面称为中纵剖面。自艉向艏看，其左边部分称为左舷，右边部分称为右舷。中线面与船体型表面的交线称为中纵剖线，它由龙骨线及艏艉轮廓线所组成。中线面与外板型表面底部的交线称为龙骨线，与外板型表面艏部的交线称为艏轮廓线，与外板型表面艉部的交线称为艉轮廓线，如图 6-2 所示。中纵剖线在 H 面和 W 面的投影称船体中线。

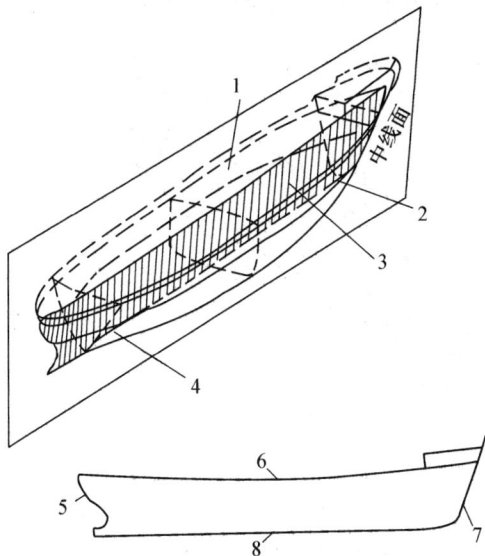

1—左舷；2—中纵剖面；3—右舷；4—中纵剖线；5—艉轮廓线；6—甲板边线；7—艏轮廓线；8—龙骨线。

图 6-2　中纵剖面与中纵剖线

2.设计水线面(平行于 H 面)

通过船体的设计吃水线(通常为船舶满载时的吃水线)所作的一个水平面称为设计水线平面。设计水线平面剖切船体后所得剖面称为设计水线面。它与中纵剖面相垂直,并把船体分为水上和水下两部分。设计水线平面与船体型表面的交线称为设计水线,如图 6-3 所示。

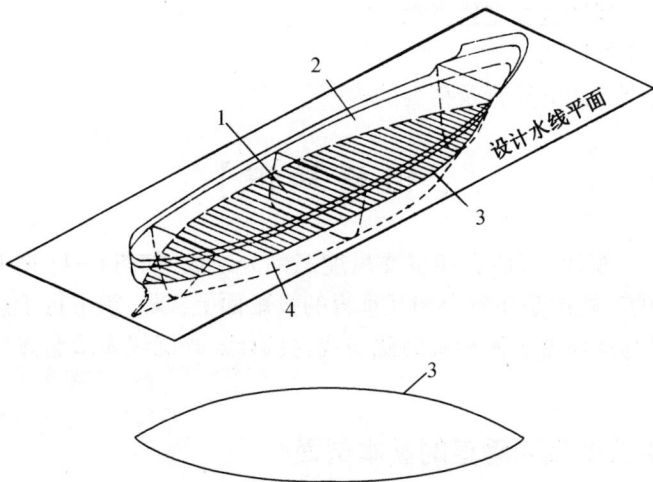

1—设计水线面;2—水上部分;3—设计水线;4—水下部分。

图 6-3　设计水线面与设计水线

3.中横剖面(平行于 W 面)

通过垂线间长的中点所作的横向(船宽方向)垂直平面称为中站面。中站面剖切船体后所得剖面称为中横剖面。它与中纵剖面、设计水线面相垂直,并把船体分为艏艉两部分。中站面与船体型表面的交线称为中横剖线,如图 6-4 所示。

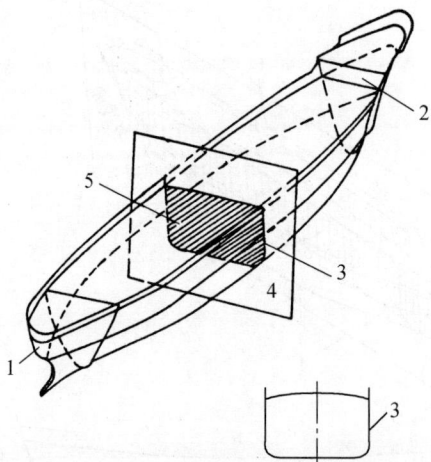

1—艉部;2—艏部;3—中横剖线;4—中站面;5—中横剖面。

图 6-4　中横剖面与中横剖线

中线面、设计水线平面、中站面是三个相互垂直的基本剖面,它们之间的关系如图 6-5 所示。根据平面投影特性,设计水线和中横剖线在 V 面上的投影、中纵剖线和中横剖线在 H 面上的投影及中纵剖线和设计水线在 W 面上的投影均为相互垂直的直线。

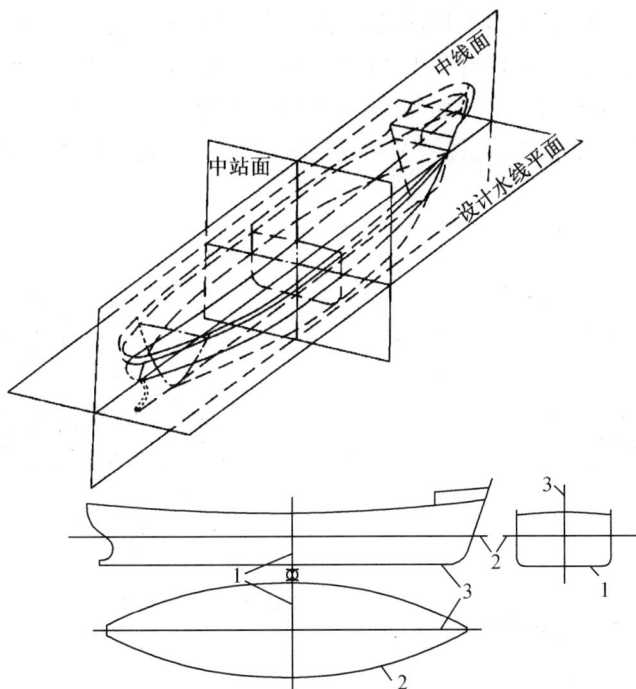

1—中横剖线；2—设计水线；3—中纵剖线。

图6-5　相互垂直的三个基本平面及其与船体交线

二、船体型表面形状的表达

船体型表面的表达包括船体外板型表面的表达和甲板型表面的表达。船体外板和甲板一般为光滑曲面，在表达上有其特殊性。图6-6所示为船体形状示意图。

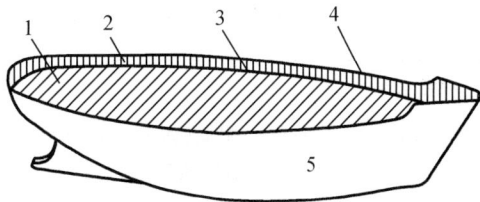

1—甲板；2—舷墙；3—甲板边线；4—舷墙顶线；5—外板。

图6-6　船体形状示意图

1. 船体外板型表面形状的表达

船体外板型表面可以看作变线曲面，其母线（横剖线）在沿导线运动过程中是变化的。图6-7所示为外板型表面的形成。按变线曲面的表达方法，外板型表面的表达应画出外板型表面的外形轮廓及平行于三个投影面的三组平面截切曲面而得到的三组截交线在三个投影面上的投影。

（1）外板型表面的投影

外板型表面在 V、H、W 三个投影面上的投影方式如图6-8所示。

①外板型表面的 V 面投影

外板型表面的 V 面投影如图6-9（a）所示。外板型表面顶缘线称为外板顶线。如果外板上部设置舷墙结构,外板型表面顶缘线则是舷墙板的顶缘线,称为舷墙顶线。因为外板型表面是变线曲,所以通常外板顶线及舷墙顶线是空间曲线,它在 V 面的投影常为曲线,不反映真形,如图 6-7 所示。中线面与船体型表面的交线称为外廓线,又称为外板型表面的转向轮廓线,包含艏轮廓线、龙骨线和艉轮廓线。外板型表面对 V 面最大外形轮廓投影与外廓线一致。

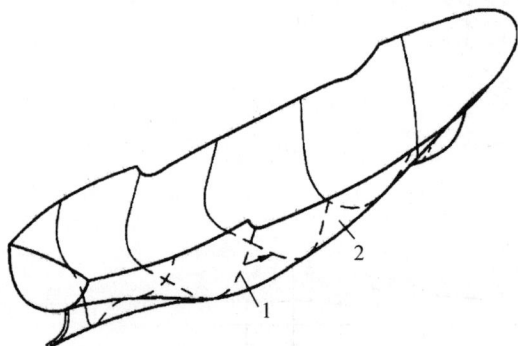

1—母线;2—导线。

图 6-7　船体外板型表面的形成

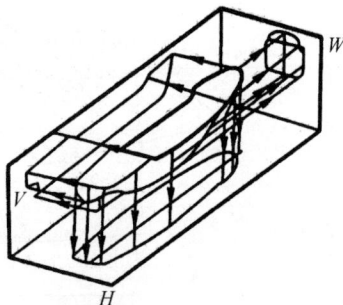

图 6-8　外板型表面在 V、H、W 三个投影面上的投影方式

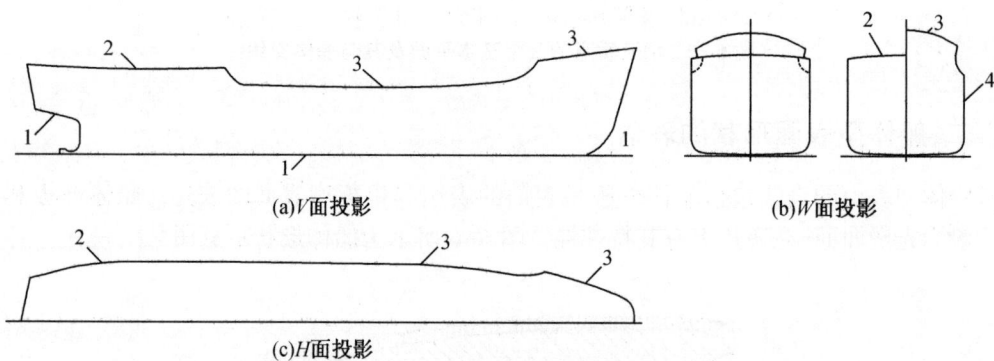

(a)V面投影

(b)W面投影

(c)H面投影

1—外廓线;2—外板顶线;3—舷墙顶线;4—最大轮廓线。

图 6-9　外板型表面的投影

②外板型表面的 W 面投影

外板型表面的 W 面投影如图 6-9(b)所示。外板顶线或舷墙顶线的投影通常为曲线,不反映真形。一般来说,对 W 面最大外形轮廓的投影与船舶最大宽度处的横剖线投影一致。由于船体形状对称于中线面,所以外板型表面的 W 面投影也对称于中线面。为了避免艏艉部分外板型表面的 W 面投影互相重叠,影响视图的清晰度,一般将最大轮廓线至船首部分的外板型表面的投影画在中线面投影的右方,将最大轮廓线至船尾部分的外板型表面的投影画在中线面投影的左方,即画成图(b)右的形式,而不画成图(b)左的形式。

③外板型表面的 H 面投影

外板型表面的 H 面投影如图 6-9(c)所示。外板顶线或舷墙顶线的投影通常也为曲线,不反映真形。由于外板顶线或舷墙顶线对于一般船舶而言,其宽度通常最大,所以对 H 面的最大外形轮廓的投影常与外板顶线或舷墙顶线的 H 面投影一致。有些船舶的尾部舷墙是内倾的,这部分最大轮廓线的投影常与甲板边线或折角线的 H 面投影一致,需视具体船型而定。由于船体形状对称于中线面,因而型线图中只画出外板型表面的左舷部分的 H 面投影。

（2）三组截交线的投影

按变线曲面的表达方法,外板型表面的表达除画出船体外板型表面投影外,还需画出表示外板型表面形状沿船长、船宽和船深三个方向变化规律的三组截交线的投影。

①纵剖面与纵剖线

平行于中线面的各纵向平面剖切船体后所形成的剖面称为纵剖面,纵向平面与船体型表面的交线称为纵剖线,如图 6-10 所示。纵剖面与中纵剖面平行,与设计水线面和中横剖面相垂直。因此,纵剖线在 V 面的投影常为曲线,并显示真形;在 H 面和 W 面的投影为直线。

纵剖线的数量根据船宽的大小、线型变化的情况及对型线图的精度要求而定,通常为 2~4 个。一组纵剖线的投影反映了外板型表面形状沿船宽方向的变化情况。

②横剖面与横剖线

平行于中站面的各横向平面剖切船体后所形成的剖面称为横剖面,横向平面与船体型表面的交线称为横剖线,如图 6-11 所示。横剖面与中横剖面平行,与中纵剖面、设计水线面相垂直。因此,横剖线在 W 面上的投影常为曲线,并显示真形;在 V 面和 H 面的投影为直线。

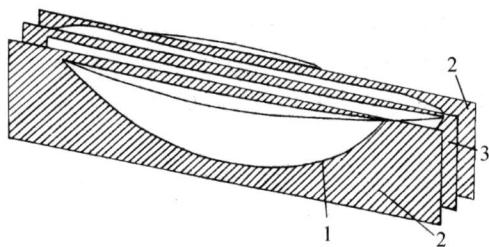

1—纵剖线;2—纵向平面;3—中线面。

图 6-10　纵剖面与纵剖线

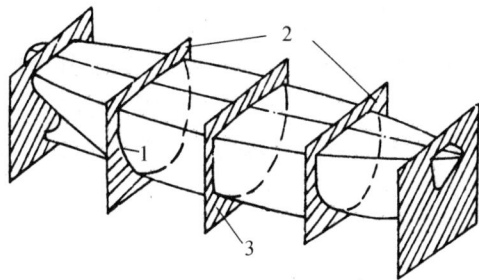

1—横剖线;2—横向平面;3—中站面。

图 6-11　横剖面与横剖线

由于船体对称于中线面,同时为了避免横剖线在 W 面上的投影互相重叠影响视图的清晰,因此规定在 W 面的视图上,将最大投影轮廓线至船首的各横剖线画在船体中线的右边;最大投影轮廓线至船尾的各横剖线画在船体中线的左边。

横剖线的数量通常根据对形状表达要求而定。一般将船体的垂线间长 10 等分或 20 等分,各分点称为站,过各站作横向平面截切外板型表面得 11 根或 21 根横剖线。相邻两截面之间的距离称为站距。船体首尾部分线型变化较大,为了提高艏艉部分形状的精确性,常在艏艉部分再增添 1/2 站或 1/4 站的横剖线。一组横剖线的投影反映了外板型表面形状沿船长方向的变化情况。

③水线面与水线

平行于设计水线平面的各水平面剖切船体后所形成的剖面称为水线面,水平面与船体型表面的交线称为水线,如图 6-12 所示。通过中站面与龙骨线的交点所作的水平面称为基平面。基平面与中线面、中站面的交线称为基线,用符号"BL"表示。同样,水线面与设计水线面平行,与中纵剖面、中横剖面相垂直。因此,水线在 H 面的投影常为曲线,并显示真形;水线在 V 面和 W 面的投影为直线。由于船体对称于中线面,因此通常只画左舷部分水线的水平投影。

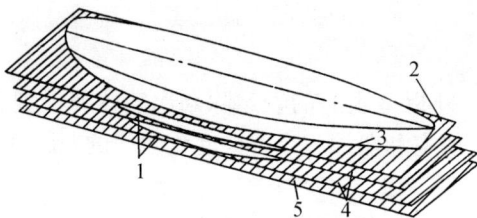

1—水线;2—设计水线平面;3—设计水线;4—水平面;5—基平面。

图6-12 水线面与水线

　　水线的数量根据船深和吃水大小、线型变化的情况及对型线图的精度要求而定。对于水面船舶,设计水线以下的船体部分线型变化较大,并直接影响船舶的航海性能,因此对形状表达的要求较高,所取的水线数量较多,一般不少于6根;设计水线以上的船体线型变化趋于平缓,所取水线数量较少,一般为1~2根。水线间距一般取设计吃水的等分值,如果数字有小数,则可取圆整后的数值,另外再加设计水线。一组水线的投影反映了外板型表面形状沿船深方向的变化情况。

　　2.甲板型表面形状的表达

　　甲板型表面可以看作定线曲面,其母线(梁拱线)沿导线(甲板中线)运动过程中形状不变。图6-13所示为甲板型表面的形成。按定线曲面的表达方法,甲板型表面的表达应画出甲板型表面的外形轮廓线(甲板边线)、导线(甲板中线)和母线(梁拱线)在三个投影面的投影,如图6-14所示。

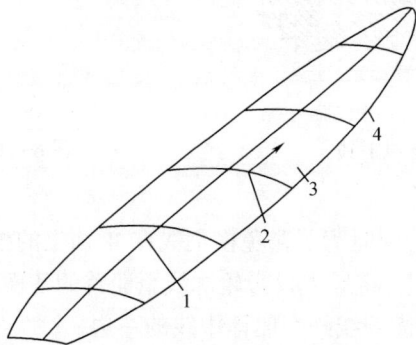

1—导线(甲板中线);2—母线(梁拱线);3—甲板型表面;4—甲板边线。

图6-13 甲板型表面的形成

　　(1)甲板边线

　　甲板的型表面与船体外板的型表面的交线称为甲板边线,它是甲板板的边缘线,基本上表示出了甲板的形状,如图6-6和图6-13所示。甲板通常是纵向具有舷弧、横向具有梁拱的双重曲度的复杂曲面,而船体外板也是一个复杂曲面,它们的交线通常是一根空间曲线。根据空间曲线的投影特点,甲板边线在三个投影面上的投影通常都是曲线,而且不是真实形状,如图6-14所示。

　　甲板边线在 V 面的投影常为艏艉部分高、中间部分低的曲线,称为甲板舷弧,常见的甲板舷弧形式如图6-15所示。甲板边线在 H 面上只画出左舷部分的投影;为了保持视图清晰,在 W 面上,船体中线的右边画最大投影轮廓至船首部分甲板边线的投影,船体中线的左边画最大投影轮廓至船尾部分甲板边线的投影,如图 6-14 所示。

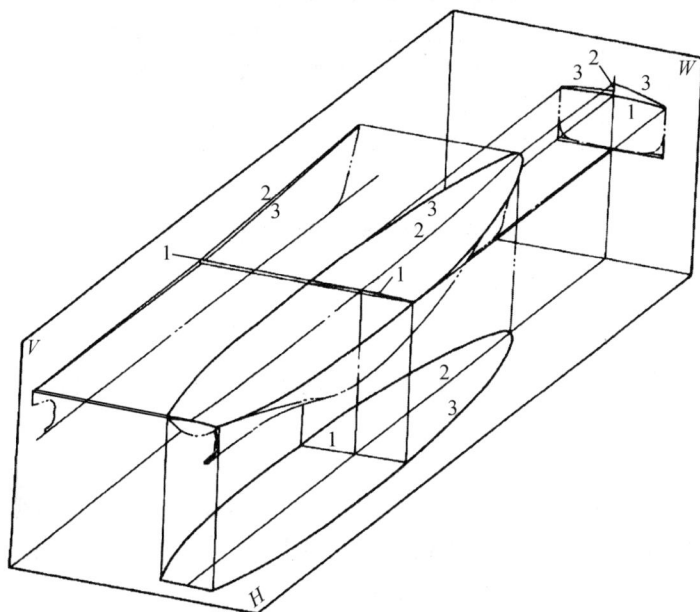

1—梁拱线;2—甲板中线;3—甲板边线。

图 6-14 甲板型表面形状的表达

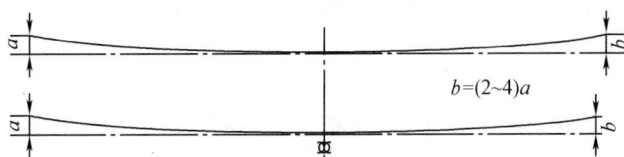

图 6-15 甲板舷弧形式

(2)梁拱线

梁拱线是横向平面与甲板型表面的交线,可以认为是形成甲板型表面的母线。梁拱线通常是平面曲线或折线,中间高,两舷低,如图 6-16 所示。在甲板最宽处,中间高于两舷的尺寸为梁拱高度值。梁拱线在 W 面的投影显示真形;在 V 面和 H 面上的投影为直线,如图 6-14 所示。由于梁拱线的形状在全船是相同的,因此只需在 W 面上画出船舶宽度最大处的梁拱线的投影。

(3)甲板中线

甲板中线是中线面与甲板型表面的交线,可以认为是形成甲板型表面的导线。甲板中线通常是平面曲线或直线,一般是舶艉部分高、中部低。甲板中线在船长方向的曲度称为甲板脊弧。甲板中线在 V 面的投影常为曲线或直线,并显示真形;在 H 面和 W 面上的投影为直线,如图 6-14 所示。

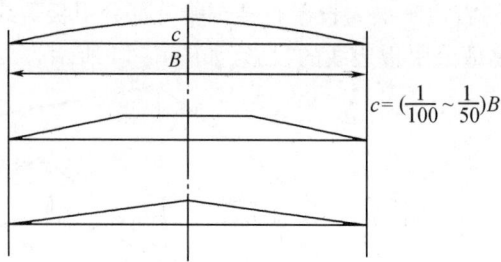

$$c = \left(\frac{1}{100} \sim \frac{1}{50}\right)B$$

图 6-16　甲板梁拱形式

三、型线图三视图的组成

型线图的三视图由纵剖线图、横剖线图和半宽水线图组成(图 6-1)。

1. 纵剖线图

纵剖线图由纵剖线、横剖线、水线、甲板边线、外板顶线、舷墙顶线等在 V 面上的投影所组成,它相当于主视图。在纵剖线图中,纵剖线为曲线,并显示真形。横剖线为垂直的直线,水线为水平的直线,组成了纵剖线图的格子线。甲板边线、外板顶线、舷墙顶线在图上均为曲线,都不是真形。

2. 横剖线图

横剖线图由纵剖线、横剖线、水线、甲板边线、外板顶线、舷墙顶线等在 W 面上的投影所组成,它相当于左视图。在横剖线图中,横剖线为曲线,并显示真形。纵剖线为垂直的直线,水线为水平的直线,组成了横剖线图的格子线。甲板边线、外板顶线、舷墙顶线在图上均为曲线,都不是真形。

3. 半宽水线图

半宽水线图由纵剖线、横剖线、水线、甲板边线、外板顶线、舷墙顶线等在 H 面上的投影组成,它相当于俯视图。在半宽水线图中,水线为曲线,并显示真形。纵剖线为水平的直线,横剖线为垂直的直线,它们组成了半宽水线图的格子线。甲板边线、外板顶线、舷墙顶线在图上均为曲线,都不是真形。

四、型线图三视图的配置形式

型线图三视图在图纸上的配置形式通常有三种,如图 6-17 所示。

图 6-17(a)的形式是按照第一角投影画法的布图原则配置的,占用图纸较长。

图 6-17(b)的形式是将横剖线图挪到纵剖线图的上方,这样就使横剖线图、纵剖线图和半宽水线图分别置于图纸的上、中、下部位,但是必须使横剖线图中的船体中线与纵剖线图和半宽水线图中的中站线处于同一根垂直线上。这种布置形式减少了图纸长度,增加了图纸宽度。

图 6-17(c)的形式是将横剖线图重叠在纵剖线图中的正中位置,使横剖线图的基线与纵剖线图的基线及横剖线图的船体中线与纵剖线图的中站线重合。这种布图可减少图纸长度,又不增加图纸宽度,通常用于有较长平行中体的船舶的型线图上。

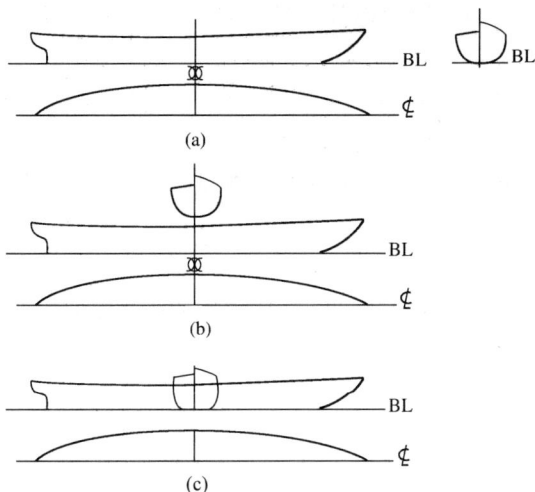

图 6-17 型线图三视图的配置形式

五、型线图的尺寸标注

外板型表面和甲板型表面都是曲面,如果用一般方法标注定形尺寸和定位尺寸,则尺寸标注十分繁复。为了完整、清晰而又简便地表示船体大小和型表面的各部分尺寸,型线图中的尺寸标注采用了下列几种形式:

(1)列出船体主尺度,表示船体外形大小;

(2)列出型值表,提供型线交点的坐标值作为确定型线的定形尺寸;

(3)在视图中标注站号、水线号和纵剖线号作为确定型线的定位尺寸;

(4)在视图中直接标注型值表中不易提供的有关尺寸。

1. 船体主尺度

船体主尺度是表示船体外形大小的基本数据,通常有以下几个尺度(图 6-18):

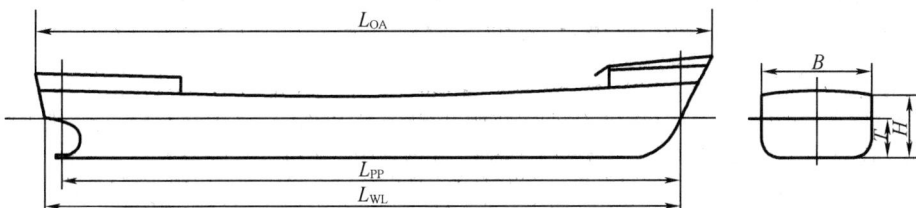

图 6-18 船体主尺度

(1)总长(L_{OA}),包括上层建筑在内,船体型表面最前端和最后端之间的水平距离。

(2)设计水线长(L_{WL}),指设计水线与艏艉轮廓线交点之间的水平距离。

(3)垂线间长(L_{PP} 或 L_{BP}),指艏垂线与艉垂线之间的水平距离。艏垂线是通过设计水线与艏轮廓线的交点所作垂线。艉垂线是通过设计水线与舵杆中心线(或舵柱后缘)的交点所作垂线。

(4)型宽(B),指船体型表面之间垂直于中线面的最大水平距离。

（5）型深（H），指在船的中横剖面处，甲板边线（无特殊说明，通常指上甲板边线）至基线间的垂直距离。

（6）吃水（T），指在船的中横剖面处，设计水线至基线间的垂直距离。

（7）干舷（F），指 $F = H - T + t$，t 指甲板厚度。

此外型线图中还列有梁拱高和艏艉舷弧高等值。

2. 型值与型值表

决定船体型线空间位置的各点的坐标值称为型值。型值表是记录型线图上各型线交点型值的一种表格。根据型值表中提供的型值，就能定出船体各型线上点的位置，从而画出船体型线的投影。型值表分为以下两部分：

（1）表的左边部分（半宽值）

表中的横栏表示每根横剖线与各水线、甲板边线、外板顶线、舷墙顶线交点的半宽值（mm）。纵栏则表示每根水线、甲板边线、外板顶线、舷墙顶线与各横剖线交点的半宽值。

（2）表的右边部分（高度值）

表中的横栏表示每根横剖线与各纵剖线、甲板边线、外板顶线、舷墙顶线的交点的高度值（mm）。纵栏则表示每根纵剖线及甲板边线、外板顶线、舷墙顶线与各横剖线交点的高度值。

型线图是根据标高投影的原理绘制的，即用一系列离开基本投影面不同距离的平面去剖截物体后获得交线，这些平面离开基本投影面的距离（标高）是预先确定的。根据这个特点，型值表中没有记录的其他型值是由型线图中的格子线来确定的。也就是说，横剖线与纵剖线交点的半宽值及横剖线与水线交点的高度值已由纵剖线距中线面的距离及水线距基平面的距离确定，型值表中不再提供。型值表提供的只是横剖线与其他型线交点的半宽值和高度值，而其长度值则由横剖线编号即站号确定，因为某一站离中站面的距离是确定的。

综上所述，型值表左右两部分的横栏可在横剖线图中画出各横剖线的投影；表左的纵栏可在半宽图中画出各水线及甲板边线、外板顶线、舷墙顶线的投影；表右的纵栏可以在纵剖线图上画出各纵剖线及甲板边线、外板顶线、舷墙顶线的投影；表左和表右的甲板边线、外板顶线和舷墙顶线的纵栏可在横剖线图中画出甲板边线、外板顶线和舷墙顶线的投影。

3. 纵剖线、横剖线、水线编号及型线标注

为了便于绘制、识读和使用型线图，型线图上的型线需要进行编号和标注。这些编号和标注也表明了型线的空间位置。

（1）纵剖线的编号和标注

纵剖线编号的方法：以纵剖线距中线面的距离（毫米数）作为编号，如纵剖线距中线面 1 000 mm，则该纵剖线编号为 1000 纵剖线，其余类推。

纵剖线编号的标注：纵剖线在半宽水线图中标注在格子线的首尾两端；在横剖线图中标注在基线下方；在纵剖线图中标注在纵剖线的首尾部分。编号沿着型线写在型线的上方，字体与型线尽可能垂直。

中纵剖线在视图中不加标注。中纵剖线在 H 面和 W 面的投影用符号"$\not\subset$"表示，称为船体中线。

（2）横剖线的编号和标注

横剖线编号的方法：从艉垂线至艏垂线依次用 0，1，2，…，10（或 20）等数字编号。在艏艉端增添 $\frac{1}{2}$ 站或 $\frac{1}{4}$ 站横剖线时，则用 1/4，1/2，$1\frac{1}{4}$，$1\frac{1}{2}$ 等表示。如果在艏艉垂线以外再增添横剖线，则艉垂线以后用 -1/4，-1/2，-1 等表示。用分数表达中间站时，除 1/2 站外，其他建议用 3½ 的形式,而不采用 $3\frac{1}{2}$ 的形式。

横剖线编号的标注:横剖线在纵剖线图中标注在基线的下方;在半宽水线图中标注在船体中线的下方;在横剖线图中标注在横剖线上方。编号尽可以与型线垂直,并排列在一条直线上。

中横剖线在 V 面的投影用船中符号"⊗"表示。

(3)水线的编号和标注

水线编号的方法:以水线距基平面的距离(毫米数)作为编号,如水线距基平面 500 mm,则该水线编号为 500WL,其余类推。

水线编号的标注:水线在纵剖线图和横剖线图中标注在格子线外侧相应的水线上方。如果横剖线图重叠布置在纵剖线图中,则横剖线图中就不标注水线编号。在半宽水线图中,水线编号标注在水线首尾部分,编号沿着型线标注在型线上方,字体尽可能与型线垂直。

基线用"BL"标注。

(4)其他曲线的标注

甲板中线、甲板边线、外板顶线和舷墙顶线在图中以相应的文字标注在曲线上方,字体尽可能与曲线垂直。如果在型线图中画出梁拱线,则梁拱线在横剖线图中以相应文字标注在该曲线上方,其他视图中省略不注。

型线编号和甲板中线等文字在标注时,要注意整齐、美观。不要写在型线与格子线相交处。如果型线稠密,型线间没有地方书写时,可用引出线标注在视图的外面,编号写在引出线水平线的上方。

4. 视图中直接标注的尺寸

型线图中,有些尺寸如果由型值表提供是很不方便的。例如艏艉轮廓线的尺寸,斜升船底的舭部升高值,倾斜龙骨的倾斜值,型线上突变点的尺寸,以及水线、甲板边线、舷墙顶线在半宽水线图中的艏艉圆弧半径等。为此,在型线图中将这些尺寸直接标注在视图中。

【学习任务】

任务 6.1　识读 4 000 t 干货船型线图

➤ 任务解析

学习任务	识读 4 000 t 干货船型线图
任务导入	图 6-1 所示为 4 000 t 干货船型线图,由主尺度、型值表和三视图组成。通过型线图识读,了解 4 000 t 干货船的大小、船体外形,并根据三组截交线了解船体形状沿船长、船宽和船深方向的变化
任务要求	通过识读 4 000 t 干货船型线图的横剖线图、纵剖线图及半宽水线图,结合主尺度和型值表,能够了解三组截交线的位置、数量、间距及各型线交点型值,从而了解该船船体型表面的形状

表(续)

实施步骤	(1)识读标题栏和主尺度; (2)识读型值表; (3)识读纵剖线图; (4)识读半宽水线图; (5)识读横剖线图
任务目标	职业素质目标: (1)具有认真、细致的工作态度; (2)具有分析问题、解决实际问题的能力; (3)具备正确的思维方式。 职业知识目标: (1)掌握型线图的组成和各视图之间投影关系; (2)熟悉型线图的表达特点; (3)熟悉型线图的识读步骤; (4)掌握型线图的识读方法。 职业技能目标: (1)能够通过识读标题栏和主尺度了解船舶的类型和大小; (2)能够通过识读型值表,了解三组截交线的位置、数量、间距及各型线交点型值; (3)能够通过识读纵剖线图,了解船体形状在船宽方向的变化; (4)能够通过识读半宽水线图,了解船体形状在船深方向的变化; (5)能够通过识读横剖线图,了解船体形状在船长方向的变化; (6)能够正确识读懂船体型线图
学习资源	教材、教学课件、图片、图纸、动画等

➤ 任务实施

图 6-1 所示为 4 000 t 干货船型线图(见书末附图)。本任务以 4 000 t 干货船型线图为任务主体,参考图 6-1 说明识读型线图的步骤和方法。

一、识读标题栏和主尺度

根据标题栏和主尺度可以了解船舶类型和大小。例如图 6-1 所示的 4 000 t 干货船,其总长 83.97 m、垂线间长 76.80 m、型宽 14.50 m、型深 9.30 m、设计吃水 6.10 m、结构吃水 6.40 m、梁拱 0.26 m。

二、识读型值表

型值表布置在三视图的上方,分为左右两部分,分别记录了各型线交点半宽值和高度值,根据型值表对照三视图可以知道三组截交线的位置、数量、间距及各型线交点的型值。例如图 6-1 所示型线图:

(1)沿船长方向将垂线间长 10 等分,共有 11 个站,站距为 7.68 m,船中在 5 号站。此外,在 0-1、9-10 站之间设置有半站 1/2 站、9½ 站。

(2)沿船深方向有 6 条水线(不包括基线),分别为 1000WL、2000WL、4000WL、6100WL(设计水线)、8000WL。

（3）沿船宽方向每舷有 4 条纵剖线（除了船体中心线），分别为 1450 纵剖线、2900 纵剖线、4350 纵剖线、5800 纵剖线。

三、识读三视图

识读三视图时应对照型值表，同时各视图之间也应互相对照，识读时可以逐个视图识读。首先，了解三视图的布置形式。由图 6-1 可以看出，该型线图将横剖线图重叠在纵剖线图的正中位置，横剖线图的基线与纵剖线图的基线重合，横剖线图的船体中线与纵剖线图的中站线重合。这样布图可减少图纸长度，又不增加图纸宽度。

1. 识读纵剖线图

纵剖线图中的中纵剖线（外廓线）、1450 纵剖线、2900 纵剖线、4350 纵剖线、5800 纵剖线，反映的是中纵剖面及距其 1 450 mm、2 900 mm、4 350 mm、5 800 mm 并与之平行的纵向剖面和船体型表面截交所得截交线的实际形状。根据纵剖线图的中纵剖线可以看出，该船底部为水平式龙骨线；艏部为球鼻型艏；艉部为方艉。艏艉轮廓线的尺寸在图中直接给出。其他各纵剖线在艏艉处船型变化均较大，在船中处逐渐与龙骨线接近或重合。该船的主甲板边线为舷弧式，在船中部 3 号站至 8 号站高度无变化，向艏艉有升高。对照型值表可查得，艏舷弧高 0.26 m，艉舷弧高 0.152 m；艏楼舷墙顶线有较大的升高，其高低过渡处用圆弧过渡。

纵剖线图的格子线是水平的水线和垂直的站线，与横剖线图和半宽水线图中相应的水线和站线对应。

2. 识读半宽水线图

半宽水线图中的 1000WL、2000WL、4000WL、6100WL（设计水线）、8000WL 反映的是在距基线 1 000 mm、2 000 mm、4 000 mm、6 100 mm、8 000 mm 等高度处各水平面剖切船体型表面所得截交线左舷的实际形状。图中设计水线附近的几根水线间距较密，向上至上甲板及靠底部处间距较大，说明在设计水线上下一定高度内船体线型变化不大，而在靠近上甲板及底部附近则变化较大。水线在船中处逐渐与型宽线相重合。此外，该船首有艏圆弧、船尾为方形。靠艏端舷墙有宽窄过渡处，与纵剖线图的舷墙高低过渡处相对应。

半宽水线图的格子线是水平的纵剖线（包括船体中心线）和垂直的站线，纵剖线和站线均与纵剖线图和横剖线图一致。

3. 识读横剖线图

横剖线图的中线左面的各横剖线反映的是从 0 站到 5 站各横剖面剖切船体型表面所得截交线左舷的实际形状，以及船尾至中站面的外板顶线、甲板边线的投影；中线右面的各横剖线反映的是从 5 站到 10 站各横剖面剖切船体型表面所得截交线右舷的实际形状，以及中站面至船首之间舷墙顶线、甲板边线的投影。从图中横剖线的形状变化可以看出，艏艉横剖面形状较瘦，向船中逐渐变宽，4 站至 6 站之间船体线形无变化（型值表中的型值相同）。横剖线图上的舷墙高低过渡处与纵剖线图、半宽水线图相对应。

横剖线图中的格子线有水平的水线和垂直的纵剖线。水线和纵剖线与纵剖线图和半宽水线图对应。

➤ 能力训练

训练名称：识读 150 t 冷藏船型线图

训练内容：见《能力训练活页手册》"任务 6.1 能力训练"

任务 6.2 绘制 4 000 t 干货船型线图

➤ 任务解析

学习任务	绘制 4 000 t 干货船型线图
任务导入	图 6-1 所示为 4 000 t 干货船型线图的三视图、主尺度、型值表和其他尺寸。以此为依据,绘制 4 000 t 干货船型线图。由于型线图是绘制其他船体图样时确定船体形状的依据,所以要求具有较高的绘制精度
任务要求	根据型线图的绘制步骤,能够正确地根据型值表中的型值及艏艉相关数据完成格子线、三组截交线的绘制,型值表及主尺度的书写,并能进行型线的检验及标注
实施步骤	(1)选取比例和决定布图形式; (2)绘制格子线; (3)格子线检验; (4)绘制各型线; (5)检验型线; (6)型线图的注字和标注尺寸
任务目标	职业素质目标: (1)具有认真、细致的工作态度; (2)具有主动参与、积极进取的精神; (3)具有分析问题、解决实际问题的能力; (4)具有自主学习的能力; (5)具有正确的思维方式。 职业知识目标: (1)掌握型线图的表达方法; (2)熟悉型线图的绘制步骤; (3)掌握型线图的绘制方法。 职业技能目标: (1)能够根据精度要求及船舶尺度确定绘制比例; (2)能够根据船舶尺度大小和线型变化情况正确配置型线图的三视图; (3)能够根据主尺度和型值表绘制格子线并检验; (4)能够根据型值表、主尺度、艏艉尺寸和其他有关尺寸进行龙骨线、艏艉轮廓线、甲板边线、外板顶线、舷墙顶线、甲板中线、横剖线、纵剖线及水线的绘制; (5)能够利用斜剖线进行型线光顺的检验; (6)能够正确进行型线图的标注; (7)能够正确绘制出常规船舶船体型线图; (8)能够利用型线图进行型值查取
学习资源	教材、教学课件、图片、图纸、动画

➤ 任务实施

型线图是船舶设计、计算和建造的重要依据,是关系到船舶全局的一张图纸。型线图绘制的精确程度直接影响航海性能计算的准确性和船体建造的质量。因此,对型线图的绘制精度有较高的要求,画图时必须十分仔细、谨慎。本任务以 4 000 t 干货船型线图为任务主体,参考图 6-1 说明绘制型线图的步骤和方法。

一、选取比例和决定布图形式

1. 选取比例

型线图常用的比例为 1∶100,1∶50,1∶25,1∶20 及 1∶10 等。一般来说,精度要求高或船舶尺度较小,则比例应取大些;精度要求低或船舶尺度较大,则比例应取小些。4 000 t 干货船型线图采用零号图纸,选用比例为 1∶100。

2. 决定布图形式

视图布置形式,主要根据船舶尺度大小和线型变化情况而定。通常尺度小或线型变化大的可采用分离布置,尺度大的可采用重叠布置。例如 4 000 t 干货船属中型船舶,中部线型变化不大,可采用横剖线图与纵剖线图中部重叠,半宽水线图位于纵剖线图下方的布置形式(图 6-17(c))。

比例和布图形式确定后,可绘制图纸边框线,标题栏和反向图号栏。

二、作格子线

格子线是绘制型线图的基准线,型线图的绘制精度在很大程度上取决于格子线是否准确。因此作格子线时必须十分仔细、谨慎。作格子线的步骤和方法如下:

1. 作纵剖线图的基线

根据视图的布置形式和船体主尺度,在图纸上合理地布置各视图的位置,画出纵剖线图的基线,如图 6-19 所示。

图 6-19 图面布置与作纵剖线图的基线

2. 作艏垂线和艉垂线

根据艉端点至艉垂线的距离、标注尺寸的位置以及总长 L_{OA} 的大小,在基线上确定艉垂线点(即 0 站位置),然后量取垂线间长 L_{pp} 以确定艏垂线点(即第 10 站位置)。过此两点作基线的垂线,并延长至半宽水线图的位置,如图 6-20 所示。

量取时,不能用站距叠加的方法,必须用整个长度来量取,以减小累积误差,保证垂线间长的准确性。

3. 作半宽水线图的船体中线

根据半宽水线图的布图位置,在艏艉垂线上自基线起量取相同距离 $D=E$,得船体中线与艏艉垂线的交点,如图 6-21 所示,连接交点即得船体中线。

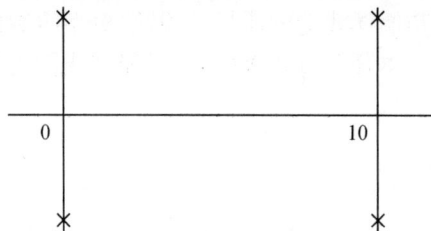

图 6-20　作艏艉垂线　　　　　图 6-21　作船体中线

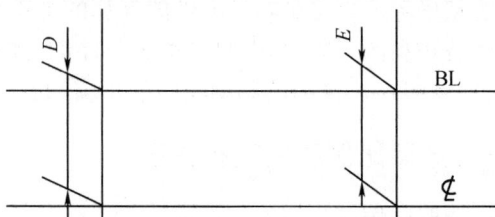

4. 作纵剖线图和半宽水线图的站线

在纵剖线图的基线和半宽水线图的船体中线上,根据型值表的站数等分垂线间长 L_{pp},以确定各站线的位置。等分时,从艉垂线起沿基线量取站距。如果到艏端没有与艏垂线重合,则调整站距,重新等分,直到两者一致为止。然后用修正后的站距沿半宽水线图的船体中线等分,连接基线和船体中线上的对应各点,得纵剖线图和半宽水线图中的各站线。艏艉端的补加站线可用相同方法作出,也可用垂直平分线法作出,如图 6-22 所示。

5. 作纵剖线图和横剖线图的水线

在纵剖线图中,以基线为准,沿艉垂线量取设计吃水的距离,并用水线间距等分(与作站线的等分方法相同),得设计水线及其他各水线的分点。在中站线及艏垂线上同样取设计水线和其他各水线的分点,得到设计水线及各水线上的三点,连接对应各点得到纵剖线图和横剖线图各水线,如图 6-23 所示。

6. 作半宽水线图的最大半宽线和各纵剖线

在半宽水线图上,以中线为准,分别沿 0 站、5 站及 10 站量取最大半宽 7 250 mm,并用纵剖线间距 1 450 mm 等分,等分方法同前,得最大半宽线及其他各纵剖线的三个分点,连接各点即得,如图 6-24 所示。

7. 作横剖线图的最大半宽线和纵剖线

以纵剖线图 5 站作为横剖线图的中心线,沿纵剖线图的基线及 8000WL,分别量取最大半宽点和各纵剖线分点,连接对应各点即得横剖线图上最大半宽线及各纵剖线,如图 6-25 所示。

8. 检验格子线

格子线底稿画好后,需对其精度进行检验。格子线的检验可以从以下两方面进行:

(1)检验对应的格子线间距在三个视图中是否相等。可用分规或纸条进行检验。

(2)检验格子线的等分、平行和垂直。可用矩形对角线必须通过两中线的交点进行检验,如图 6-26 所示。

9. 格子线上墨

手工绘制型线图时要对格子线进行上墨,墨线宽度不超过 0.1 mm。为防止画型线时出错,应在格子线上注写上格子线的编号。

三、绘制各型线

根据型值表、主尺度、艏艉尺寸和其他有关尺寸进行龙骨线、艏艉轮廓线、甲板边线、外板顶线、舷墙顶线、甲板中线、横剖线、纵剖线及水线的绘制。

图6-22 作纵剖线图和半宽图的站线

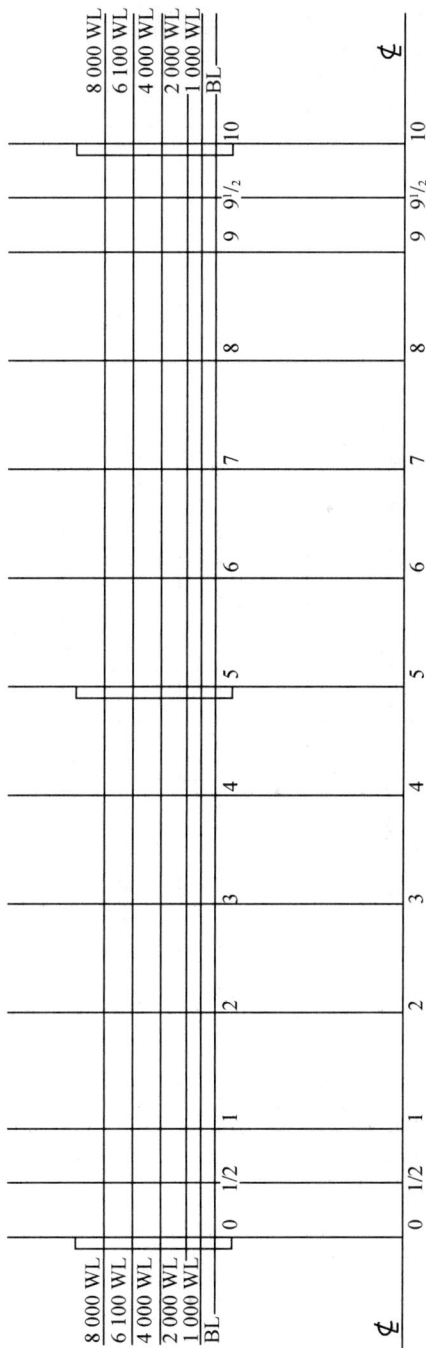

图6-23 作纵剖线图和横剖线图的水线

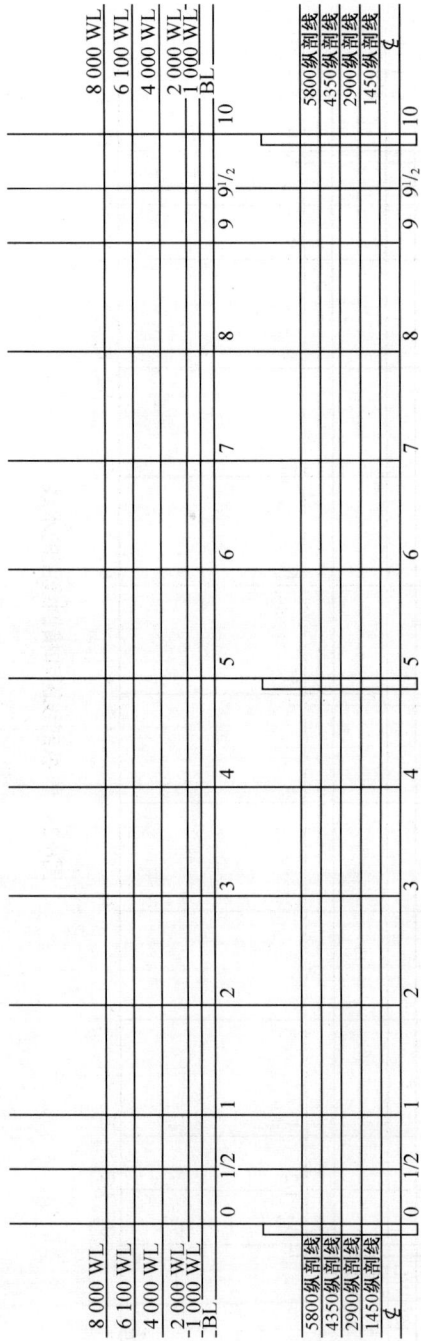

图6-24 作半宽水线图的最大半宽线和各纵剖线

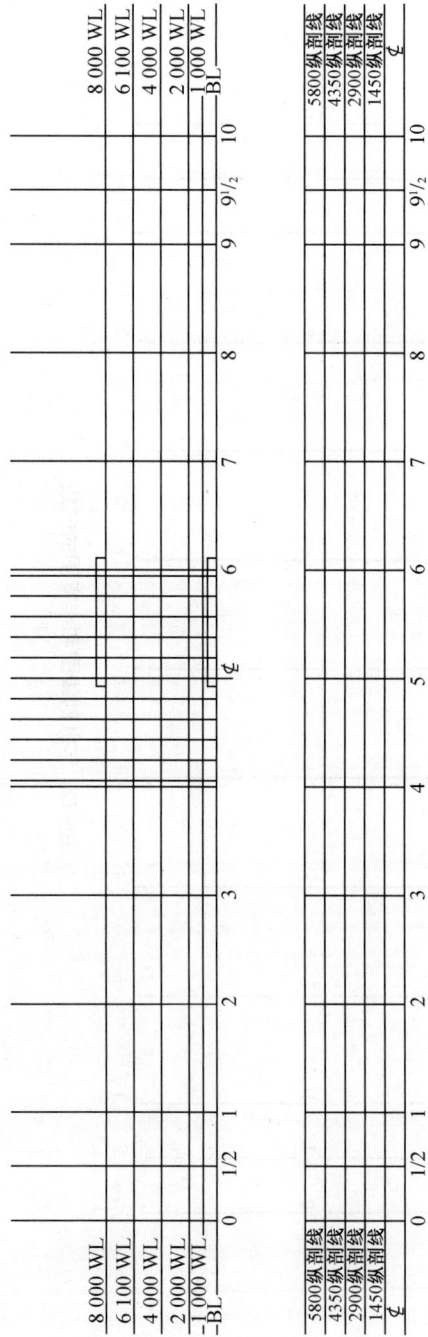

图6-25 作横剖线图的最大半宽线及纵剖线

1．作纵剖线图的龙骨线及艏艉轮廓线

若是水平龙骨，其与基线相吻合，则不必画出。若是倾斜龙骨，则应根据所给的倾斜尺寸画出龙骨线。艏艉轮廓线可根据提供的有关尺寸按比例量取，得各点，再用船用曲线板光顺连接各点，如图6-27所示。

2．作纵剖线图的甲板边线、外板顶线及舷墙顶线

根据型值表右边部分中所给出的甲板边线、外板顶线和舷墙顶线在各站处的高度值，沿纵剖线图的各站线从基线向上量取其值，得各相应点，光顺连接即得甲板边线、外板顶线和舷墙顶线，如图6-28所示。手工绘图时压条和压铁的使用如图6-29所示。如果没有给出甲板边线高度型值，可按附录F舷弧的作法来作纵剖线图的甲板边线。

3．作半宽图的设计水线、甲板边线、外板顶线及舷墙顶线

根据型值表左边部分设计水线、甲板边线、外板顶线和舷墙顶线的半宽值，沿各站线量取型值，得设计水线、甲板边线、外板顶线和舷墙顶线与各横剖线的交点在半宽水线图上的投影。与船体中线的交点可根据投影规律从纵剖线图中求得，如图6-30所示。再根据型线首端的圆弧半径和尾端形状的有关尺寸（或尾端圆弧半径）画出首端圆弧和尾端形状（或尾端圆弧）。绘制曲线并与首端圆弧相切（若尾端也为圆弧时，也应与尾端圆弧相切）。

舷墙顶线宽狭过渡曲线的画法是：将交点 a'、c' 及切点 b'、d' 根据长对正的规律，分别投影到半宽图中相应的舷墙顶线上得 a、c、b、d 各点。然后将 a 和 b 点、c 和 d 点试画曲线（曲线最少通过三点），使舷墙顶线宽狭处得到光顺过渡。曲线的最后确定，要在绘制横剖线图中舷墙顶线时，再根据点的投影规律而定。

4．作横剖线图中的中横剖线

此船的最宽处在5站，根据型值表左边部分中横剖线横栏中的半宽值，在横剖线图上沿各水线量取得各点。然后根据船底升高值作船底线（如无升高值则船底与基线重合）。光顺连接各点，当曲线连到底部时，必须与船底线相切；连到舷部时（舷侧直壁式），则与半宽线相切，如图6-31所示。

5．作横剖线图的甲板边线、外板顶线及舷墙顶线

绘制横剖线图的甲板边线、外板顶线和舷墙顶线时，可分别根据半宽值和高度值定出各点。与船体中线交点可根据投影规律从纵剖线图上找到，如图6-31所示。光顺连接各点，得横剖线图甲板边线及舷墙顶线。

舷墙顶线高低过渡曲线的画法是：根据纵剖线图（图6-32）上的 a'、b' 点的高度值投影到横剖线图上，并根据半宽图上 a、b 点的半宽值在横剖线图上得到 a''、b'' 点，如图6-29所示。实际上这是舷墙顶线上空间的 A、B 两点在三个视图中的投影。但是仅根据 a''、b'' 点不能连成正确的曲线，因此可在纵剖线图的过渡圆弧线上任定几点，点越多曲线精确性越高。由于曲线较短，通常定出 1～2 点即可，在纵剖线图中定出 e' 点。然后将 e' 点投影到半宽图中试画的曲线上，得 e 点。之后，再在横剖线图上定出 e'' 点。根据 a''、e'' 及 b'' 点连成曲线（b'' 点应为切点），如果通过 e'' 点不能连成光顺曲线，可以放弃 e'' 点而将曲线连接光顺。然后再根据光顺曲线上的 h'' 点的半宽值，反过来修正半宽图上 e 点的位置，再根据 e 点的新位置，绘出 aeb 曲线。假如这两条曲线也连不光顺，那么再放弃新的 e 点而将曲线连接光顺，然后再根据新的 e 点的半宽值修改横剖线图中的 e'' 点，直到两图中的曲线都光顺为止。（cd 段高低过渡曲线的画法相同）

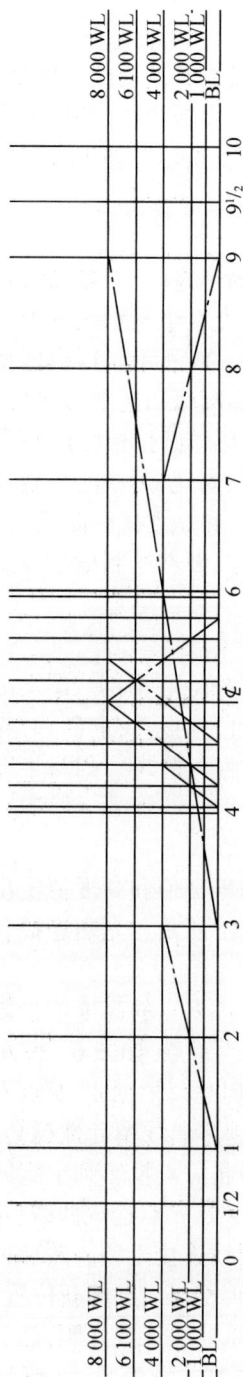

图6-26 对角线检验

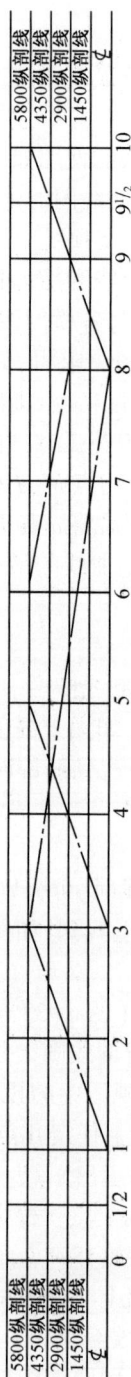

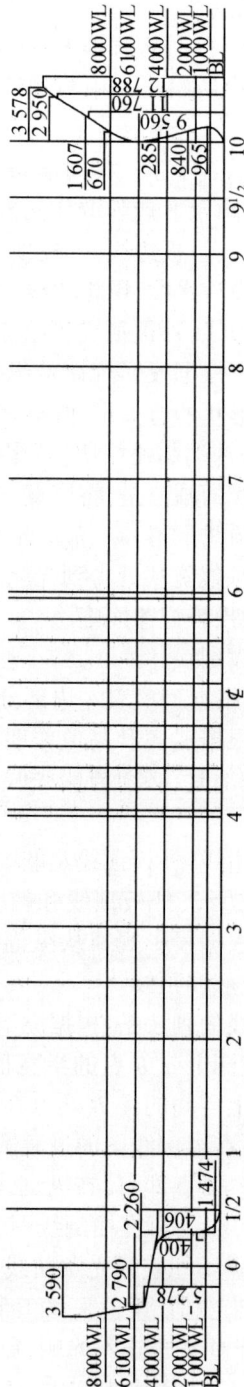

图6-27 作龙骨线及艏艉轮廓线

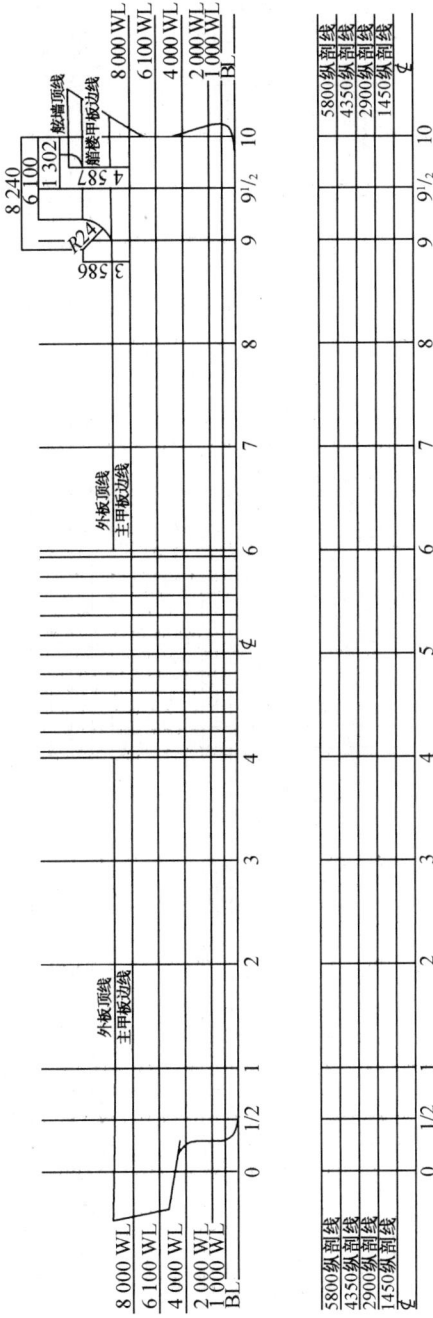

图6-28 作纵剖线图的甲板边线、外板顶线及舷墙顶线

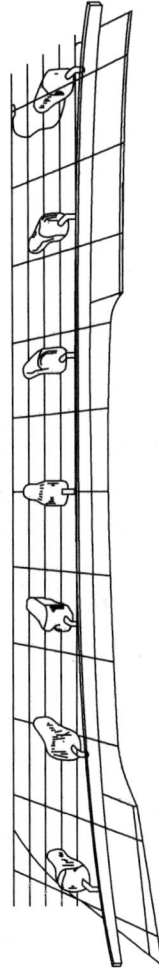

图6-29 用压条绘制曲线的方法

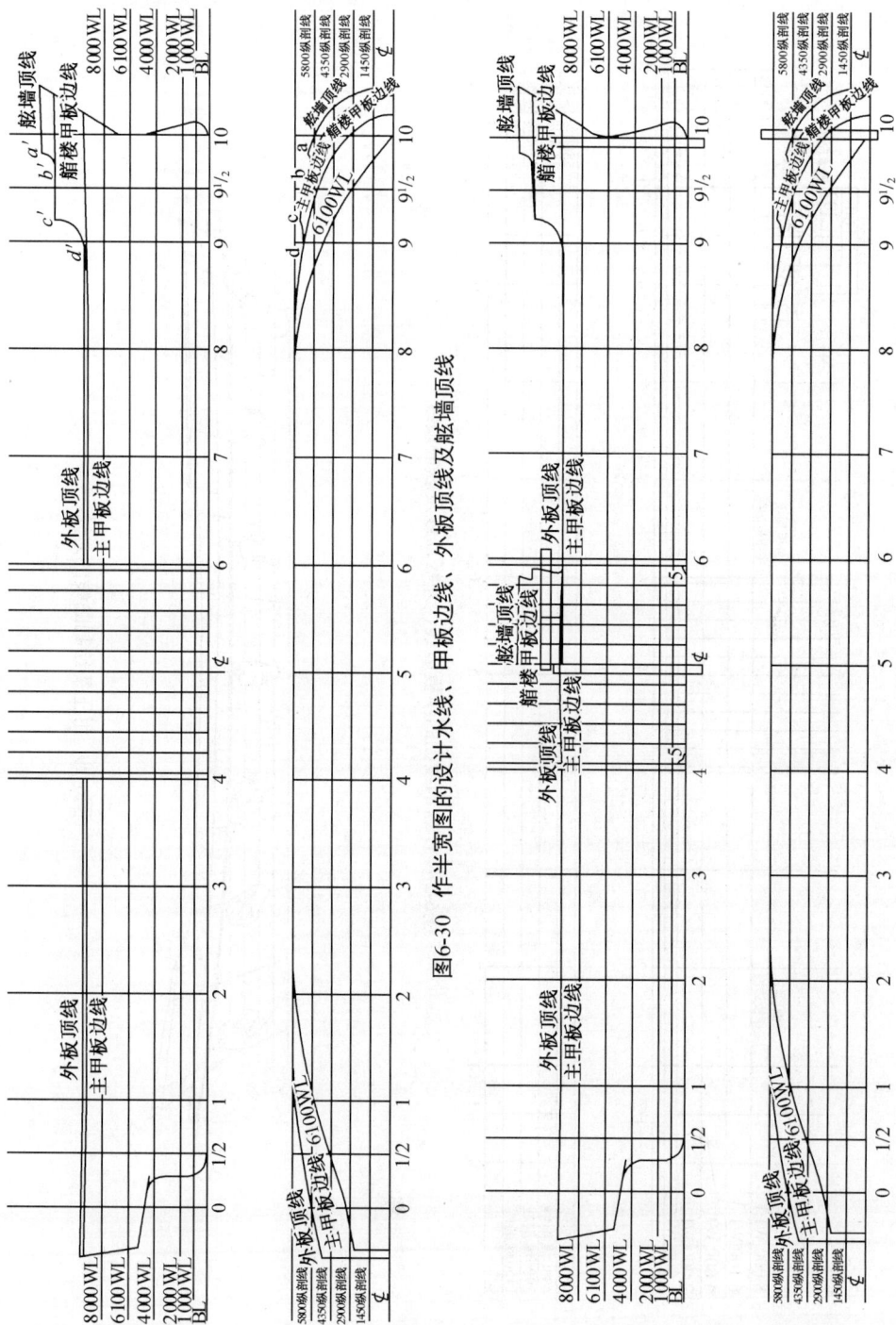

图6-30 作半宽图的设计水线、甲板边线、外板顶线及舷墙顶线

图6-31 作横剖线图的中横剖线、甲板边线及舷墙顶线

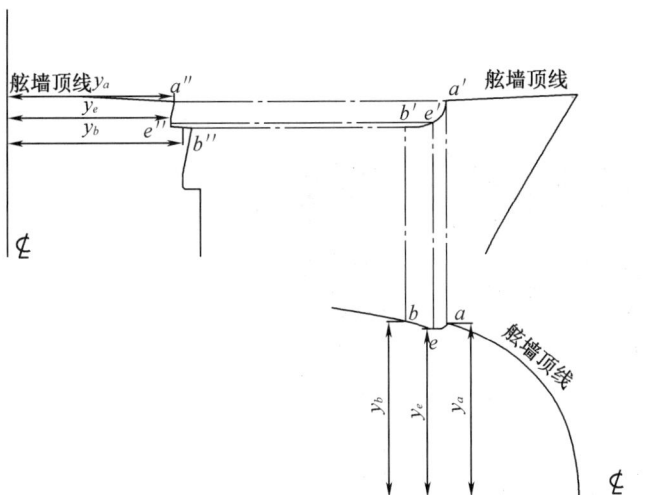

图6-32　舷墙顶线圆弧过渡处的画法

6. 作横剖线图的各横剖线

根据型值表左右两部分各横栏中的型值,在横剖线图上沿各水线量取半宽值,沿各纵剖线量取高度值,艏部横剖线量在右边,艉部横剖线量在左边。与中纵剖线的交点,可从纵剖线图中横剖线与中纵剖线的交点量取;与甲板边线及舷墙顶线的交点已经得到。这样就得到各横剖线上所有的点,连接各点即得各横剖线,如图6-33所示。同样,曲线连到底部应与船底线相切,连到舷部应与最大半宽线相切。当横剖线各点不能连成光顺曲线时必须修改某些交点的型值,直到型线光顺为止。在修改时,设计水线各点的型值不允许修改,因为设计水线的型值修改后,会引起水线面面积系数及艏进水角的改变,影响船舶的航海性能。

7. 在半宽图上绘制各水线

同样,画水线时,不能再用型值表左边部分各水线纵栏中的型值,而是用纸条在横剖线图中将水线与各横剖线交点的半宽值量取,然后搬至半宽图中相应的横剖线上。制作纸条时,可以每根水线作一条,格式如图6-34所示。

水线与中纵剖线的交点,可从纵剖线图上量取,然后根据水线首尾端圆弧半径,定圆心,画圆弧,如图6-35所示。从中部开始逐点向首尾并与首尾圆弧相切,绘制成光顺的曲线。

8. 作纵剖线图的各纵剖线

将纵剖线与各横剖线交点的高度值和纵剖线与各水线、甲板边线、舷墙顶线交点的长度值,量取至纵剖线图上相应的横剖线、水线、甲板边线及舷墙顶线上,得到纵剖线上各点。光顺连接各点,即得纵剖线在纵剖线图上的投影,如图6-36所示。在连到横剖线图处,纵剖线断开不画。如三视图分离布置,则纵剖线应画成连续。

当型线不光顺时应进行修改。修改型线是一项细致的工作,对型线某一处的修改常会引起型线上相邻部分的变化,并且涉及其他型线。所以在修改型线之前,要对型线有关部分加以观察和分析,然后着手进行。修改纵剖线时,如果单一变动纵剖线上点的型值,往往型值修改量较大,对其他型线的影响也较大。为此,可先适当变动半宽水线图中水线与纵剖线交点的型值,再变动纵剖线图中纵剖线与水线、横剖线交点的型值。这样使型值修改量小,型线也容易修改光顺。

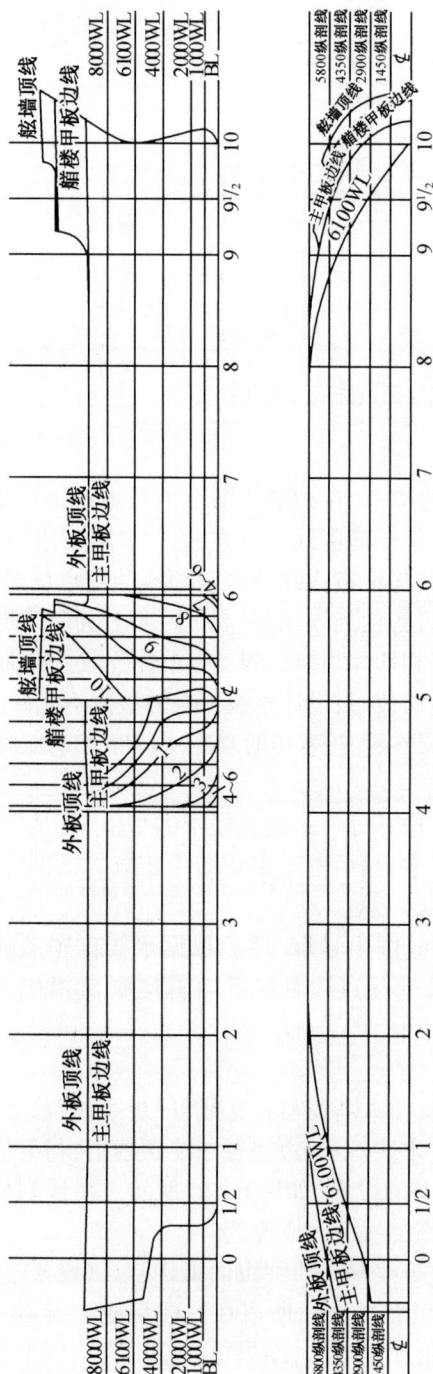

图6-33 作横剖线图的横剖线

图6-34 水线纸条的格式

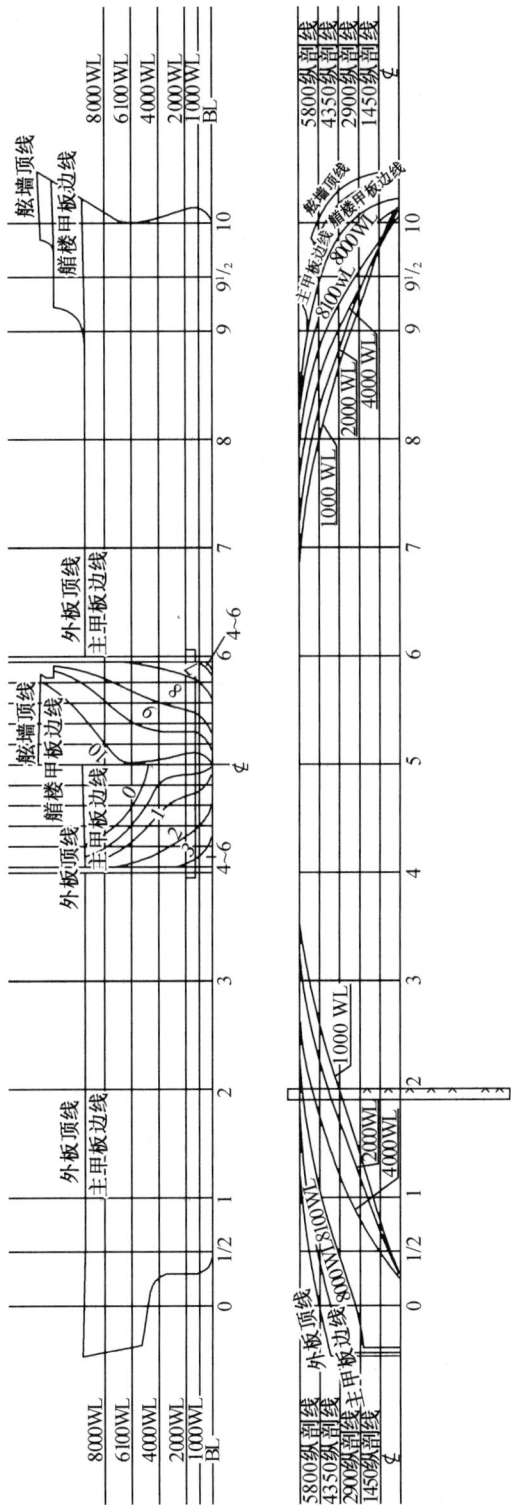

图6-35　作半宽图的各水线

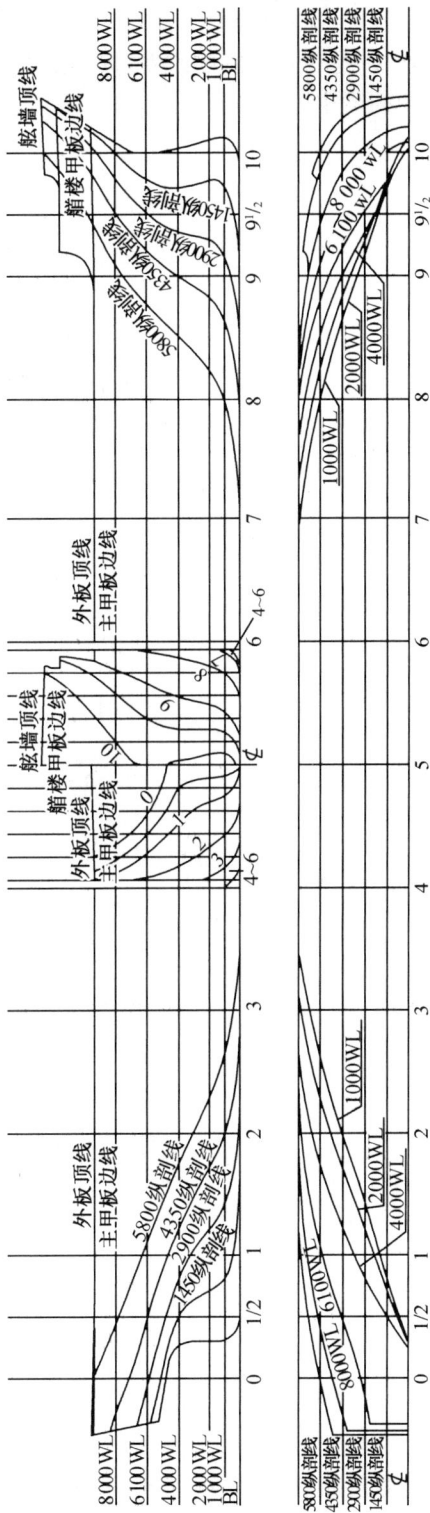

图6-36　作纵剖线图的各纵剖线

9. 绘制纵剖线图的甲板中线

在型线图中,甲板中线通常是根据甲板边线作出的。这是由于甲板在横向具有梁拱,所以甲板边线与甲板中线在同一站线处就相差一个梁拱高,如图 6-37 所示。当然,在不同站线处,随着甲板宽度的改变,其梁拱高也就随着改变。因此,绘制甲板中线的关键是求取各站线的梁拱值。

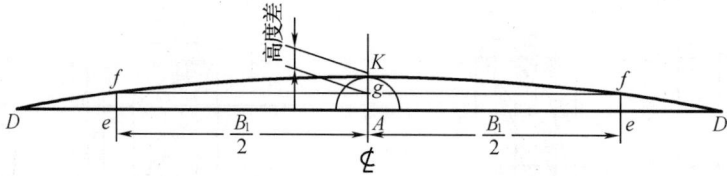

图 6-37　求甲板中线与甲板边线的高度差

习惯上在型线图中不表示甲板梁拱的形状,但根据甲板边线绘制甲板中线时,需要利用梁拱线。梁拱线的形状在全船是相同的,所以通常只需作出甲板宽度最大处的梁拱线即可。在这里说明抛物线梁拱线的作法如图 6-38 所示。大半径圆弧梁拱线作法见附录 F。

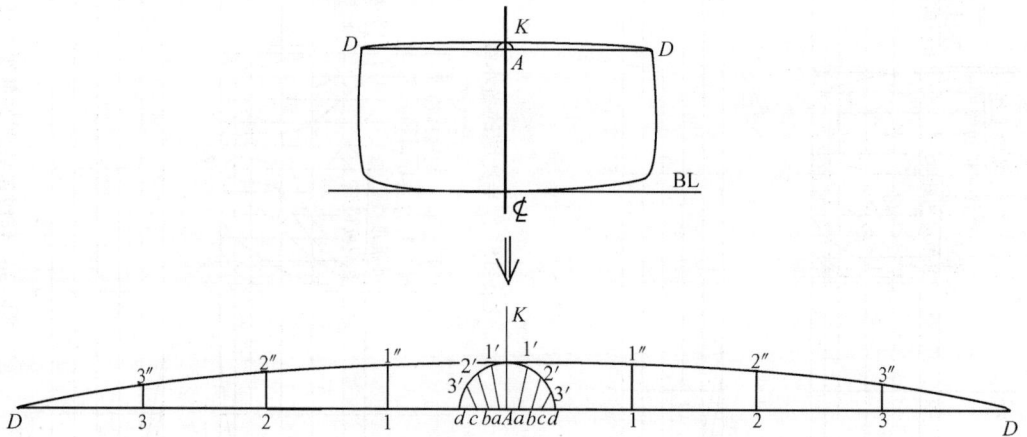

图 6-38　梁拱线的作法

(1)连接甲板宽度最大处甲板边线上的两点 D、D,交船体中线于 A 点。

(2)以 A 点为圆心,以船体主尺度中所给出的梁拱值为半径作半圆,交船体中线点于 K 点,并交直线 $\overline{DD}$ 于 d、d 两点。

(3)将 $\overline{DD}$、$\overline{dd}$ 两线段及 $\overset{\frown}{dKd}$ 半圆弧分成相同的等份,得到分点 3,2,1,1,2,3;c,b,a,a,b,c;3′,2′,1′,1′,2′,3′。

(4)连接 $a1'$、$b2'$、$c3'$,并过 1,2,3 各点作直线 DD 的垂线。

(5)分别在垂线上量取 $11''=a1'$,$22''=b2'$,$33''=c3'$,得 1″,2″,3″各点。

(6)用曲线板连接 D,3″,2″,1″,K,1″,2″,3″,D 各点,即得梁拱线。

梁拱线求得后,即可按图 6-37 所示求得各站线的梁拱高,进而求取甲板中线在纵剖线图中与各横剖线交点的投影,将这些投影点连接起来就是甲板中线在纵剖线图中的投影。

四、检验型线

型线绘制结束后,需要对型线的精确性进行检验。型线的精确性体现在型线的光顺、协调和投影一致三方面,通常就是从这三方面入手进行检验的。产生型线不光顺、不协调和投影不一致的原因主要有:图中量取型值时可能有错误;连接曲线时没有通过规定的点;格子线作得不够准确;型值可能有错误;用曲线板分段连接曲线时,两段间的连接不好等。当发现型线有不光顺、不协调及投影不一致时,必须找出原因进行修正。

1. 用目测进行检验

(1)光顺性

型线的光顺性是指各型线的曲率应和缓地变化,不应有局部凹凸起伏和突变现象存在。单根型线的光顺性通过目测加以检验。检验时,用眼从型线的端部顺着型线的变化方向观察,看其是否光顺。

(2)协调性

型线的协调性是指同组型线的间距大小应有规律地变化,不应有时大时小的现象存在。

型线变化的特点:沿船长方向,中部变化比较平缓,艏艉两端型线变化较大;沿船深方向,设计水线处变化较平缓,甲板、底部型线变化较大。反映在横剖线图中,站距相等的两相邻横剖线的间距,艏艉部分大,而中部小。反映在半宽水线图中等水线间距的相邻两水线的间距,通常自设计水线起,越向甲板、船底越大。

(3)投影一致性

型线的投影一致性是指型线上任一点在三视图中的投影应符合投影规律:长对正,高平齐,宽相等,如图 6-39 所示。图(a)中 4000WL 与各横剖线的交点在横剖线图和半宽水线图中的半宽值一致;图(b)中 4350 纵剖线与各水线交点在纵剖线图和半宽水线图中的长度值一致。

2. 绘制斜剖线检验型线

对型线精度综合检验的方法通常是绘制斜剖线,斜剖线一般是侧垂面与外板型表面的交线。如果得到的斜剖线是一条光顺的曲线,则表明该处的型线绘制正确,即这部分型线的光顺性、协调性和投影一致性是满足要求的。如果得到的斜剖线不光顺,则需要修改斜剖线上某些点,使斜剖线光顺,并以此修改相应的型线。

一般来说,船体艏部型线的曲率较大,变化也较剧烈。为此,常在艏部用包含中线面与设计水线面交线的侧垂面剖切外板型表面求作斜剖线,如图 6-40 所示。根据平面投影特性可知,这样的斜剖线在横剖面图上的投影集聚为直线,在纵剖线图和半宽水线图的投影为曲线,不反映真形。为了获得斜剖线的真形,可用旋转法,将剖切平面绕中线面与设计水线面的交线旋转到中线面或设计水线面上,这样,在纵剖线图或半宽水线图中就可得到斜剖线的真形。

斜剖线的作图方法通常如下:

(1)在横剖线图中,连接 MA、MB,这是斜剖线在横剖线图上的投影,如图 6-41 所示。

(2)用纸条量取 M 点至斜剖线与各横剖线交点的距离,并注明横剖线编号。

(3)在纵剖线图中,使纸条上的 M 点与基线重合,在各站线上记下相应的交点。斜剖线与艏艉轮廓线的交点可以从纵剖线图中设计水线与艏艉轮廓线的交点投影得到。

(4)用压条光顺连接各点,得到在纵剖线图中的斜剖线的真实形状。

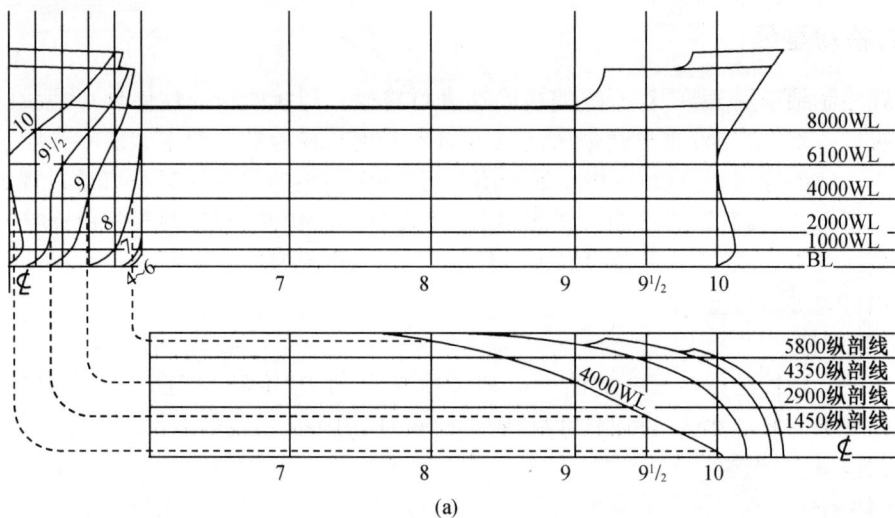

(a)

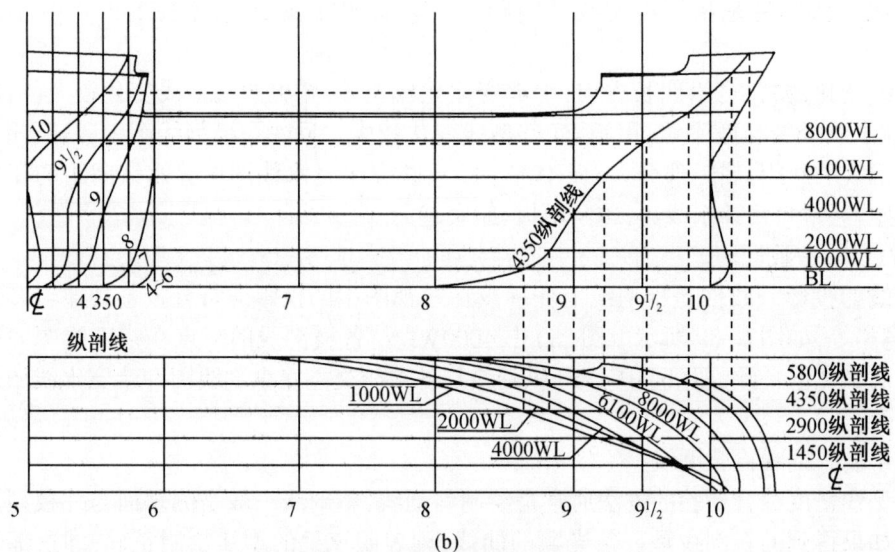

(b)

图6-39 型线的投影一致性

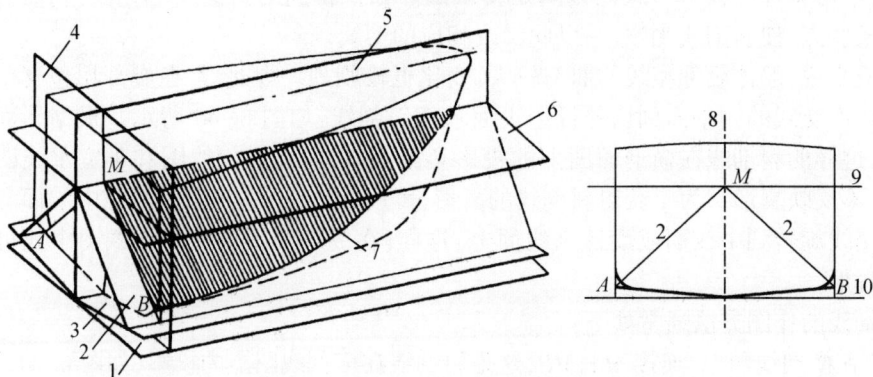

1—基面;2—斜剖面;3—船底平面;4—中站面;5—中线面;6—设计水线面;
7—斜剖线;8—中线;9—设计水线;10—基线。

图6-40 斜剖面与斜剖线

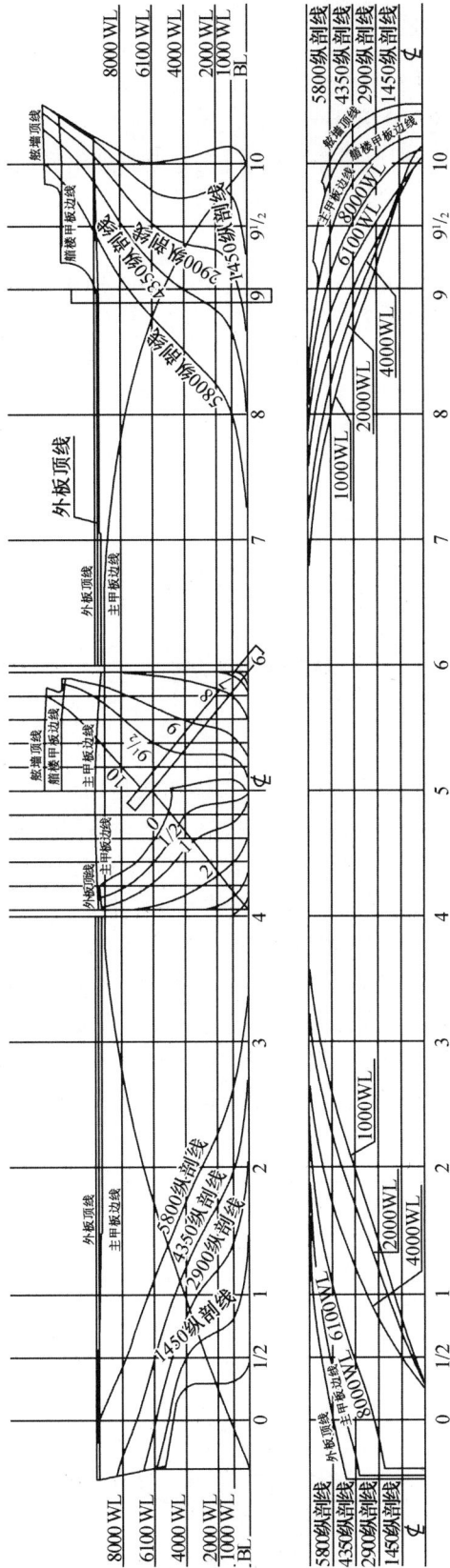

图6-41　斜剖线的画法

五、型线图的注字和标注尺寸

型线加深完毕,在型线图中标注文字和尺寸,基本内容如下:

(1)标注型线和格子线的名称和编号。

(2)在图纸右上方空白处,列出船体主尺度;在左上方列出型值表。

(3)标注艏艉尺寸和其他有关尺寸。

(4)填写标题栏和反向图号栏。

以上所述为手工绘制型线图的方法与步骤。采用 AutoCAD 绘图时,其型线图投影基本原理是一致的,但绘图工具和绘图方式与手工绘图的不同。采用 AutoCAD 绘图,不需要使用纸条、曲线板、压铁与压条等工具,只需在电脑中安装 AutoCAD 绘图软件,在绘制过程中,格子线的绘制可以使用"阵列"和"偏移"命令来完成,曲线采用"样条曲线"命令绘制,三向视图的投影关系可以通过"图形移动旋转"命令来保证,并且可以提高作图效率。

➤ **能力训练**

训练名称:绘制 150 t 冷藏船型线图

训练内容:见《能力训练活页手册》"任务 6.2 能力训练"

【拓展提高】

拓展知识:标高投映法

型线图的作图采用的是标高投影法原理。具体作法是用一系列离开基准平面(基本投影面)若干距离,并与其平行的平面去剖截物体,然后把一系列平面与物体表面的交线(剖截轮廓线)投影到基本投影面上。这些交线表示了离基本投影面不同距离处物体表面的真实形状。通过这组曲线,就可以得到该物体完整的真实形状。

标高投影法可用简单的图形来表述,如图 6-42 所示。该图表示出的形状是以水平面作为基本投影面而投影到水平面上的一组曲线,是表示距水平面 100 m、200 m、300 m 处物体的截面形状,这样就将物体在高度方向的形状变化表示得非常清晰。但对形状复杂的船体,仅用一个水平方向的标高投影还不能全面表达船体的形状,需在船长、型深、船宽三个方向分别采用三面标高投影,才可以得到表示船体型表面形状的三组曲线。

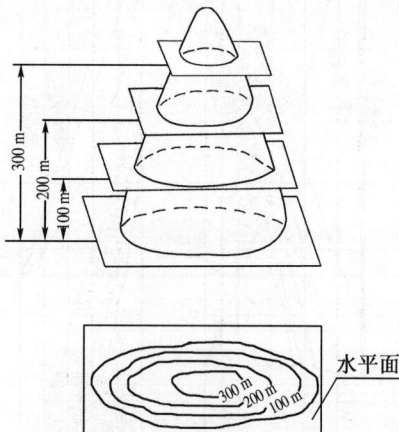

图 6-42　标高投影示意图

拓展训练:分析思考船体型表面在船长、型深、船宽三个方向是如何分别采用标高投影法表示型表面形状变化,从而绘制船体型线的。

【项目测试】

一、选择题

1. 描述船体形状和大小用_____。
A. 型线图　　　　　B. 三视图　　　　　C. 表格　　　　　D. 数学函数
2. 对于金属船舶而言,型线图表示的船体形状是_____。
A. 外板内表面,甲板下表面　　　　B. 外板外表面,甲板下表面
C. 外板内表面,甲板上表面　　　　D. 外板外表面,甲板上表面
3. 将船体分为左右对称两部分的垂直平面是_____。
A. 中线面　　　　　B. 中站面　　　　　C. 基平面　　　　　D. 设计水线面
4. 一组横剖线的投影反映了外板形状沿_____方向的变化。
A. 船深　　　　　B. 船宽　　　　　C. 船长　　　　　D. 任意
5. 甲板中线在船长方向曲度称为_____。
A. 梁拱　　　　　B. 脊弧　　　　　C. 舷弧　　　　　D. 折角
6. 组成半宽水线图格子线的除纵剖线外,还有_____。
A. 水线　　　　　B. 甲板线　　　　　C. 舷墙线　　　　　D. 横剖线
7. 型线图中,舷墙顶线在 W 面上的投影为_____。
A. 水平直线　　　　B. 垂直直线　　　　C. 曲线　　　　D. 空间曲线
8. 横剖面与甲板型表面的交线是_____。
A. 甲板边线　　　　B. 甲板中线　　　　C. 梁拱线　　　　D. 甲板脊弧
9. 在中线面上投影显示真实形状的是_____。
A. 水线　　　　　B. 横剖线　　　　　C. 甲板中线　　　　D. 甲板边线
10. 在基平面上投影显示真实形状的是_____。
A. 纵剖线　　　　　B. 水线　　　　　C. 舷墙顶线　　　　D. 梁拱线

二、判断题

1. 型线图的三视图由纵剖线图、横剖线图和半宽水线图组成。　　　　　　　(　　)
2. 型线图是采用标高投影法绘制的,能够表示船体的形状和大小。　　　　　(　　)
3. 金属船体的型线图所表示的形状是外板内表面和甲板上表面的形状。　　　(　　)
4. 型线图中的图线只采用细实线。　　　　　　　　　　　　　　　　　　　(　　)
5. 型值表是记录型线图上各型线型值的一种表格。　　　　　　　　　　　　(　　)
6. 横剖线图上格子线由水线和纵剖线组成。　　　　　　　　　　　　　　　(　　)
7. 甲板边线在纵剖线图上反映真实形状。　　　　　　　　　　　　　　　　(　　)
8. 绘制型线图时,使用过的数据可以用比例尺量取,无须使用纸条。　　　　(　　)
9. 型线的精确性体现在型线的光顺、协调和投影一致三方面。　　　　　　　(　　)
10. 检验格子线的等分、平行和垂直一般用对角线法。　　　　　　　　　　　(　　)

三、名词解释

1. 型表面

2. 格子线

3. 中线面、中站面、设计水线面

4. 型值

5. 横剖线、水线、纵剖线

6. 斜剖线

7. 主尺度

四、简答题

1. 如何表达甲板和外板型表面的形状？需绘制哪些线？

2. 型线图由哪几部分组成？组成型线图的有哪三个视图？

3. 船体主尺度有哪几项？分别用什么符号表示？

4. 型值与型值表的含义？

5. 型线的精确性体现在哪三个方面？

6. 型线图的尺寸标注有哪几个方面？

五、应用与拓展题

1. 某船主尺度为：总长为 64.96 m、垂线间长 59.23 m、型宽 10.80 m、型深 5.35 m、设计吃水 3.80 m。在习图 6-1 中尺寸线处标出相应的尺寸数值。

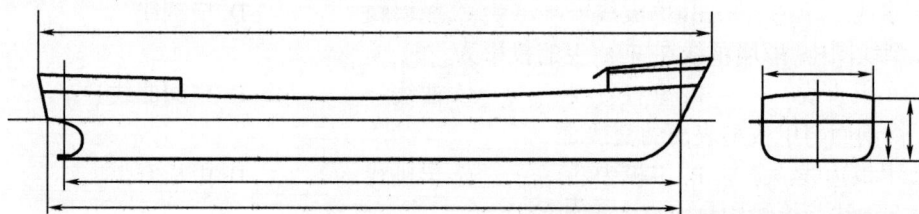

习图 6-1 主尺度标注

2. 请在习表 6-1 中写出型线图中各线在三个视图中表示为何种曲线（水平直线、垂直直线、真形曲线、非真曲线）。

习表 6-1

组成	纵剖线图	横剖线图	半宽水线图
纵剖线			
横剖线			
水线			
甲板中线			
甲板边线			
外板顶线			
舷墙顶线			

3. 已知某船型宽为 10 m，梁拱高为 0.3 m，按 1:100 比例分别画出抛物线梁拱曲线和大

半径圆弧梁拱曲线。

4. 根据习图 6-2 所示型线：

(1)试求 A、B、C、D 在另外两视图中投影位置；

(2)绘制 I—I 横剖线,并求在该位置上距基线 3 000 mm 的 F 点在另外两视图中的准确投影位置。

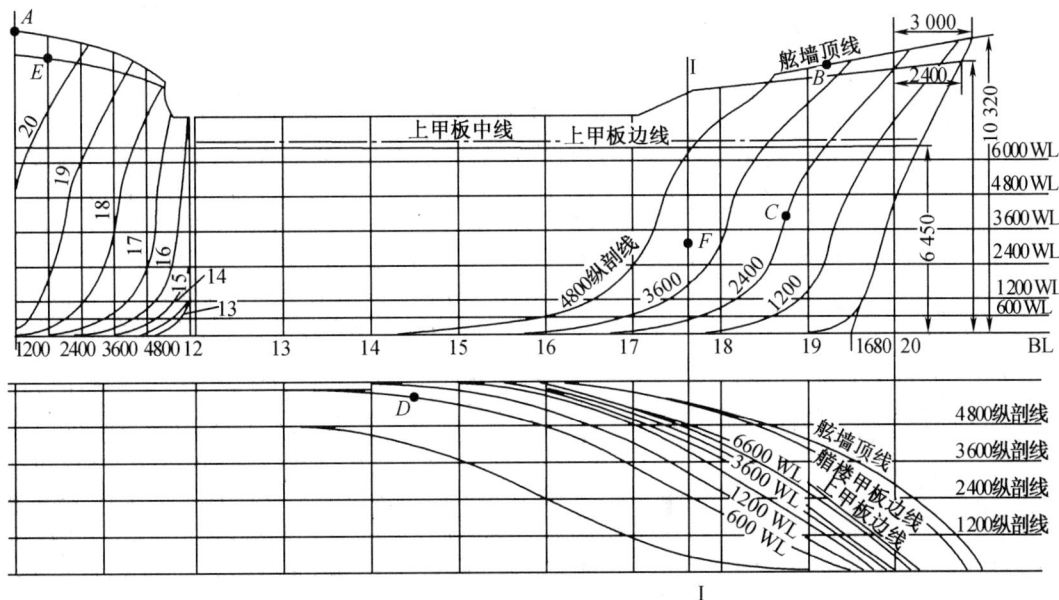

习图 6-2 三面投影训练

5. 根据习题 6-3 所示型线图：

(1)补充完整下图中的 1000WL；

(2)在图中绘制出 132 号肋位线。

6. 在习图 6-4 中补画 1900WL、3800WL 和 950 纵剖线、2850 纵剖线。

习图6-3 画水线和肋骨型线

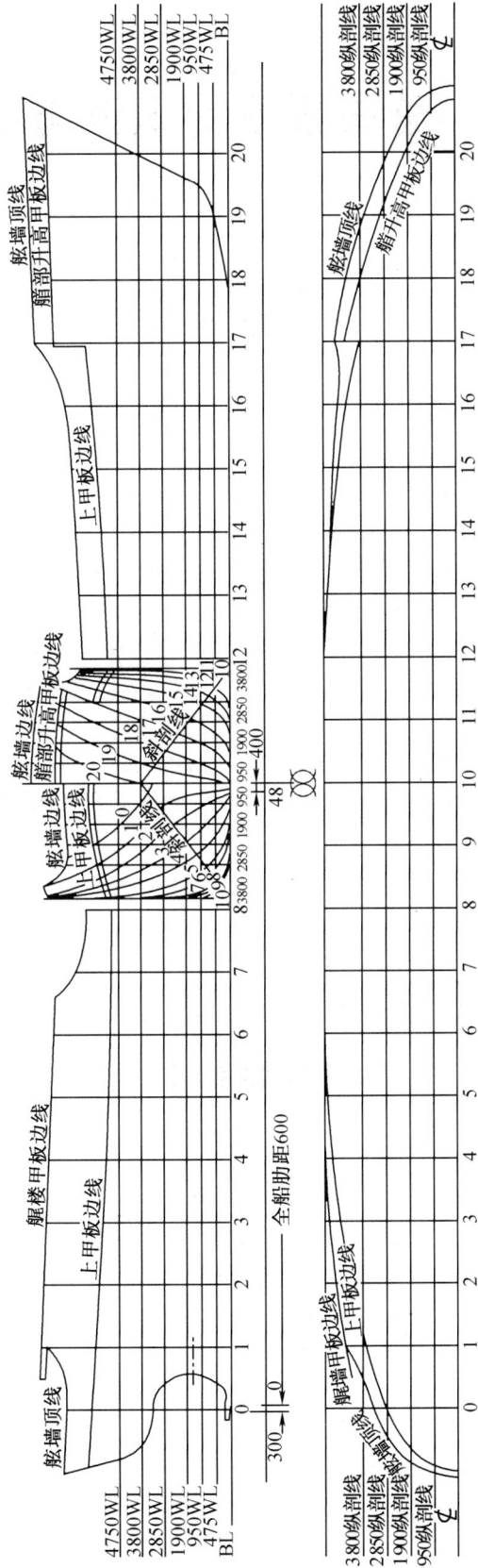

习图6-4　补画水线和纵剖线

项目 7　总布置图的识读与绘制

【项目描述】

总布置图是表示全船总体布置的图样,它比较集中地反映了船舶的技术、经济性能,是重要的全船性基本图样之一。

从总布置图中可以了解船舶上层建筑的形式及舱室、设备、门窗、通道等的布置情况。在进行全船质量和重心位置计算,以及船舶设备设计和结构设计时,总布置图是进行设计和计算的依据。总布置图也是绘制其他图样的依据,如各类设备、系统布置图,门、窗、扶梯布置图,木作、绝缘布置图等。总布置图在施工时,可作为具体施工的一张指导性图样。它能起到协调各机械、设备的相互关系,当它们之间发生矛盾时,以总布置图中的布置为准。另外总布置图对船舶建造时的舾装工作尤其具有重要意义,因此必须正确识读和绘制船舶总布置图。

本项目介绍总布置图的组成和各视图所表达的内容、总布置图的表达特点及总布置图中常用图形符号的含义。通过下面两个任务的学习,掌握总布置图的识读与绘制方法,从而为其他船体图样的学习打下基础。

学习任务

任务 7.1　识读 4 000 t 干货船总布置图;

任务 7.2　绘制 4 000 t 干货船总布置图。

【项目目标】

素质目标

1. 具有全局意识、较高的质量意识、安全意识和环境保护意识;
2. 具有爱岗敬业、精益求精、勤奋踏实和吃苦耐劳的工匠精神;
3. 具有仔细认真的工作态度,以及发现问题、解决问题的能力;
4. 具有勇于探索的精神,新知识、新技能掌握的能力。

知识目标

1. 熟悉总布置图的组成和各视图所表达的内容;
2. 掌握总布置图中常用图形符号的含义;
3. 了解总布置图的表达特点。

能力目标

1. 能正确识读总布置图；
2. 能正确绘制总布置图。

【相关知识】

一、总布置图的组成

总布置图由主要量度栏和一组视图组成,如图7-1(见书末附图)所示。

1. 主要量度栏

主要量度栏中列有说明船舶技术、经济性能的一组数据,通常布置在图纸的右上方。其内容一般有船体主尺度、排水量、载货量或载客量,此外有的总布置图中还列有主机功率、主机转数、航速、船员定额、续航力及甲板间高度等。

2. 一组视图

一组视图有侧面图、甲板平台平面图、舱底平面图,主要用来表示船体外形轮廓、上层建筑形式、舱室的划分和机械设备的布置等。

对于舱室和设备较多的船舶,如舰艇、大型客船等,为了比较清晰地表示船体内部的布置,常以中纵剖视图代替侧面图,甚至两个视图同时画出,并且还绘制一些横剖面图,以便清晰明了地表示船舶总体布置情况。

二、总布置图各视图表达的内容

1. 侧面图

侧面图是从船舶右舷正视的视图,通常绘制在图纸的最上方,如图7-1所示。侧面图是总布置图的主视图,它表达的基本内容如下:

(1)表达了船舶侧面外貌。具体来说,表示了艏艉轮廓、龙骨线和舷墙的形状,上层建筑的形式,船型,舵和推进器的类型,以及舷窗、烟囱、桅的设置等。

(2)表达了主要舱室划分的概况。船体内部空间由内底板、甲板、平台分成若干层,每层空间又由舱壁或围壁划分成不同用途的舱室。根据内底板、甲板、平台、舱壁或围壁的数量及设置位置就可确定舱室划分的情况,以及这些舱室在船长和船深方向的具体位置。侧面图主要表达了主船体内舱室的划分概况。

(3)表达了船舶设备布置的概况。通常在侧面图中可以看到锚、系泊、救生、起货、舵等设备布置的概况。

(4)表达了门、窗、扶梯等布置概况。

2. 甲板、平台平面图

甲板、平台平面图是从各层甲板、平台上部俯视或剖切后俯视而得到的视图。它们通常绘制在侧面图的下方,且按甲板、平台位置自上而下排列。甲板、平台平面图是总布置图的俯视图。对于最上层甲板、平台,仅从其上方俯视;而其他甲板、平台的俯视图,则采取从上层甲板的下表面剖切后再俯视而得到,它表示的是该甲板、平台到上一层甲板、平台之间整个空间的布置情况,如图7-1所示。甲板和平台平面图表达的基本内容如下:

(1)甲板或平台上,舱室划分,舱内设备、用具等布置的情况,以及这些舱室和设备、用具等在船长和船宽方向的位置。

(2)甲板或平台上,舱室外船舶设备、机械的布置情况,以及这些设备、机械在船长和船宽方向的位置。

(3)甲板或平台上,通道、门、窗、扶梯等的布置。

3.舱底平面图

舱底平面图是剖去最下层甲板后得到的俯视图,它绘制在图样的最下方,如图7-1所示。舱底平面图表达的基本内容如下:

(1)对双层底部分,表达了双层底上面的舱室、设备布置的情况,以及双层底空间内液舱布置的情况。

(2)对单底部分,表达了船底构件上方舱室、设备布置的情况。

4.其他视图

对于军舰或大型客船、邮轮等设备及舱室复杂的船舶,有时需绘制中纵剖视图及横剖面图。

(1)中纵剖视图是以中线面剖切船体后向 V 面投影所得的剖视图。

(2)横剖面图是在主要舱室部位用横向平面剖切船体,然后把剖切平面附近的设备和船体构件向 W 面投影而得的视图。

中纵剖视图及横剖面图主要表达舱室划分及舱内各种设备或武备等的布置情况。为了使图面清晰而且表达方便,规定各种设备不论是否被剖切,在图中一律画其轮廓投影。

总布置图的侧面图、甲板平面图、平台平面图、舱底平面图从不同方向反映了船舶总体布置情况,它们之间保持着对应的投影关系。

三、总布置图的特点

(1)采用小比例绘图。船舶由于本身使用上的特点,配备有各种机械装置、设备等,而总布置图是全船总体布置的基本图样,内容繁多且涉及面广,图纸幅面又不能过大,因此总布置图一般都采用小比例来绘制。

(2)不标注具体尺寸。为使图面清晰而内容详尽,总布置图中通常不标注具体尺寸。需要时,可按比例从图中量取。机械、设备、用具的精确尺寸由设备明细表或其他专用图样提供;设备、用具等在船长方向的定位尺寸由肋位号确定;船宽方向的定位尺寸以中线面为基准,用比例尺在图中直接量取;船深方向的定位尺寸由其所在的甲板、平台确定。

(3)采用形象化的图形符号。总布置图中还对机械、设备、用具、门、窗、扶梯等采用了形象化的图形符号,以保证图面清晰。图形符号的尺寸没有具体规定,画图时,需要根据欲表达的设备、家具等的外形尺寸按比例绘制。图形符号由《造船 船舶布置图中元件表示法》(GB/T 3894—2008)具体规定。常用的图形符号见表7-1。标准中规定的基本图形符号还可以与其他图形符号组合使用。凡是国家标准中未提到的各种特殊设备,可用与其实际形状相似的图形符号来表示。

表 7-1　船舶布置图图形符号

名称		图形符号	名称	图形符号
门	金属		固定方窗	
	非金属		水平移窗	
水平移门	金属		垂直移窗	
	非金属		带盖人孔	
弹簧门			金属舱口盖	
出入舱盖			带扶手的有垫座椅	或
抽屉			台子	或
双层抽屉或多层抽屉			淋浴喷头	
床头柜			盥洗盆	
单人床			独立式浴缸	
双层床			蹲式便器	
长凳或普通座位			小便器	平背式
有垫座位或沙发				角式
普通座椅		或	燃煤炉灶	
煤箱			从下层甲板上来的梯	
操舵仪			叠加梯	
磁罗经			直梯	或

表 7-1（续）

名称	图形符号	名称	图形符号
雷达显示器	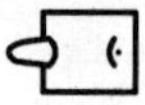	固定栏杆,表示栏杆数目的符号	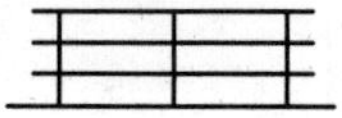
桅灯	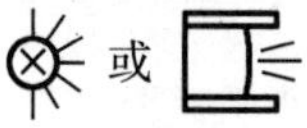 或	链条栏杆,表示栏杆数目的符号	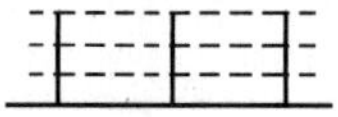
艉灯	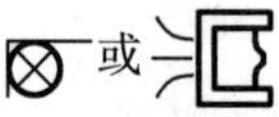 或	救生圈	
左舷灯		救生浮	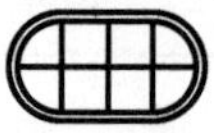
右舷灯		救生衣	 LJ
向上梯	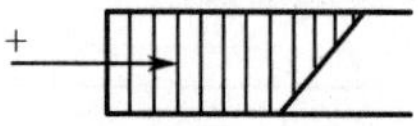 +	气胀救生筏	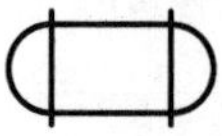
划桨救生艇	 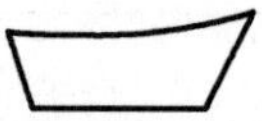 OL	导缆孔	
机动救生艇	 ML （供侧视图选用）	单滚轮导缆钳	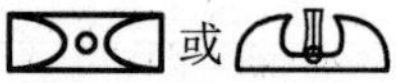 或
双柱带缆桩	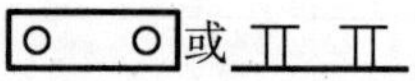 或	多滚轮导缆器	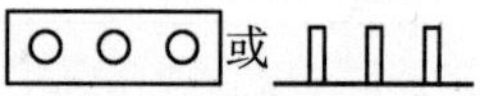 或
单十字带缆桩	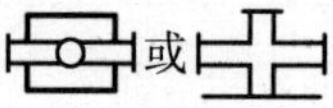 或	系泊羊角	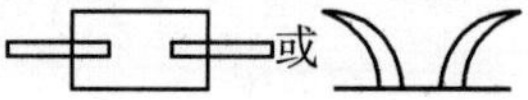 或
导缆钳	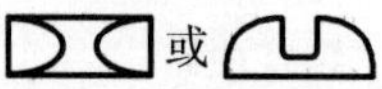 或	缆绳卷筒	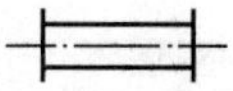

四、常用图线及其应用范围

总布置图中常用的图线及表达含义见表 7-2 所示。

表 7-2　总布置图中常用的图线及表达含义

图线名称	表达内容		
	侧面图	甲板、平台平面图	舱底平面图
粗实线	栏杆的简化线	甲板以上轻质的舱壁、围壁截面轮廓; 栏杆的简化线	船体外轮廓; 船体内各舱壁的剖面轮廓; 被截构件(如支柱等)的截面轮廓线

表 7-2(续)

图线名称	表达内容		
	侧面图	甲板、平台平面图	舱底平面图
细实线	船体和各种设备、属具的可见轮廓线	甲板以上的非金属围壁截面轮廓; 甲板的可见轮廓和各种设备、属具的可见轮廓线	船体和各种设备、属具的可见轮廓线
粗虚线	舱壁、甲板、肋板、内底板与外板或围壁的交线	舱壁、围壁与甲板的交线	肋板、底桁等和内底板的交线
细虚线	不可见轮廓线	不可见轮廓线	不可见轮廓线
粗点画线	钢索、绳索、链等的简化线	钢索、绳索、链等的简化线	
细点画线	中心线、液舱范围线、中纵舱壁上的可见扶强材	开口、开孔对角线,液舱范围线; 对称中心线	开口、开孔对角线,液舱范围线; 对称中心线
细双点画线	被剖去构件的假想轮廓线(如遮阳棚轮廓线等)	被剖去构件的假想轮廓线(如上层甲板轮廓线等)	肋板边线; 被剖切后的内底板边线
阴影线		甲板上的复板、垫板的轮廓线	内底板上的复板、垫板的轮廓线

【学习任务】

任务 7.1　识读 4 000 t 干货船总布置图

➤ 任务解析

学习任务	识读 4 000 t 干货船总布置图
任务导入	图 7-1 所示为 4 000 t 干货船总布置图,由标题栏、主要量度栏、侧面图、甲板平台平面图、舱底平面图组成。本任务学习总布置图的识读方法并进行识读训练,识读时要对照该船型线图和基本结构图、外板展开图等
任务要求	通过总布置图的识读,了解 4 000 t 干货船的用途,船舶的主要尺度和技术性能,船体内舱室的划分和布置,各种机械设备的组成、数量、布置及其相互间关系
实施步骤	(1)识读标题栏和主要量度栏; (2)识读侧面图; (3)详细识读全船的布置情况

表(续)

任务目标	职业素质目标: (1)具有分析问题、解决实际问题的能力; (2)具有责任意识和敬业精神; (3)具有迎接挑战的意识。 职业知识目标: (1)掌握总布置图组成和表达内容; (2)熟悉总布置图的识读步骤; (3)掌握总布置图的识读方法。 职业技能目标: (1)能够通过识读标题栏和主要量度栏,了解船舶的主要尺度、主要性能及技术情况; (2)能够通过识读侧面图,了解船舶的侧面外貌、主船体舱室划分、上层建筑的形式及甲板设备的布置情况; (3)能够将平面图与侧面图、平面图与平面图配合起来,相互对照识读,全面了解全船的布置情况; (4)能够正确识读懂船体总布置图
学习资源	教材、教学课件、图片、图纸、《造船船舶布置图中元件表示法》(GB/T 3894—2008)

➤ 任务实施

详细识读时可以逐层甲板、逐个舱室根据甲板平面图、平台平面图和舱底平面图对照侧面图进行;也可以根据需要,对某一种设备或某一部分内容进行。本任务以 4 000 t 干货船总布置图为任务主体,根据图 7-1 说明识读总布置图的步骤和方法。

识读总布置图的主要方法和步骤如下:

一、识读标题栏和主要量度栏

通过阅读标题栏和主要量度栏,可以概括了解 4 000 t 货船的主要尺度和主要性能。该船 4 000 t 货船,总长 83.97 m,垂线间长 76.8 m,型宽 14.5 m,型深 9.3 m,设计吃水 6.1 m,结构吃水 6.4 m,载重量约 4 000 t,船员 18 人。

二、识读侧面图

识读侧面图主要是了解船体的舱室划分、上层建筑的形式、甲板层数及甲板机械的布置情况。一般方法可由下而上、由艉向艏顺序识读。

1. 主船体舱室划分

图 7-1 中的主船体,在船长方向由 #8、#25、#28、#70、#109 五道横舱壁将船体划分成艉尖舱、机舱、淡水舱(下)及 CO_2 室(上)、第二货舱、第一货舱、艏尖舱六个大舱。在船深方向由内底板及上甲板将船体分为双层底舱、船舱(机舱和货舱)。双层底设置在 #8 ~ #109 肋位,双层底舱内由水密肋板划分成各种液舱,如燃油舱、柴油舱、压载舱、污油舱等。机舱区在距基线 4 600 mm、7 000 mm 处还设置有两层平台,将机舱在高度方向划分为三个空间。#8 肋位至船尾设置有舵机舱平台,其上为舵机舱。

2. 上层建筑的形式

上甲板以上的上层建筑有艉楼和艏楼。艉楼位于船尾至#25肋位范围内,由艇甲板、起居甲板、驾驶甲板和罗经甲板等划分成四个空间,其中布置有舱室和设备。艏楼位于#108肋位至艏范围内,设有艏楼甲板。

3. 甲板设备的布置

在上甲板的尾部布置系泊设备,中部甲板上有通风设备和系泊设备;艇甲板上有救生艇;起居甲板上布置有烟囱及通风设备;罗经甲板上布置有船名灯牌、桅杆,桅上装有雷达天线、信号灯和扩音喇叭等;艏楼甲板上布置有锚设备等。

通过对侧面图的识读,基本上能够了解船体的划分情况及它们的相对位置关系。

三、详细了解全船的布置情况

详细了解全船的布置情况,可以逐层甲板、逐个舱室根据甲板平面图、平台平面图和舱底平面图对照侧面图进行详细阅读;也可以根据需要,对某一种设备或某一部分内容进行详细阅读。不论是全面了解,还是根据需要局部了解,在阅读时必须使平面图与侧面图、平面图与平面图配合起来,相互对照,这样才能全面了解布置情况。现举例说明读图方法。

1. 驾驶甲板的布置

驾驶甲板布置如图7-2所示,驾驶室设在驾驶甲板上#14~#26肋位之间。室内设有控制台1,海图桌2,上开或下开方窗3,移门4,扶梯5。室外设有扶梯6和7,左右舷灯8,分罗经9。通过室外扶梯6和7,可以从驾驶室下至艇甲板;通过室内扶梯5,可以从驾驶甲板上至罗经甲板。

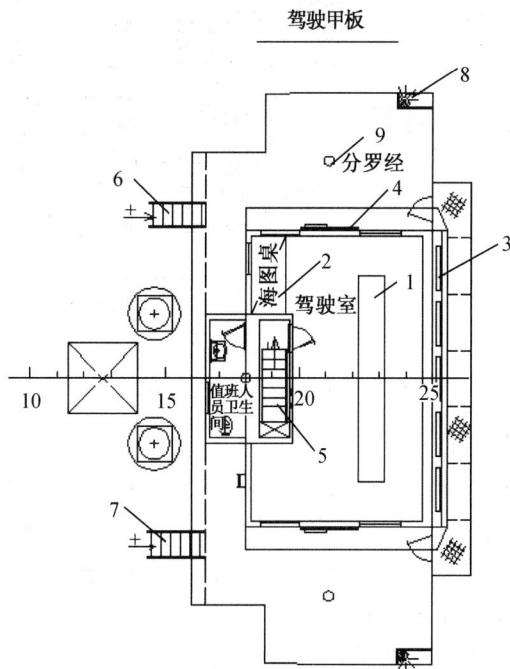

1—控制台;2—海图桌;3—方窗;4—移门;5,6,7—扶梯;8—舷灯;9—分罗经。

图7-2　驾驶甲板的布置

2. 起居甲板上扶梯、通道的布置

上层建筑各层甲板或平台之间是通过扶梯上下的,在甲板平台平面图中画有扶梯符号,并在扶梯上标有指向箭头和"+""–"号。其中箭头表示从下层走向上层的方向,"+"号表示从本层甲板向上的扶梯,即表示沟通与上层甲板的联系;"–"号表示从本层甲板向下的扶梯,即表示沟通与下层甲板的联系。

由图7-3可见,#16~#17肋位之间布置有两扇铰链门1和2,以沟通室内外。在#20~#21肋位之间设有内通道。在甲板的两舷#9~#12肋位之间设有室外扶梯3,4;右舷#16肋位设有室外扶梯5,在甲板中部#18~#19肋位之间设有室内扶梯6,7。扶梯3,4,6标有"–"号,用来沟通起居甲板与下层的艇甲板之间的联系;通过扶梯3、4可从起居甲板左右舷室外下至艇甲板,通过扶梯6可从内通道下至艇甲板。扶梯5和7上标有"+"号,表示沟通起居甲板与上层驾驶甲板的联系,通过扶梯5可从室外上至驾驶甲板,通过扶梯7可从内通道上至驾驶甲板。

起居甲板

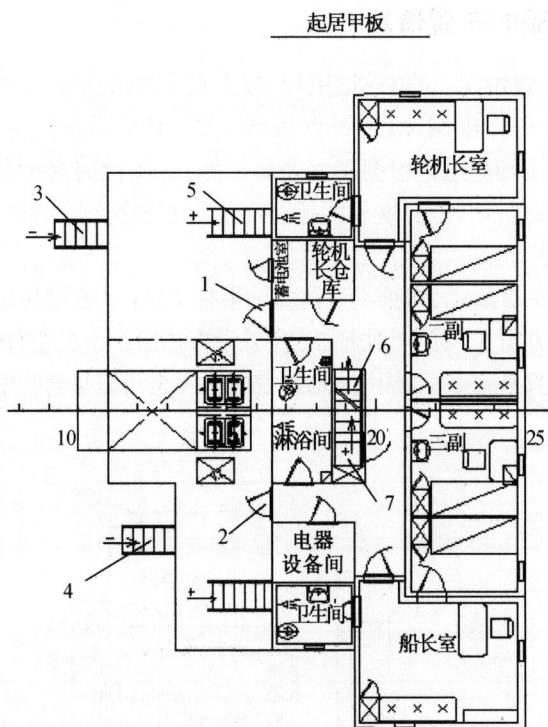

1,2—铰链门;3,4,5,6,7—扶梯。

图7-3 起居甲板上扶梯、通道的布置

3.艏部锚及系泊设备的布置

艏楼甲板上布置有艏部锚设备和系泊设备。由图7-4的平面图中可见,锚设备由起锚机1、锚链2、止链器3、锚链筒4锚5组成,它们对称于船体中线布置,起锚机的链轮轴线位于#109~#111肋位倾斜布置,止链器位于#113~#114肋位之间,锚链筒在艏楼甲板上开口位于#115肋位处。系泊设备由带缆桩6,滚轮导缆器7,8,9组成,它们对称于船体中线布置。单滚轮导缆器7的中心位于#109肋位,双滚轮导缆器8的中心位于#110肋位,三滚轮导缆器9的中心位于#119肋位,在舷边处。带缆桩共有两对:一对中心位于#112肋位附近靠近舷边;另一对中心位于#114肋位附近止链器3的两侧。这样就能清晰地了解各设备在船长方向的布置,在船宽方向的尺寸可在图中按比例量取。

水手长仓库

5

锚链舱

艏尖舱
（压载水舱）

105　110　115　120　125

1
2
3
4
9
7
8
6

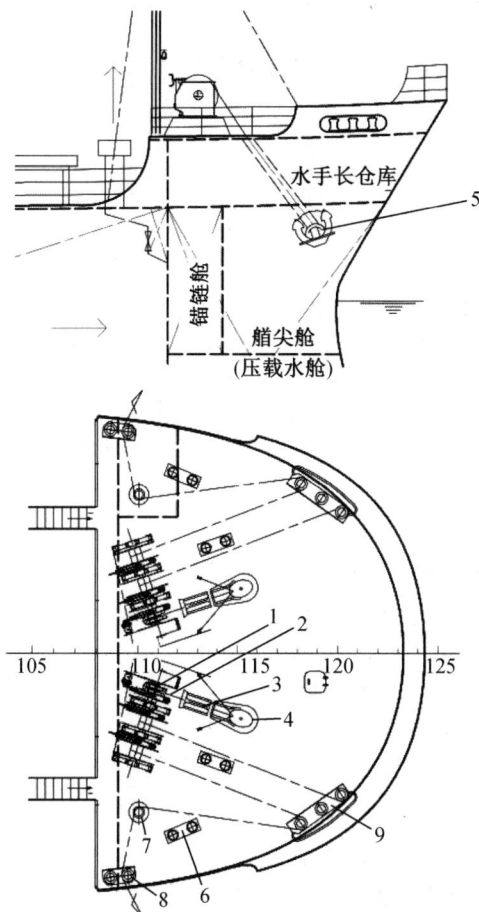

1—起锚机；2—锚链；3—止链器；4—锚链筒；5—锚；6—带缆桩；
7—单滚轮导缆器；8—双滚轮导缆器；9—三滚轮导缆器。

图7-4　锚及系泊设备的布置

4.船员房间的布置

主要了解房间内家具设备及门窗位置等的布置。图7-5所示为驾驶甲板上船长房间的布置，从图中可见，房间内设有卧室，里面布置有单人床1、单门衣柜2。外间布置有写字台4、椅子5、三人沙发6、单门衣柜2。此外在房间围壁上有两扇非金属门3，在前、右侧围壁上共有三扇方窗7,8,9，后壁上有一金属门10可通往卫生间。

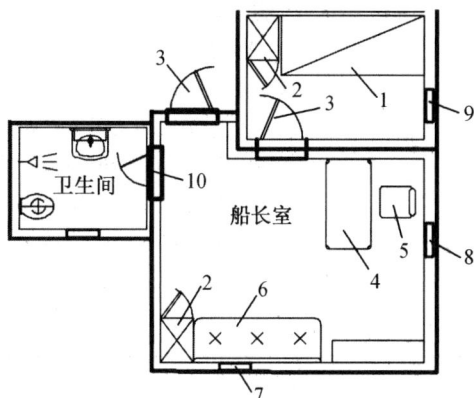

3
2
1
9
3
10
卫生间
船长室
5
8
2
6
4
7

1—单人床；2—单门衣橱；3—非金属门；4—写字台；
5—椅子；6—三人沙发；7,8,9—方窗；10—金属门。

图7-5　船长房间的布置

➤ 能力训练

训练名称：识读150 t冷藏船总布置图
训练内容：见《能力训练活页手册》"任务7.1能力训练"

任务 7.2　绘制 4 000 t 干货船总布置图

➤ 任务解析

学习任务	绘制 4 000 t 干货船总布置图
任务导入	图 7-1 所示为 4 000 t 干货船总布置图,由标题栏、主要量度栏、侧面图、甲板平台平面图、舱底平面图组成。本任务是学习总布置图的绘制方法并进行绘制训练
任务要求	绘制总布置图,要求主船体部分绘制出各种不同用途的船舱位置,上层建筑部分根据舱室面积、驾驶视野、梯道和设备等的布置要求,绘制外形轮廓;并绘制全船舱室、设备、门、窗、扶梯等
实施步骤	(1)选取比例、图纸幅面及布置图面; (2)绘制各视图的外形轮廓; (3)绘制与分舱有关的船体构件; (4)绘制门、窗、开口、扶梯及液舱; (5)绘制舱室设备及其他各种装置; (6)检查、加深和在图中注字
任务目标	职业素质目标: (1)具有严谨认真的工作态度; (2)具有分析问题、解决实际问题的能力; (3)具有责任意识和敬业精神; (4)具有迎接挑战的意识。 职业知识目标: (1)熟悉总面置图的表达特点; (2)熟悉总布置图的绘制步骤; (3)掌握总布置图的绘制方法。 职业技能目标: (1)能够根据不同设计阶段、船舶类型和大小,正确选取图样比例及进行图面布置; (2)能够根据型线图正确绘制出侧面图、甲板平台平面图、舱底平面图外形; (3)能够正确绘制与分舱有关的船体构件,表明舱室和通道等的布置; (4)能够合理进行全船舱室、设备、门、窗、扶梯等的布置; (5)能够正确绘制出常规船体总布置图
学习资源	教材、教学课件、图片、图纸、绘图工具、《造船船舶布置图中元件表示法》(GB/T 3894—2008)、教学录像

➤ 任务实施

　　绘制总布置图时,其表达内容的深度和广度视不同设计阶段有所不同。在初步设计阶段绘制的总布置图,主船体部分通常只表示出各种不同用途的船舱位置,上层建筑则根据舱室面积、驾驶视野、梯道和设备等的布置要求,表示其外形轮廓,在此阶段绘制机械、设备、武备等的简单的外形轮廓。在详细设计阶段,则要求详尽地表示全船舱室、设备、门、窗、扶梯等的布置情况。不同设计阶段,总布置图表达内容的深广度虽然不同,但绘图步骤和方法还是基本一致的。下面以 4 000 t 干货船总布置图为任务主体,参考图 7-1 说明绘制总布置图的步骤和方法。

一、选取比例、图纸幅面及布置图面

1. 选取比例和图纸幅面

总布置图图样比例的大小应根据图样表达内容的深广度、船舶大小、设备繁简而定。通常初步设计阶段的总布置图的比例可选用小些;详细设计阶段的总布置图的比例可选用大些。船舶尺度大而设备比较简单的船舶,其总布置图比例可取小些。为了便于绘图,一般采用同一设计阶段中型线图的比例。常用的有 1:100,1:50,1:25 等。

图纸幅面主要是根据所选用的比例、船体主尺度、甲板层数等因素选择的。考虑到图样使用上的方便,图纸幅面不宜过大。当船舶甲板层数较多时,则视图可布置在两张或两张以上的图纸上。

2. 布置图面

选好图纸幅面后,可画出边框线及标题栏,并合理布置图面。通常,侧面图布置在图纸上方,甲板、平台、舱底平面图按自上而下的次序逐层对应布置在侧面图下方。首先是上层建筑各层平台、甲板,其中包括艉楼甲板、救生甲板、驾驶甲板、罗经甲板、艏楼甲板等;其次是主船体内各层甲板、平台;最下方是舱底图。为了减少图纸幅面或当上层建筑各层甲板的长度较小时,它们的平面图可以不按照投影关系布置,而布置在侧面图下方的适当位置。主要量度栏一般布置在图纸右上方。

二、绘制各视图的外形轮廓

1. 作基线和船体中线

根据各视图的位置,作出侧面图的基线,甲板、平台及舱底平面图的船体中线;并在基线和船体中线上根据肋距定出肋位,轻轻地标注上肋位号。

2. 画侧面图外形

根据型线图给出的数据,画出艏艉轮廓线、龙骨线、舷墙顶线。根据上层建筑形式、甲板层数、甲板间高度,画出上层建筑的外形。

3. 画甲板、平台、舱底平面图的外形

根据型线图给出的数据,画出主船体内各层甲板、平台、舱底及首艉楼甲板的平面图外形。其中与主船体外板相连的各层甲板、平台及舱底平面图的外形根据型线图中半宽水线图确定,其型值可查型线图的型值表;上层建筑中的其他各甲板、平台平面图的外形,可根据设计时确定的外形尺寸绘制。

三、绘制与分舱有关的船体构件

为了表明舱室和通道等布置情况,总布置图中需要画出与分舱有关的船体构件,其基本内容如下:

(1)在甲板、平台平面图中,根据舱室划分情况画出甲板上的舱壁及舱室围壁(甲板下的舱壁及舱室围壁一般省略不画)。

（2）在舱底平面图中,根据舱室划分情况画出纵横舱壁或舱室围壁、水密肋板、水密底纵桁。

（3）在侧面图中,画出内底板、甲板、平台,并根据甲板、平台、舱底平面图中横舱壁、舱室围壁、水密肋板的位置画出横舱壁、舱室围壁(被右舷舱室遮挡的舱室围壁省略不画)、水密肋板。

四、绘制门、窗、开口、扶梯及液舱

先在甲板、平台、舱底平面图中画出门、窗、开口和扶梯,然后投影到侧面图中相应的位置。在侧面图、舱底平面图中画出表示液舱的对角线。

五、绘制舱室设备及其他各种装置

先在甲板、平台平面图中画出舱室设备,船舶设备、通风装置、烟囱、机舱顶棚、栏杆、导航仪器、信号灯等,然后将它们投影到侧面图中相应的位置,画出舱室设备、船舶设备、通风装置、烟囱、机舱顶棚、栏杆、导航仪器、信号灯、旗杆、舵、推进器等(各种设备、装置的不可见投影一般省略不画)。

六、检查、加深和在图中注字

全图绘制结束后,仔细检查是否有遗漏和错误。检查时可逐层甲板、平台及舱底平面图对照侧面图和有关视图进行。检查无误后,按图线要求加深,并在图中注字,注字的基本内容如下:

（1）在视图上方标注视图名称(侧面图一般省略不注);在视图中标注各舱室的名称及肋位号。

（2）在图纸右上方标注主要量度。

（3）填写标题栏及反向图号栏。

➤ 能力训练

训练名称:绘制总布置图的局部视图

训练内容:见《能力训练活页手册》"任务 7.2 能力训练"

【拓展提高】

拓展知识:总布置设计及其一般程序

总布置设计是其他各项设计和计算的主要依据,它对船舶的使用效能和航行性能有十分重要的影响。总布置设计就是要在满足营运要求和保证船舶的航行性能和安全性能的前提下,合理地确定船舶的整体布置,绘出详细的总布置图。具体包括区划船舶主体和设置上层建筑、调整船舶的浮态、布置船舶舱室和设备,以及规划各部位的通道和出入梯口等。

初步设计阶段总布置设计的一般程序如下:

（1）总布置草图设计。根据新船的使用特点和技术任务书的要求,在调查研究和分析母型船资料的基础上,先拟定一个能反映总布置大体轮廓和布局的草图。主船体部分只需划出各种不同用途船舱的位置,上层建筑则根据舱室面种、驾驶视野、通道和梯道,以及设备等的布置要求,确定其外形尺寸。

（2）总布置方案设计。根据总布置草图对船的某些典型载况的浮态与稳性等性能进行

校核,并根据核算结果对布置做适当的调整,经过多次反复,逐步接近,得出基本符合要求的几种不同特点的总布置方案供审查时选用。

(3)绘出正式的总布置图。经过上述两步后,参照有关规范和标准进行各种设备和舾装的选型。最后,根据型线图的型值,详细地布置各类舱室和设备,绘出正式的总布置图。

拓展训练:查阅资料了解散货船、集装箱船和油船主船体船舱划分需要考虑的内容。

【项目测试】

一、选择题

1. 在总布置图中粗虚线一般代表_____。

A. 可见板材简化线

B. 不可见板材简化线

C. 可见链索简化线

D. 不可见链索简化线

2. 总布置图的侧面图是从船舶_____的视图。

A. 右舷正视　　　　　　　　　　B. 甲板俯视

C. 艉部侧视　　　　　　　　　　D. 舱底剖视

3. 总布置图中各种机械、设备用具门窗扶梯等采用_____。

A. 简化画法　　　　　　　　　　B. 省略画法

C. 按比例绘制实形画法　　　　　D. 形象化的图形符号画法

4. 在总布置图的侧面图中横舱壁的表达用_____。

A. 粗实线　　　　B. 轨道线　　　　C. 粗虚线　　　　D. 粗双点画线

5. 总布置图中的甲板平面图是沿该甲板的_____剖切得到的。

A. 上表面　　　　　　　　　　　B. 下表面

C. 上一层甲板下表面　　　　　　D. 上一层甲板上表面

6. 下列哪个舱室一般不会布置在货船尾部_____。

A. 舵机舱　　　　B. 艉尖舱　　　　C. 淡水舱　　　　D. 锚链舱

7. 锚机一般布置在_____。

A. 主甲板　　　　B. 艉楼甲板　　　　C. 艏楼甲板　　　　D. 驾驶甲板

8. 在绘制总布置图时,甲板平面图表达的是甲板平面_____舱室布置图。

A. 以上的　　　　B. 以下的　　　　C. 以上的和以下的　　D. 都不是

9. 识读总布置图的侧面图需要了解的内容有_____。

A. 了解船舶外貌　　　　　　　　B. 了解船体内舱室划分

C. 了解上层建筑内舱室划分概况　D. 了解甲板设备布置概况

10. 总布置图可表达_____布置。

A. 船舶上层建筑的形式　　　　　B. 舱室的划分

C. 主要机械和设备　　　　　　　D. 门窗通道

11. 下列不是总布置图用途的是_____。

A. 表示船舶线型

B. 进行其他设计和计算的依据

C. 作为绘制其他图样的依据

D.施工时可作为对舾装工作的指导性图样

12.总布置图通常包含_____视图。

A.侧视图　　　　B.甲板平面图　　　C.平台平面图　　　D.舱底平面图

二、判断题(对的打"√",错的打"×")

1.总布置图是一张全船性的结构图样。　　　　　　　　　　　　　　　　　　(　)

2.总布置图的侧面图只能表达船舶侧面外貌。　　　　　　　　　　　　　　(　)

3.总布置图中不可见轮廓线用细虚线表示。　　　　　　　　　　　　　　　(　)

4.为了图面清晰而内容详尽,总布置图中通常不标注具体尺寸。　　　　　(　)

5.总布置图舱底图是沿着底部构架上缘剖切。　　　　　　　　　　　　　　(　)

6.总布置图扶梯上的箭头是表示从本甲板向箭头方向的走向。　　　　　　(　)

7.总布置图扶梯上的"+"表示走向是由下层甲板向上。　　　　　　　　　(　)

8.侧面图主船体中垂直的粗虚线表示在此处设置有水密横舱壁。　　　　　(　)

9.总布置图甲板平面图中不需要表达甲板横梁、甲板纵桁等结构。　　　　(　)

10.总布置图中液舱范围需要画出细实线对角线。　　　　　　　　　　　　(　)

三、名词解释

1.总布置图侧面图

2.甲板、平台平面图

3.舱底平面图

4.总布置图图形符号

四、简答题

1.总布置图由哪几部分组成？视图有哪几种？

2.总布置图中各视图表达的主要内容是什么？

3.总布置图的表达特点有哪些？

4.简述绘制总布置图的主要步骤,并说明各视图是如何布置的。

五、应用与拓展题

1.根据习图7-1艏楼甲板布置图:

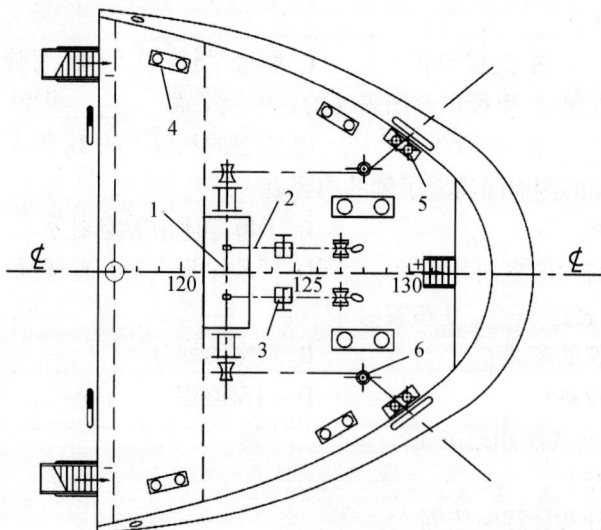

习图7-1　艏楼甲板布置图

(1)指出图中表示的设备名称。

1 _____;2 _____;3 _____;

4 _____;5 _____;6 _____。

(2)指出图中扶梯通道布置。

扶梯_____部,布置位置分别在_____,"+"表示沟通_____层甲板,"−"表示沟通_____层甲板的通道。

2. 习图 7-2 所示为驾驶甲板布置图,根据该图回答下列问题。

(1)该甲板上房间有哪几个? 指出具体位置。

(2)房间外设备有哪些布置在什么位置?

(3)各房间内有哪些家具或设施?

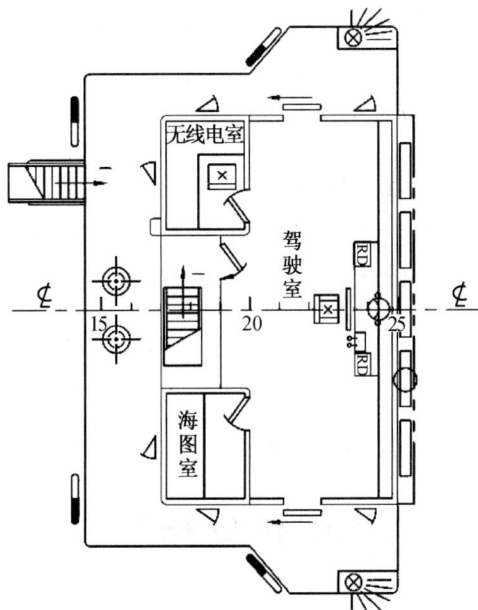

习图 7-2   驾驶甲板布置图

项目 8　中横剖面图的识读与绘制

【项目描述】

　　中横剖面图是在船体中部范围内取数个典型横向剖面来表示船体结构基本情况的图样。它表示船体主要纵、横构件的尺寸和结构形式,是全船性的结构图样之一。它是校核船体强度及绘制其他结构图样的主要依据,也是施工时的指导性图样。因此必须正确识读和绘制船体中横剖面图。

　　本项目介绍中横剖面图的组成和表达内容,局部结构的表示形式和中横剖面图常用图线的含义。通过两个任务的学习,掌握中横剖面图的识读与绘制方法,进一步熟悉船体横剖面结构,从而为其他船体结构图样的学习打下基础。

学习任务

　　任务 8.1　识读 4 000 t 干货船中横剖面图;
　　任务 8.2　绘制 4 000 t 干货船中横剖面图。

【项目目标】

素质目标

1.具有严、细、实的工作习惯和良好的职业素质和职业道德;
2.具有良好的表达能力、分析问题和解决问题的能力;
3.具有创新意识,以及获取新知识、新技能的学习能力。

知识目标

1.掌握船体中横剖面图的组成和表达内容;
2.掌握船体中横剖面图中局部结构的表示形式;
3.掌握船体中横剖面图中常用图线的含义。

能力目标

1.能正确识读船体中横剖面图;
2.能正确绘制船体中横剖面图。

【相关知识】

一、中横剖面图的组成

中横剖面图主要由主尺度栏和肋位剖面图两部分组成,如图8-1(见书末附图)所示。

1. 主尺度栏

主尺度栏是全船性图样应包含的一项内容,用以标注船体主尺度和相应数据,应注写在图样的上方。中横剖面图的主尺度有总长、设计水线长、垂线间长、型宽、型深、设计吃水、最大吃水、梁拱和肋骨间距等数值。

2. 肋位剖面图

肋位剖面图是中横剖面图的主要组成部分,它表达了船体横向构件的结构形式、大小,表达了船体纵向构件的布置、剖面形状,同时又表达了各构件之间的连接形式。剖面位置通常选在船体中部范围内结构典型的肋位,如客船取行李舱和机舱处,货船取货舱和机舱处,拖船取船员舱和机舱处。小型船舶通常选2~3个结构典型的肋位,大型船舶则根据具体情况多选几个肋位剖面。

(1)肋位剖面图的表示方法

同一舱室中有时可能有两种以上横剖面结构,如果两横剖面只有局部结构不同,其他大部分都相同或相似,则可只选其一画出整个剖面图,另一个横剖面结构采用局部结构表示法来表达不同的部分。中横剖面图中局部结构表示形式有以下两种:

①重叠画法

在全肋位剖面图中,将相邻的另一肋位剖面中不同的局部结构重叠地画在相应的位置上。其中,构件的可见轮廓用细双点画线表达;构件的不可见轮廓用细虚线表达。这种表达形式通常用于舷侧和甲板处不同结构的表达。

②局部结构图

单独绘制局部结构图来表示局部变化的结构,布置在全肋位剖面图相应的结构附近。这种表达形式主要用于底部不同结构的表达。

随着计算机绘图的使用,肋位剖面外形及结构的绘制变得容易。采用计算机绘制肋位剖面图时,对结构不同的肋位通常会单独绘制肋位剖面图,可不采用重叠画法或单独绘制局部结构图。此外,为了更全面地表达船体典型结构,有些设计图纸中在同一个肋位剖面图上有时会表示不同肋位的结构。例如,在同一个肋位剖面图上底部表达的是某一肋位的结构,但舷侧和甲板表达的可能是另外一个肋位的结构。

此外,由于船体结构通常对称于中线面,所以肋位剖面图的图形一般只画出一半或略多于一半的图形。

船体制图中规定船体的布置方向为船尾在左,船首在右,因此各肋位剖面图在图面上的布置形式应按照肋位编号顺序从左至右依次布置,即靠近船尾的剖面图布置在图纸的左面,靠近船首的剖面图布置在图纸的右面。

（2）肋位剖面图中的尺寸标注

①定位尺寸

以《金属船体构件理论线》为依据来度量构件的相对位置,部分构件也可用文字说明设置情况;定位的基准线通常是船体中线和基线。

②定形尺寸

根据板与型材的尺寸标注方法来具体标注各构件的外形尺寸。

有些中横剖面图还写有附注,说明船体结构设计的依据,以及设计时所考虑的一些特殊因素等,以文字的形式写于图纸的右方空白处。

二、中横剖面图表达的内容

（1）各横向构件及支柱的大小、结构形式和相互连接的方式;

（2）各纵向构件的剖面尺寸、结构形式及其沿横向布置情况;

（3）外板、内底板和甲板板的横向排列布置情况及其板厚;

（4）主机基座的结构形式、大小、数量及艉轴中心线距基线的高度;

（5）上层建筑纵围壁的位置、板厚及扶强材的大小和结构形式;

（6）舱口的宽度及舱口围板的大小和结构形式;

（7）双层底、船舱和各甲板间舱的高度及甲板的梁拱值;

（8）舷墙、护舷材和舭龙骨的结构形式和尺寸。

三、中横剖面图中常用的图线及其含义

中横剖面图中常用的图线及其表达含义见表8-1。

表8-1　中横剖面图中常用的图线及其表达含义

图线名称	表达内容	举例
粗实线	被假想平面所剖切的板材、型材的剖面形状	甲板、外板、内底板、纵向舱壁、上层建筑围壁等;板材及纵桁、龙骨、纵骨等纵向构件的剖面
细实线	肋位上横向、垂向构件的可见轮廓; 开口、开孔的可见轮廓; 基线	肋骨、横梁、肘板、扶强材等构件的可见轮廓
粗虚线	不可见板材和骨架	舱口围板背面的肘板
细虚线	不可见轮廓; 不可见普通构件简化线	骨材折边轮廓、支柱的内壁; 围壁背面的扶强材
粗点画线	可见强构件	舱壁、围壁上可见水平桁、垂直桁
细点画线	船体中线、对称线等; 可见普通构件简化线	肋板加强筋、横向围壁上的扶强材
粗双点画线	不可见强构件	舱壁、围壁背面的水平桁、垂直桁
细双点画线	非本图构件的可见轮廓	相邻肋位的肋骨、横梁、强肋骨等的可见轮廓

【学习任务】

任务8.1　识读4 000 t干货船中横剖面图

➤ 任务解析

学习任务	识读4 000 t干货船中横剖面图
任务导入	图8-1所示为4 000 t干货船中横剖面图,由肋位剖面图和主尺度栏两部分组成。对照4 000 t干货船基本结构图,识读4 000 t干货船中横剖面图,必要时还可参阅4 000 t干货船型线图、总布置图、分段划分图等
任务要求	通过识读4 000 t干货船中横剖面图,了解船体各部分结构的相对位置和船体构件的布置、大小、结构形式和相互连接的方式,对全船主要结构有一个概括的了解
实施步骤	(1)识读标题栏和主尺度栏。 (2)识读肋位剖面图: ①概括了解全船的结构; ②具体了解各部门的结构情况
任务目标	职业素质目标: (1)具有严谨认真的工作态度; (2)具有创新意识,以及获取新知识、新技能的学习能力; (3)具有较强的语言表达能力、分析和解决问题能力。 职业知识目标: (1)掌握船体中横剖面图的组成和表达内容; (2)熟悉船体中横剖面图的识图步骤; (3)掌握船体中横剖面图的识读方法。 职业技能目标: (1)能够通过识读标题栏,了解船舶的用途; (2)能够根据各肋位剖面图中船底、舷侧、甲板的板架布置特点,结合船体骨架形式(横骨架式、纵骨架式和混合骨架式结构)的定义,分析出船体的结构形式; (3)能够通过识读肋位剖面图从高度和宽度两个方向了解各部分结构间相对位置; (4)能够通过识读肋位剖面图详细了解各部分结构中构件的布置、结构形式、尺寸和连接方式; (5)能够正确识读懂船体中横剖面图
学习资源	教材、教学课件、图片、图纸、动画及微课等

➤ 任务实施

　　识读中横剖面图就是按照中横剖面图表达的特点,以及图中表示的定形尺寸和定位尺寸来进行分析,从而理解图中所表达的内容。本任务以4 000 t干货船中横剖面图为任务主体,根据图 8-1 说明识读中横剖面图的步骤和方法。

一、识读标题栏和主尺度

通过标题栏和主尺度可以了解船舶类型和大小。该船为 4 000 t 干货船,总长约 84.25 m,垂线间长 76.80 m,型宽 14.50 m,型深 9.30 m,设计吃水 6.10 m,结构吃水 6.40 m。

二、识读肋位剖面图

1. 概括了解全船的结构

主要是从总体上了解船舶的结构形式、结构特点及各部分的相对位置。

(1)了解船体的结构特点

了解船体结构特点主要是确定船体各部分结构骨架形式,以及全船结构骨架形式。

识读图 8-1 并参阅该船的基本结构图可见,该船的机舱区域和货舱区域结构有些不同,应分别来看。

在机舱区,底部大部分区域为双层底结构,其纵向骨架仅有基座纵桁和部分中底桁、旁底桁,而横向骨架为每挡肋位设置的实肋板或水密肋板,所以底部是横骨架式结构。机舱中设置有两层平台,故舷侧没有设置舷侧纵桁,横向骨架为普通肋骨、强肋骨,也是每挡肋位设置,所以舷侧也是横骨架式结构。在甲板结构中,主甲板和上层建筑的各层甲板,纵向骨架只有甲板纵桁,除设置横舱壁的肋位外,其余每挡肋位设置普通横梁或强横梁,所以均为横骨架式结构。

在货舱区,双层底内的纵向骨架有中底桁、旁底桁、船底纵骨、内底纵骨,而横向骨架有实肋板和水密肋板,间隔几挡肋距设置,所以是纵骨架式结构。舷侧结构中,纵向骨架仅有舷侧纵桁,横向骨架为普通肋骨、强肋骨,也是每挡肋位设置,所以舷侧是横骨架式结构。主甲板结构中,在货舱口两边的区域,纵向骨架有甲板纵桁、甲板纵骨,横向骨架为间隔几挡肋距设置的强横梁,该结构是纵骨架式;而货舱口前后区域的主甲板则为横骨架式结构(具体可参阅基本结构图的甲板结构图)。

综上可知,4 000 t 干货船为混合骨架式船体结构。

(2)了解各部分结构的相对位置

高度方向主要以基线为基准来了解双层底、船舱和甲板间的高度值;宽度方向主要以船体中线为基准来了解舱口、纵向围壁和支柱等结构的横向相对位置。

①高度方向各部分结构的相对位置。从图 8-1 可以看出,双层底高度为 1 350 mm,而在机舱中,基座纵桁之间有局部双层底高度降为 1 100 mm。主轴中心线距基线的高度为 2 000 mm。机舱中设置有两层平台,它们距基线的高度分别为 7 000 mm、4 600 mm。图中货舱区主甲板距基线高度与型深相同,为 9 300 mm。由于大部分船舶主甲板在纵向有舷弧,随剖面位置的不同而变化,因此在中横剖面图中不必都标出,具体某点高度可以从型线图中得到。上层建筑中,艇甲板至主甲板、起居甲板至艇甲板、驾驶甲板至起居甲板、罗经甲板至驾驶甲板高度均为 2 400 mm。

②宽度方向各部分结构的相对位置。货舱口纵向围板距船体中线的距离为 5 000 mm;机舱处支柱距中心线的距离为 2 860 mm;主甲板上纵向围壁距中心线距离分别为 1 050 mm、1 650 mm、2 550 mm、5 450 mm、7 250 mm,艇甲板上纵向内围壁距中心线距离为 5 450 mm,起居甲板上纵向内围壁距中心线距离分别为 1 650 mm、2 550 mm、3 900 mm、

5 450 mm,驾驶甲板上该肋位(#17)纵向外围壁距中心线距离为1 650 mm(驾驶室纵向围壁在其他肋位处的宽度可参阅基本结构图)。这样对船体各部分之间的相对位置就有了清晰的了解。

2.具体了解各部分的结构情况

识读时可从左至右逐个剖面图进行,在每一个具体肋位剖面图中可按底部、舷侧、甲板(或平台)至上层建筑的顺序进行识读。下面以货舱剖面图为例说明识图的具体方法。

(1)识读货舱的底部结构(图8-2)

货舱的底部是纵骨架式双层底结构,主要由内外底板、底纵桁、内底纵骨、船底(外底)纵骨和肋板等组成。

(a)

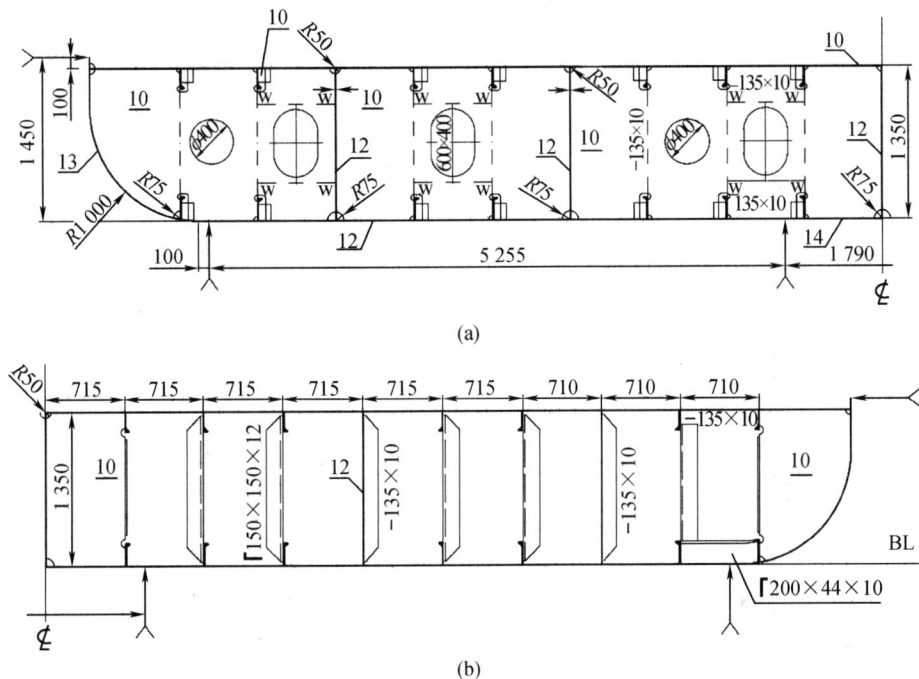

(b)

图8-2 货舱底部结构

①识读内底板和外底板。图中内底板和外底板均用粗实线表示其剖面,图中符号" ⌄ "表示板的接缝。该结构的内底为水平式,内底板厚度均为10 mm;外底板有平板龙骨、平直外底板列和舭列板三部分,其中平板龙骨尺寸为厚14 mm、宽1 790 mm,其余各平直列板厚12 mm(在5 255 mm宽度范围内),舭列板厚13 mm。内、外底板接缝可分别参阅基本结构图和外板展开图。

②识读底部纵向构件。该双层底中的纵向构件有中底桁、旁底桁、船底纵骨和内底纵骨,图中均以粗实线表示其剖面。中底桁位于中线面处,厚度为12 mm;旁底桁对称于中线面布置,左右舷共有四道,距船体中线的距离分别为715×4 = 2 860 mm,715×6 + 710 = 5 000 mm,旁底桁板厚均为12 mm;内底纵骨共有14根,每舷7根,采用球扁钢⌐180×42×11;船底纵骨与内底纵骨上下对应设置,采用球扁钢⌐200×44×10。

③识读底部横向构件。双层底内的横向构件主要有在强肋位设置的实肋板或水密肋板,图8-2(a)所在肋位中的实肋板上开有3个600×400的长圆形人孔和2个ϕ400的圆形减轻孔,在肋板上内、外底纵骨之间设置有垂直加强筋,采用扁钢-135×10,在长圆形人孔的

上、下还设置有相同规格的水平加强筋;普通肋位不设置肋板,在中底桁两侧和舭部外板内侧处设置有肘板,肘板厚度均为 10 mm,在内、外底纵骨间设置有垂直加强筋L 150×150×12,旁底桁处设置有扁钢-135×10 垂直加强筋。

(2)识读货舱的舷侧结构(图 8-3)

该船货舱的舷侧为横骨架式结构,主要由舷侧外板、舷侧纵桁、普通肋骨、强肋骨和舭肘板组成。

①识读舷侧外板。图中舷侧外板剖面用粗实线表示,厚度均为 12 mm,其中舷顶列板的宽度为 1 300 mm,靠近舭部的一列钢板宽度为 925 mm。

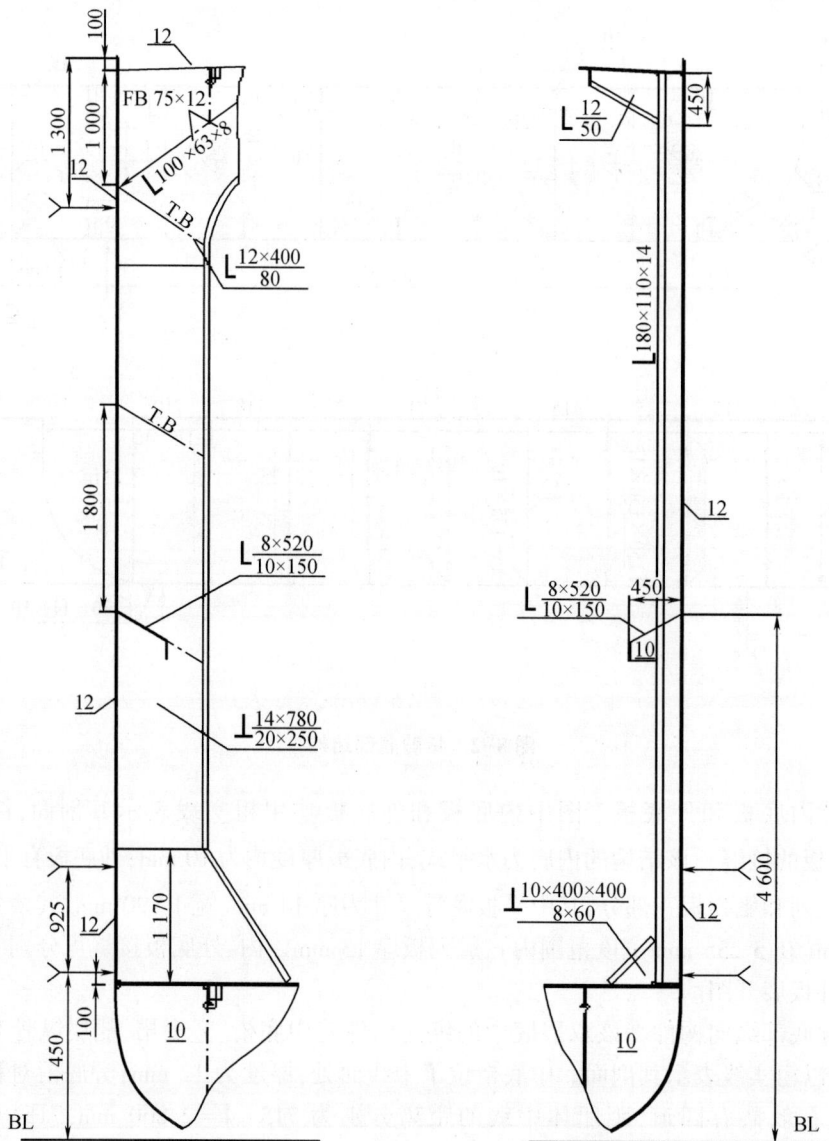

图 8-3　4 000 t 干货船货舱的舷侧结构

②识读舷侧纵向构件。舷侧的纵向骨架有舷侧纵桁,舷侧纵桁为组合角钢结构,由面板为10×150、腹板为 8×520 的钢板条组合而成,腹板不与外板垂直,呈向下倾斜式,在与主肋骨连接处内部有肘板加强,肘板厚度为 10 mm;在强肋骨连接处有延伸肘板与强肋骨面板相连。

③识读舷侧横向构件。该货舱的横向构件有普通肋骨和强肋骨。普通肋骨由L 180×110×14 的不等边角钢制成,下方有腹板厚度 10 mm、边长 400 mm、面板厚度 8 mm、折边宽度 60 mm 的舭肘板与内底板相连,上端与甲板用厚度为 12 mm 的折边肘板连接;强肋骨为 T 型结构,其面板厚度 20 mm、宽度 250 mm,腹板厚度 14 mm、高度 780 mm,强肋骨下端腹板加大与内底板连接,上端与强半梁成弧状连接。

(3)识读货舱的甲板结构(图 8-4)

货舱区只有一层上甲板(即主甲板),货舱口两边的上甲板为纵骨架式结构。该甲板结构由甲板板、甲板纵骨、甲板纵桁和强横梁等组成。可对照基本结构图中的上甲板图来识读。

(a)

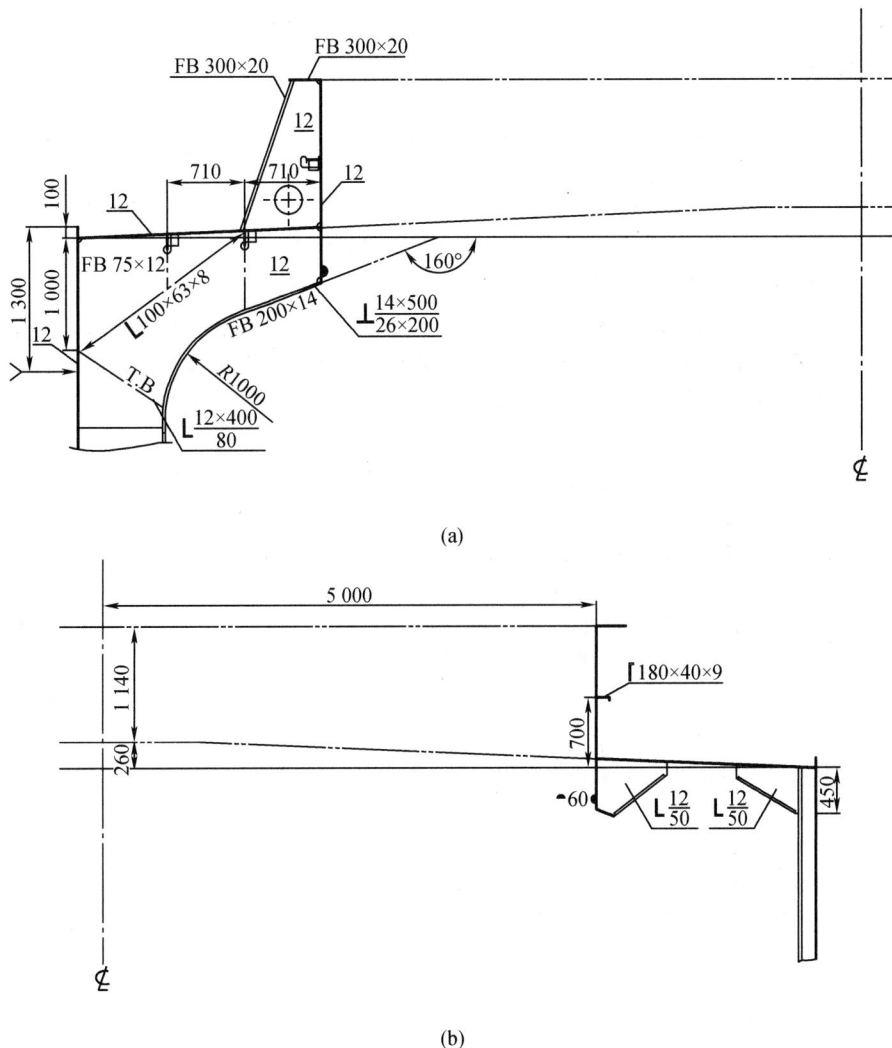

(b)

图 8-4　4 000 t 干货船货舱的甲板结构

①识读甲板板。图 8-4 中上甲板剖面用粗实线表示,板的厚度为 12 mm。甲板上开有货舱口,舱口的宽度为 5 000×2 = 10 000 mm,长度须查看基本结构图。

②识读甲板纵向构件。甲板的纵向骨架有甲板纵骨、甲板纵桁(舱口纵桁)。甲板纵骨每舷有 2 根,采用扁钢−150×12;舱口纵桁为非对称 T 型结构,由面板为 26×200、腹板为 14×500 的钢板条组合而成,面板采用下倾式与强横梁连接。

③识读甲板横向构件。该剖面处甲板横向构件主要是在强肋位上设置的强半梁,在普通肋位不设横梁,只有连接舱口纵桁和肋骨的折边肘板,厚度均为 12 mm,折边宽度 50 mm。

➤ **能力训练**

训练名称:识读 150 t 冷藏船中横剖面图

训练内容:见《能力训练活页手册》"任务 8.1 能力训练"

任务 8.2 绘制 4 000 t 干货船中横剖面图

学习解析

学习任务	绘制 4 000 t 干货船中横剖面图
任务导入	图 8-1 所示为 4 000 t 干货船中横剖面图,由肋位剖面图和主尺度两部分组成。参考已知 4 000 t 干货船型线图、肋位剖切位置、各部分结构的相对位置、构件的尺寸和连接方式,绘制 4 000 t 货船中横剖面图
任务要求	通过绘制 4 000 t 干货船中横剖面图,掌握中横剖面图的绘制方法,熟悉船体横向构件的结构形式、大小,船体纵向构件的布置、剖面形状,各构件之间的相互连接形式,加深对中横剖面图的理解
实施步骤	绘制步骤: (1)选取图样比例和图纸幅面; (2)图面布置; (3)绘制剖面图的外形和定出各部分结构的位置; (4)绘制各部分结构; (5)加深图线和标注尺寸; (6)标注名称、编写主尺度栏和填写标题栏
任务目标	职业素质目标: (1)具有爱岗敬业、实事求是、与人协作的优秀品质; (2)具有自我学习、不断更新知识结构的意识; (3)具有分析问题、解决问题的能力; (4)具有迎接挑战的意识。 职业知识目标: (1)能够叙述船体中横剖面图中各剖面图外形的由来; (2)熟悉船体中横剖面图的绘制方法和步骤 (3)掌握船体中横剖面图的绘制方法。 职业技能目标: (1)能够根据船体主尺度和剖面图的数量选取图样比例; (2)能够根据图样比例、船体主尺度和剖面图数量选取图纸幅面并进行图面布置; (3)能够根据型线图绘制肋位剖面图外形; (4)能够根据双层底和各层甲板间高度、各纵向围壁距船体中线的尺寸定出各部分结构的位置; (5)能够根据已知构件的尺寸和连接方式绘制各部分结构; (6)能够正确绘制出船体中横剖面图
学习资源	教材、教学课件、图片、图纸、动画及微课等

➤ 任务实施

绘制中横剖面图是船体结构设计过程中的一项工作。本任务以 4 000 t 干货船中横剖面图为任务主体,根据图 8-1 说明绘制中横剖面图的步骤和方法。

一、选取图样比例和图纸幅面

图样比例要根据船体主尺度和剖面图的数量来决定。中横剖面图的比例一般选用 1:10,1:20,1:25,1:50 等几种。尺度较小的船可选用较大的比例,超大型船舶要选用较小的比例,如 1:100 或更小。图纸幅面通常根据已选定的图样比例、船体主尺度和剖面图的数量按标准选取。但为了使用方便,图纸幅面不宜太大,所以有时还需根据选用的图纸幅面重新选取适当的图样比例。

二、图面布置

剖面图按剖切位置的肋位编号顺序从左至右依次布置;局部结构图可安排在剖面图相应结构部位的附近或其他空白的地方;主尺度栏和附注通常安排在图纸的右上方,如图 8-5 所示。图中左侧布置靠近船尾的机舱剖面,右侧布置靠近船首的货舱剖面。

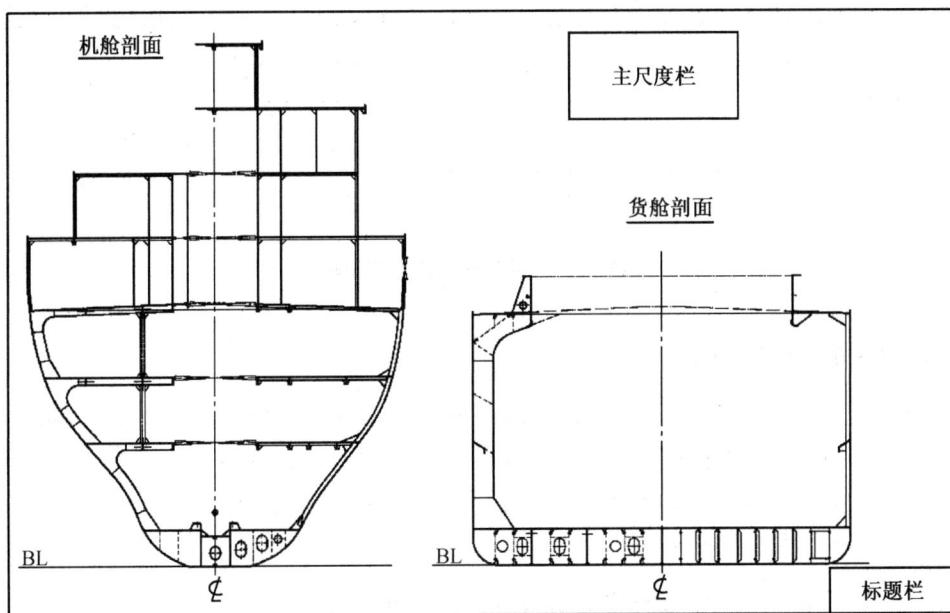

图 8-5 中横剖面图的图面布置

三、绘制剖面图的外形和定出各部分结构的位置

绘制的步骤如下:

(1)在图纸下方适当位置作基线,然后根据剖面图的半宽值,在适当位置作出基线的垂直线,即船体中线,如图 8-6(a)所示;

(2)根据剖面图的剖切位置,在型线图中得出肋位剖面图外形尺寸,然后绘制外形,如图 8-6(b)所示;

（3）绘制甲板梁拱线，如图8-6(c)所示；

（4）根据双层底和各层甲板间高度、各纵向围壁距船体中线的尺寸等定出各部分结构的位置，如图8-6(d)所示。

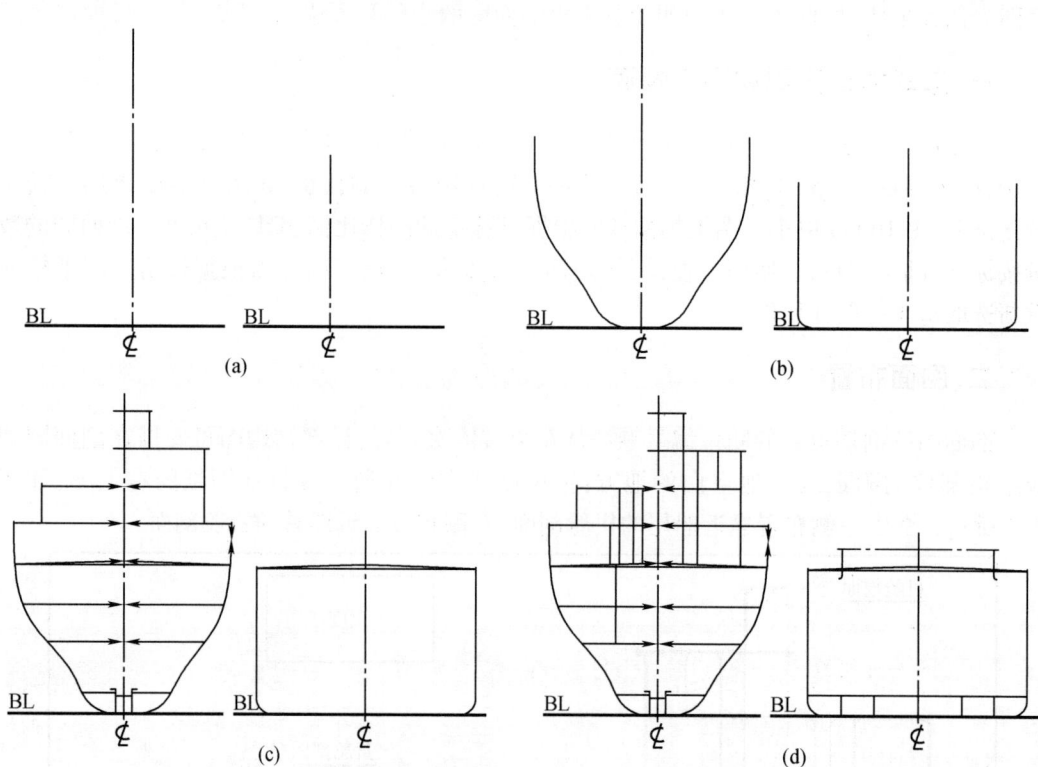

图8-6　中横剖面图的作图步骤

四、绘制各部分结构

绘制的顺序通常是先画底部结构，再画舷侧结构，然后画甲板和上层建筑结构。绘制的方法基本上与节点视图的画法相同。每个肋位剖面图通常只画略多于一半的图形，如图8-7所示。对于局部不同的结构可采用重叠画法或绘制局部剖面图，局部剖面图应绘制在该舱室肋位剖面图相应结构附近。

五、校对无误后按图线要求加深并标注尺寸

加深线条之前应将多余的线条擦去，按图线规格要求进行加深。然后按要求标出构件的定形和定位尺寸。标注时注意保证书写清晰，布置合理。采用计算机绘图时尺寸可在绘图过程中边画边标注，以节省绘图时间。

六、标注名称、编写主尺度栏和填写标题栏

在图上标注舱室、甲板及肋位剖面图的名称，在图纸右上方编写主尺度，在标题栏中填写有关的项目。

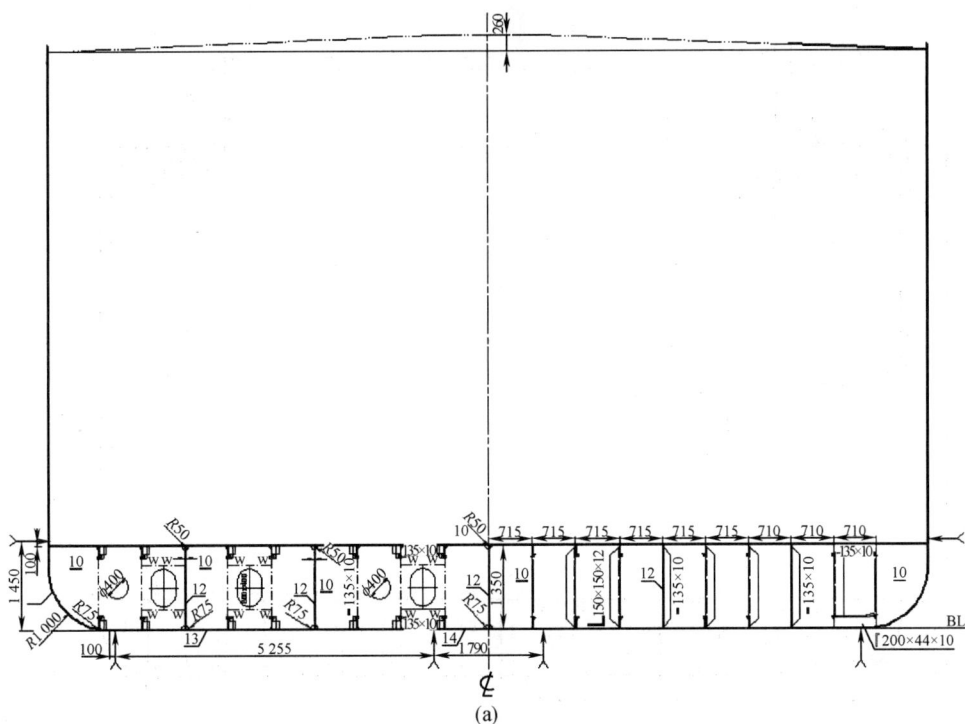

(a)

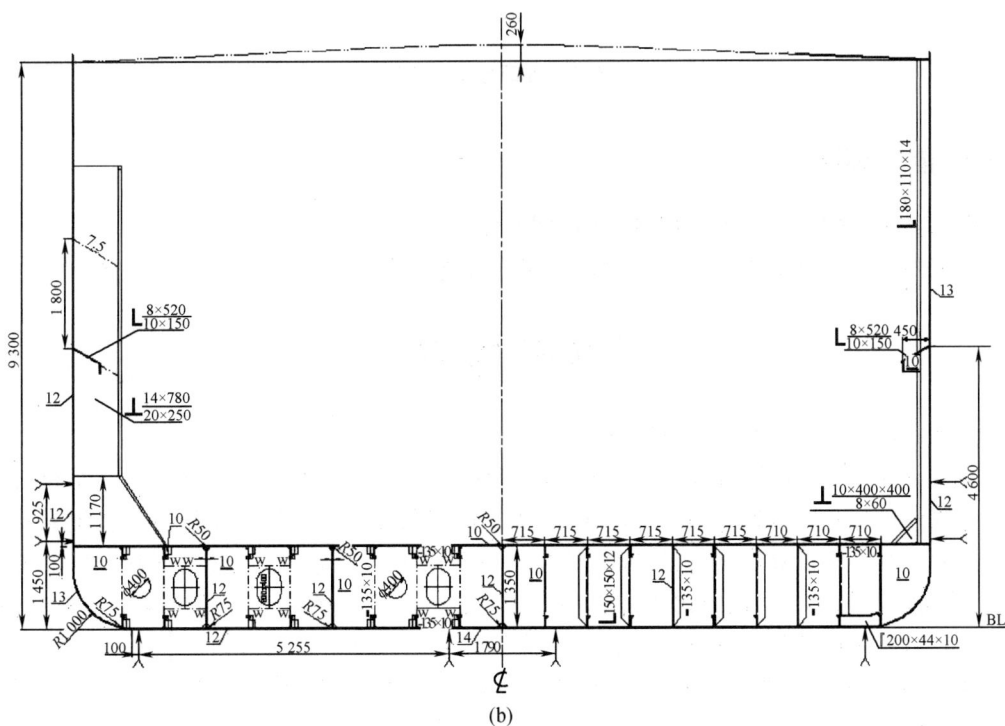

(b)

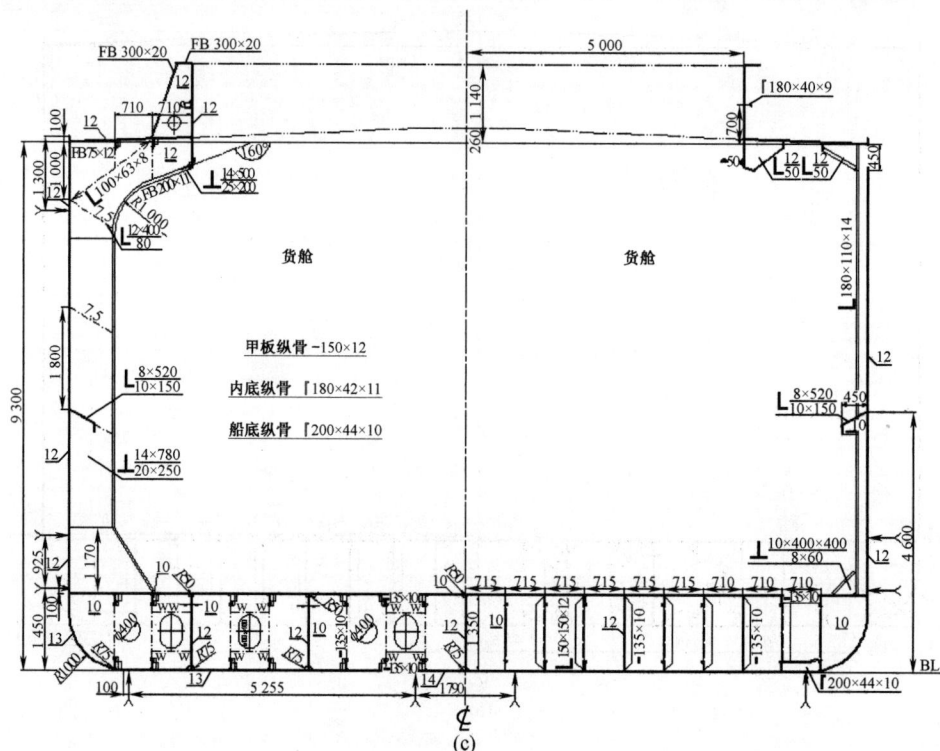

图 8-7 各部分结构绘制

➤ 能力训练

训练名称:绘制 150 t 冷藏船#35 肋位剖面图

训练内容:见《能力训练活页手册》"任务 8.2 能力训练"

【拓展提高】

拓展知识:船体横剖面结构规范设计

中横剖面图是对所设计船舶的船体结构设计过程中绘制的一种图样。船体结构设计一般有规范设计和计算设计两类。目前,船体结构规范设计已大量应用计算机辅助设计软件来完成。在按规范进行结构设计时,首先依据母型船及总布置图、型线图和船舶的使用要求,确定设计船舶的结构形式、肋骨间距、构件布置等;然后在船舶中部 0.4L 范围内选择 2~4 个具有代表性的剖面进行构件布置及构件尺寸的设计。再按规范计算船体主要构件的尺寸,绘制中横剖面草图;边算,边绘图,边完善,最终确定中横剖面图。

拓展训练:查阅资料了解船体规范设计的基本步骤。

【项目测试】

一、选择题

1. 中横剖面图的剖面位置通常选在_____部位。

A. 船体中段范围结构相似   B. 船体中段范围结构典型

C. 船体后段范围结构相似   D. 船体后段范围结构典型

2. 肋位剖面图的图形一般画出_____。

A. 全部   B. 一半   C. 一半略多   D. 一半略少

3. 了解各部分结构间的相对位置时,高度方向主要以_____为基准线。

A. 基线   B. 设计水线   C. 甲板边线   D. 梁拱线

4. 了解各部分结构间的相对位置时,宽度方向主要以_____为基准线。

A. 纵剖线   B. 横剖线   C. 船体中线   D. 站线

5. 下列选项中不是定出各部分结构位置的依据的是_____。

A. 双层底的高度   B. 各甲板间高度

C. 各纵向围壁距船体中线的宽度   D. 甲板梁拱线

6. 中横剖面图绘制的是船体_____范围内的典型横向剖视图。

A. 前段   B. 中段

C. 后段   D. 以上都有可能

7. 肋位剖面图主要表达_____的结构形式、尺寸。

A. 横向构件   B. 纵向构件

C. 横向构件和纵向构件   D. 以上都不对

8. 甲板结构采用重叠画法,表达了不在本肋位剖面处的_____。

A. 纵向构件   B. 横向构件

C. 纵向构件和横向构件   D. 以上都不对

9. 中横剖面图未表达_____。

A. 横向构件的尺寸   B. 横向构件沿船长方向的布置

C. 横向构件的连接情况   D. 横向构件的结构形式

10. 中横剖面图未表达_____。

A. 纵向构件的连接情况   B. 纵向构件的尺寸

C. 纵向构件的结构形式   D. 纵向构件的布置情况

二、判断题(对的打√,错的打×)

1. 中横剖面图是全船性的结构图样之一。   ( )

2. 中横剖面图中的剖面位置通常选在船体中部范围内结构典型的肋位。   ( )

3. 肋位剖面图中标注定位尺寸时,定位的基准线通常是船体中线和基线。   ( )

4. 中横剖面图中,不在所剖肋骨平面内构件的可见轮廓线用细虚线表示。   ( )

5. 肋位剖面图表达了船体横向构件的结构形式和大小,船体纵向构件的布置、剖面形状,同时又表达了各构件之间的相互连接形式。   ( )

6. 肋位剖面图的图形通常要画出全宽的图形。   ( )

三、名词解释

1. 中横剖面图
2. 肋位剖面图
3. 重叠画法
4. 局部结构图

四、简答题

1. 简述中横剖面图的组成。
2. 简述中横剖面图所表达的内容。
3. 简述中横剖面图中表示局部不同结构的两种形式。
4. 简述绘制肋位剖面图的步骤。

五、应用与拓展题

1. 根据习图 8-1 所示某货船机舱底部肋位剖面图,回答以下问题:

(1)该船的底部为哪种骨架式,是单层底还是双层底?

(2)内底板用什么线表示,板厚是多少?

(3)该肋位表示的是什么肋板,其上有哪些开孔?

(4)基座纵桁与肋板的连接是哪个连续,哪个间断?

(5)图中加强筋采用什么型材,尺寸是多少?

习图 8-1　某货船机舱底部肋位剖面图

2. 根据习图 8-2 所示某货船机舱舷侧肋位剖面图,回答以下问题:

(1)该舷侧结构形式是什么骨架式,主要构件有哪些?

(2)二甲板以下的舷侧结构上,纵向 T 型材结构是什么构件,尺寸是多少?

(3)舷侧横向强构件是什么构件,用什么线表示,采用什么型材,尺寸是多少?

(4)舷侧二甲板之上及二甲板之下的横向构件分别是什么,采用什么型材,尺寸是多少?

3. 根据习图 8-3 所示某货船机舱二甲板肋位剖面图,回答以下问题:

(1)该甲板结构形式是什么骨架式,主要构件有哪些?

(2)甲板下由不等边角钢 140×90×8 制成的构件是什么? 用什么线条表示?

(3)甲板下的横向骨架有 T 型结构的强横梁,尺寸是多少?

(4)梁肘板是哪种形式的肘板,尺寸是多少?

(5)甲板纵桁采用什么型材,尺寸是多少?

4. 识读习图 8-4 所示的油船货油舱中横剖面图。要求:

(1)指出船体的骨架形式,了解底部、舷侧、甲板的组成;

(2)指出图中所示构件的名称。

5. 识读习图 8-5 所示的散货船中横剖面图。要求:

(1)指出该剖面的结构形式和特点;

(2)在图中标出 10 种构件的结构名称和尺寸。

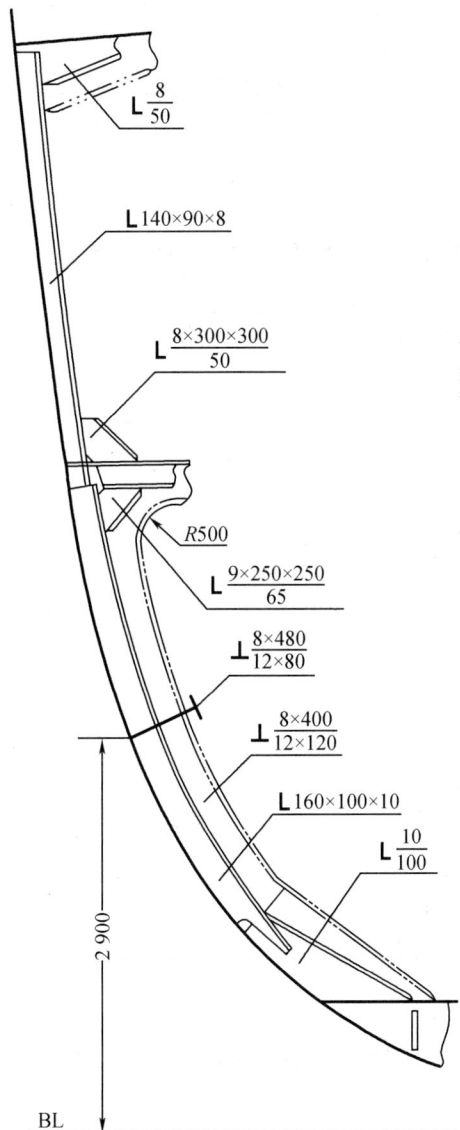

习图 8-2　某货船机舱舷侧肋位剖面图

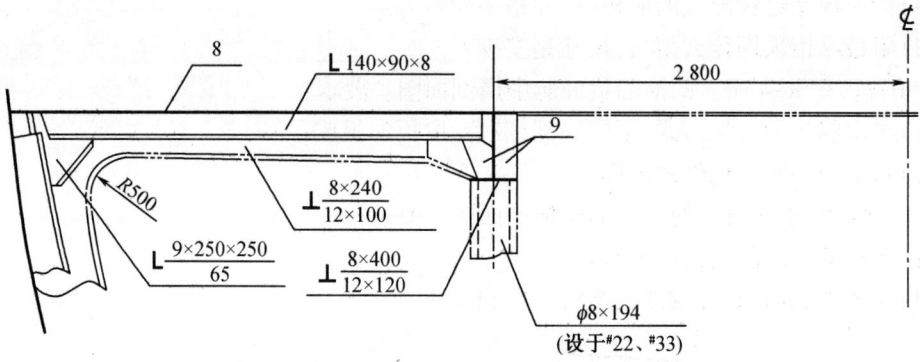

习图 8-3　某货船机舱甲板肋位剖面图

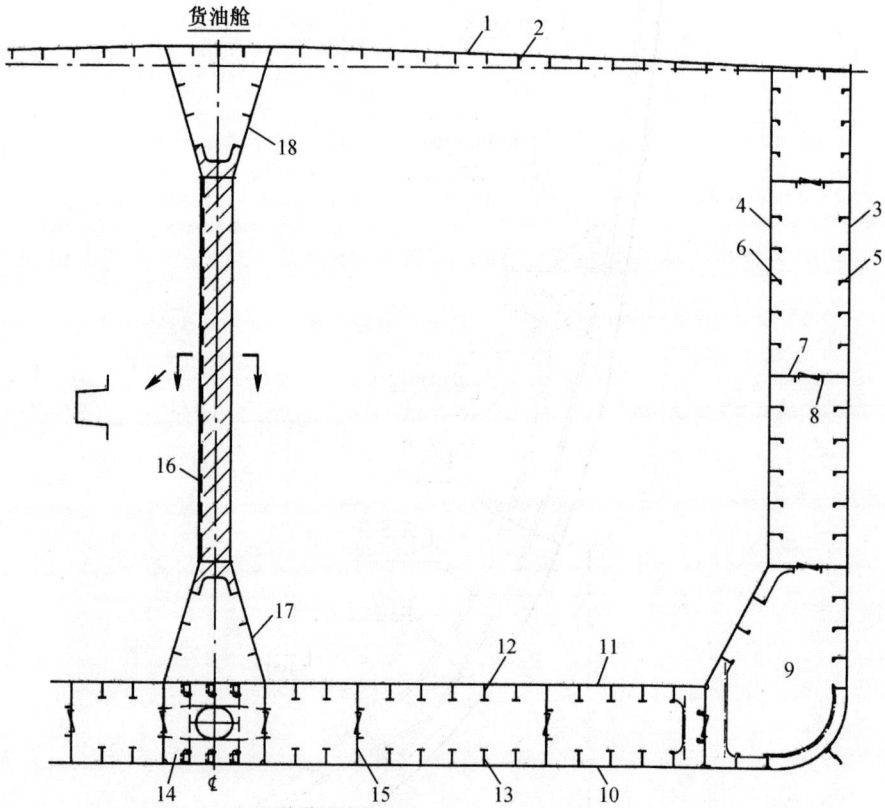

习图 8-4　油船货油舱中横剖面图

习图 8-5 散货船中横剖面图

项目 9　基本结构图的识读与绘制

【项目描述】

　　基本结构图由一个纵向剖面图和数个水平方向的剖面图或剖视图组成,是表示船体结构的基本图样。它与中横剖面图组成了表示全船结构的三向视图,从而完整地表达全船主要纵、横构件的尺寸和结构形式。基本结构图是一张全船性的结构图样,它是绘制其他结构图样的依据,也是施工时的指导性图样。因此必须正确识读和绘制船体基本结构图。

　　本项目介绍船体基本结构图的组成和表达内容、表达方法及常用图线的含义。通过下面两个任务的学习,掌握基本结构图的识读与绘制方法,从而为其他船体结构图样的学习打下基础。

学习任务

　　任务 9.1　识读 4 000 t 干货船基本结构图;
　　任务 9.2　绘制 4 000 t 干货船基本结构图。

【项目目标】

素质目标

1.具有较强的责任意识和一丝不苟的工作态度;
2.具有良好的沟通能力、合作能力和团队协作精神;
3.具有自主学习,不断更新知识结构的意识和能力;
4.具有独立分析问题、解决问题的能力和克服困难勇于进取的精神。

知识目标

1.掌握船体基本结构图的组成和表达内容;
2.熟悉船体基本结构图中的剖面图或剖视图所反映的内容;
3.掌握船体基本结构图中的常用图线及其含义。

能力目标

1.正确识读船体基本结构图;
2.正确绘制船体基本结构图。

【相关知识】

一、基本结构图的组成和表达内容

基本结构图由主尺度栏和一组视图所组成,如图9-1(见书末附图)所示。

1. 主尺度栏

基本结构图的主尺度栏的主要内容是总长、设计水线长、垂线间长、型宽、型深、吃水和肋骨间距等。这些内容应注写在图样的右上方。

2. 基本结构图的视图

基本结构图的视图有纵剖面图,各层甲板、平台图,舱底图。

(1)纵剖面图

基本结构图的纵剖面图是通过船体中线面或靠近中线面且与其平行的平面剖切船体而得到的纵向剖面图。其中通过船体中线面剖切船体而得到的剖面图又称为中纵剖面图。纵剖面图一般布置在图面的上方,表示船体构件在船长和船深方向的布置及某些纵向构件的连接情况。

①表示位于中线面上的构件。如中底桁或中内龙骨、甲板中纵桁、中纵舱壁及其扶强材的结构形式、尺寸,以及与其他构件连接的方式。图中以细实线表示这些构件的可见轮廓,以细虚线表示其不可见轮廓。

②表示位于中线面与舷侧之间的构件。如舱口的纵向围板、甲板纵桁和支柱等的位置、尺寸和结构形式。采用重叠画法,以细双点画线来表示这些构件的可见外形轮廓,细虚线表示其不可见投影轮廓。

③表示位于舷侧的构件。如舷侧纵桁和肋骨的位置和大小。采用简化画法,粗点画线表示舷侧纵桁和强肋骨的投影,细点画线表示甲板间肋骨的投影,但普通肋骨一般省略不画。

④表示穿过中线面的构件。如横梁、肋板、横舱壁、上层建筑横向围板、甲板板和平台板等的位置和结构形式。在图中以粗实线表示这些构件的剖面形状。

此外,纵剖面图还表示了烟囱、机舱棚顶和桅杆的位置。在图中以粗实线表示它们的剖面,以细双点画线表示可见轮廓投影(此规定也适合于甲板图、舱底图)。

(2)甲板图和平台图

它是用剖切面沿着甲板或平台上表面剖切船体俯视而得到的剖面图,如图9-2所示。甲板图和平台图是一组视图,布置在图面的中部,表示了甲板、平台及与其直接连接的构件的结构情况。

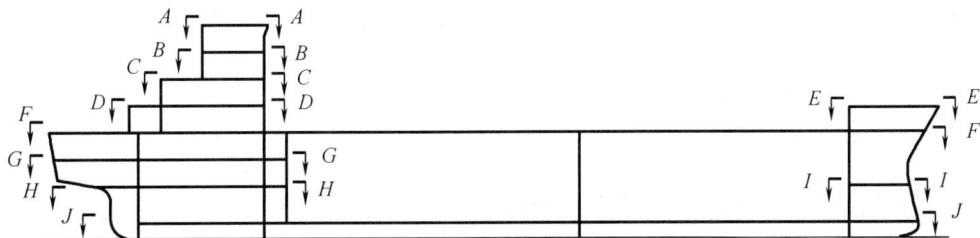

图9-2　平台、甲板及舱底剖面的选取

①表示了甲板板或平台板的布置和厚度，以及甲板板或平台板上的加强覆板和开口的位置及大小。图中用细实线表示板缝的投影和开口的形状，加强覆板的轮廓线内要加细斜线，以区别开口轮廓线。

②表示了普通横梁、强横梁、甲板纵桁和甲板纵骨等构件的位置和大小。图中采用简化画法，以粗双点画线表示强横梁、甲板纵桁的不可见投影，以细虚线表示普通横梁和甲板纵骨的不可见投影。

③表示了纵横舱壁、围壁及甲板下加强肘板的位置。图中以粗实线表示纵横舱壁、围壁的剖面形状，以轨道线表示水密舱壁、水密围壁的不可见投影，以粗虚线表示非水密舱壁、围壁及加强肘板的不可见投影。

（3）舱底图

舱底图的表达形式通常有两种：一是在最下层甲板与底部构架之间选取一剖切面剖切船体俯视而得到的剖视图，这样可以把必须表达的舷侧结构表达清楚；二是在靠近底部构架上缘用阶梯剖的方法（双层底部分用靠近内底板上表面的剖切面，单底部分用靠近肋板上缘的剖切面）剖切船体俯视而得到的剖视图，这样视图比较简洁。

在舱底图的双层底部位，通常左舷部分表示内底板结构，右舷部分再采用局部剖视（二次剖）的方法剖去内底板，表示双层底舱内的结构。舱底图布置在图面的下方，其表达的主要内容有：

①内底板的布置和厚度，以及内底板上加强覆板和开孔的位置及大小。表示方法与甲板相同。

②内底板以上的构件，如舱壁、舱壁上扶强材及支柱等的位置和大小。图中以粗实线表示这些构件的剖面。

③中桁材或中内龙骨、旁桁材或旁内龙骨、外底纵骨、内底纵骨、水密肋板、实肋板、组合肋板、基座纵桁等构件的位置、大小和连接的方式。双层底部分的构件用简化画法表示，其余部分一般根据船图中板、型材的画法表示。

二、基本结构图的表达特点

1. 图形表达上
采用重叠画法、简化画法及二次剖切法（双层底右舷）等。

2. 尺寸标注上
标注构件的定位尺寸和定形尺寸。

（1）定位尺寸

以《金属船体构件理论线》为依据度量。通常，高度方向以距基线的尺寸来表示，宽度方向以距船体中线的尺寸来表示，长度方向以构件所在的肋位号或以距某肋位的尺寸来表示。

（2）定形尺寸

构件的定形尺寸仍采用集中标注的形式，除了直接标注在图形内（如板厚），其他构件的尺寸大部分标注在构件所在的图形外面。

三、基本结构图中主要图线及其内容

基本结构图中图线比较复杂，其常用图线及表达内容见表9-1。

表 9-1　基本结构图常用图线及其表达内容

图线名称	表达内容		
	中纵剖面图	甲板、平台平面图	舱底平面图
粗实线	外板、内底板、横舱壁板、各层甲板或平台板、上层建筑横向围壁板、肋板、船底肋骨、内底横骨、横梁等剖面	外板、甲板或平台上的舱室围壁、舱口围板、支柱等的可见剖面	外板、内底板上的纵横舱壁及其扶强材、支柱、肋骨等的剖面；内底板剖切后，内底板下的肋板、桁材、肘板、扶强材等的剖面
细实线	中内龙骨和旁内龙骨、甲板中桁材、中纵剖面内肘板、扶强材等可见轮廓线；开孔轮廓线、基线等	甲板或平台板上的板缝线及开孔线；与甲板或平台同剖面内构件（加强覆板）的可见轮廓线等	内底板的板缝线及边线、内底板上的开孔线；外底上纵横构件的可见轮廓线等
粗虚线	不可见非水密板材的简化线	不可见非水密舱室围壁、舱壁、肘板和支柱钢管壁	不可见的实肋板、非水密底纵桁、肘板及单底中 T 型构件的不可见腹板
细虚线	支柱内壁、扶强材折边等不可见轮廓线；纵围壁上不可见扶强材简化线	不可见横梁与纵骨的简化线	不可见内底横骨、内底纵骨等的简化线
粗点画线	舷侧纵桁、强肋骨的简化线；纵舱壁上的可见桁材	甲板以上强构件的简化线，如油舱甲板之上反装的甲板纵桁、甲板强梁等	单底船船底的强构件的简化线，如肋板、龙骨等
细点画线	围壁上可见扶强材和舷侧中间肋骨的简化线；轴中心线、舵杆中心线	开口、开孔对角线；对称中心线	可见肋骨、船底纵骨、船底肋骨的简化线；开孔对角线、液舱范围线
粗双点画线	中纵舱壁上不可见桁材的简化线	不可见强横梁及甲板纵桁等的简化线	内底板下不可见强构件的简化线
细双点画线	不在所剖平面的舱口围板、支柱等的可见轮廓线		构件的假想连线，如肋板边线、艏部平台边线等
轨道线	不可见水密板材的简化线	甲板或平台下方不可见水密舱壁和围壁板的简化线	不可见水密肋板和水密底纵桁的简化线
阴影线		甲板上的复板、垫板的轮廓线	内底板上的复板、垫板的轮廓线
斜栅线		甲板或平台的分段接缝线	底部分段接缝线
折断线			内底板被剖切的分界线

【学习任务】

任务 9.1　识读 4 000 t 干货船基本结构图

➤ 任务解析

学习任务	识读 4 000 t 干货船基本结构图
任务导入	图 9-1 所示为 4 000 t 干货船基本结构图,由主尺度栏和一组视图组成。本任务是学习 4 000 t 干货船基本结构图的识读方法并进行识读训练,识读时对照 4 000 t 干货船总布置图和中横剖面图等,识读 4 000 t 干货船基本结构图
任务要求	通过识读 4 000 t 干货船基本结构图,了解 4 000 t 干货船的全船结构概貌,具体了解甲板、平台和舱底各部分的结构情况
实施步骤	(1)识读标题栏和主尺度; (2)识读纵剖面图; (3)识读甲板、平台图; (4)识读舱底图
任务目标	职业素质目标: (1)具有严谨细致、认真务实的工作态度; (2)具有认真钻研、不断进取的意志和品质; (3)具有分析问题、解决问题的能力; (4)具有与人沟通和自我表达的能力。 职业知识目标: (1)掌握船体基本结构图的组成和表达内容; (2)熟悉船体基本结构图的识读步骤; (3)掌握船体基本结构图的识读方法。 职业技能目标: (1)能够根据主尺度和标题栏了解船舶类型和大小; (2)能够根据纵剖面图,并结合甲板图、平台图和舱底图,了解甲板层数和位置、双层底设置的区间、主船体内纵横舱壁及大开口的位置; (3)能够通过识读甲板、平台图,了解甲板、平台板及与其相连的构件情况; (4)能够通过识读舱底图,了解内底板及船底纵横构件情况; (5)能够正确识读懂船体基本结构图
学习资源	教材、教学课件、图片、图纸、动画及微课等

➤ 任务实施

识读基本结构图的要求与中横剖面图相似,首先是概括了解,然后是详细识读。识读时除了各视图要互相对照以外,有时还要参阅总布置图和中横剖面图。本任务以 4 000 t 干货船基本结构图为任务主体,根据图9-1说明识读基本结构图的步骤和方法。

一、识读标题栏和主尺度

根据主尺度和标题栏可以了解船舶类型和大小。该船为 4 000 t 干货船,总长约为 84.25 m,垂线间长为 76.80 m,型宽为 14.50 m,型深为 9.30 m,设计吃水为 6.10 m,结构吃水为 6.40 m。

二、了解全船结构的概貌

了解全船结构的概貌,主要是根据纵剖面图,并结合甲板图、平台图和舱底图进行识读。

1. 确定全船的甲板层数及设置位置

即主船体甲板和上层建筑甲板的层数,再结合相应的甲板图,确定其设置的位置及高度。有的基本结构图将上层建筑各层甲板间高度列在主尺度栏中,识读时还要参见主尺度栏。

(1)了解主船体甲板、平台层数及设置位置

该船的主船体有一层连续甲板,即主甲板,它从船首一直通至船尾;艉部设有两层平台,距离基线的高度分别是 7 000 mm、4 600 mm,均设置在艉部至$^{\#}$28 肋位,其中 7000 平台在$^{\#}$25~$^{\#}$28 肋位间降低为距基线 5 150 mm;艏部设有三层平台,距离基线的高度分别是 7 100 mm、4 700 mm、2 800 mm,设置在$^{\#}$109~艏部。

(2)了解上层建筑甲板层数及设置位置

上层建筑设有艉楼和艏楼。艉楼在机舱上部,由艇甲板、起居甲板、驾驶甲板和罗经甲板按从下向上的顺序划分为四个空间。艇甲板设置在$^{\#}$3~$^{\#}$25 肋位之间;起居甲板设置在$^{\#}$9~$^{\#}$25 肋位之间;驾驶甲板设置在$^{\#}$16~$^{\#}$25 肋位之间;罗经甲板设置在$^{\#}$16~$^{\#}$26 肋位之间。各层甲板间的高度均为 2 400 mm。艉楼的前端围壁位于$^{\#}$25 肋位上;后端围壁在艇甲板以下,位于$^{\#}$6~$^{\#}$7 肋位之间;艇甲板与起居甲板间位于$^{\#}$11 肋位;起居甲板以上位于$^{\#}$16~$^{\#}$17 肋位之间。艏楼只有一层空间,艏楼甲板位于$^{\#}$108~艏部,距主甲板 2 200 mm。

2. 了解内底设置

纵剖面图中内底板的剖面为粗实线,结合舱底图内底板的排列,了解内底板的设置区间。

从该船的纵剖面图的粗实线可以看出,从$^{\#}$8~$^{\#}$109 肋位为双层底,但$^{\#}$15~$^{\#}$22 肋位之间靠中线处有部分较低的双层底,$^{\#}$12~$^{\#}$15 肋位之间靠中线处有局部单层底;艉部~$^{\#}$8 肋位和$^{\#}$109~艏部为单层底。

3. 了解主船体横舱壁的设置

结合上甲板图可以了解主船体横舱壁的位置、数目,水密还是非水密,从而了解纵向舱室划分的情况。

4 000 t 干货船的主船体由$^{\#}$3、$^{\#}$8、$^{\#}$25、$^{\#}$28、$^{\#}$70、$^{\#}$109 六道水密横舱壁沿船长将船体划分成舵机舱、艉尖舱、机舱、淡水舱(上部为 CO_2 室和舱库)、第 2 货舱、第 1 货舱和艏尖舱七个舱室;在$^{\#}$11(左舷处)、$^{\#}$12(右舷处)和$^{\#}$112(靠中线处)肋位设置局部水密横舱壁。

4. 了解主船体纵舱壁的设置

结合各层甲板图可以了解到纵舱壁的位置,沿横向舱室的划分情况,从中还可以了解

到纵舱壁上开口的布置。例如,由主甲板图和平台图中纵向的粗虚线可知,该船在艉部~$^\#3$肋位、$^\#109$~艏部设有中纵制荡舱壁;在$^\#109$~$^\#112$肋位之间设有左右对称的锚链舱水密纵舱壁。

5. 了解大开口设置的位置

对照甲板图可以了解到各种舱口的设置情况。例如,主甲板在$^\#11^{+100}$~$^\#18^{+250}$肋位开有机舱口,在$^\#34$~$^\#63$及$^\#78$~$^\#104$肋位开有大的货舱口。

三、具体了解各部分结构情况

主要是了解各部分结构中构件的布置、结构形式、大小和连接方式。识读时,可以根据需要,按底部结构、舷侧结构、甲板结构、上层建筑结构、艏艉端结构的划分来识读;也可以按舱室结构的划分来识读,如货舱、机舱、驾驶室等。读图时,要把纵剖面图和各种水平剖面图结合起来,对照进行。必要时,还要参阅中横剖面图,以完整地了解全船的结构情况。现以图9-1中$^\#28$~$^\#70$肋位第2货舱部分的主船体为例来说明看图的方法。

1. 识读纵剖面图

从第2货舱纵剖面图(图9-3)中可以看出,第2货舱位于$^\#28$~$^\#70$肋位之间,后端壁为$^\#28$横舱壁,前端壁为$^\#70$横舱壁。

(1)上甲板结构

第2货舱区域上甲板结构中,甲板除开口处为双细实线外,其余均为粗实线,在舱口两端以外每挡肋位上都看到粗实线的型材断面(角钢或T型材),表明甲板板和横梁都被剖到。甲板纵桁在$^\#28$~$^\#34$、$^\#63$~$^\#70$肋位之间为双细实线,表明在该区间中纵剖面处设有甲板中纵桁。舱口前后端$^\#63$和$^\#34$肋位设置有舱口围板及加强肘板。

(2)舷侧结构

图9-3中第2货舱区域舷侧部位设置有一条水平粗点画线,表示有一道舷侧纵桁;垂直方向有11条垂直粗点画线,表示在相应肋位($^\#31$、$^\#34$、$^\#38$、$^\#42$、$^\#46$、$^\#50$、$^\#53$、$^\#56$、$^\#59$、$^\#63$、$^\#67$)设置有强肋骨。

(3)底部结构

图9-3中底部为双层底,内底板和船底板均为粗实线,双层底内部沿船长方向划分为两个液舱,液舱范围用对角线表示。第2货舱区中底桁上开有圆形减轻孔,表明是非水密的中底桁;横向在强肋骨肋位下方设置有实肋板或水密肋板,其余肋位无肋板;中底桁上的细点画线为加强筋。

通过识读纵剖面图,对第2货舱结构有个概括了解。

2. 识读主甲板图

图9-4为第2货舱主甲板结构图,识读时要对照中纵剖面图及中横剖面图。

(1)了解甲板板的排列、形状和厚度

甲板、平台板的排列由板缝线确定(图中以细实线表示),相邻两条纵向和横向接缝围成一块板,板厚可以从图中直接查得。若板缝的排列和厚度的分布左右对称,图中可仅标出一舷的甲板板厚。

由图9-4可知,该区域甲板板排列沿纵向排列,甲板边板厚度为12 mm,较其他甲板板厚,舱口间的甲板板厚为8 mm,每块板的形状可根据板缝线确定。

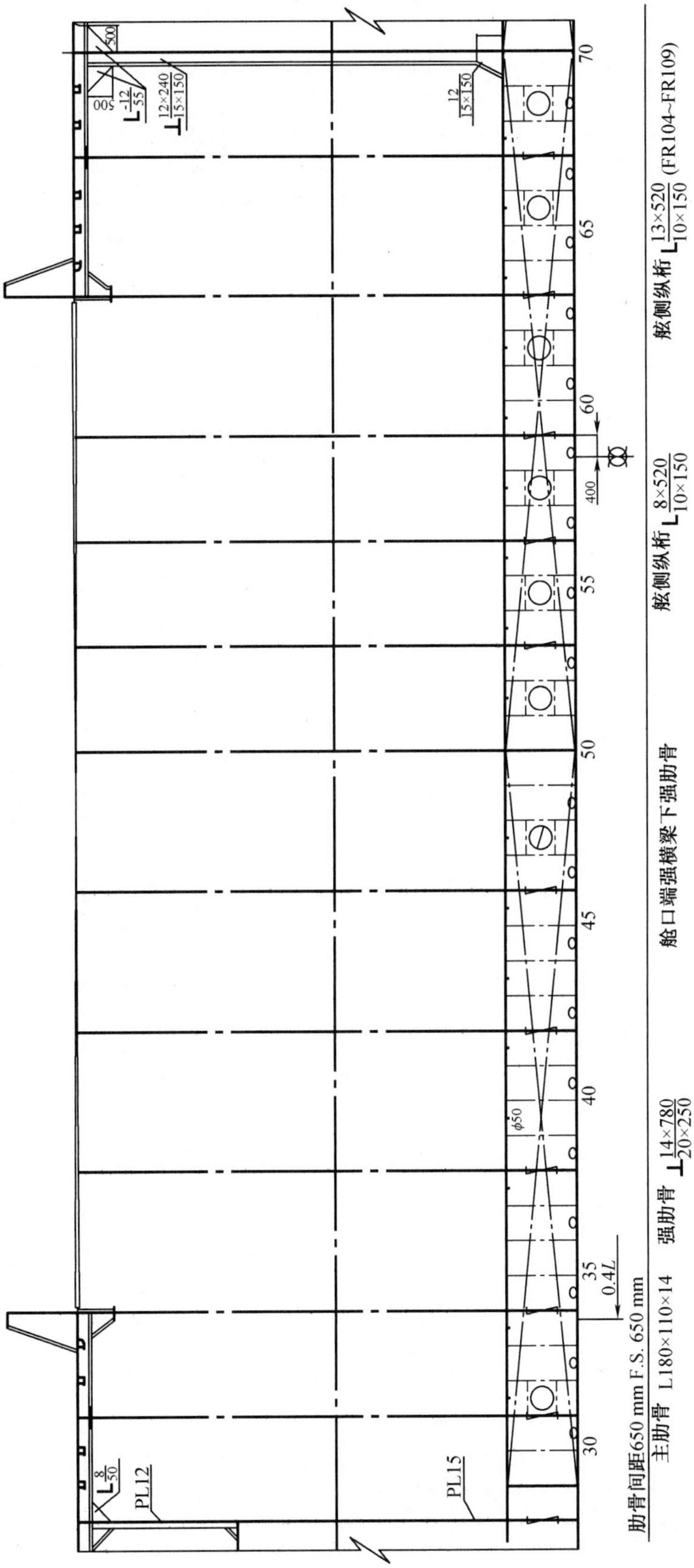

图9-3　第2货舱纵剖面图

肋骨间距650 mm F.S. 650 mm

主肋骨　L180×110×14　　强肋骨　⊥$\frac{14×780}{20×250}$　　舱口端强横梁下强肋骨　　舷侧纵桁 L$\frac{8×520}{10×150}$　　舷侧纵桁 L$\frac{13×520}{10×150}$（FR104～FR109）

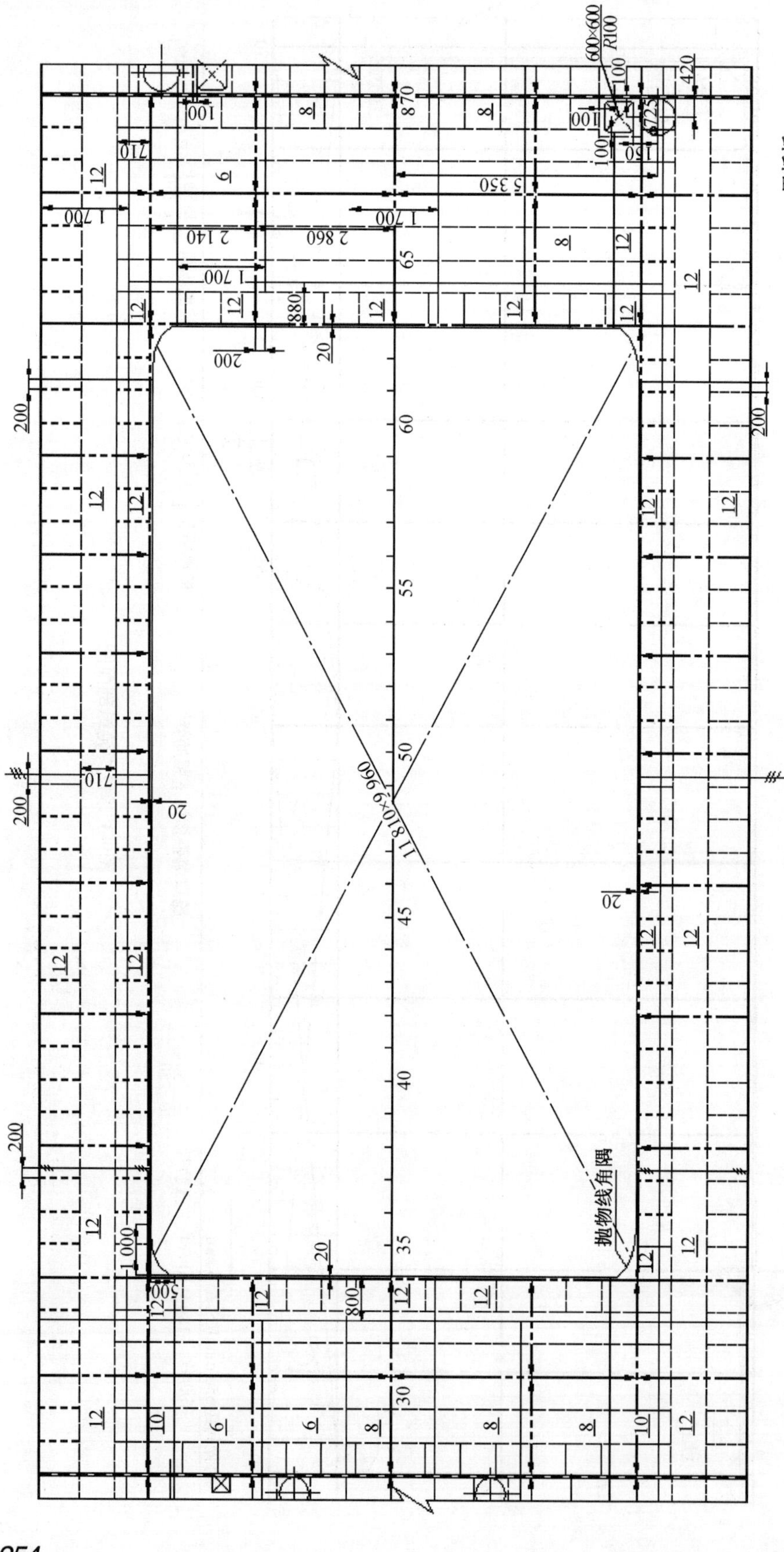

纵骨-12×150　开口线外强横梁⊥$\frac{14\times500}{26\times200}$　横梁L100×75×12　开口线内强横梁⊥$\frac{8\times250}{10\times120}$　舱口端横梁L$\frac{22\times760}{26\times280}$　舱口端纵桁L$\frac{14\times500}{26\times200}$　其余纵桁⊥$\frac{7\times250}{8\times80}$

甲板板 $\frac{10\ \text{mm}}{12\ \text{mm}}$

图9-4　第2货舱主甲板结构图

（2）了解甲板开口的位置和大小

通过甲板、平台图上所标注的肋位号和尺寸标注，可以具体确定甲板、平台开口在船长和船宽方向的位置及开口的大小。

在图9-4中，上甲板$^{\#}$34～$^{\#}$63肋位开有第2货舱开口，长为18 810 mm，宽为9 960 mm。

（3）了解甲板板构件的布置和大小

图中甲板、平台板下面的构件采用简化画法，读图时要根据各种图线所表达的含义来确定各类构件的布置。例如，轨道线用来表示水密横舱壁，粗双点画线用来表示强横梁和甲板纵桁，细虚线用来表示相应肋位的普通横梁。横向构件的剖面形状由纵剖面图确定。构件的大小一部分可查阅纵剖面图，另一部分可查阅图形外面标注的相关尺寸。此外，甲板图中粗实线表示甲板上面板材的截面简化线，如舱口围板、甲板上围壁等。

从图9-4中第2货舱区域的主甲板图中可以看出，主甲板结构的骨架有甲板纵桁（用粗双点画线表示）、普通横梁（用细虚线表示）、强横梁（用粗双点画线表示）、甲板纵骨（用细虚线表示）。

甲板纵向构件中，甲板中纵桁被货舱口间断，尺寸为$\perp\dfrac{7\times250}{8\times80}$；舱口两边设置有舱口纵桁，尺寸为$\llcorner\dfrac{14\times500}{26\times200}$；舱口两边的甲板下面各有两根甲板纵骨，尺寸为$-12\times150$。

甲板横向构件中，货舱口前后端设有舱口端横梁，尺寸为$\llcorner\dfrac{22\times760}{26\times280}$；前后端甲板下$^{\#}$30、$^{\#}$67肋位设置有强横梁，尺寸为：开口线内靠中线两侧为$\perp\dfrac{22\times760}{26\times280}$，开口线外靠舷边处为$\perp\dfrac{14\times500}{26\times200}$；其余每挡肋位设置有普通横梁，尺寸为$\llcorner100\times75\times12$。此外，在舱口四周下方设置有肘板用以连接舱口纵桁和甲板纵骨、舱口端横梁和普通横梁，在靠舷边每挡肋位也设置有舷边肘板，肘板尺寸可从中纵剖面图和中横剖面图的肋位剖面图中查出。

3.识读舱底图

了解底部构件的布置、结构情况及尺寸大小，应识读舱底图，并对照纵剖面图和横剖面图进行。

图9-5所示为第2货舱舱底结构图，根据该图并结合货舱纵剖面图（图9-3）可以看出，货舱的底部为纵骨架式双层底结构，各构件尺寸均标注在图下方。

（1）了解内底板的排列、形状和厚度

内底板的排列由板缝线确定（图中以细实线表示），相邻两条纵向和横向接缝围成一块板，板厚可以从图下方标注中直接查得。

从第2货舱舱底结构图（图9-5）可以看出，舱底结构图左舷画有内底板，右舷揭去内底板表示双层底的内部结构。从左舷可以看出内底板是按纵向排列的，每一舷有4条纵向接缝线，可知内底板有9列板，在第2货舱范围内有3条横向接缝线，可确定第一列上板的数量，内底板的厚度均为14 mm。

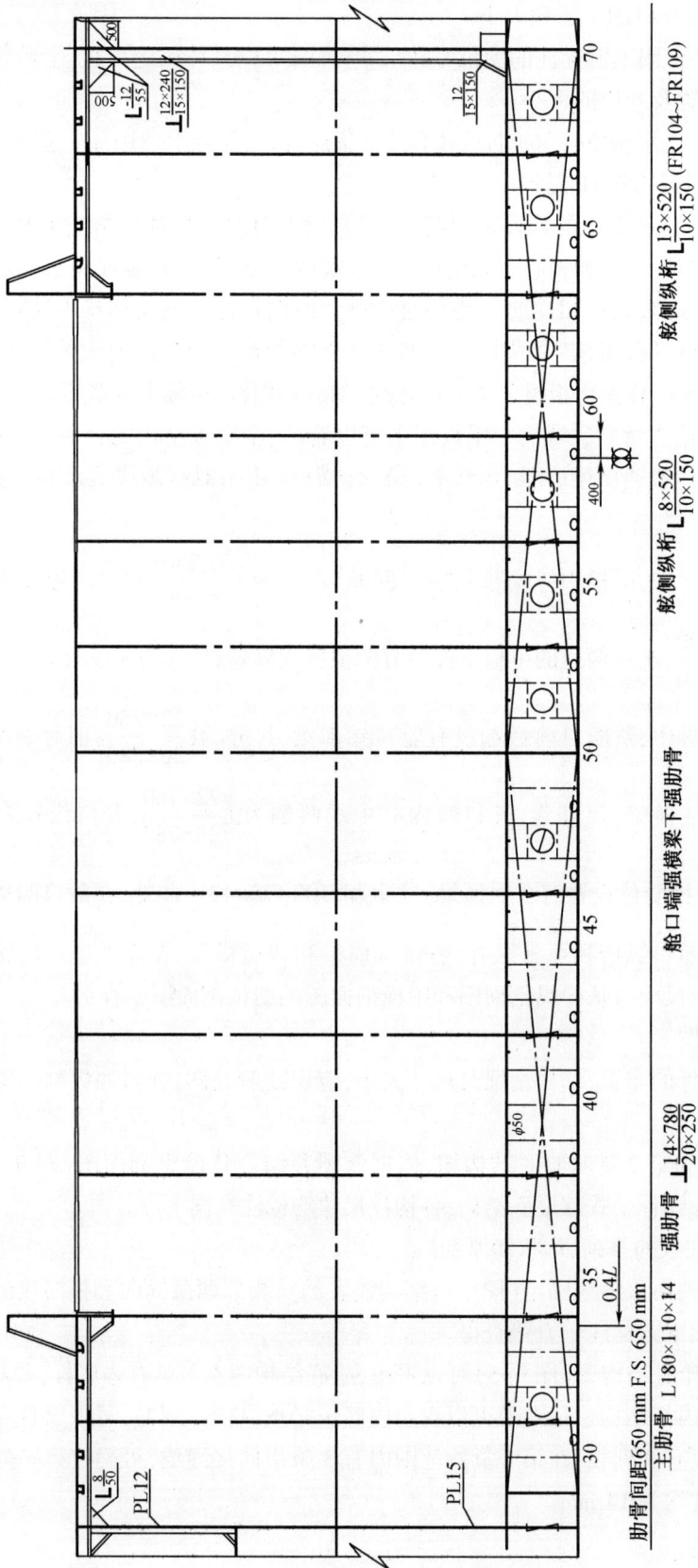

图9-3　第2货舱纵剖面图

（2）了解内底板上加强覆板和开口的位置和大小

通过舱底图上所标注的肋位号和尺寸标注，可以具体确定内底板上加强覆板和开口在船长和船宽方向的位置及开口的大小。

图9-5中，在#29～#31、#48～#50、#50～#52、#68～#70肋位的内底板上，左右舷各开有6个人孔，开孔尺寸均为770×570；另外在#28～#30肋位左右舷各设有两个方形开口，尺寸为550×550。

（3）了解双层底内构件的布置和大小

图中内底板下面的构件采用简化画法，读图时要根据各种图线所表达的含义来确定各类构件的布置。双层底部分的构件用简化画法表示，其余部分一般根据船图中板、型材的画法表示。横向构件的剖面形状由纵剖面图确定。构件的大小查阅图形外面标注的相关尺寸。

图9-5中，双层底内的纵向构件主要有中桁材、旁桁材和内底纵骨、船底纵骨。中桁材和旁桁材均沿整个舱长设置，中桁材设置在中心线处，采用粗虚线，表示非水密板材，板厚为12 mm。旁桁材共有四道，左右对称设置在中心线两侧，板厚为12 mm。其中两道旁桁材距中心线715×4＝2 860 mm，在左舷采用轨道线，右舷为无开口的粗实线，表明该旁桁材为水密板材；另外两道旁桁材距中心线715×6+710＝5 000 mm，在左舷采用粗虚线，右舷采用带有小开口符号的粗实线，表明该旁桁材为非水密板材。内底纵骨用细虚线（左舷）表示，靠近船中区左右舷共有7×2＝14根，尺寸为Г180×42×11；船底纵骨用细点画线（右舷）表示，船底纵骨与内底纵骨对应设置，也有14根，尺寸为Г200×44×10；内底纵骨和船底纵骨数向船尾逐渐减少。

横向构件主要为肋板，其中#28、#31、#34、#38、#42、#46、#53、#56、#59、#63、#67肋位共11挡为粗虚线，是非水密肋板；#29（局部）、#50、#70肋位为轨道线，是水密肋板；所有肋板板厚均为10 mm。其他肋位均无肋板，在中桁材两侧和舭部两侧均设置肘板，肘板尺寸可见中横剖面图的货舱区肋位剖面图。

➤ 能力训练

训练名称：识读150 t冷藏船基本结构图

训练内容：见《能力训练活页手册》"任务9.1能力训练"

任务9.2 绘制4 000 t干货船基本结构图

➤ 任务解析

学习任务	绘制4 000 t干货船基本结构图
任务导入	图9-1所示为4 000 t干货船基本结构图，由主尺度栏和一组视图组成。本任务是学习4 000 t干货船基本结构图的绘制方法并进行绘制训练。绘制时参考4 000 t干货船型线图、中横剖面图、总布置图
任务要求	通过绘制4 000 t干货船基本结构图，掌握基本结构图的绘制方法，进一步熟悉4 000 t干货船主要纵横构件的布置情况、结构形式、尺寸和与其他构件连接的方式

表(续)

实施步骤	(1)选择剖切位置; (2)确定图样比例和图纸幅面; (3)布置图面; (4)绘制各图形的基准线并在其上定出肋位; (5)绘制各图的外形; (6)绘制各视图; (7)加深图形并进行相应的尺寸标注; (8)标注舱室名称,填写主尺度栏和标题栏
任务目标	职业素质目标: (1)具有认真负责的工作态度; (2)具有认真钻研、不断进取的意志和品质; (3)具有团结协作和与人沟通的能力; (4)具有创新意识和解决实际问题的能力。 职业知识目标: (1)掌握船体基本结构图的表达特点; (2)熟悉船体基本结构图的绘制步骤; (3)掌握船体基本结构图的绘制方法。 职业技能目标: (1)能够正确选取纵剖面图、甲板图和平台图、舱底图的剖切位置; (2)能够正确选取比例、图纸幅面并进行图面的布置; (3)能够根据图面布局及各图形的大小正确定出各个视图的基准线位置; (4)能够根据型线图绘制各个视图的外形轮廓; (5)能够正确绘制纵剖面图中线面上构件、中线面与舷侧之间构件、舷侧构件及穿过中线面构件的位置、结构形式、尺寸和与其他构件连接的方式; (6)能够正确绘制甲板、平台和船底的构件布置情况、结构形式、大小和连接方式; (7)能够正确绘制出船体基本结构图
学习资源	教材、教学课件、图片、图纸、动画及微课等

➤ 任务实施

绘制基本结构图是船舶初步设计和详细设计时的内容之一,绘制时要参考型线图、总布置图和中横剖面图。本任务以4 000 t干货船基本结构图为任务主体,根据图9-1(见书末附图)说明绘制基本结构图的步骤和方法。

一、选择剖切位置

1.纵剖面图

通常选取中线面作为剖切平面。图9-1所示4 000 t干货船基本结构图选的是中纵剖面。

2.甲板图和平台图

通常选取沿着甲板或平台上表面的一个水平面作为剖切面。剖切的方式也可以采用阶梯剖,把不完全连续的甲板和升高甲板或平台表示在同一个剖面图中。

图9-1所示4 000 t干货船基本结构图共选9个水平剖切平面(图9-2),分别剖切在主甲板、艏艉楼各层甲板及机舱附近4600平台、7000平台和艏部4700平台的上表面来表示全船甲板和平台结构,剖切后向下投影。

3.舱底图

舱底图的剖切位置可根据图形中需要表示的结构而定。可选取在最下层甲板与底部构架之间的剖面(包含舷侧结构),也可选取在靠近底部构架上缘的阶梯形剖面(以简化图面)。

图9-1所示4 000 t干货船基本结构图中舱底图的剖切面是在双层底内底板上表面,剖切后向下投影。

二、确定图样比例和图纸幅面

图样比例可根据船体的主尺度来选取,常用的比例有1:100,1:50,1:25等;图纸幅面则由比例、主尺度和甲板及平台图的数量来确定,如船体尺度较大、甲板层数较多,可选用两张以上的图纸。图9-1所示4 000 t干货船基本结构图可采用1:100比例。

三、图面的布置

纵剖面图布置在图纸上方,甲板图和平台图依次布置在纵剖面图的下方,舱底图布置在图纸的最下方,主尺度栏布置在图纸的右上方。由于上层建筑甲板层数较多,其位置可不与纵剖面图对应,通常按自下向上、自左至右布置。4 000 t干货船基本结构图的布置见图9-1(见书末附图)。

四、画出各图形的基准线并在其上定出肋位

根据图面布局及各图形的大小,在图纸适当位置画出基线作为纵剖面图的基准线;画出各层甲板、平台图和舱底图的船体中线作为基准线;然后,在基线上定出艏艉垂线的位置及肋位,并以此肋位为准定出各船体中线上的相应肋位。

五、绘制各图的外形

1.绘制纵剖面图的外形

根据型线图画出中纵剖线和甲板中线,根据总布置图画出上层建筑中的各层甲板、平台线。

2.绘制甲板图和平台图的外形

在船体中线上先作出若干根肋位线,再根据型线图量得相应肋位上的甲板边线或平台边线的半宽型值,连接各点即得甲板图和平台图的外形。

3.绘制舱底图的外形

舱底图的外形与剖切位置有关。如果在最下层甲板与底部构架之间选取剖切面,则通常取最下层甲板边线为外形轮廓;如果选取靠近底部构架上缘的阶梯剖,则取肋板边线、内底板边线及舵机舱平台边线等作为外形轮廓。其画法与甲板图相似。

六、绘制纵剖面图

(1)画横舱壁、上层建筑横向围壁、舱口围板、内底板等(图中均为粗实线)。

(2)画中内龙骨、舷侧纵桁、纵舱壁、甲板纵桁等纵向构件。画时应注意:凡位于中线面的纵向构件均作未剖处理(可见轮廓用细实线,不可见轮廓用细虚线)。

(3)画肋板、横梁(剖面为粗实线)及强肋骨(用粗点画线)等横向构件。

七、绘制甲板图、平台图和舱底图

(1)画甲板板、平台板和内底板上的开口(开口轮廓用细实线)。

(2)画纵横舱壁(剖面用粗实线,不可见用粗虚线或轨道线)及甲板纵桁、强横梁、甲板纵骨、普通横梁等构件线(用简化线)。

(3)画甲板板、平台板和内底板上的接缝线(分段接缝用斜栅线,其他接缝用细实线)。

如果结构对称于中线面,则允许图形不全部画出(双层底除外),只画略多于一半的图形。

纵剖面图与甲板图、平台图及舱底图是表示同一条船的结构的两个不同方向的视图,两者有着密切的联系。绘图时,要注意构件及开口位置等的相互对应。采用计算机绘制时要充分利用计算机绘图的编辑功能,例如可将纵剖面图上的肋骨位置点直接复制到甲板图上。

八、根据图线所表达的含义加深图形并进行相应尺寸标注

构件的尺寸,一部分可直接标在图形中,另一部分则标注在构件所在范围的图形外面。舱壁扶强材及其肘板的尺寸通常标注在纵剖面图中,舷侧构件和支柱的尺寸通常标注在纵剖面图的下方,甲板和平台下的构件尺寸标注在相应图形的外面,底部构件尺寸标注在舱底图的外面。

纵剖面图、连续的甲板图和舱底图的肋位号逢 0,5,10,… 标注,其余较小的视图可逢双号标注。

九、标注舱室名称,填写主尺度栏和标题栏

舱室名称标注在纵剖面图中相应舱室位置,甲板图中标注大舱口的名称,舱底图中还要写出舱壁或肋板是否水密。主尺度栏列在图纸右上方空白处。最后在标题栏中填写船名、图名等内容。

➤ 能力训练

训练名称:绘制 150 t 冷藏船基本结构图部分主甲板结构

训练内容:见《能力训练活页手册》"任务 9.2 能力训练"

【拓展提高】

拓展知识:船体结构布置的一般原则和规定

基本结构图主要表达全船基本结构形式和布置。在设计中船体结构布置的一般原则

和规定如下：

（1）根据不同规范对结构布置的规定来进行结构布置，海船规范和内河船规范有不同的规定，例如，海船肋骨或纵骨标准间距为 $1.6L/1\ 000+500$ mm（L 为船长，m），内河船一般不大于 600 mm；

（2）根据船舶类型、尺度及用途等进行骨架形式的选择，骨架形式有横骨架式、纵骨架式和混合骨架式；

（3）保证结构的整体性，相关构件布置在同一平面内，以形成封闭的整体框架结构来共同承载；

（4）结构设计必须考虑构件的布置有利于构件之间载荷的有效传递，避免某一单独的结构件承受外力；

（5）保证结构的连续，减少应力集中，例如，尽可能多地使主要纵向构件连续贯通至艏艉；

（6）注意规范中局部加强的规定，如受波浪撞击区域、桅杆与船体相连接处的结构等。

拓展训练：查资料了解干货船的海船和内河船的结构布置基本规定。

【项目测试】

一、选择题

1. 基本结构图是一张表示_____的全船性结构图样。

A. 全船甲板结构情况　　　　　　　　B. 上层建筑结构情况

C. 全船舱壁结构情况　　　　　　　　D. 船体结构基本情况

2. 基本结构与_____组成了表示全船结构的三向视图。

A. 型线图　　　　B. 总布置图　　　　C. 中横剖面图　　　　D. 外板展开图

3. 舷侧纵桁和强肋骨的简化线用_____表示。

A. 细虚线　　　B. 粗双点画线　　　C. 粗点画线　　　　D. 细点画线

4. 基本结构图中，中纵剖面图上的横梁简化线用_____表示。

A. 粗实线　　　B. 粗点画线　　　C. 粗双点画线　　　D. 细点画线

5. 基本结构图中，中纵剖面图上的横舱壁简化线用_____表示。

A. 粗实线　　　B. 粗点画线　　　C. 粗双点画线　　　D. 细点画线

6. 基本结构图中，中纵剖面图上的普通肋骨用_____表示。

A. 粗实线　　　B. 粗点画线　　　C. 粗双点画线　　　D. 省略不画

7. 基本结构图中，甲板图中的板缝线用_____表示。

A. 粗实线　　　B. 粗点画线　　　C. 粗双点画线　　　D. 细实线

8. 基本结构图中，甲板图中的强横梁简化线用_____表示。

A. 粗实线　　　B. 粗点画线　　　C. 粗双点画线　　　D. 细实线

9. 基本结构图中，不可见的水密板材结构的简化线用_____表示。

A. 粗虚线　　　B. 粗点画线　　　C. 粗双点画线　　　D. 轨道线

10. 在基本结构图中粗点画线一般代表_____。

A. 可见小构件　　B. 不可见小构件　　C. 可见强构件　　D. 不可见强构件

11. 在基本结构图中构件的定形尺寸采用_____。

A. 集中标注　　　　B. 列表标注　　　　C. 分别标注　　　　D. 不标注

12. 基本结构图中长度方向的定位基准一般是_____。

A. 船体中心线　　B. 肋位　　　　　C. 基线　　　　　D. 设计水线

13. 基本结构图中位于中线面与舷侧之间的构件可见轮廓用_____表示。

A. 细实线　　　　B. 细虚线　　　　C. 细双点画线　　D. 简化线

14. 在基本结构图的纵剖面图中横舱壁的表达用_____。

A. 粗实线　　　　B. 轨道线　　　　C. 粗单点画线　　D. 粗双点画线

二、判断题(对的打√ ,错的打×)

1. 基本结构图与中横剖面图组成了表示全船结构的三向视图。 （　　）

2. 基本结构图的纵剖面图只能表达位于中线面上的构件。 （　　）

3. 基本结构图的纵剖面图中位于舷侧的构件用简化线表示。 （　　）

4. 基本结构图中纵剖面图上的强肋骨简化线用粗点画线表示。 （　　）

5. 基本结构图中纵剖面图上的肋板简化线用粗点画线表示。 （　　）

6. 基本结构图中甲板图上的普通横梁简化线用细实线表示。 （　　）

7. 基本结构图中甲板图上的甲板纵桁简化线用粗点画线表示。 （　　）

8. 基本结构图中甲板图上的一般板缝线用细实线表示。 （　　）

9. 基本结构图中舱底图上的水密舱壁简化线用轨道线表示。 （　　）

10. 基本结构图的舱底图中构件的假想连线用细双点画线表示。 （　　）

11. 基本结构图中不标注构件的定位尺寸和定形尺寸。 （　　）

12. 基本结构图的图形上,通常采用重叠画法、简化画法及二次剖切法。 （　　）

13. 绘制甲板或平台结构图时,其剖切位置选在甲板或平台的下表面。 （　　）

三、名词解释

1. 基本结构图

2. 中纵剖面图

3. 二次剖切法

4. 分段接缝线

四、简答题

1. 基本结构图由哪几部分组成?组成基本结构图的视图有哪些?

2. 基本结构图的中纵剖面图中主要表达哪些内容?

3. 基本结构图的甲板图(或平台图)表达哪些内容?

4. 基本结构图的舱底图表达哪些内容?

5. 基本结构图的舱底图的表达形式有哪些?

6. 基本结构图纵剖面图位于中线面、位于舷侧、位于中线面与舷侧之间的构件分别用什么图线表示?

7. 绘制纵剖面图、甲板或平台结构图、舱底图时,其剖切位置选在什么位置,投影方向是什么?

五、应用与拓展题

习图 9-1 所示为某船基本结构图的二甲板局部结构,肋骨间距 650 mm,构件尺寸:横

梁 $\llcorner$ $125 \times 80 \times 8$、甲板纵桁 $\perp \dfrac{8 \times 240}{12 \times 100}$、舱口纵桁 $\perp \dfrac{8 \times 240}{12 \times 120}$、强横梁 $\perp \dfrac{8 \times 240}{12 \times 100}$、舱口端梁 $\perp \dfrac{8 \times 240}{12 \times 120}$。

(1) 甲板板接缝用的是什么线？分段接缝用的是什么线？

(2) 甲板上布置的强构件包括哪些？

(3) 甲板上的强横梁 (包括强半梁) 布置在哪几个肋位？尺寸是多少？

(4) 舱口的长度和宽度是多少？

(5) 甲板纵桁有哪几道？尺寸是多少？

(6) 图中细虚线表示的是什么构件？尺寸是多少？

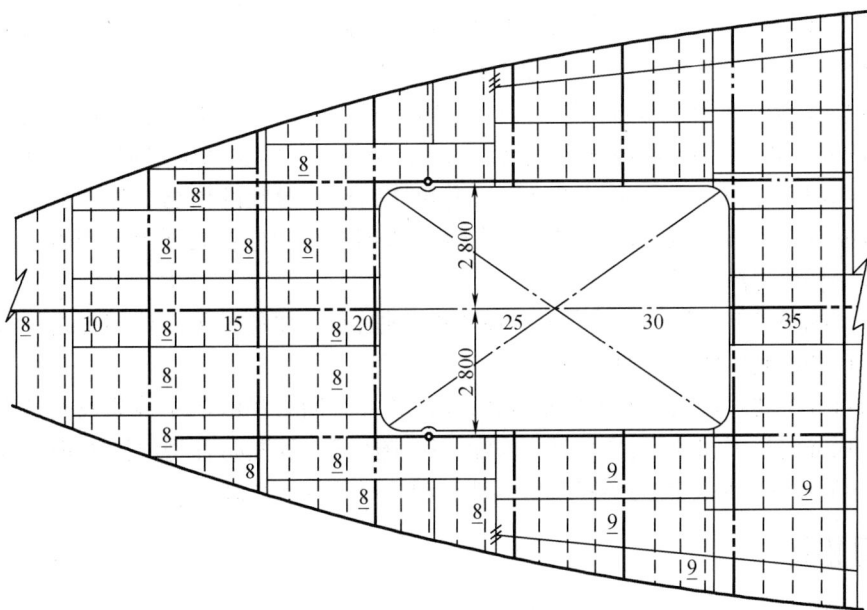

习图 9-1 二甲板局部结构图

项目 10　肋骨型线图的识读与绘制

【项目描述】

肋骨型线图是表示全船肋骨剖面形状、外板纵横接缝位置及甲板、平台和与外板相接的各纵向构件布置的图样,是一张全船性结构图样。

肋骨型线图主要用途有:船体放样中作为肋骨型线、外板接缝线和船体结构线放样的依据;绘制外板展开图时作为伸长肋骨型线,求取肋骨型线实长和确定构件位置的依据;绘制其他船体图样时作为选取或剖切求得所需船体横剖面形状的依据。为了满足布置外板及船体放样等需要,需绘制肋骨型线图。船体肋骨型线图和外板展开图共同表示了船体外板结构和主要构件的位置。

肋骨型线图是船体放样和绘制其他图样的依据,是重要的船体结构图样之一,因此,必须正确识读和绘制船体肋骨型线图。

本项目介绍肋骨型线图的组成和表达内容,并介绍肋骨型线图中线条及其含义。通过下面两个任务的学习和训练,熟悉船体肋骨型线图内容,掌握肋骨型线图的识读与绘制方法,从而为后面外板展开图的学习及后续课程的学习等打下基础。

学习任务

任务 10.1　识读 4 000 t 干货船肋骨型线图;
任务 10.2　绘制 4 000 t 干货船肋骨型线图。

【项目目标】

素质目标

1. 具有严谨的工作态度和踏实的工作作风;
2. 具有创新意识,以及获取新知识、新技能的学习能力;
3. 具有分析问题、解决实际问题的能力。

知识目标

1. 掌握船体肋骨型线图的组成和表达内容;
2. 熟悉船体肋骨型线图中的线条及其含义;
3. 掌握船体肋骨型线图中主要图线及其含义。

能力目标

1. 能正确识读船体肋骨型线图;
2. 能正确绘制船体肋骨型线图。

【相关知识】

一、肋骨型线图的组成和表达内容

肋骨型线图由主尺度栏和肋骨型线图形组成,如图 10-1(见书末附图)所示。

1. 主尺度栏

肋骨型线图属于全船性图样,在图纸的右上方列有主尺度栏。主尺寸栏中包括总长、垂线间长、型宽、型深、吃水、肋距和梁拱等。

2. 肋骨型线图形

肋骨型线图的图形与型线图中的横剖线图比较相似,不同的是横剖线图中的横剖线是 10 等分或 20 等分垂线间长的横向剖切平面与船体型表面的交线,只表示了理论站号处的船体横剖面形状;而肋骨型线图中的肋骨线则是以型线图为依据,用通过各肋位处的横向平面(肋骨平面)为剖切平面剖切船体,与船体型表面的交线,它表示了各肋位处的船体肋骨型线的真实形状。此外,在肋骨型线图上,还表示了外板接缝的排列及甲板、平台和与外板相接的各纵向构件布置的情况。图 10-2 所示为某船肋骨型线图中的构件布置及与外板交线示意图。

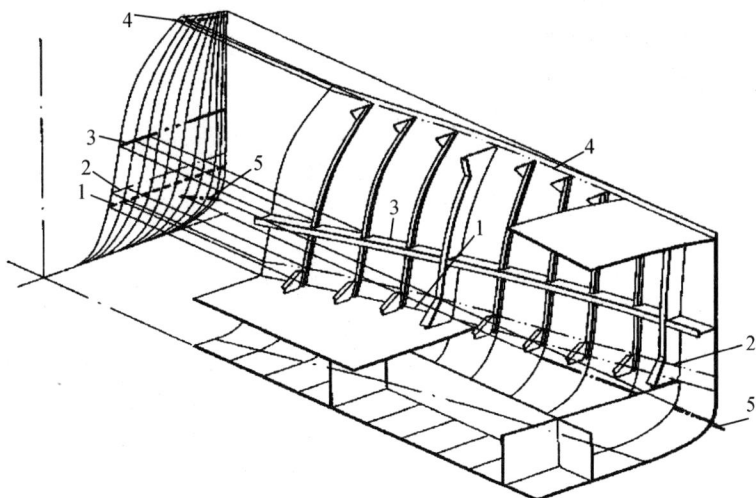

1—内底板边线;2—舭肘板顶线;3—舭侧纵桁线;4—甲板边线;5—舭龙骨线。

图 10-2 肋骨型线图中的构件布置及与外板交线示意图

肋骨型线图中的主要线条基本分为以下四类：

（1）肋骨型线

肋骨型线是在各个肋位处剖切船体所得的真实的肋骨型线形状。由于船体左右对称于中线面，所以肋骨型线只画一半，在中线面的左面画中站面至艉部的各肋骨型线，在中线面的右面画中站面至艏部的各肋骨型线。

大中型船舶的肋位较多，为了保持图面的清晰，一般间隔一挡肋位绘制一根肋骨型线，通常逢双号绘制。在船体首尾部分的线型变化较大，故要求绘制出每挡肋位的肋骨型线。

对所绘出的肋骨型线都须标注出相应的肋位号。

（2）外板接缝线

外板接缝线表示了全船外板的排列和各块外板的形状。外板接缝线可分为以下三种：

①边接缝线，是船体纵向相邻两列外板间接缝的投影。

②端接缝线，是同一列外板中相邻两块外板间接缝的投影，即外板横向接缝的投影。

③分段接缝线，是相邻两分段间接缝的投影。可分为横向分段接缝线（沿肋骨围长方向）、纵向分段接缝线（沿船长方向）。

对于边接缝线，图中须注写其名称，如 A×B、B×C 等。两条相邻的边接缝之间为一列板，两条相邻的端接缝和两条相邻的边接缝则围成一块外板。图 10-3 为板缝和构件投影示意图。

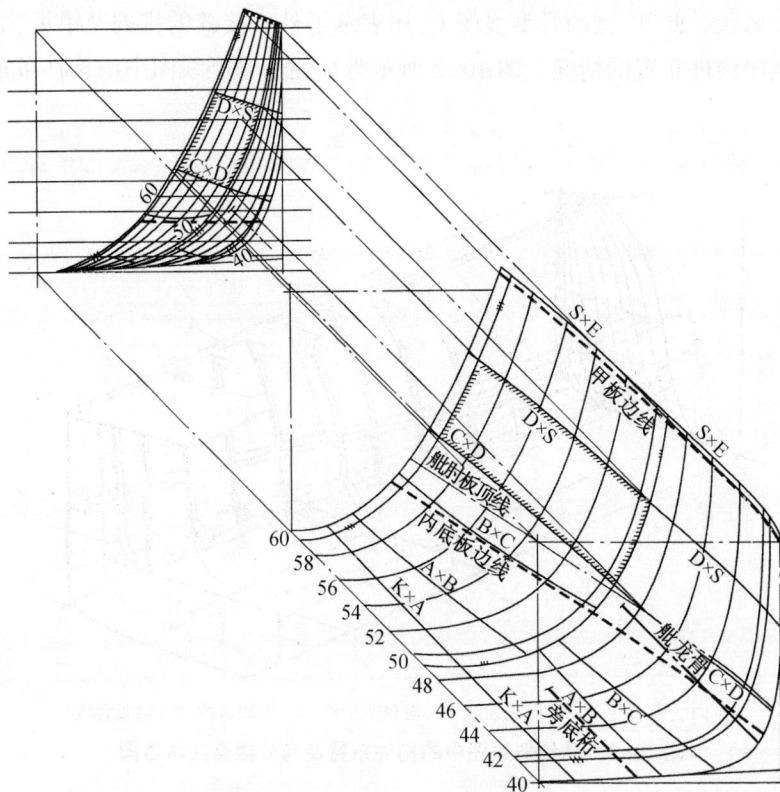

图 10-3　板缝和构件投影示意图

（3）构件交线

构件交线是船体甲板、平台、外底纵骨、旁底桁、旁内龙骨、内底边板、舷侧纵桁、舭龙骨等与外板的交线在投影面上的投影，表达了这些构件的位置及其与板缝的相对位置。

构件交线在图中须用文字写明，并用尺寸表示其位置。不易表达清楚的纵向构件还须注明起点和终点。

（4）假想连线

它是某些同一类构件上特定点的假想连线在投影面上的投影。例如：舭肘板顶线是舭肘板与外板型表面交线顶端各点假想连接线的投影；肋板边线则是肋板与外板型表面交线顶端各点假想连线的投影。假想连线表示了某些构件距基线的高度在船长方向的变化。

假想连线用细双点画线表示，并用文字注写名称。

肋骨型线图中除以上四类线条外，还有水线和纵剖线。

3.肋骨型线图中常用的图线及其内容

肋骨型线图中常用的图线及其表达内容见表10-1。

表 10-1　肋骨型线图中常用的图线及其表达内容

图线名称	表达内容
细实线	格子线、肋骨型线、外板顶线、舷墙顶线、边接缝线、端接缝线等
粗虚线	甲板边线、内底板边线、平台线、旁底桁等
细虚线	船底纵骨、舷侧纵骨等
粗点画线	舭龙骨线等
细点画线	折角线等
粗双点画线	舷侧纵桁、龙骨等
细双点画线	肋板边线、舭肘板顶线等
斜栅线	总段或分段接缝线

【学习任务】

任务 10.1　识读 4 000 t 干货船肋骨型线图

➤ **任务解析**

学习任务	识读 4 000 t 干货船肋骨型线图
任务导入	图 10-1 所示为 4 000 t 干货船肋骨型线图，由肋骨型线图图形和主尺度两部分组成。本任务是学习肋骨型线图识读方法并进行识读训练。识读时对照该船外板展开图、基本结构图、分段划分图等
任务要求	通过识读 4 000 t 干货船肋骨型线图，了解全船肋骨剖面形状、外板纵横接缝位置，以及甲板、平台和与外板相接的各纵向构件布置

表(续)

实施步骤	(1)了解外板的边界; (2)了解外板的布置和数量(对照外板展开图); (3)了解构件的位置(参照中横剖面图和基本结构图)
任务目标	职业素质目标: (1)具有严谨细致、认真务实的工作态度; (2)具有创新意识,以及获取新知识、新技能的学习能力; (3)具有分析问题、解决问题的能力; (4)具有团队协作能力和语言表达能力; (5)具有迎接挑战的意识。 职业知识目标: (1)掌握船体肋骨型线图组成和表达内容; (2)熟悉船体肋骨型线图的识读步骤; (3)掌握船体肋骨型线图的识读方法。 职业技能目标: (1)能够通过分析外板的横向边界和纵向边界了解外板的边界; (2)能够从外板的纵向边接缝的数目确定外板的列数; (3)能够从一列外板中横向接缝线的数目确定该列外板的钢板数; (4)能够综合各列外板的钢板数,确定整条船所需的钢板数量; (5)能够通过构件交线、假想连线确定构件的位置; (6)能够正确识读读懂船体肋骨型线图
学习资源	教材、教学课件、图片、图纸、动画及微课等

➤ 任务实施

识读肋骨型线图时,首先应该清楚地了解图中各种线条的含义,然后在了解了型线图、中横剖面图和基本结构图的基础上识读肋骨型线图。识读肋骨型线图时,构件位置的确定可参阅基本结构图和中横剖面图。板的接缝线的识读还可对照相应船舶的外板展开图。识读肋骨型线图,一是可以通读全船,了解全船的情况;二是重点看某一部分内容。本任务以4 000 t干货船肋骨型线图为任务主体,根据图10-1说明识读肋骨型线图的步骤和方法。

一、了解全船肋骨剖面形状

肋骨型线图中的肋骨型线是在各个肋位处剖切船体后所得的真实的肋骨剖面形状。图中的各肋骨线反映了全船肋骨剖面形状。从各肋骨线变化可以了解船体线型沿船长方向变化及每挡肋位外板的沿高度方向宽窄变化情况。

4 000 t干货船肋骨型线图是按双号绘制的,该图表示了4 000 t干货船全船肋骨线型沿船长的变化。从图中肋骨线型可看出船体首部肋骨间距及尾部下方肋骨线间距较大,说明船体首部及尾部下部线型变化较快;船中区肋骨线稠密,说明船中区船体线型变化较小。又如将#112和#106肋位肋骨型线进行比较,#112号肋骨所围成的肋骨剖面面积较#106肋位肋骨剖面面积小,说明#112肋位处的船体外形较瘦。

二、了解外板的边界

要想了解外板在肋骨型线图上的投影形状,首先要知道外板边界的构成。外板的横向边界通常是由横向分段接缝线或总段接缝线构成,纵向边界通常是由各列板之间的纵向边接缝线构成。纵向和横向的边界就围成了一块外板。

图10-4所示为4 000 t干货船肋骨型线图中截取的局部视图。图中两条相邻边接缝 H×I、F×H和两条相邻端缝 #97～#98、#108～#109围成一块板。

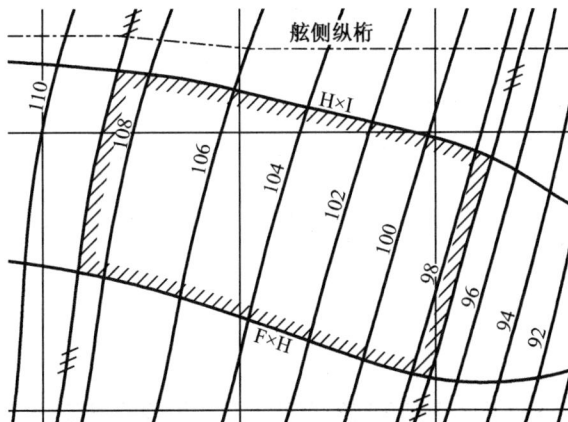

图10-4 100 t干货船肋骨型线图的局部视图

三、了解外板的布置和数量

1. 了解外板的列数

从外板的纵向边接缝的数目可确定外板的列数。每两条边接缝线之间为一列板。

《金属船体制图》中规定:K列板表示平板龙骨,并且对称于中线面布置;S列板表示舷顶列板;其余各列板由K列板至S列板依次用A、B、C…命名,K列板两侧对称位置的板用相同字母命名,K列板与A列板之间的纵向边接缝用K×A表示,其他类同。

图10-1中#97～#109肋位之间上甲板边线处纵缝以下有 K×A、A×B、B×E、E×F、F×H、H×I、I×J、J×M 8条纵向接缝线,由此可知上甲板处纵缝以下有 K、A、B、E、F、H、I、J、M、S列板,其中K列板只有1列(对称中线面布置),其余列板在左右舷各1列,从而可确定左右舷的外板共为19列。

2. 了解每一列板由几块钢板组成

由于每两道横向接缝围成一块板,从一列外板中的横向接缝线的数目就可以确定组成该列外板的钢板数。综合各列外板的钢板数,就可以确定整条船所需的钢板数量。识读时对照外板展开图相应位置的板缝排列,会更清晰、准确。

图10-1中#97～#109肋位之间在#97～#98和#109～#110肋位处各有一个横向分段线,说明每列外板由一块钢板组成,所以在#97～#109肋位区间的外板共由19块钢板组成。

四、了解构件的位置

构件的位置由各种构件交线和假想连线决定。根据线条的表达含义,并通过图中给出的文字标注及相应线条的定位尺寸,就可大体确定出构件的位置。识读时对照基本结构图相应构件设置,会更加清楚地了解构件的布置。由于纵向构件沿船长设置,了解构件的位置最好还是先识读全船。

图10-1中#97~#109肋位,构件线有内底板边线、舷侧纵桁和主甲板边线。内底距基线高度在此区间为1 350 mm,内底设置位置在#8~#109肋位;舷侧纵桁设置在#28~#109肋位,在#28~#106肋位之间距基线高度为4 600 mm,在#107~#109肋位之间逐渐升高到4 700 mm。旁底桁等其他纵向构件在肋骨型线图中无法显示,可对照外板展开图和基本结构图。

➤ 能力训练

训练名称:识读150 t冷藏船肋骨型线图

训练内容:见《能力训练活页手册》"任务10.1能力训练"

任务10.2 绘制4 000 t干货船肋骨型线图

➤ 任务解析

学习任务	绘制4 000 t干货船肋骨型线图
任务导入	图10-1所示为4 000 t干货船肋骨型线图,由肋骨型线图图形和主尺度两部分组成。本任务是学习4 000 t干货船肋骨型线图的绘制方法并进行绘制训练。绘图时应依据该船的型线图、外板展开图、基本结构图等
任务要求	通过绘制4000 t干货船肋骨型线图,掌握肋骨型线的绘制方法,搞清构件线、板缝线相对位置;了解外板展开图与肋骨型线图上板缝线的对应关系,了解构件线在基本结构图和肋骨型线图上的对应关系,加深对肋骨型线图的理解
实施步骤	(1)选取比例和布置图面; (2)绘制视图; (3)加深图线和标注尺寸; (4)注写编号及名称,编写主尺度栏和填写标题栏
任务目标	职业素质目标: (1)具有严谨细致、认真务实的工作态度; (2)具有创新意识,以及获取新知识、新技能的学习能力; (3)具有分析问题、解决问题的能力; (4)具有团队协作能力和语言表达能力; (5)具有迎接挑战的意识。 职业知识目标: (1)掌握船体肋骨型线图组成、布置和表达方法; (2)熟悉船体肋骨型线图的绘制步骤; (3)掌握船体助骨型线图的绘制方法。

表(续)

任务目标	职业技能目标: (1)能够根据型线图绘制肋骨型线图图形中的型线; (2)能够根据基本结构图和中横剖面图绘制肋骨型线图图形中的构件交线; (3)能够根据外板展开图绘制肋骨型线图图形中的外板接缝线; (4)能够根据首柱结构图提供的接缝位置,绘制肋骨型线图形中艏柱接缝线; (5)能够正确绘制出船体肋骨型线图
学习资源	教材、教学课件、图片、图纸、动画及微课等

➤ 任务实施

绘制肋骨型线图要参考型线图、中横剖面图、基本结构图等。肋骨型线图的线条应清晰、光顺,构件的位置应与有关结构图样一致。本任务以 4 000 t 干货船肋骨型线图为任务主体,参考图 10-1 说明绘制肋骨型线图的步骤和方法。

一、选取比例和布置图面

肋骨型线图图形相对其他全船性图样小得多,为了使线条清晰,可根据图纸的幅面选取适当的比例。肋骨型线图常用的比例有 1:25,1:50 等,一般取型线图比例的 2 倍或 4 倍。比例选好后,在图纸适当位置布置视图,主尺度在右上方。

二、绘制视图

1.绘制格子线

根据型线图中主尺度、水线和纵剖线间距画出格子线,并作船底斜升线,如图 10-5 所示。

2.绘制外板顶线、甲板边线、舷墙顶线、船底线和最大横剖线(肋骨型线图的轮廓线)

作图方法与型线图中绘制横剖线图轮廓线的方法相同,如图 10-6 所示。也可以采取如下方法:画好肋骨型线后,连接各肋骨型线上的甲板边线、外板顶线、舷墙顶线的点,即得甲板边线、外板顶线和舷墙顶线。

3.绘制肋骨型线

在型线图的纵剖线图和半宽水线图中画出肋骨型线的投影线(均为直线),用型线图中的比例尺量取肋骨型线与甲板边线、外板顶线、舷墙顶线、水线、纵剖线和船底线交点的高度值和半宽值,再按肋骨型线图的比例量到格子线中,得到各交点,用曲线板连接各点,即为肋骨型线,具体画法如图 10-7 所示。每根肋骨型线均按此法绘制而成。为了使图面清晰,便于看图,一般将船尾至船中的各肋骨线绘制在中线的左侧,将船中至船首的各肋骨线绘制在中线的右侧,如图 10-8 所示。

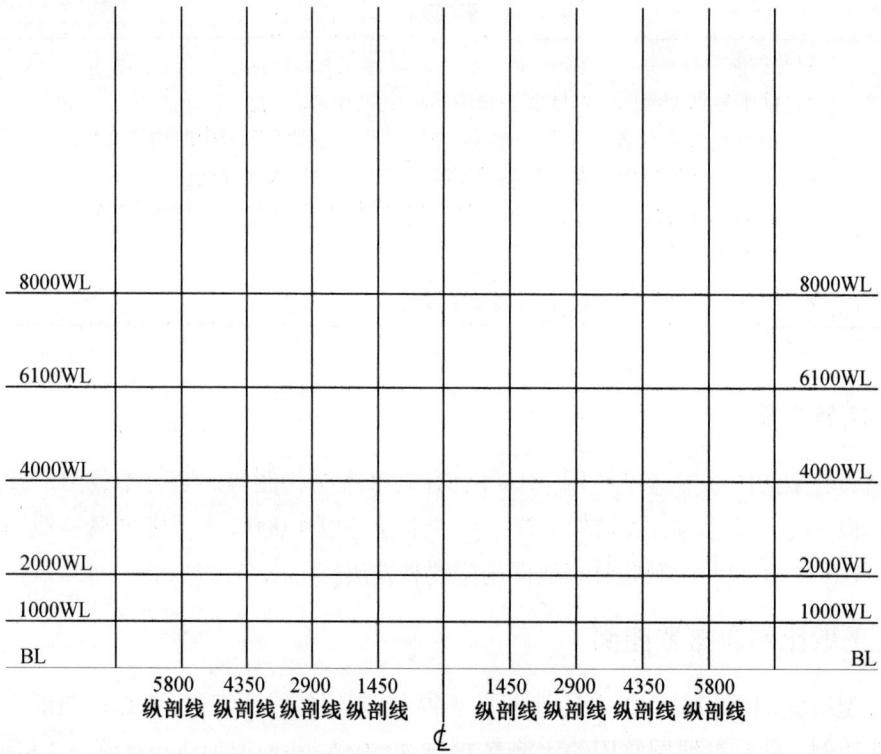

8000WL

6100WL

4000WL

2000WL
1000WL
BL

5800 4350 2900 1450　　1450 2900 4350 5800
纵剖线 纵剖线 纵剖线 纵剖线　　纵剖线 纵剖线 纵剖线 纵剖线

₵

图 10-5　画肋骨型线图的格子线

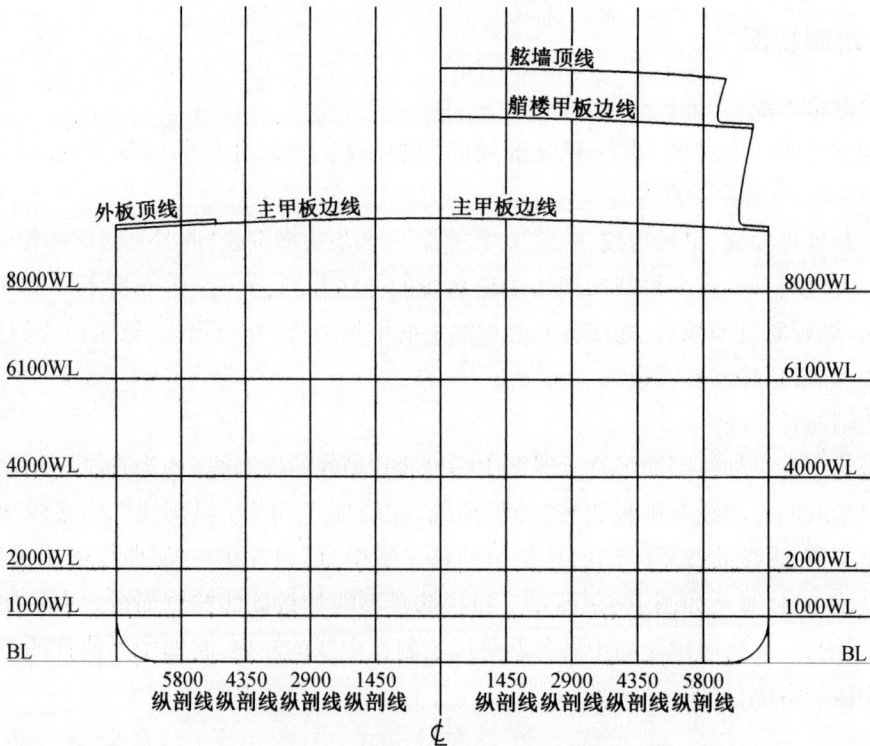

舷墙顶线

艏楼甲板边线

外板顶线　　主甲板边线　　主甲板边线

8000WL

6100WL

4000WL

2000WL
1000WL
BL

5800 4350 2900 1450　　1450 2900 4350 5800
纵剖线 纵剖线 纵剖线 纵剖线　　纵剖线 纵剖线 纵剖线 纵剖线

₵

图 10-6　绘制肋骨型线图的轮廓线

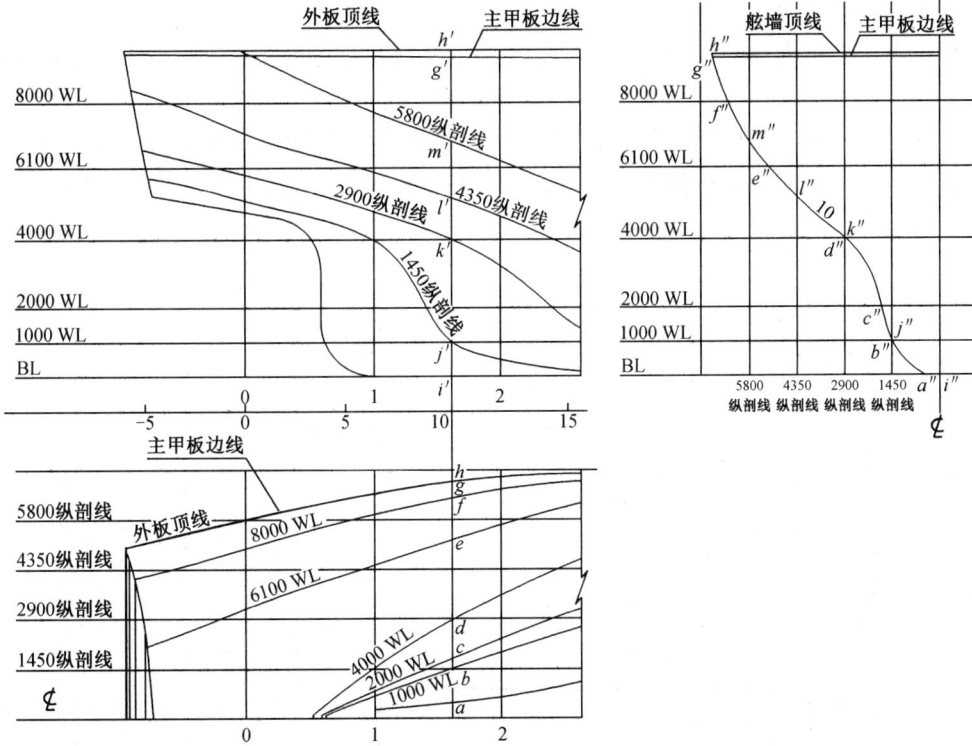

图 10-7 肋骨型线画法示意图

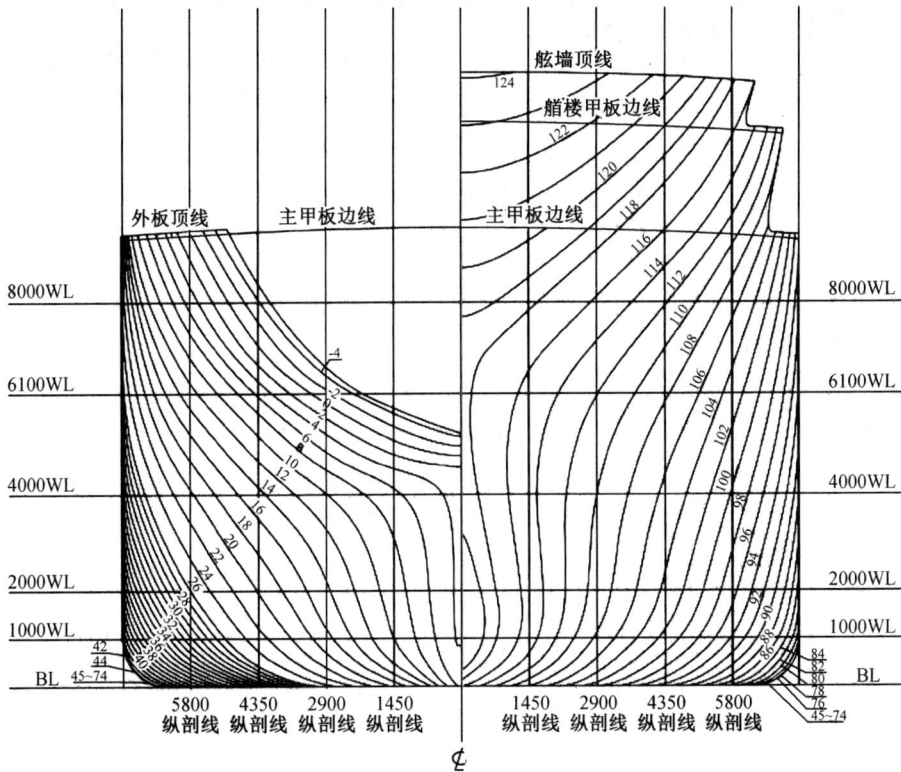

图 10-8 绘制肋骨型线

4. 画出构件交线

根据基本结构图和中横剖面图中给出的构件在某一肋位处距基线的高度或距船体中线的半宽值的定位尺寸,在相应肋骨型线上定出交点,连接各点即为该构件交线。例如,舷侧各纵向构件位置线的绘制,要根据其在各肋位处距基线的高度,在肋骨型线上定出交点,然后连接各点得出交线。舷侧纵桁、舭龙骨在图中用箭头标出起止位置。如图 10-9 所示,艉部内底板边线及各平台边线,即是根据基本结构图上中纵剖面图中距基线的高度确定的。

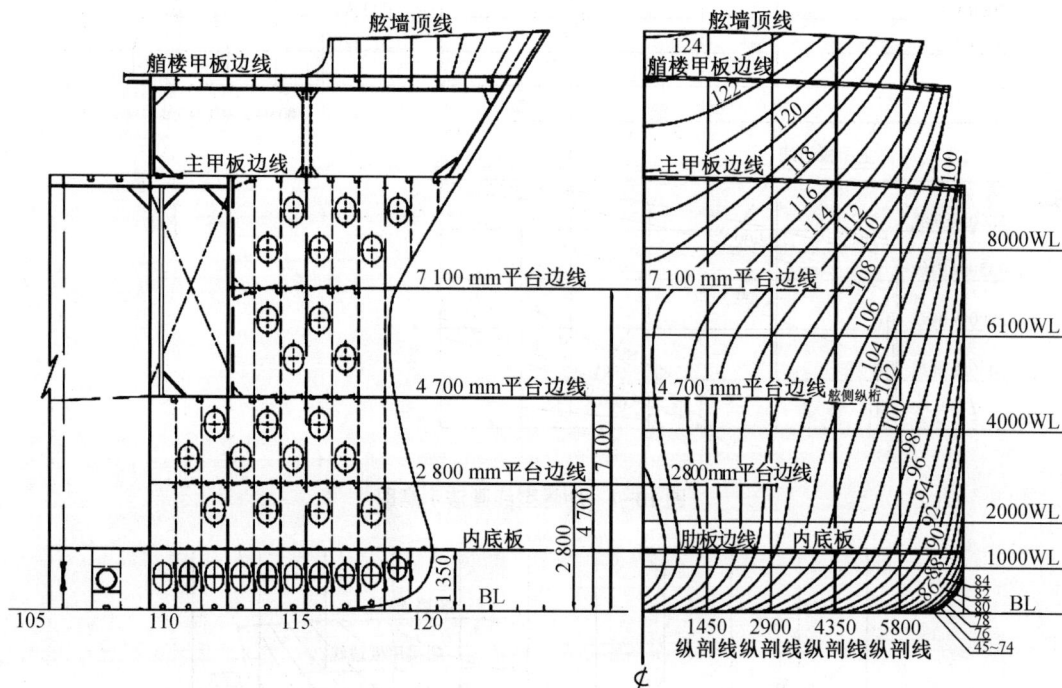

图 10-9 画平台边线、内底板边线及纵向构件交线

5. 画外板接缝线

外板接缝线是根据外板展开图中板的接缝位置来画的。

(1)边接缝线和纵向分段接缝线的画法

在外板展开图的相应肋位上量取边接缝线和纵向分段接缝线距基准线的尺寸,在纸条上按肋骨型线图的比例确定好各点,然后确定好基准点,把纸条沿相应的肋骨型线转动,录下接缝线的交点,连接各肋骨型线上的相应点,即得边接缝线和纵向分段接缝线。如果曲线不光顺,则修改某些点的位置,并以此修改外板展开图中的接缝线,直到两者均光顺、协调为止。

(2)端接缝线和横向分段线的画法

根据外板展开图确定端接缝或横向分段线的纵向位置,在型线图的半宽水线图和纵剖线图上相应位置处作平面剖切船体(即垂直线),余下作法与肋骨型线相同。如果端接缝只是一段,则取相应横剖线的一部分。

6. 绘制艏柱接缝线

艏柱接缝线的绘制是根据艏柱结构图提供的艏柱板尺寸,首先在型线图的纵剖线图和半宽水线图中画出艉柱接缝线;然后量取该接缝线与各水线及甲板边线、外板顶线和舷墙顶线交点的半宽值,按比例在肋骨型线图相应的型线上绘出这些交点;艉柱接缝线的最低点由艉柱结构图中提供的高度值和在型线图的半宽水线图中量得的半宽值确定;连接各点即为所求艉柱接缝线。

三、加深图线和标注尺寸

按图线要求加深,加深时注意肋骨型线的光顺。加深后,标注构件的定位尺寸。

四、注写编号及名称,编写主尺度栏和填写标题栏

注写肋骨型线的编号及构件交线、假想连线和边接缝的名称;在图纸右上方列出主尺度;在标题栏中填写船名、图名、比例等有关内容。

➤ 能力训练

训练名称:绘制150 t冷藏船肋骨型线图
训练内容:见《能力训练活页手册》"任务10.1能力训练"

【拓展提高】

拓展知识:艉轴出口处型线的形状
船舶螺旋桨推进器通常是布置在艉部的,艉轴要在艉部穿过船体外板伸到船体外。船舶的类型不同,艉轴的数量和布置形式也不同,其艉轴出口处形状也不同。在船舶推进器穿出船体的地方,船体表面的线型发生了变化,形成了一个凸起的和缓过渡的封闭曲面。图10-10所示为艉轴出口线型。

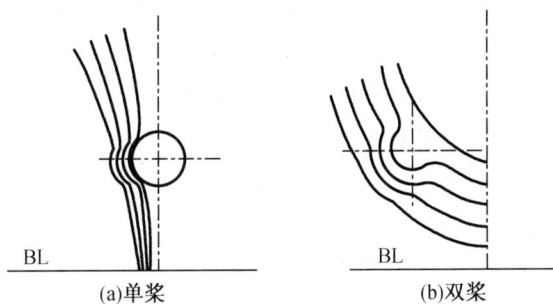

图10-10 艉轴出口线型

由于艉轴出口处轴壳板的肋骨型线是圆弧形的,画图时需求出相应肋骨线处的圆弧半径值。圆弧半径确定时通常要考虑艉轴套筒的半径、肋位处肋骨等结构件的高度、艉轴套筒与肋骨的合理空间等。这些圆弧半径所组成的轴壳型线,既要保证本身的纵向光顺性,又应保证其与船体连接的纵向型线能光顺过渡。轴壳板与船体相连的反圆弧处也应保证纵向型线的光顺性。

拓展训练:如何进行艉轴出口处型线的绘制。

【项目测试】

一、选择题

1.肋骨型线图中,以下_____属于构件线。

A.分段接缝线　　　　　　　　　　B.外底纵骨、旁底桁线

C.肋板边线　　　　　　　　　　　D.舭肘板顶线

2.肋骨型线图中主要线条有肋骨型线、构件交线、板缝线和_____线四种。

A.假想连线　　　B.开口轮廓线　　　C.肋板边线　　　D.舭肘板顶线

3.肋骨型线图的肋骨型线是根据_____绘制的。

A.型线图　　　B.外板展开图　　　C.基本结构图　　　D.总布置图

4.肋骨型线图属于_____图样。

A.局部　　　　B.全船　　　　C.横剖面　　　　D.纵剖面

5.肋骨型线图和外板展开图共同表达了船体外板结构和_____的位置。

A.主要构件　　　B.主要设备　　　C.主要零件　　　D.舱壁结构

6._____是相邻两分段间接缝线的投影。

A.边接缝线　　　B.分段接缝线　　　C.端接缝线　　　D.外板接缝线

7.在肋骨型线图中,舭龙骨线一般用_____表示。

A.粗虚线　　　B.细双点画线　　　C.分段线　　　D.粗点画线

8.构件的位置由_____决定。

A.分段接缝线和假象连线　　　　　B.外板接缝线和构件连线

C.分段接缝线和外板接缝线　　　　D.假想连线和构件连线

9.肋骨型线图中,下列线条可用细实线表达的有_____。

A.板材简化线　　　B.可见主要构件　　　C.中心线　　　D.接缝线

10.在肋骨型线图中,可用粗虚线表达的有_____。

A.舷侧纵桁　　　B.内龙骨　　　C.舭龙骨　　　D.内底板边线

二、判断题(对的打"√",错的打"×")

1.肋骨型线图中假想连线用细点画线表示。　　　　　　　　　　　　(　　)

2.斜栅线表示外板接缝线。　　　　　　　　　　　　　　　　　　　(　　)

3.肋骨型线图中的肋骨型线是根据型线图绘制的。　　　　　　　　　(　　)

4.肋骨型线图中的构件线是指与外板直接相连的纵向构件线。　　　　(　　)

5.纵向接缝线在肋骨型线图中投影是与肋骨型线平行的曲线。　　　　(　　)

6.肋骨型线图和外板展开图共同表达板的排列和布置。　　　　　　　(　　)

三、名词解释

1.肋骨型线图

2.肋骨型线

3.假想连线

4.舭肘板顶线

四、简答题

1.肋骨型线图的主要用途有哪些?

2.肋骨型线图中的主要线条有哪些？用什么图线表示？

3.肋骨型线图中绘制的板缝线主要有哪些？

4.肋骨型线图主要是以什么图样为依据来绘制的？

五、应用与拓展题

1.根据《能力训练活页手册》中图 10-1 所示 150 t 冷藏船肋骨型线图,回答下列问题。

(1)图中的 A×B、B×D 线是什么线？

(2)图中的斜栅线表示什么含义？

(3)肋骨线、舭龙骨线、舷侧纵桁线、甲板边线分别用什么图线来表示？

(4)图中由 A×B、B×D、#7 和 #21 附近斜栅线组成的外板有几块？其板长度沿什么方向？

(5)根据该图判断该船具有几个主机和螺旋桨？

(6)旁桁材在船长方向设置的肋位区间是什么？距中心线的距离是多少？

2.根据《能力训练活页手册》中图 10-1 所示 150 t 冷藏船肋骨型线图,指出在 #50～#70 肋位：

(1)端接缝位置和边接缝的数量；

(2)左右舷外板有多少列,共有多少块；

(3)根据构件交线,指出在此区间的舷侧纵桁构件在宽度、高度方向的位置及长度方向的起止点。

3.根据图 10-7 中的艉部纵剖线图和半宽水线图,在该图右侧横剖线图格子线上(或以一定比例另行绘制格子线)画出 #13 号肋骨型线。

项目 11 外板展开图的识读与绘制

【项目描述】

外板展开图主要是表示全船外板的排列、厚度,以及外板上开口的位置和大小的结构图样。它是一种船壳的近似展开图。其主要用途如下:

(1)与肋骨型线图配合,确定外板的接缝和外板拼板的位置,作为船体放样时的依据;

(2)统计全船外板所需要的钢板数量和规格,以便订货或备料;

(3)作为计算船体质量和重心位置的主要依据。

外板展开图是生产准备和外板放样、下料及拼板工作的施工依据,是非常重要的船体结构图样之一,因此必须正确识读和绘制船体外板展开图。

本项目介绍外板展开图的组成、表达内容和表达特点,并介绍外板展开图中常用的图线及其含义。通过下面两个任务的学习和训练,熟悉船体外板展开图的内容,掌握外板展开图的识读与绘制方法,从而为后面船体结构图样的学习打下基础。

学习任务

任务 11.1 识读 4 000 t 干货船外板展开图;

任务 11.2 绘制 4 000 t 干货船外板展开图。

【项目目标】

素质目标

1.具有全局意识、质量意识和遵守行业规范的工作意识;

2.具有严谨细致、认真务实的职业素质;

3.具有团队意识、自我表达能力和与人沟通协作的能力。

知识目标

1.掌握船体外板展开图的组成和表达内容;

2.了解船体外板展开图的表达特点;

3.掌握船体外板展开图中的常用图线及其含义。

能力目标

1.正确识读船体外板展开图;

2.正确绘制船体外板展开图。

【相关知识】

一、外板展开图的组成和表达内容

外板展开图由主尺度栏和展开图视图组成,如图 11-1(书后附图)所示。主尺度栏中列出的主尺度与肋骨型线图相同。外板展开图通常只有一个展开视图,图面组成比较简单。

外板展开图是一个右舷侧视的近似展开图,其表达的主要内容如下:

(1)全船外板的排列和尺寸

根据船体分段的划分、板材规格、工艺、结构上的要求排列外板接缝线,从而表达了全船外板的布置。图中对每块钢板均编号和注明厚度。

(2)外板上开口位置和大小

根据有关图样提供的尺寸,表达了外板上的开口及加强覆板的位置与大小,覆板的轮廓用阴影线表示。开口尺寸的下方所注写的"仅左舷"表示的是仅船左舷有一个开口,其轮廓用假想轮廓线——细双点画线表示;"仅右舷"表示的是仅船右舷有一个开口;没有以上字样的,表示开口在船左右舷对称各有一个开口。

(3)与外板直接相连的纵横构件的位置

根据结构图样,凡与外板直接相连的纵横构件的位置都在图中表示出来,借以说明这些构件与外板接缝线及开口的相对位置,以此来检查板缝线和开口的布置是否满足工艺和结构上的要求。

此外,有些外板展开图还表示了舷墙和舭龙骨的具体结构,外板接缝典型的坡口形式,以及表明外板用料、规格和数量的明细表。

二、外板展开图的表达方法及特点

为表示全船各张外板下料时的实际大小和形状,最理想的应该是把整个船体外壳完全摊平,画出它的展开图形。但是船体外壳通常是一个具有纵横向双重曲度的复杂曲面,在几何上是不可能将整个船体外板型表面完全摊平的,为了解决这一矛盾,船图中只能沿曲度较大的方向进行展开,即近似展开,这样就得到了船体外板的近似展开图。

外板展开图的表达特点如下:

(1)采用了近似的展开方法,即只展开船体表面的横向曲度,将肋骨型线展直,而纵向曲度不加以展开,这样就得到了船体外板的近似展开图;

(2)外板的横向尺寸是展开的尺寸,即实长,而纵向仍是投影长度;

(3)由于船体形状和外板的排列通常都对称于中线面,故外板展开图只画出展开图形的一半,习惯上通常用右舷展开图形来表示,如图 11-2 所示。

这样得到的外板展开图,虽然不表示每张外板展开后的真实形状,但仍能直观地反映出全船外板的结构和板缝的分布情况。外板展开图实际上是一张从船外进行投影的右侧视展开图,外板上的构架在图中都是不可见的。

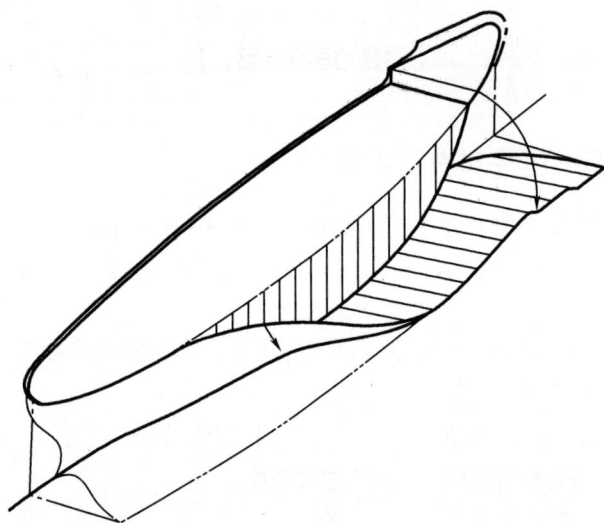

图 11-2　船体曲面的近似展开

三、外板展开图中常用的图线及其表达内容

外板展开图中常用的图线及其表达内容见表11-1。

表 11-1　外板展开图中常用的图线及其表达内容

图线名称	表达内容
细实线	外板板缝线、开孔轮廓线、艏艉轮廓线、外板顶线、舷墙顶线等
粗虚线	非水密的舱壁、平台、肋板、旁底桁等板材结构的简化线
细虚线	船底纵骨、普通肋骨等简化线
粗点画线	舭龙骨等简化线
细点画线	甲板板转圆线等
粗双点画线	强肋骨、舷侧纵桁、旁内龙骨、基座纵桁等强构件的简化线
细双点画线	肋板边线的假想连线、护舷材的投影线
轨道线	水密或油密甲板、平台、内底板边线、舱壁、肋板等板材结构的简化线
斜栅线	分段接缝线

【学习任务】

任务 11.1　识读 4 000 t 干货船外板展开图

➤ 任务解析

学习任务	识读 4 000 t 干货船外板展开图
任务导入	图 11-1 所示为 4 000 t 干货船外板展开图,由外板展开图图形和主尺度两部分组成。本任务是学习 4 000 t 干货船外板展开图的识读方法并进行识读训练,识读时应对照该船肋骨型线图、基本结构图、分段划分图等结构图样
任务要求	通过识读 4 000 t 干货船外板展开图,了解外板的布置、尺寸、外板上的开口、加强复板的位置及尺寸
实施步骤	(1)了解外板的边界; (2)了解外板的布置和数量(对照外板展开图); (3)了解构件的位置(参照中横剖面图和基本结构图)
任务目标	职业素质目标: (1)具有严谨细致、认真务实的工作态度; (2)具有创新意识,以及获取新知识、新技能的学习能力; (3)具有分析问题、解决问题的能力; (4)具有团队协作能力和语言表达能力; (5)具有迎接挑战的意识。 职业知识目标: (1)掌握船体外板展开图的组成和表达内容; (2)熟悉船体外板展开图的识读步骤; (3)掌握船体外板展开图的识读方法。 职业技能目标: (1)能够通过分析外板的横向边界和纵向边界了解外板的边界; (2)能够从外板的纵向边接缝的数目确定外板的列数; (3)能够从一列外板中横向接缝线的数目确定该列外板的钢板数; (4)能够综合各列外板的钢板数,确定整条船所需的钢板数量; (5)能够通过构件交线、假想连线确定构件的位置; (6)能够确定外板上开口与加强复板的位置和大小; (7)能够正确识读懂船体外板展开图
学习资源	教材、教学课件、图片、图纸、动画及微课等

➤ 任务实施

外板展开图主要以肋骨型线图为依据进行展开,所以要想加深对图样表达内容的理解,要参照肋骨型线图及基本结构图等相关的结构图样。首先应该清楚地了解图中各种线条的含义,然后对照肋骨型线图来识读板的排列情况,对照中横剖面图和基本结构图了解构件与外板直接相连的纵横构件的布置情况。识读外板展开图,一是可以通读全船,了解全船的情况;二是重点看某一部分内容。本任务以 4 000 t 干货船外板展开图为任务主体,根据图 11-1 说明识读外板展开图的步骤和方法。

一、了解外板的排列与尺寸

板的排列情况主要由板缝线决定。外板展开图中除 K 列板外,其余各列板都是左右舷各一块,由两条细实线表示的边接缝线与两条分段线表示的端接缝线围成;K 列板因对称于中线面布置,仅绘制一半;为了区分同一列中的每一块板,在列板的名称后带有数字下标用以表示外板序号,如 K_4、A_4、B_4 等;外板序号由艉向艏依次编排,并注写在直径为 8 mm 的细实线圆内。板厚由数值加下画线组成,如 9、10 等。每块板的近似长度可由其所占肋位数及肋距值估计,每块板的宽度可由比例尺量得。

图 11-1 中 $\#73^{+200}$ ~ $\#97^{+100}$ 之间的外板由 K、A、B、C、D、E、F、H、I、J、M、N 列板组成,其中在 $\#73$ 与 $\#74$、$\#85$ 与 $\#86$、$\#97$ 与 $\#98$ 之间分别有横向接缝线,将各列板分为两块板。$\#73^{+200}$ ~ $\#97^{+100}$ 之间的外板由 K_8、A_{10}、B_5、C_4、D_6、E_{10}、H_9、I_9、J_9、M_9、N_9 与 K_9、A_{11}、B_6、C_5、D_7、E_{11}、H_{10}、I_{10}、J_{10}、M_{10}、N_{10} 板组成,左右舷共为 42 块板,K_8、K_9 板厚为 14 mm,E_{10}、A_{11}、B_6、C_5、D_7、E_{11} 板厚为 13 mm,N_{10} 板厚为 11 mm,其余板厚均为 12 mm。

二、了解外板上开口与加强复板的位置和大小

外板开口的可见轮廓用封闭的细实线表示,加强覆板的可见轮廓用封闭的细实线及短斜线表示,大小和位置可直接在图中查得。只在一舷设置的开口或覆板,在图中注有"仅左舷"或"仅右舷"的字样。如图 11-1 中 $\#104$ ~ $\#105$ 肋位之间的外板 K10 上,有一圆形开孔,开孔直径为 175 mm,外板上无加强覆板。

三、了解纵横构件的位置

外板展开图除了纵向构件线及甲板、平台、内底板等与外板的交线外,还有横向构件线,构件的位置由这些构件交线及假想连线决定。根据线条种类及标注的构件名称,可以确定是哪种构件。同时还可以了解构件线与板的接缝线及开口之间的相对位置。

如图 11-1 中,横向的垂直细虚线为普通肋骨,除了设有横舱壁和强肋骨的肋位外,每挡肋位设置;$\#3$、$\#8$、$\#25$、$\#28$、$\#70$、$\#109$ 肋位的轨道线为水密横舱壁;图中 $\#3$、$\#0$、$\#6$ 等共有 33 个肋位是垂直粗双点画线,为强肋骨。纵向在 $\#25$ ~ $\#109$ 肋位之间舷侧处的粗双点画线为舷侧纵桁,在 $\#3$ ~ $\#25$ 肋位之间的粗虚线为非水密的平台甲板;$\#8$ ~ $\#109$ 肋位之间为内底板,等等。

➤ 能力训练

训练名称:识读 150 t 冷藏船外板展开图

训练内容:见《能力训练活页手册》"任务 11.1 能力训练"

任务11.2　绘制4 000 t干货船外板展开图

➤ 任务解析

学习任务	绘制4 000 t干货船外板展开图
任务导入	图11-1所示为4 000 t干货船外板展开图,由外板展开图图形和主尺度两部分组成。本任务是学习4 000 t干货船外板展开图的绘制方法并进行绘制训练,绘图时参考该船型线图、总布置图、肋骨型线图、基本结构图和分段划分图等结构图样
任务要求	通过绘制4 000 t干货船外板展开图,掌握外板展开的方法、板缝排列方法,了解基本结构图与外板展开图中构件的对应关系,了解肋骨型线图与外板展开图的对应关系,加深对外板展开图的理解
实施步骤	(1)选取图样比例、图纸幅面及布置图面; (2)绘制视图; (3)按图线要求加深,并标注外板代号、构件名称、有关尺寸和编写主尺度栏
任务目标	职业素质目标: (1)具有严谨细致、认真务实的工作态度; (2)具有创新意识,以及获取新知识、新技能的学习能力; (3)具有分析问题、解决问题的能力; (4)具有团队协作能力和语言表达能力; (5)具有迎接挑战的意识。 职业知识目标: (1)掌握船体外板展开图的表达方法和特点; (2)熟悉船体外板展开图的绘制步骤; (3)掌握船体外板展开图的绘制方法。 职业技能目标: (1)能够根据型线图提供的尺寸绘制外板展开图中艏艉轮廓形状; (2)能够根据肋骨型线图求取外板展开图中肋骨线实长; (3)能够根据肋骨型线图求取外板展开图中纵向构件与肋骨型线的交点; (4)能够根据基本结构图和中横剖面图绘制外板展开图中横向构件交线; (5)能够根据船体分段的划分、外板的厚度、板材的规格及工艺和结构上的要求,布置外板展开图中外板接缝线; (6)能够正确绘制出船体外板展开图
学习资源	教材、教学课件、图片、图纸、动画及微课等

➤ 任务实施

　　绘制外板展开图时,要求外板接缝排列合理,满足结构和工艺要求,满载水线以上要注意接缝的美观。本任务以4 000 t干货船外板展开图为任务主体,参考图11-1说明绘制外板展开图的步骤和方法。

一、选取图样比例、图纸幅面及布置图面

　　由于外板展开图图形较长,其比例应选小些,为便于绘图,应按肋骨型线图的比例缩至$\frac{1}{2}$,有1:100,1:50,1:25等。外板展开图通常采用加长的图纸,如图纸过长,可分两张绘制。根据船长在图纸适当位置布置视图。

二、绘制视图

（1）作基线，量出垂线间长，根据肋骨间距确定肋位，隔 5～10 挡肋距作垂直于基线的直线，如图 11-3 所示。

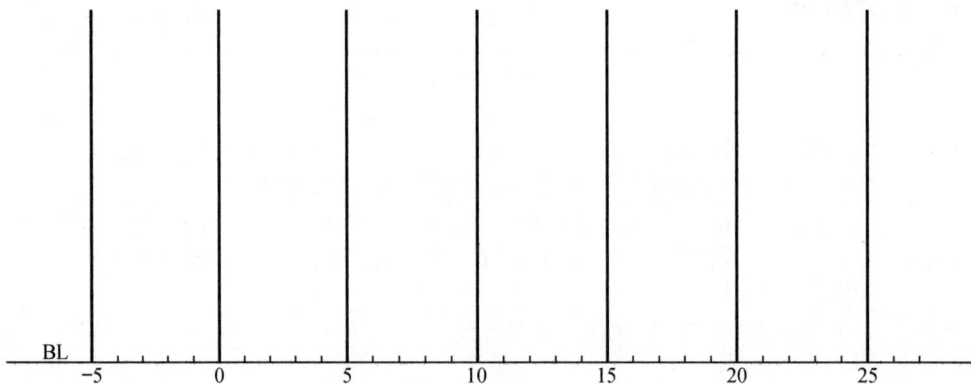

BL
−5　　0　　5　　10　　15　　20　　25

图 11-3　作外板展开图基线

（2）绘制艏艉轮廓线。其形状与型线图中的艏艉轮廓相同（图 11-4）。

（3）展直肋骨型线。用与曲线外切的折线近似代替曲线，其方法是：在平直的纸条上作起点，将起点对准肋骨型线与中纵剖线的交点，沿肋骨型线外缘慢慢转动纸条，并用笔尖顶住纸条边缘，笔尖移动的距离在曲率大处要小，在曲率小处可大些，转动过程中记下构件与肋骨型线的交点。

肋骨型线不需要每根都展直，按步骤 1 中隔 5～10 挡肋位取样即可，如图 11-4 所示。

（4）换算比例，量取构件交点及边缝线交点。将所记录下的值按外板展开图的比例，在外板展开图中的相应肋骨线上转录下所记录的各点。

（5）绘制纵向构件交线。连接各肋骨型线上的相应纵向构件交点，画出各种纵向构件线。不易表达清楚的舷侧纵桁和舭龙骨等纵向构件也可用箭头标出起始和终止位置，如图 11-5 所示。

（6）绘制横向构件线。根据基本结构图和中横剖面图，在相应肋位画出横舱壁、强肋骨、普通肋骨、肋板等横向构件的投影。

（7）绘制边接缝线、端接缝线和分段接缝线。连接各肋骨型线上的相应边接缝线交点，画出各边接缝线；并按端接缝和横向分段接缝线的位置画出端接缝线和横向分段接缝线，如图 11-6 所示。分段线要用斜栅线表示。

（8）绘制外板上的开口和加强覆板（图 11-6）。外板开口用封闭的细实线表示轮廓，圆孔应画出中心位置线，矩形开口画出表示开口大小的对角范围线；加强覆板可见轮廓线要用封闭的细实线及内侧画短斜线表示。

三、按图线要求加深，并标注外板代号、构件名称、有关尺寸和编写主尺度栏

外板各列板的代号按前述的 K、A、B、C 等注写。同一列外板中，外板的序号由艉向艏依次编排。艏艉部分采用并板时，可略去 A、B、C、D 中的某些列板。外板编号注写在直径 8 mm 的细实线圆内，圆外引出对准圆心的水平细实线标注板厚。外板上某些加强覆板和开口在一舷时，可在覆板和开口附近用文字说明"仅左舷"或"仅右舷"。

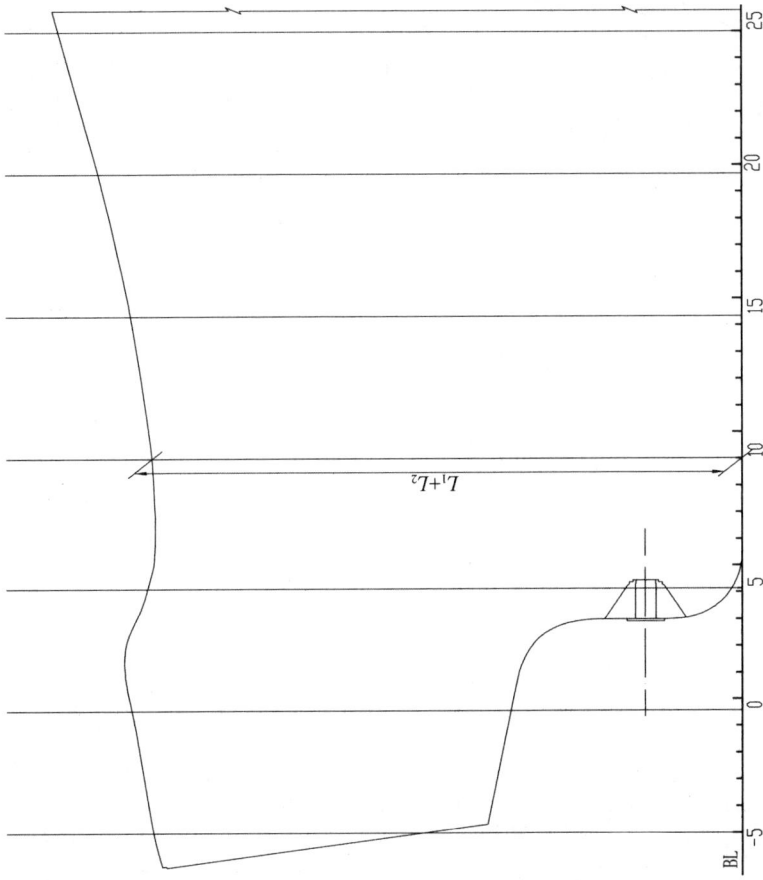

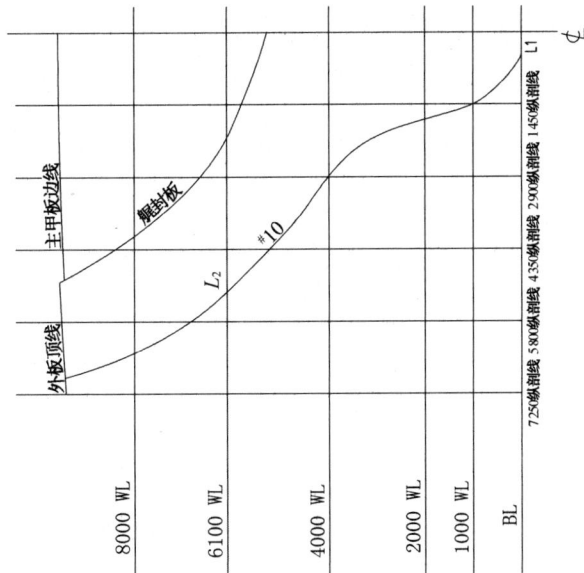

图11-4 绘制展开图轮廓线

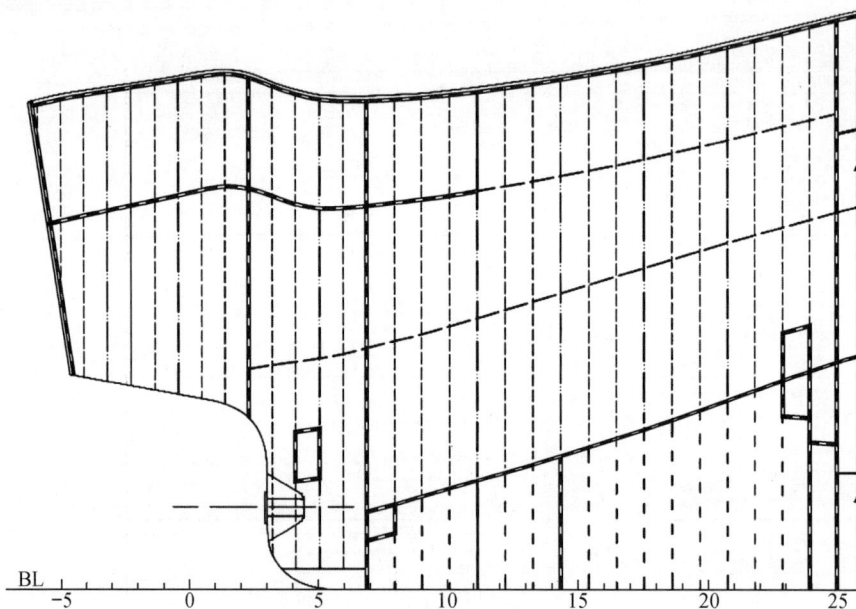

图 11-5　绘制构件交线

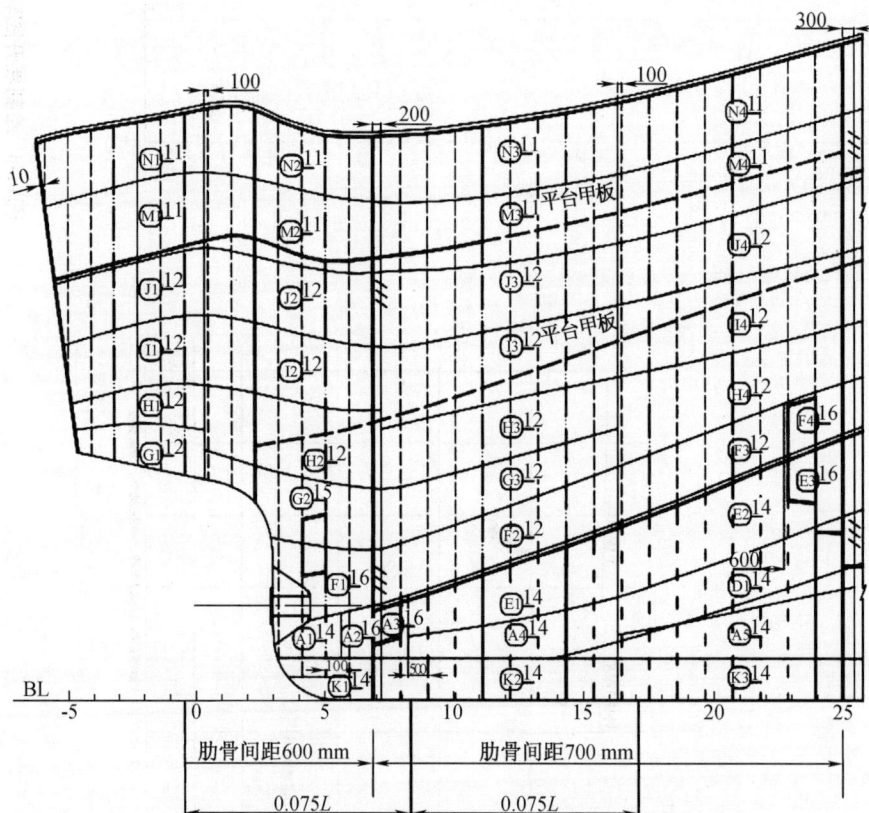

图 11-6　绘制外板展开图的接缝线及图面标注

纵向构件在图中通常要注写名称,以方便看图。

此外,在基线下方要注明船端 0.075L 或船中 0.4L 等范围。具体参见图 11-1、图 11-6。

➤ **能力训练**

训练名称:绘制 150 t 冷藏船$^#$50~$^#$70 肋位局部外板展开图

训练内容:见《能力训练活页手册》"任务 11.2 能力训练"

【拓展提高】

拓展知识:外板上厚度加强及开口要求

《国内航行海船建造规范》中对外板上厚度加强及开口均有规定。

一、外板厚度局部加强

与艉柱连接的外板、轴毂处的包板及多推进器艉轴架托掌固定处的外板厚度,应不小于端部外板厚度的 1.5 倍,也不小于中部外板的厚度。锚链筒处的外板及其下方一块板应予加厚或用覆板。

二、外板上开口要求

在船中部 0.5L 区域内,舭列板弯曲部分应尽量避免开口,必须开口时,应开成长轴沿船长方向布置的椭圆形开口。舷顶列板上的圆形孔,如避开舷缘和舱口边线外的任何甲板开口,且此孔的高度不超过舷顶列板高度的 20% 或 380 mm(以较小者为准)时,则一般不必补偿。此项圆形孔应充分避开上层建筑端点。圆弧形舷缘上不允许开口。海水进口及其他开口角隅应有足够大的圆角。通海阀箱厚度应与邻近的外板厚度相同,船长大于或等于 90 m 时,应不小于 12 mm,但不必大于 25 mm。舷门等开口角隅应采用足够大的圆角,而且要避开上层建筑端点和货舱口边线外的甲板开口。在船中部 0.5L 范围内,应完全补偿,补偿可用加厚板或覆板,在船长方向应有足够长度。

拓展训练:查阅《钢质内河船舶建造规范》,了解内河船外板加强及开口要求。

【项目测试】

一、选择题

1.外板展开图的主要用途有_____。

A.与肋骨型线图配合,确定外板的接缝和外板并板的位置,作为船体放样时外板放样及拼板工作的施工依据

B.统计组成全船外板所需要的钢板数量和规格,作为订货或备料的依据

C.作为计算船体质量和重心位置的主要依据

D.为肋骨型线图提供依据

2.外板展开图表达的主要内容有_____。

A.全船外板的布置及其尺寸

B.外板上的开口位置和尺寸

C. 与外板直接相连的纵横向构件的位置

D. 外板上加强覆板的位置和尺寸

3. 外板纵向的接缝称为_____。

A. 边接缝　　　　　B. 端接缝　　　　　C. 分段接缝线　　　D. 以上都不是

4. 平板龙骨和舷顶列板分别用字母_____和_____表示。

A. A　　　　　　　B. B　　　　　　　C. K　　　　　　　D. S

5. 关于外板展开图,下列说法不正确的有_____。

A. 船体表面的纵横向曲度都展开　　　B. 只展开船体表面的横向曲度

C. 外板横向构件尺寸是展开图形的实长　　D. 展开图上的板边缝间距是展开实长

6. 外板展开图中除 K 列板外,其余各列板都是左右舷各_____块。

A. 1　　　　　　　B. 2　　　　　　　C. 3　　　　　　　D. 半

7. 外板序号由_____向_____依次编排。

A. 两端,船中　　　B. 艉,艏　　　　　C. 艏,艉　　　　　D. 船中,两端

8. 外板开口的可见轮廓用封闭的_____表示。

A. 粗实线　　　　　B. 粗虚线　　　　　C. 细实线　　　　　D. 细虚线

9. _____的可见轮廓用封闭的细实线及短斜线表示。

A. 舱壁　　　　　　B. 开口　　　　　　C. 外板　　　　　　D. 加强覆板

二、判断题(对的打"√",错的打"×")

1. 船体外板展开图中船体表面的纵横向曲度都展开。　　　　　　　　　　（　　）

2. 外板展开图中横向长度为实长,纵向为投影长度。　　　　　　　　　　（　　）

3. 在外板展开图中只画与外板直接相连的船体纵向构件。　　　　　　　　（　　）

4. 平板龙骨在外板展开图中只画宽度的一半。　　　　　　　　　　　　　（　　）

5. 外板的纵向接缝为边接缝,横向接缝为端接缝。　　　　　　　　　　　（　　）

6. 外板展开图中外板上的开口和加强覆板不需要绘制。　　　　　　　　　（　　）

7. 外板展开图中水密横舱壁和非水密横舱壁都用粗虚线表达。　　　　　　（　　）

8. 分段接缝线在外板展开图上用斜栅线表示。　　　　　　　　　　　　　（　　）

9. 板的排列情况主要由分段接缝线决定。　　　　　　　　　　　　　　　（　　）

10. 外板上每块板由两条细实线纵接缝线与两条横向分段线围成。　　　　（　　）

三、名词解释

1. 外板展开图

2. 近似展开

3. 分段接缝线

四、简答题

1. 外板展开图有什么特点?

2. 外板展开图表达内容有哪些? 分别用什么线表示?

3. 外板排板的要求有哪些?

4. 与外板直接相连的纵横构件有哪些? 在外板展开图中分别用什么图线表示?

五、应用与拓展题

1. 识读《能力训练活页手册》中图 11-1 所示 150 t 冷藏船外板展开图的#50~#70 肋位

外板结构,回答如下问题:

(1)$^\#$50~$^\#$70 肋位,在上甲板到基线的范围内,每一舷外板是由＿＿＿＿＿列、＿＿＿＿＿块钢板组成(计 K 列板);

(2)外板 K_7、A_7、C_6 的厚度依次为＿＿＿＿＿ mm、＿＿＿＿＿ mm、＿＿＿＿＿ mm;

(3)各肋位主甲板下的垂直细虚线为＿＿＿＿＿;

(4)$^\#$50~$^\#$70 肋位之间纵向轨道线为＿＿＿＿＿;

(5)$^\#$51、$^\#$64 肋位底部垂直轨道线为＿＿＿＿＿。

2. 根据图 11-3~图 11-6 所示图例,回答和完成下列问题:

(1)写出外板展开图主要绘图步骤;

(2)在图 11-4 中右侧视图上(或在图纸上另画视图)画出其中某一平台甲板线,并标出名称。

项目 12　船体分段划分图的识读与绘制

【项目描述】

船体分段划分图是表示全船分段划分情况的图样。当船舶的设计进行到一定阶段,整个船舶的基本结构图已经完成,船台装配方式已经确定之后,就需着手研究船体分段的划分。船体分段划分是否合理,关系到能否有效地利用工厂的设备能力,提高劳动生产率,改善劳动条件,提高建造质量和降低成本。分段划分是一项复杂而细致的工作,需要经过反复分析研究,才能得到合理的分段划分方案,从而绘制出分段划分图。

分段划分图表示了全船分段的数量、各分段的接缝位置和理论质量,以及船台装配余量的数量和加放部位。某些分段划分图还表示了各分段在船台上的定位吊装顺序。船体分段划分图还是其他结构图样绘制分段接缝位置的依据,也是船台装配时分段吊装、定位及起重、运输配备设备的依据。

本项目介绍分段划分图的组成和表达内容,并介绍分段编号方法及分段划分图的特点。通过下面两个任务的学习和训练,熟悉船体分段划分图的内容,掌握分段划分图的识读与绘制方法,从而为船体分段结构图及后续课程的学习打下基础。

学习任务

任务 12.1　识读 4 000 t 干货船分段划分图;

任务 12.2　绘制 4 000 t 干货船分段划分图。

【项目目标】

素质目标

1.具有全局意识、较高的质量意识、安全意识和环境保护意识;

2.具有勇于探索的精神和及时发现问题、解决问题的能力;

3.具有爱岗敬业、实事求是和团结协作的优秀品质。

知识目标

1.掌握船体分段划分图的组成和各视图表达的内容;

2.掌握船体分段编号的方法;

3.了解船体分段划分图的特点。

能力目标

1. 正确识读船体分段划分图；
2. 熟悉船体分段划分图的绘制方法。

【相关知识】

一、分段划分图的组成和表达内容

分段划分图主要由一组视图、船体分段的编号、分段明细栏和主尺度组成，如图12-1(见书末附图)所示。

1. 分段划分图的视图

分段划分图的视图用来表达分段的划分情况及分段接缝位置，必须指出在船体分段划分图上只表示分段的接缝，而不表示一般的板缝，所以分段接缝线不必画出斜栅线而仅用细实线表示即可。通常视图的种类如下：

(1)侧面图

侧面图是指从船体右舷向V投影面投影所得的视图，见图12-1上方的视图。它表达了船体分段沿船长和船深方向的位置。侧面图是分段划分图的主视图，一般来说，从中可以了解全船分段划分的概貌。

(2)甲板平面图

甲板平面图是用剖切面沿甲板表面剖切船体而得的剖面图，它表达了船体分段沿船长和船宽方向的位置。具体来说，甲板平面图主要用来表达甲板分段或与甲板相关的分段的位置，见图12-1中间的视图。

(3)舱底图

舱底图是用剖切面沿底部构架的表面剖切船体而得的剖视图。它表示了船体底部分段沿船长和船宽方向的位置，见图12-1下方的内底平面图。

除上述视图外，若船体分段的板和内部骨架的分段接缝不在同一平面内时(图12-2)，分段划分图通常还绘有纵剖面图和横剖面图。

(4)纵剖面图

纵剖面图是用纵向平面剖切船体而得的剖面图。它表达了剖切平面处的分段的板和内部纵向骨架沿船长方向的分段接缝位置。

(5)横剖面图

横剖面图是用横向平面剖切船体而得的剖面图。它表达了剖切平面处的分段的板和横向骨架沿船宽方向的分段接缝位置。

如图12-2所示，纵剖面图和横剖面图不仅表达了分段的接缝位置，而且表达了内部纵横骨架的接缝位置，体现了船体分段划分时内部骨架处理结果，表达了分段处板与骨架之间的分段接缝线的相对位置。而侧面图、甲板平面图、舱底图是不表达内部骨架接缝位置的。

2. 分段明细栏

分段划分图的标题栏上方编有明细栏。明细栏中列出了全船各分段的分段号、名称、质量及外形尺寸等，其格式见图12-1。其中：

序号：表示全船分段的次序号，通常的次序是自艉向艏，自下向上编排。可以从序号中知道全船分段的数量。

分段号:各分段的代号。

名称:表示各分段的名称及沿船长方向的位置。

质量:表示该分段的理论质量,单位为 t。

外形尺寸:表示分段长×宽、长×高或长×宽×高的外形轮廓尺寸,单位为 m。

附注:填写必要的说明。

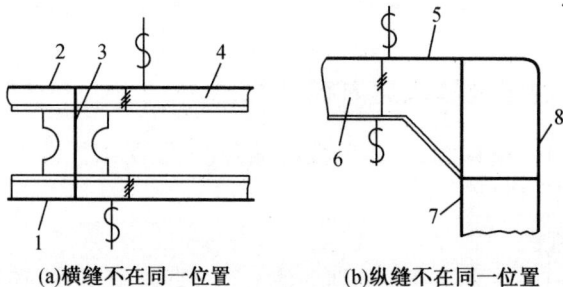

(a)横缝不在同一位置   (b)纵缝不在同一位置

1—外底板;2—内底板;3—肋板;4—纵骨;5—甲板;6—强横梁;7—内壳纵壁;8—舷侧外板。

图 12-2 板与内部骨架接缝不在同一位置

3.主尺度

分段划分图的主尺度主要有总长、垂线间长、型宽、型深、吃水和肋距,如图 12-1 所示。

二、分段划分图的特点

1.分段划分图的视图是具有示意性质的图形

由于分段划分图主要用来表明分段接缝的位置,所以在视图中,除与分段定位有关的结构(如甲板、平台、舱壁、内底、水密肋板等)外,其他结构均省略不画。图中也不画一般的板缝线,只画分段接缝线。图样简洁、清晰,画图方便,读图也一目了然,便于使用。

2.图线应用不同于其他图样

除纵横剖面图外,其余视图的外形轮廓用细实线画出;甲板、平台、舱壁、内底等结构不论其水密与否,凡不可见的均用粗虚线画出;分段接缝线不用斜栅线而用细实线画出。

三、船体分段的编号

为了便于图样识读和船厂中分段及船体的建造工作,要对组成船体的各分段进行编号,分段的编号方法按 GB/T 4476.3—2008《金属船体制图》规定,表示出分段所在的位置。

分段划分图上每个分段的编号数称为分段号。分段号要体现分段的所在位置及其依次上船台的顺序,如图 12-3 所示。

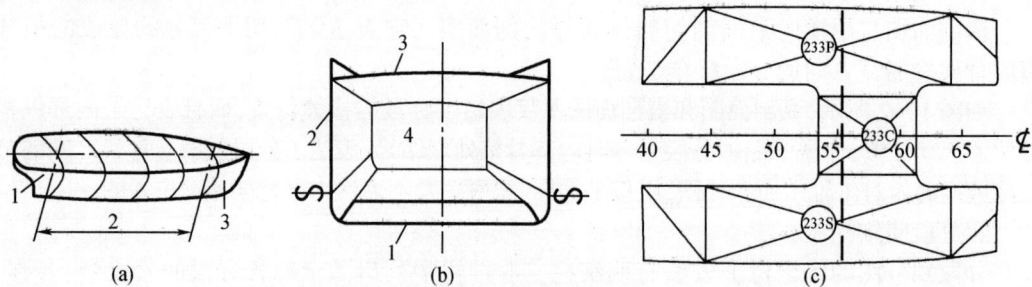

(a)   (b)   (c)

图 12-3 分段的编号

1. 主船体分段的编号

主船体分段采用三位数字编号。其中百位数字表示分段的区域,用"1"代表艏段,"2"代表中段,"3"代表艉段。十位数字表示分段的部位,用"1"代表底部,"2"代表舷侧,"3"代表甲板,"4"代表舱壁,"0"代表立体分段。个位数字表示分段的序号,序号顺序自艉向艏、自下向上进行。例如:

211 表示主船体中段底部第一分段。对于大型船舶,当同一底部分段在横向再划分成左、右两段或左、中、右三段时,则还应注明 P(左)、S(右)或 P(左)、C(中)、S(右)。

223 表示主船体舷侧第三分段。对于同一部位左右对称的两个舷侧分段,除写上分段号外,同样应注明 P 和 S 以区分左舷分段还是右舷分段。

如果主船体的中段采用总段形式,则三位数中的后两位表示总段的序号,序号顺序自艉向艏,从 01 起编,依次 02,03…,如 201 表示中段中的第一个总段。

艏艉段如果沿船深方向再进行水平划分,则三位数中的后两位数为分段序号,自下向上以 01,02…编制,如 101 表示艏段中第一分段;301 表示艉段中第一分段。

2. 上层建筑分段的编号

上层建筑分段的分段号编法是:百位数字为"6";后两位数字为分段的序号,自艉向艏,再自下向上地进行。例如:601 表示上层建筑分段第一段。

分段号写在直径为 8 mm 的细实线圆中,分段范围用对准圆心的细实线对角线表示,如图 12-3 所示。

目前,各船厂对分段的编号并非一致,特别是随着生产设计的深化,对分段编号有进一步细化的要求,有的分段编号体现了分段上船台合龙的顺序。

分段划分图属于船体工艺图样,在生产设计时根据企业具体情况进行的分段划分,在表达时一般采用企业标准,因此各企业所用的分段划分图在表达方式上不完全一致。

【学习任务】

任务 12.1 识读 4 000 t 干货船分段划分图

➤ 任务解析

学习任务	识读 4 000 t 干货船分段划分图
任务导入	图 12-1 所示为 4 000 t 干货船分段划分图,主要由一组视图(包括侧面图、甲板图和舱底图等)、标题栏、明细栏和主尺度组成。本任务是学习 4 000 t 干货船分段划分图的识读方法并进行识读训练,识读时应参照该船的基本结构图、中横剖面图等结构图样
任务要求	通过识读 4 000 t 干货船船体分段划分图,主要了解全船分段的划分情况,了解船体分段位置、分段的数量及分段的质量和大小
实施步骤	(1)识读船体的分段划分概况; (2)识读各分段的位置; (3)识读分段的质量和外形尺寸

表(续)

任务目标	职业素质目标: (1)具有严谨细致、认真务实的工作态度; (2)具有创新意识,以及获取新知识、新技能的学习能力; (3)具有分析问题、解决问题的能力; (4)具有团队协作能力和语言表达能力; (5)具有迎接挑战的意识。 职业知识目标: (1)掌握船体分段划分图的组成和表达内容;(2)熟悉船体分段划分图的识读步骤; (3)掌握船体分段划分图的识读方法。 职业技能目标: (1)能够通过识读分段划分图,了解整个船体的分段划分情况; (2)能够通过识读侧面图、对照相应的甲板或舱底图,结合分段号,了解各分段的具体位置; (3)能够查阅明细栏了解各分段的重量和外形尺寸; (4)能够正确识读懂船体分段划分图
学习资源	教材、教学课件、图片、图纸、动画及微课等

➢ 任务实施

由于分段划分图的视图表达比较简单,所了解的内容也相对较少,因此比起其他结构图样,易于识读。识读时,明细栏、侧面图、甲板图、舱底图和分段号要相互参照。本任务以4 000 t 干货船分段划分图为任务主体,根据图 12-1 说明识读分段划分图的步骤和方法。

一、了解船体的分段划分概况

根据明细栏,结合侧面图、甲板图、舱底图和分段号确定分段划分情况。本船主船体的艏段划分为 1 个立体分段,主船体的艉段划分为 1 个立体分段,而中段则划分成 8 个底部分段、左右舷共 10 个舷侧分段、5 个主甲板分段和 4 个平台分段,3 个横舱壁分段。上层建筑中,艉楼划分成 5 个立体分段(包括烟囱分段),艏楼共有 1 个分段。这样可对整个船体的分段划分情况有个概括的了解。

二、具体了解各分段的位置

根据侧面图并对照相应的甲板或舱底图,再结合分段号逐段了解各分段的具体位置,分段的位置由分段的接缝线位置来决定。识读时,可自艉向艏,自下向上逐段进行。如图中 101 艉段,船长方向是自艉端至 $^\#8$ 肋位(艉尖舱舱壁)向艏 200 mm,记为艉 ~ $^\#8^{+200}$(距该肋位向艏为"+",向艉为"-"),船深方向是自船底至上甲板以上的外板顶线。又如 222 舷侧分段,船长方向是自 $^\#25$ 向艏 300 mm 至 $^\#49$ 肋位向艏 200 mm,记为 $^\#25^{+300}$ ~ $^\#49^{+200}$,船深方向分段接缝线的位置在内底以上,高度上方至外板顶线。通过这样的逐段识读,就能将全船分段的具体位置和关系搞清。

三、了解各分段的质量和外形尺寸

由于分段质量和外形尺寸与起重运输设备及工艺装备的选用有直接关系,因此需查阅明细栏了解各分段的质量和外形尺寸。并应知道全船分段中哪个分段最重,哪个分段外形尺寸最大。图12-1明细栏中,分段质量没有列出,分段外形尺寸可以从明细栏中查得,本船分段中平面分段外形尺寸最大的是232~234分段,尺寸为15.6 m×14.5 m;立体分段中尺寸最大的是601分段,尺寸为14.9 m×14.5 m×2.4 m;最小的分段是225P/S,尺寸是7.7 m×7.48 m。了解分段的质量和外形尺寸就可配置适当的起重运输设备及工艺装备等。

➤ 能力训练

训练名称:识读150 t冷藏船分段划分图
训练内容:见《能力训练活页手册》"任务12.1能力训练"

任务12.2 绘制4 000 t干货船分段划分图

➤ 任务解析

学习任务	绘制4 000 t干货船分段划分图
任务导入	图12-1所示为4 000 t干货船分段划分图,主要由一组视图(包括侧面图、甲板图和舱底图等)、标题栏、明细栏和主尺度组成。本任务是学习4 000 t干货船分段划分图的绘制方法并进行绘制训练,绘图时应参考该船的型线图、基本结构图、中横剖面图等图样和该船船体分段划分方案
任务要求	通过绘制4 000 t干货船分段划分图,了解分段划分原则和方法,能够判断分段划分方式,掌握绘制船体分段划分图的方法和步骤
实施步骤	(1)确定视图的数量; (2)选择图样比例和图纸幅面; (3)布置图面; (4)绘制视图; (5)根据图线规格加深图形并标注尺寸; (6)编制明细栏和填写标题栏
任务目标	职业素质目标: (1)具有严谨细致、认真务实的工作态度; (2)具有创新意识,以及获取新知识、新技能的学习能力; (3)具有分析问题、解决问题的能力; (4)具有团队协作能力和语言表达能力; (5)具有迎接挑战的意识。 职业知识目标: (1)掌握船体分段划分图的表达方法和表达特点; (2)熟悉船体分段划分图的绘制步骤; (3)掌握船体分段划分图的绘制方法。

表(续)

任务目标	职业技能目标: (1)能够根据船舶类型、大小及分段划分情况,确定分段划分图的视图种类和数量; (2)能够根据分段划分图表达的内容,选用适当的比例,由所选比例、视图数量及主尺度确定图纸幅面; (3)能够合理进行分段划分图的图面布置; (4)能够根据型线图绘制侧面图、甲板平面图及舱底图的外形; (5)能够根据基本结构图,画出侧面图、甲板平面图及舱底图中与分段定位有关的结构; (6)能够根据分段划分方案中分段接缝线的位置,画出侧面图、甲板平面图及舱底图中各接缝线; (7)能够正确进行分段编号; (8)能够正确绘制出船体分段划分图
学习资源	教材、教学课件、图片、图纸、动画及微课等

➤ 任务实施

绘制分段划分图需要先明确船体分段划分情况,了解企业标准中关于分段编号方法及图纸上所表达内容的要求。本任务以 4 000 t 干货船分段划分图为任务主体,参考图 12-1 说明绘制分段划分图的步骤和方法。

一、确定视图的数量

由前所述分段划分图的视图种类和数量,取决于船舶类型、大小及分段划分情况。这里的确定视图数量主要是确定除侧面图以外的其他视图的数量。一般原则是,在完整、清晰表达分段位置的前提下,力求较少的视图,以减少画图的工作量。

4 000 t 干货船分段划分图的视图有 1 个侧面图、1 个主甲板图、2 个平台图和 1 个舱底图。

二、选择图样比例和图纸幅面

分段划分图表达的内容比较简单,因此选用的比例可适当小些。常用的比例为 1:100,1:50,1:25 等。根据所选比例、视图数量及主尺度确定图纸幅面。图纸幅面不宜过大,以免使用不便。

三、布置图面

分段划分图的图面布置:侧面图布置在图纸左上方;向下依次布置甲板平面图和舱底图;图纸中间部分布置纵剖面图和横剖面图;明细栏布置在标题栏上方;主尺度列于图纸的右上角。

4 000 t 干货船分段划分图布置:侧面图在最上方;2 个平台图在侧面图下方;主甲板图在平台图下方;最下面是舱底图。

四、绘制视图

1. 画出各图形的基准线并在其上定出肋位

画基准线(基线或中心线)和确定肋位的方法与基本结构图相同,可参见"项目九基本结构图的识读与绘制"。

2.画出各图的外形

侧面图、甲板平面图和舱底图的外形可以型线图为依据画出。其方法可参见基本结构图各图外形的作法。横向剖面图的外形可根据肋骨型线图中相应肋骨型线画出。

3.画出侧面图中有关结构

在侧面图的外形基础上,可依据基本结构图画出侧面图中的各层甲板、平台、内底、横舱壁和水密肋板等结构。

4.画出甲板平面图上的有关结构及开口

在甲板平面图的外形基础上,根据基本结构图画出该甲板以下的有关结构,如横舱壁、纵舱壁等,该甲板上面的结构通常均省略不画。甲板的开口通常只画大开口,如机舱口、货舱口等;小的开口,如梯口、人孔等均省略不画。

5.画出舱底图上的有关结构

舱底图上的有关结构,通常也只画内底以下的结构,如水密肋板、水密纵桁等。

6.画出分段接缝线,编制分段号及画出分段对角线

根据已定的分段划分方案所决定的分段接缝线位置,在各图形上画出接缝线。接缝线用细实线画出,由于分段划分图绘制通常是按企业标准执行的,因此有的企业是采用斜删线表示分段接缝的。然后按分段编号方法对各分段进行编号,将其画在细实线圆中,再画出分段对角线(用细实线画出),分段号放在范围线交叉中心处。画分段对角线主要是使分段的范围更清晰,更醒目。

五、根据图线规格加深图形并标注尺寸

分段划分图中的尺寸一般只标注船体主尺度及分段的定位尺寸,即分段接缝线的位置。

例如,4 000 t 干货船分段划分图中,侧面图的 222 和 223 分段间的接缝是在船长方向 $^{\#}49^{+200}$ 处。

六、编制明细栏和填写标题栏

明细栏设置在标题栏上方时,应根据分段序号自下而上填写;若明细栏不设置在标题栏上方时,则应根据分段序号自上而下填写。

➤ 能力训练

训练名称:绘制 150 t 冷藏船分段划分图的侧面图
训练内容:见《能力训练活页手册》"任务 12.2 能力训练"

【拓展提高】

拓展知识:分段划分图上余量和补偿量布置

分段划分图中有时需要标注全船各个分段余量的性质和留放位置。侧面图标注长度和高度方向的余量;甲板图和船底图标注长度和宽度方向的余量;横剖面图标注宽度方向的余量。

余量和补偿量都是构件的边缘(板缝及骨架端部)在放样及下料时放出的大于理论尺寸的部分。余量和补偿量的区别是:余量在施工到一定阶段,经过定位画线后要进行切割;补偿一般不需要切割,它是为弥补由构件偏离理论尺寸和焊接收缩产生的误差,以满足反变形而留放的余量,补偿量在船体装配焊接后自行消失。余量和补偿量符号目前在船体图样中还没有统一的标准,各船舶设计及生产单位标准不同。这里选用其中一种说明余量表示方式。

补偿符号通常由一个三角形和数字组成,如图12-4所示。符号含义如下:

1. 余量(补偿量)留放部位

三角形顶点指向留放余量分段的接缝,如图12-4(a)所示。

2. 余量(补偿)的数值

如图12-4(b)所示,x 为余量值,y 值为补偿值。y 值为0或无值时,表示余量切割后不留补偿。

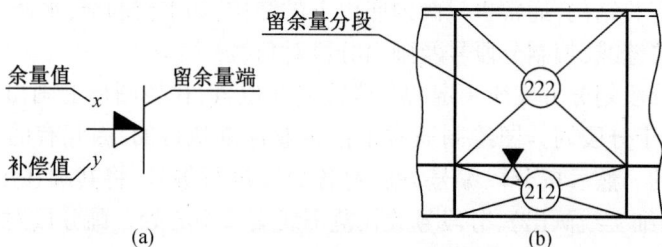

图 12-4　余量符号及标注

3. 余量加工工艺(切割时机)

▼——船台大合龙余量。在船台合龙过程中,分段在第一次定位画线后切割。

▽——船台分段无余量符号。分段焊结束后,根据实测数反馈,在分段上预先画出基准线,重新修正画线,切割余量后再吊上船台。

▼——船台合龙补偿,表示分段在船台合龙后,相邻部分尚未合龙前画线切割。

拓展训练:分析比较补偿量和余量的区别。

【项目测试】

一、选择题

1. 下列关于分段编码的说法正确的是_____。

A. 第一位用数字表示分段区域　　　　B. 第二位用数字表示分段位置

C. 第三位用数字表示分段序号　　　　D. 三位数字均用0~9十位数字

2. 侧面图是分段划分图的_____。

A. 主视图　　　　B. 俯视图　　　　C. 左视图　　　　D. 右视图

3. 分段划分图的甲板平面图表示船体分段沿船长和_____的划分。

A. 船宽　　　　B. 型深　　　　C. 船底　　　　D. 甲板

4. 识读分段划分图主要了解船体分段的_____,分段的_____及分段的质量和大小。

A. 位置、方向　　　　B. 位置、数量　　　　C. 方向、数量　　　　D. 方向、结构

5. 分段划分图中甲板、平台、舱壁、内底等结构不论其水密与否,均用_____画。

A. 粗虚线　　　　B. 细虚线　　　　C. 粗实线　　　　D. 细实线

6. 分段划分图中表示分段接缝所用的图线是_____。

A. 斜栅线　　　　B. 细实线　　　　C. 细点画线　　　　D. 粗实线

7. 关于分段接缝线位置的设置,下列说法正确的是_____。

A. 一般设置在某肋位处　　　　　　B. 通常选在某1/4或3/4肋位处

C. 分段缝可以任意选取　　　　　　D. 分段缝通常选在强构件相交处

8. 分段划分图中,下列线条可用粗虚线表达的有_____。

A. 分段接缝线　　　B. 不可见甲板　　　C. 可见轮廓线　　　D. 可见舱壁

9. 从分段划分图中能了解船体分段的_____。(多选)

A. 数量　　　　B. 余量加放位置　　　C. 位置　　　　D. 建造状态

10. 分段划分的视图种类和数量取决于船舶_____及分段划分的情况。

A. 类型、质量　　　B. 大小、种类　　　C. 类型、大小　　　D. 质量、大小

11. 分段编号232(P)的含义为船体_____分段。

A. 中段底部第二分段左舷　　　　　　B. 中段甲板第二分段左舷

C. 艏部第二分段左舷　　　　　　　　D. 中段甲板第二分段右舷

12. 分段划分图应包含以下哪些内容_____。

A. 接缝位置　　　B. 分段编号　　　C. 接缝坡口形式　　　D. 分段吊装顺序

二、判断题(对的打"√",错的打"×")

1. 机舱口、梯口等开口在分段划分图中省略不画。　　　　　　　　(　　)

2. 主船体分段采用是3位数字编号。　　　　　　　　　　　　　　(　　)

3. 船体分段划分图是表达分段结构及分段接缝位置的图样。　　　　(　　)

4. 分段划分图的侧面图、甲板平面图及舱底图可以型线图为依据画出。(　　)

5. 表示分段范围用细点画线对角线。　　　　　　　　　　　　　　(　　)

6. 分段代号242的含义是船中区域舱壁的第二个分段。　　　　　　(　　)

7. 分段代号234P指的是船中区域甲板第四个分段的右舷分段。　　(　　)

8. 分段划分图上的分段接缝线用斜栅线表示。　　　　　　　　　　(　　)

三、名词解释

1. 分段划分图

2. 分段代号

四、简答题

1. 船体分段划分图的作用有哪些?

2. 分段划分图由哪些部分组成,视图的种类有哪些?

3. 什么情况下要画纵剖面图和横剖面图?

4. 识读分段划分图主要了解船体分段的哪些内容?

5. 分段划分图的侧面图、甲板平面图、舱底图分别表达船体分段在什么位置及沿什么方向的划分?

6. 指出下列分段代号的含义:211(P),223(S),233,241,102,301,603。

五、应用与拓展题

1. 习图 12-1 所示为某万吨级货船的货舱区分段划分图,参照该图,回答下列问题。

(1)如采用层式建造法,图示结构中的建造基准段是哪一个分段?

(2)图示结构中,横舱壁的位置是哪个肋位?

(3)如双层底分段都还有一个中间分段,那么包含中间分段在内,图示结构共有多少个分段?

2. 根据习图 12-1 万吨级货船的货舱区分段划分图,回答和完成下列问题:

(1)双层底分段与上部对应的舷侧分段相交处余量加放关系是什么(哪侧留余量)?

(2)203P/S 舷侧分段与 204P/S 舷侧分段之间如果余量值为 30,在图中标出船台大合龙时余量符号和数值。

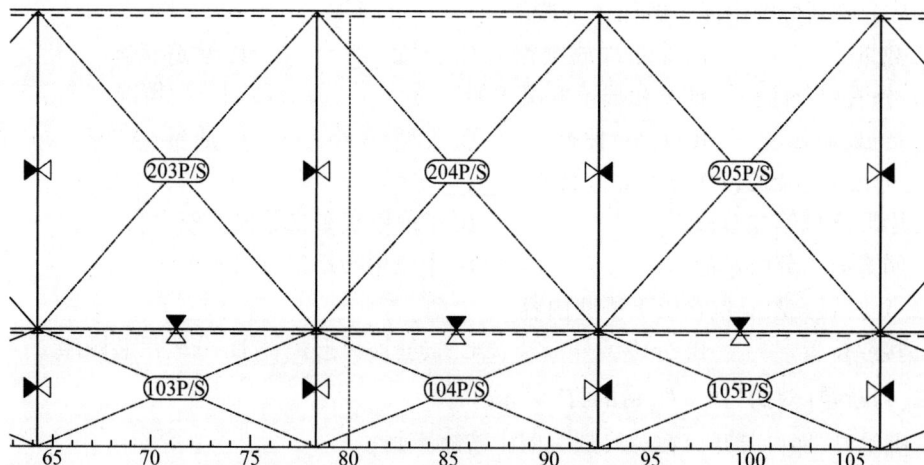

习图 12-1　万吨级货船的货舱区分段划分图

项目 13　船体分段结构图的识读与绘制

【项目描述】

目前船舶制造大多采用分段建造的方法。一艘大、中型船舶的船体,往往被分成几十个到近百个分段。由于船体构件繁多,仅靠中横剖面图和基本结构图等基本图样无法清楚、完整地表达每个分段的结构,为此还必须增绘分段结构图。分段结构图是按照船体分段的划分情况,以中横剖面图和基本结构图等基本图样为依据,用较大比例绘制的图样,用于表达船体分段中构件的布置、形状、尺寸、连接形式、材料、数量、质量和工艺要求等。

分段结构图直接用于施工生产,是船体建造中放样、加工、装配、焊接等工序的施工依据;是编订装配工艺、施焊程序、胎架设计、考虑工艺加强等工艺工作的依据;是编订材料明细表、准备原材料及构件配套等工作的依据;是计算船体质量和重心位置的依据,从而为分段完工后起重、运输等提供参考。因此必须正确识读和绘制船体分段结构图。

本项目介绍分段结构图作用、种类及分段结构图的组成、表达内容,并介绍分段结构图中构件的尺寸、件号和焊缝代号的标注方法及其含义。通过下面两个任务的学习和训练,熟悉船体分段结构图的内容,掌握分段结构图的识读与绘制方法,从而为后续课程的学习及从事船舶设计和建造打下基础。

学习任务

任务 13.1　识读 4 000 t 干货船$^{\#}73^{+200} \sim {}^{\#}97^{+100}$ 主甲板分段结构图;

任务 13.2　绘制 4 000 t 干货船$^{\#}73^{+200} \sim {}^{\#}97^{+100}$ 主甲板分段结构图。

【项目目标】

素质目标

1. 具有认真负责的工作态度;
2. 具有克服困难、勇于探索的精神;
3. 具有创新意识,以及获取新知识、新技能的学习能力。

知识目标

1. 了解分段结构图的作用、种类;
2. 掌握分段结构图的组成与表达的内容;
3. 掌握分段结构图中构件的尺寸、件号和焊缝代号的标注方法及表达的含义。

能力目标

1. 能正确进行分段结构图的识读；
2. 能正确进行分段结构图的绘制。

【相关知识】

一、分段结构图的种类及数量

分段结构图通常以其表示的结构来分类。一般有底部分段结构图、舷侧分段结构图、甲板分段结构图、舱壁结构图、艏段结构图、艉段结构图、上层建筑结构图、艏柱结构图和艉柱结构图等。如果分段结构图表示的是船体某一环形段的结构，则其称为总段结构图。对于同一类分段结构图，则以其表示的分段位置来区分，如$^{\#}73^{+200} \sim \, ^{\#}97^{+100}$甲板分段结构图、$^{\#}70$横舱壁结构图等。分段结构图的数量取决于船舶大小和分段划分的情况。大、中型船舶的船体分段数量较多，一般有几十个分段，因此，分段结构图的数量也就较多。

二、分段结构图的组成和表达内容

分段结构图主要由视图（主视图、剖面图和节点详图等）和明细栏组成，如图13-1（见书末附图）所示。有些分段结构图中，还用文字对分段的技术要求、工艺措施和注意事项作简要说明。

分段结构图中标题栏的上方编有明细栏，明细栏用以统计分段中所有构件的名称、尺寸、数量、材料和质量等。明细栏可以作为编制全船材料明细表和准备原材料的原始文件，也可作为配套的依据。现在船舶设计中，随着生产设计细化，明细栏也发生很大变化。在进行生产设计的船厂，均以分段零件册的形式出现，以便于生产管理。

分段结构图的视图通常有主视图、剖面图和节点详图。在视图中标注构件尺寸、件号和构件连接的焊缝代号。

1. 主视图

主视图是表示分段结构基本组成的视图。主视图中反映了构件的布置情况、板的排列、厚度、焊接要求及板上开口的位置和大小。

一般来说，甲板、平台、上层建筑、底部分段和基座结构常以基本结构图中相应位置的甲板图、平台图或舱底图为依据，用较大比例绘制而成；舷侧分段常以外板展开图中相应位置的图形为依据，用较大比例绘制而成，也可以从舷侧有构架的一面进行投影所得的视图作为主视图；横舱壁结构则以它的肋位剖面图作为主视图；艏艉段结构常以基本结构图中相应位置的纵剖面图为依据；艏艉柱结构是以它的侧面投影图为主视图。

底部、舷侧、甲板、平台、舱壁、上层建筑分段结构图的主视图因看视方向的不同，构件在视图中有可见和不可见两种情况。对于不可见的构件，分段结构图的主视图与基本结构图和外板展开图一样，采用简化画法；对于可见的构件，既可以采用简化画法，也可以采用钢板与型材投影的小比例画法。

采用简化画法的主视图，它们的图线含义与基本结构图或外板展开图相同。所不同的是，凡不属本分段或与本分段关系不大的构件在主视图中可不画出，如货舱口围板在基本结构图中用粗实线画出,在主视图中则没有表示。与本分段关系较大的构件,在主视图中须画出,其可见时的断面仍用粗实线表示,轮廓线用细双点画线表示。

2. 剖面图

剖面图是用来表示分段中构件的形状、结构形式、尺寸和相互连接方式的视图。常用的有肋位剖面图、一般位置剖面图和分剖面图等形式。

(1)肋位剖面图

肋位剖面图是以肋骨平面作为剖切平面而绘制的剖面图。它表示了位于肋骨平面内的横向构件的形状、结构形式和连接方式,以及纵向构件的结构形式和布置。在船体图样中,民船肋位是从船尾向船首依次编号的,对于某一号肋位,其位置是确定的。因此,在主视图中不用剖切符号表示肋骨剖面的位置及视向,而只在剖面图的上方画出视向符号(粗实线大箭头),并在其上标注剖切位置的肋位号,如" $\xleftarrow{\quad}$ $^{\#}8$ "(或" $\xleftarrow{\quad}$ FR8 "),其中" $^{\#}8$ "表示剖面位置在 $^{\#}8$ 肋骨平面,而" $\xleftarrow{\quad}$ "则表示剖面视向为向艉看,因为船体在图纸中的布置通常总是艉左艏右,箭头向左表示向艉看,箭头向右则表示向艏看。

(2)一般位置剖面图

一般位置剖面图是指不在肋骨平面内的剖面图以及即使在肋骨平面内,但仅仅表示某一局部结构的剖面图,如" _A—A_ "" _B—B_ "等。在主视图中标注剖切符号" _A—A_ ",剖面图上方标写" _A—A_ "与其对应。在生产设计图纸中,也有采用" _L_1 "" _L_2 "等表示纵骨等处的纵向剖面。

(3)分剖面图

如果用肋位剖面图、一般位置剖面图、向视图、剖视图等还不能将结构表示清楚,须在剖面图或向视图、剖视图上再作剖面图,此剖面图即为分剖面图。分剖面图标注方式为在原剖面图(或向视图、剖视图)上标注剖切符号及位置"8 $\uparrow\quad\uparrow$ 1"" _A_ $\uparrow\quad\uparrow$ 1",在分剖面图上方对应标写"8—1"" _A—1_ "。

3. 节点详图

节点详图是表示节点处结构情况的局部放大图。由于主视图和剖面图通常采用的比例往往不易把节点处的结构、尺寸及焊接要求表示清楚,所以在分段结构图中,对主视图和剖面图内图形较小、连接形式不同、表达又不够清晰的节点,均另行绘制节点详图,以详细表达构件的结构形式和相互连接方式,并在图中完整地标注构件的尺寸和焊缝代号。如果节点详图尚未把节点的结构完整地表达清楚,也可以节点详图为主视图,再画其他视向的视图表达。当详图的比例较大,板和型材厚度的投影大于 2 mm 时,则其剖面要画剖面符号。

节点详图的标注方法是:在主视图或剖面图中,把要绘制详图的节点用细实线圆圈出,圆的直径视节点图形大小而定,并用 7 号字体的阿拉伯数字顺序编号。然后在画好的节点详图上方画一水平粗实线,在水平粗实线上方用同样大小的字体注写相应的数字,下方注写节点详图的比例,如图 13-2(a)所示。当详图很少时,可不编号,而直接将其画在节点附近,并用箭头指出,如图 13-2(b)所示。

此外,在上层建筑结构图中,围壁结构还常用展开视图、局部视图和分剖面图来表示,艏艉柱结构图中,常用向视图、剖视图和移出剖面来表示。

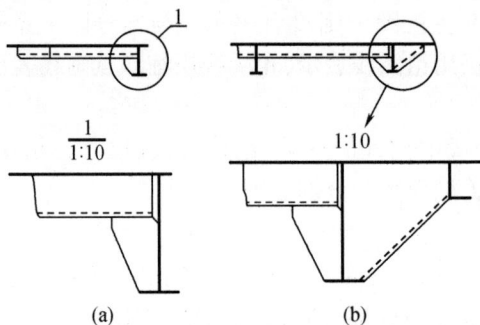

图 13-2　节点详图的标注方法

三、分段结构图中构件的尺寸、件号和焊缝代号

1. 构件尺寸的标注

分段结构图中构件尺寸的标注与一般零件尺寸的标注不同。由于船体外板和甲板的表面形状与构件的形状都比较复杂,同时很多构件的正确形状和尺寸还有待于船体放样后才能确定。因此,在分段结构图中,板材结构的构件通常只标注厚度,而不标注长度和宽度;型材结构的构件只标注出断面尺寸,而不标注长度,也不以标注尺寸的形式来表示构件的曲面或曲线形状。这些构件的长度和形状由放样间提供的草图或样板来决定。

分段结构图中构件的定位尺寸的基准与基本图样相一致。

2. 构件的编号

为了便于识读,在分段结构图中对本分段每个构件进行了编号。每个构件的编号数称为件号。

(1)件号编制方法:编制件号时,凡是名称、尺寸和形状完全相同的构件编同一件号,并在明细栏中注明件数;此外,有些图纸还将名称和断面尺寸相同的构件编同一件号。

(2)构件编号的标注形式如图 13-3 所示,指引线、规格线及圆均用细实线绘制。指引线对准圆心引出,圆的直径为 8 mm。规格线为对准圆心引出的水平线,在其上标注尺寸(不标注尺寸时,规格线可以省略)。

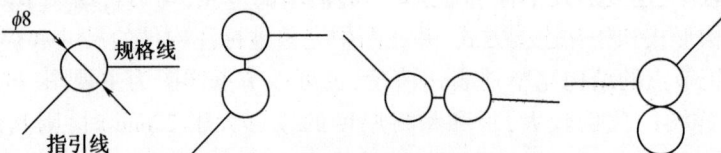

图 13-3　引件号的形式

(3)编制件号的顺序一般是先编板,再编型材,然后编肘板。

(4)件号要标注在构件外形显著的视图中,且应相对集中。通常板材的件号标注在平面图中,横向构件的件号标注在肋位剖面图中,纵向构件的件号标注在一般位置剖面图中,肘板的件号标注在节点详图中。

(5)在肋位剖面(或剖视)图中,同类相似构件的编号,可以采用公共指引线并加以简化,其件号应按肋位号顺序依次编排,如图 13-4 所示。

现在各船厂的生产设计图中,对构件编号都有一定的严格要求,各个构件的编号都采用编码形式。编码不仅表示其尺寸、形状,还要表示该构件的下料方法、加工方法、下料后的去向及该构件所在船上的位置。各船厂所采用的构件编码也不相同。

3.焊缝代号的标注

分段结构图中需要标注焊缝符号,以表示构件连接处的焊缝形式、坡口式样、焊接尺寸和焊接方法等。焊缝符号应标注在能清晰表示焊缝的视图中,并相对集中,便于读图。同一条焊缝一般只需标注一次。焊接形式相同,位置又相邻近的焊缝,可用公共横线的形式标注。通常板与板的焊缝符

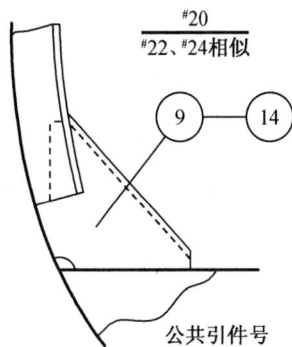

图 13-4 公共引件号

号标注在平面图中;横向构件的焊缝符号标注在肋位剖面图中;纵向构件的焊缝符号标注在一般位置剖面图中;节点处的焊缝符号标注在节点详图中。

【学习任务】

任务 13.1 识读 4 000 t 干货船 $^{\#}73^{+200} \sim {}^{\#}97^{+100}$ 主甲板分段结构图

➤ 任务解析

学习任务	识读 4 000 t 干货船 $^{\#}73^{+200} \sim {}^{\#}97^{+100}$ 主甲板分段结构图
任务导入	图 13-1 所示为 4 000 t 干货船 $^{\#}73^{+200} \sim {}^{\#}97^{+100}$ 主甲板分段结构图,由主视图、肋位剖面图、一般位置剖面图、节点详图、标题栏和明细栏组成。通过识读,了解 4 000 t 干货船 $^{\#}73^{+200} \sim {}^{\#}97^{+100}$ 主甲板分段结构中每个构件的形状、大小、相对位置、结构形式,以及与其他构件连接的方式
任务要求	在识图过程中,除了要主视图、剖面图和节点详图相互对照识读外,还要随时查阅明细栏,了解构件的数量和所用的材料及质量。最后,还要结合技术要求分析分段结构的特点,弄清分段施工时的工艺措施和注意事项等
实施步骤	(1)识读标题栏和明细栏; (2)识读主视图; (3)识读剖面图和节点详图
任务目标	职业素质目标: (1)具有严谨认真的工作态度; (2)具有创新意识,以及获取新知识、新技能的学习能力; (3)具有吃苦耐劳、踏实肯干的工作精神。

表(续)

任务目标	职业知识目标: (1)掌握船体分段结构图的组成、表达内容及表达方法; (2)熟悉船体分段结构图的识读步骤; (3)掌握船体分段结构图的识读方法。 职业技能目标: (1)能够通过识读标题栏和明细栏,了解分段所在的部位、分段的质量及组成分段的构件数; (2)能够通过识读主视图,了解板的排列、大小和焊接要求,以及板上各种开孔的位置和大小; (3)能够根据主视图中的图线来确定分段中构件的组成和布置; (4)能够通过识读剖面图、节点详图了解分段中各构件的结构形式、大小、相对位置、连接方式和焊接要求,并能够结合明细栏,进一步了解相应构件的数量、质量和所用材料; (5)能够正确识读懂船体分段结构图
学习资源	教材、教学课件、图片、图纸、动画及微课等

➢ 任务实施

分段结构图的基本表示方法与全船性的结构图样是一致的,因此识读方法两者基本相似。但是,分段结构图是船体构件加工、装配、焊接的施工依据,因此读图时不仅要求了解每个构件的形状、大小、相对位置、结构形式及与其他构件连接的方式,还要了解结构细节部分的内容,如装配间隙、切角大小、流水孔和通气孔的位置和大小、型材削斜形式、焊接要求等。本任务以 4 000 t 干货船$^{\#}73^{+200} \sim {}^{\#}97^{+100}$主甲板分段结构图肋骨型线图为任务主体,根据图 13-1(见书末附图)说明识读分段结构图的步骤和方法。

一、识读标题栏和明细栏

根据标题栏和明细栏,了解分段所在的部位、分段的质量及组成分段的构件数。由图 13-1 的标题栏和明细栏,可以看出该分段为甲板分段,从$^{\#}73^{+200}$到$^{\#}97^{+100}$肋位,质量为 22 991.6 kg,共由 212 个构件组成。

二、识读各视图

识读各视图之前,首先了解整个分段结构图的视图概况。本分段由 1 个甲板平面的主视图、5 个一般位置剖面图、5 个肋位剖面图、1 个分剖面图、2 个向视图和 7 个节点图组成。节点图对应的剖面分别为:1 号节点在 B—B 剖面;2 号节点在 C—C 剖面;3 号节点在 D—D 剖面;4 号节点在 FR74 肋位;5,6,7 号节点在 FR75 肋位剖面图。

1. 识读主视图

根据主视图中图线的含义来确定分段中构件的组成和布置,根据板的接缝线确定板的排列。板厚从图中查阅,焊接要求由标注在接缝线上的焊缝代号决定。板上开口轮廓用细实线表示,开口大小通过尺寸标注来了解。

由图 13-1 上甲板分段结构图的主视图可知,甲板板由件号 1 到件号 10 的板材焊接而成,钢板的厚度分别为 12 mm 和 8 mm。钢板接缝用不开坡口的平对接焊(板缝线用细实线表示)。

#78~#97+100 肋位之间有货舱口,宽度为 9 960 mm。

#74 肋位为强横梁;#82、#86、#90、#94 和#97 肋位为强半横梁(用粗双点画线表示);#75~#77 号肋位舱口范围内设置普通横梁;#78 肋位为舱口端横梁。

除#74、#78、#82、#86、#90、#94 和#97 肋位外,其余肋位的舷边和舱口附近均装有加强肘板;#77~#78 肋位之间在舱口范围线以内部分也装有舱口加强肘板(用细虚线表示)。

在#73+200~#78 肋位之间的船体中线上装有甲板中纵桁,距中 2 860 mm、5 000 mm 的两侧装有甲板边纵桁(用粗双点画线表示);在#78~#97+100 肋位之间,距船体中线 5 000 mm 的两侧装有舱口纵桁(用粗双点画线表示)。它的外侧装有甲板纵骨,在#73+200~#97+100 肋位之间,与甲板纵桁平行各安装 2 根,间距为 710 mm(用细虚线表示)。

分段位置为#73 肋位向艉 200 mm 到#97 肋位向艏 100 mm(用分段线表示)。本分段与相邻分段的连接采用 V 型坡口的对接焊,封底焊在甲板板的上表面。

2. 识读剖面图及相应的节点详图

通常可以由剖面图了解分段中各构件的结构形式、大小、相对位置、连接方式和焊接要求,并结合节点图和查阅明细栏,弄清相应构件的数量、质量和所用材料。识读时,各视图应互相对照。

(1)A—A 剖面图(图 13-5)

A—A 剖面图表示甲板纵骨结构,甲板纵骨件号为 11,由 150×12 的扁钢制成。甲板纵骨遇到强横梁处,在强横梁上开切口穿过,并设置加强筋进行加强,加强筋是件号为 20 和 21、尺寸为 75×12 的扁钢。甲板纵骨与甲板板的连接采用交错断续焊,焊角高度为 6 mm,每段焊缝长为 75 mm,相邻两段焊缝间的间距为 175 mm;加强筋与强横梁的连接采用双面连续焊,焊角高度为 5 mm。

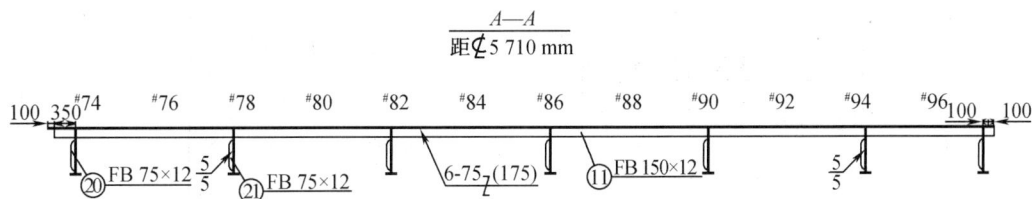

图 13-5 A—A 剖面图

(2)B—B 剖面图(图 13-6)

B—B 剖面图表示舱口纵桁结构。舱口纵桁为 T 型结构,由两部分组成,件号分别为 12 和 13,是组合角钢,面板为 26×200,腹板为 14×500。舱口纵桁与舱口端横梁通过件号为 25 的肘板连接。查阅 1 号节点图可知,肘板尺寸为 12×250×250,肘板与舱口端横梁及舱口纵桁采用双面连续焊,焊角高度为 5 mm。舱口纵桁与甲板板及其面板与腹板的连接采用交错断续焊,焊角高度为 6 mm,每段焊缝长为 75 mm,相邻两段焊缝间距为 175 mm。

(3)C—C 剖面图(图 13-7)

C—C 剖面图表示甲板中纵桁结构。甲板中纵桁为 T 型结构,位于#73 肋位向艉 200 mm 到#78 肋位之间,件号为 14,面板为 8×80,腹板为 7×250。甲板中纵桁腹板上开切口让普通横梁穿过,切口形式为 CW-3,可查阅标准,切口下方设置肘板加强,详见#75 肋位剖面图。与舱口端横梁通过件号为 26 的肘板连接,查阅 2 号节点图可知,该肘板为折边肘板,厚度为 12 mm,与甲板纵桁连接的一边长为 450 mm,折边宽度为 50 mm,与甲板纵桁及舱口端横梁的连接双面连续焊,焊角高度为 5 mm。甲板中纵桁与甲板板及其面板与腹板的连接采用交错断续焊,焊角高度为 6 mm,每段焊缝长为 75 mm,相邻两段焊缝间的间距为 175 mm。

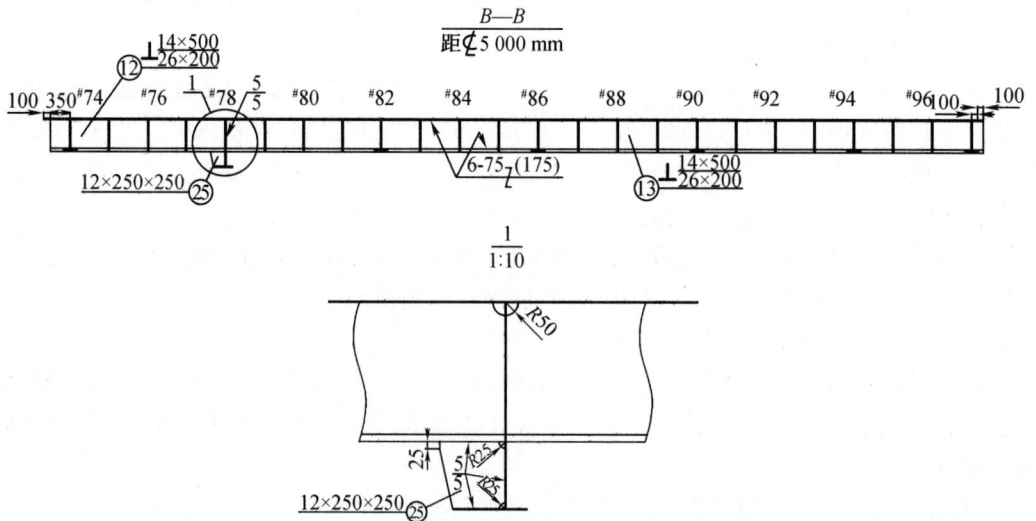

图 13-6　*B—B* 剖面图及节点图 1

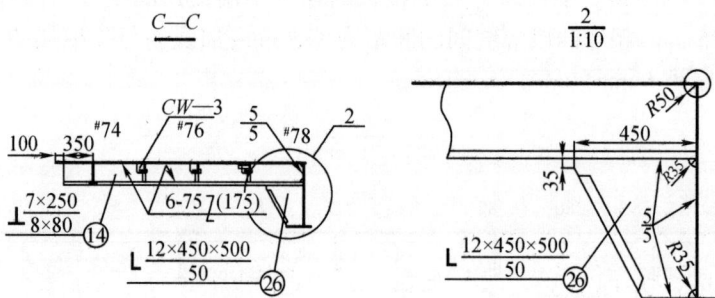

图 13-7　*C—C* 剖面图及节点图 2

(4)*D—D* 剖面图(图 13-8)

表示没有纵向构件的剖面结构。#77～#78 肋位安装舱口加强肘板,件号为 27,查阅 3 号节点图可知,舱口加强肘板采用折边的形式,肘板板厚为 12 mm,长边为 760 mm,短边为 650 mm,折边宽度为 50 mm。它与舱口端横梁及甲板板的连接采用双面连续焊,焊角高为 5 mm。

(5)*E—E* 剖面图(图 13-9)

表示甲板边纵桁结构。甲板边纵桁为 T 型结构,件号为 15,面板为 8×80,腹板为 7×250。在 #74 号肋位强横梁处间断,与强横梁腹板的连接采用双面连续焊,焊角高为 5 mm。与普通横梁、舱口端横梁的连接方式及其与甲板板、腹板和面板的焊接方式均同甲板中纵桁相同。

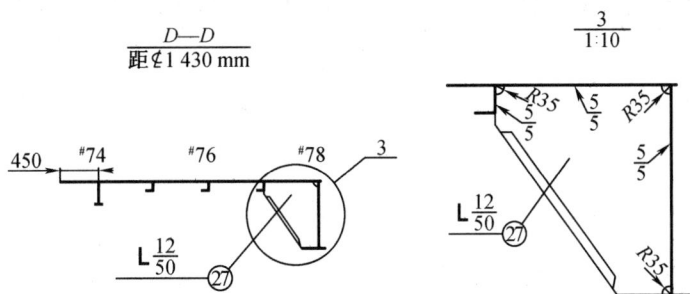

图 13-8　D—D 剖面图及节点图 3

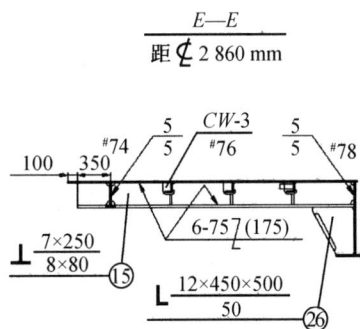

图 13-9　E—E 剖面图

（6）#74 肋位剖面图（图 13-10）

#74 肋位剖面图为强横梁结构,剖面的视向为由艉向艏看。强横梁为 T 型结构,由两部分组成:开口线内强横梁和开口线外强半梁。

开口线内强横梁件号为 16,面板为 10×120,腹板为 8×250。在甲板中纵桁处间断,与甲板中纵桁的连接采用双面连续焊,焊角高度为 5 mm;与甲板板的连接及其腹板与面板的连接采用交错断续焊,焊角高度为 6 mm,每段焊缝长为 75 mm,相邻两段焊缝间的间距为 175 mm。

开口线外强半横梁件号为 17,面板为 14×200,腹板厚度为 12 mm,遇到甲板纵骨处开切口让甲板纵骨穿过,开口处用加强筋进行加强,加强筋为尺寸 75×12 的扁钢,件号为 20。在强半横梁舷边处腹板上设置有一道斜的加强筋和一道斜的防倾肘板,分别用 A 向视图和 B 向视图表示。

A 向视图表示强半横梁与强肋骨连接处高腹板上两端切斜的斜置加强筋,件号为 23,由 L 100×63×8 的不等边角钢制成。其与腹板的连接采用双面连续焊,焊角高度为 5 mm。

B 向视图表示强半横梁与强肋骨连接处高腹板上的防倾肘板,件号为 24。该肘板为折边肘板,厚度为 12 mm,折边宽度为 80 mm。与舷侧外板、腹板及面板的连接采用双面连续焊,焊角高度为 5 mm。

强半横梁与甲板板及舷顶列板采用双面连续焊,焊角高度为 6 mm。

开口线内外的强横梁通过件号为 28 的肘板连接,查阅 4 号节点图可知,该肘板为 T 型肘板,腹板为 12×250×250,面板为 10×120。与强横梁的连接采用双面连续焊,焊角高度为 5 mm。

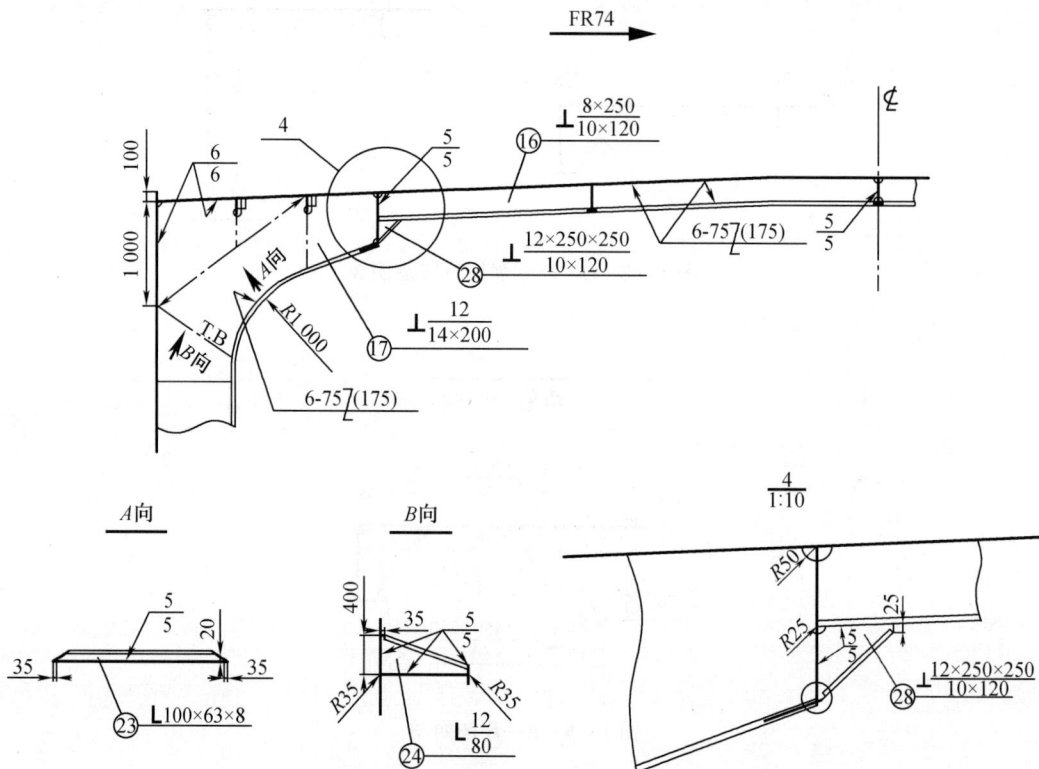

图 13-10　#74 肋位剖面图、A 向视图、B 向视图及节点图 4

（7）#75 肋位剖面图（图 13-11）

#75 肋位剖面图（#76、#77 肋位与#75 肋位相似）为普通横梁结构。普通横梁件号为 18,由 L 100×75×12 的不等边角钢制成,设置在舱口开口线范围内。普通横梁穿过甲板纵桁腹板上的切口,横梁与甲板纵桁相交处装有肘板,件号为 32,查阅 5 号节点图可知,该肘板尺寸为 12×100×150,与普通横梁连接的一边长为 100 mm,与横梁、甲板纵桁的连接采用双面连续焊,焊角高度为 5 mm。其与甲板板的连接采用交错断续焊,焊角高度为 6 mm,每段焊缝长为 75 mm,相邻两段焊缝间的间距为 175 mm。

普通横梁与舱口纵桁通过件号为 31 的肘板连接。查阅 6 号节点图可知,该肘板尺寸为12×400×400,与普通横梁和舱口纵桁的连接采用双面连续焊,焊角高度为 5 mm。同时,舱口纵桁又通过件号为 30 的肘板与甲板纵骨连接。该肘板为折边肘板,肘板厚度为 12 mm,折边宽度为 50 mm,与甲板板及舱口纵桁的连接采用双面连续焊,焊角高度为 5 mm。

靠近舷侧的一根甲板纵骨通过件号为 29 的肘板与舷侧肋骨连接。查阅 7 号节点图可知,该肘板为折边肘板,肘板厚度为 12 mm,折边宽度为 50 mm,与甲板板、甲板纵骨及舷侧肋骨的连接采用双面连续焊,焊角高度为 5 mm。

FR75

FR76、FR77相似

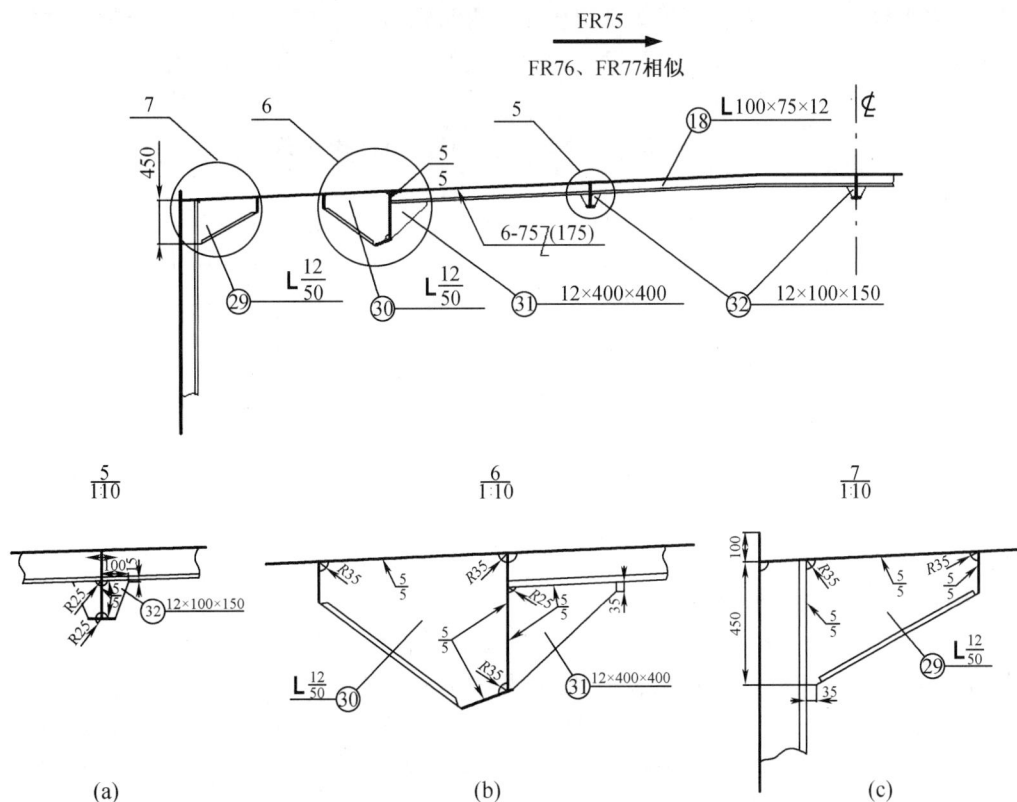

图 13-11 #75 肋位剖面图及节点图 5,6,7

（8）#78 肋位剖面图（图 13-12）

#78 肋位剖面图为舱口端横梁结构。从尺寸标注可知舱口端横梁为 T 型结构，件号为 19，由组合角钢制成，面板为 26×280，腹板为 22×760。舱口端横梁与甲板板的连接及其腹板与面板的连接采用交错断续焊，焊角高度为 6 mm，每段焊缝长为 75 mm，相邻两段焊缝的间距为 175 mm。

FR78

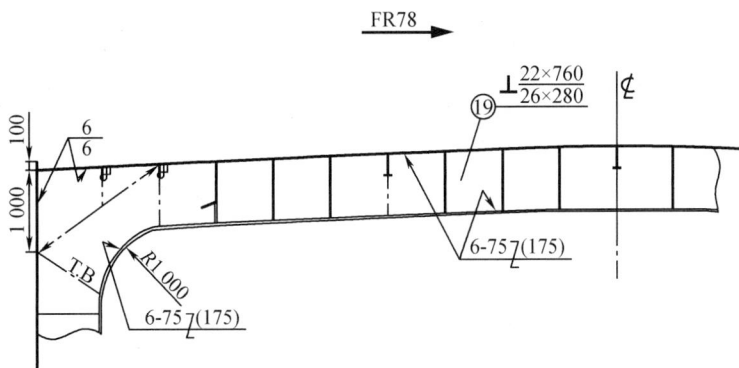

图 13-12 #78 肋位剖面图

（9）#80 肋位剖面图（图 13-13）

#80 肋位（#79～#96 肋位之间，除#82、#86、#90、#94 外，其余肋位均与#80 相似）位于舱口

范围内,为无横梁结构。舱口宽度为 9 960 mm,两舷分别设置 2 根甲板纵骨,分别通过件号为 29 和 30 的折边肘板与舷侧肋骨和舱口纵桁连接,可参阅上述节点详图 5 和 6。

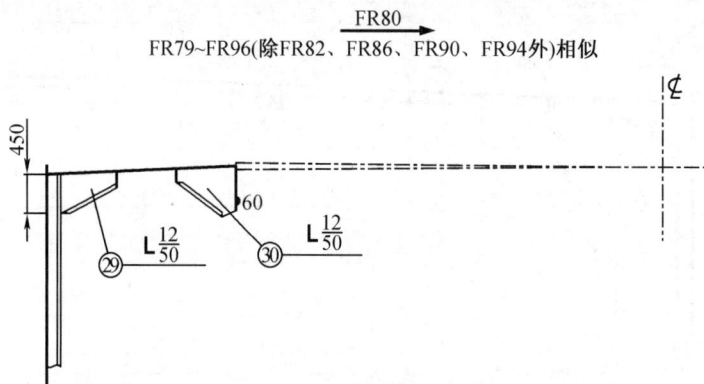

图 13-13 #80 肋位剖面图

(10) #82 肋位剖面图(图 13-14)

#82 肋位剖面图(#86、#90、#94、#97 肋位剖面图相似)表示强半横梁结构。强半横梁为 T 型构件,件号为 17,面板为 14×200,腹板厚度为 12 mm。它的一端直接与舱口纵桁焊接,采用双面连续焊,焊角高度为 5 mm;另一端将强半横梁腹板高度升高,与舷侧强肋骨采用圆弧过渡,其与甲板板和舷顶列板的连接采用双面连续焊,焊角高度为 6 mm。在强半梁腹板上开切口让甲板纵骨穿过,纵骨下设置加强筋,件号为 20,21,22。件号 20 和 21 的加强筋见 A—A 剖面图,件号为 22 的加强筋见 82-1 分剖面图。尺寸为 75×12 的扁钢,与强半梁面板采用双面连续焊,焊角高度为 5 mm。

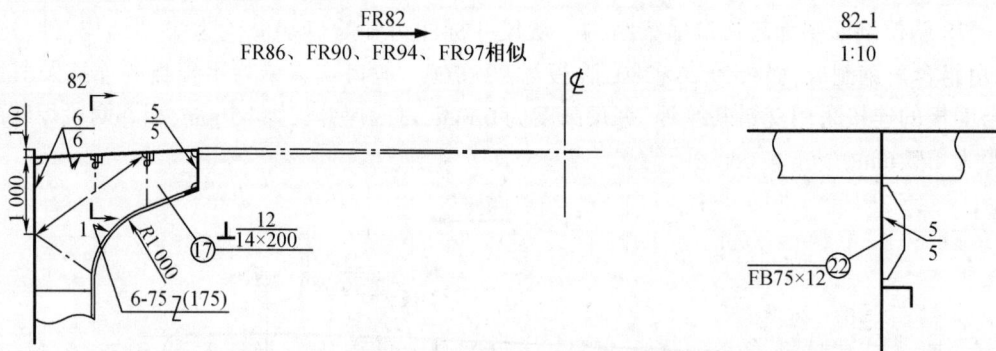

图 13-14 #82 肋位剖面图及分剖面图

➤ 能力训练

训练名称:识读 150 t 冷藏船 #5^{+200} ~ #15^{+100} 主甲板分段结构图

训练内容:见《能力训练活页手册》"任务 13.1 能力训练"

任务 13.2 绘制 4 000 t 干货船 #73^{+200} ~ #97^{+100} 主甲板分段结构图

➤ 任务解析

学习任务	绘制 4 000 t 干货船 #73^{+200} ~ #97^{+100} 主甲板分段结构图
任务导入	图 13-1 所示为 4 000 t 干货船 #73^{+200} ~ #97^{+100} 主甲板分段结构图,由一组视图和明细栏等组成。参考已知 4 000 t 干货船的型线图、分段划分图、中横剖面图、基本结构图、外板展开图、肋骨型线图,绘制 #73^{+200} ~ #97^{+100} 主甲板分段结构图。要求分段位置与分段划分图一致,构件的位置应与有关结构图样一致
任务要求	要求分段位置与分段划分图一致,构件的位置应与有关结构图样一致
实施步骤	(1)确定视图; (2)选取图样比例和图纸幅面; (3)布置视图的位置; (4)绘制分段结构图; (5)编制件号、标注尺寸和焊缝代号; (6)编制明细栏,填写技术要求和标题栏
任务目标	职业素质目标: (1)具有严谨认真的工作态度; (2)具有主动参与、积极进取的学习态度; (3)具有创新意识,以及获取新知识、新技能的学习能力; (4)具有分析问题、解决问题的能力; (5)具有吃苦耐劳、踏实肯干的工作精神。 职业知识目标: (1)掌握分段结构图的组成、布置、表达内容与方法; (2)掌握分段结构图的图线及其含义; (3)掌握分段结构图的尺寸、件号和焊缝代号的标注方法; (4)熟悉分段结构图的绘制步骤; (5)掌握分段结构图的绘制方法。 职业技能目标: (1)能够正确从基本图样中选取表示分段结构基本情况的视图作为主视图; (2)能够根据主视图所表示的结构基本情况来确定不同形式的剖面图; (3)能够根据分段的外形尺寸和剖面图及节点详图的数量来确定图样比例和图纸幅面,并能够合理布置图面; (4)能够正确识读中横剖面图、基本结构图等图样,弄清分段构件的组成和主要构件的尺寸及连接情况,从而正确绘制主视图、剖面图及节点详图; (5)能够正确编写件号、标注尺寸和焊缝代号,并编制明细栏,填写技术要求和标题栏; (6)能够正确绘制出船体分段结构图
学习资源	教材、教学课件、图片、图纸、绘图工具、教学录像、动画等

➤ 任务实施

绘制分段结构图是船舶设计中的一项重要工作,绘制的主要依据是船体分段划分图、中横剖面图、基本结构图、外板展开图、肋骨型线图等。绘制前,要根据分段划分图确定的分段位置,阅读中横剖面图、基本结构图等图样,弄清分段构件的组成和主要构件的尺寸及连接情况。本任务以 4 000 t 干货船$^\#73^{+200}$ ~ $^\#97^{+100}$ 主甲板分段结构图为任务主体,参照图 13-1(见书末附图)说明绘制分段结构图的步骤和方法。

一、确定视图

1. 确定主视图

通常选择能表示分段结构基本情况的视图作为主视图。4 000 t 干货船$^\#73^{+200}$ ~ $^\#97^{+100}$ 主甲板分段选择基本结构图中主甲板结构图$^\#73^{+200}$ ~ $^\#97^{+100}$ 肋位一段图样为主视图。

2. 确定剖面图

根据主视图所表示的结构基本情况来确定剖面图,对形式不同的结构分别绘制剖面图来表示,对形式相同的结构只绘制一个剖面图来表示。

(1)选取肋位剖面图

由主视图可以看出,$^\#74$ 肋位是分段中唯一的强横梁结构,应剖切并绘制剖面图;$^\#75$ ~ $^\#77$ 各肋位是普通横梁结构,可以选取其中任何一号肋位绘制剖面图,现绘制$^\#75$ 肋位剖面图以代表$^\#75$ ~ $^\#77$ 各肋位的普通横梁结构;$^\#78$ 肋位是分段中唯一的舱口端横梁结构,应绘制剖面图;$^\#82$、$^\#86$、$^\#90$、$^\#94$ 和$^\#97$ 肋位为强半横梁结构,选取$^\#82$ 肋位绘制;$^\#79$ ~ $^\#96$ 之间除了有强半梁的肋位外,均为无横梁结构,且结构相似,取$^\#80$ 肋位绘制。这样,肋位剖面图取$^\#74$、$^\#75$、$^\#78$、$^\#80$、$^\#82$ 共 5 个。

(2)选取一般位置剖面图

根据结构情况,甲板中纵桁与甲板边纵桁和强横梁连接的方式不同,所以都要绘制剖面图;甲板纵骨结构相同,可选取一个剖面绘制剖面图;此外,$^\#77$ ~ $^\#78$ 肋位间的舱口端处装有 10 块加强肘板,其结构相同,也选取一个纵向剖面绘制剖面图;两根舱口纵桁左右对称、结构相同,选取其中一个绘制剖面图,这样,本图共有 5 个一般位置剖面图。

除此之外,强横梁与强肋骨连接处设置有两根斜置加强筋,为表达斜置加强筋的结构,绘制 A 向和 B 向视图,并将其旋转。$^\#82$ 肋位处还做了一个分剖面图表达垂直加强筋。

3. 确定节点详图

通常对连接形式不同、图形较小、表达不够清晰的节点都需绘制详图。根据$^\#73^{+200}$ ~ $^\#97^{+100}$ 主甲板分段结构情况,初步考虑绘制肘板连接处的结构,共 7 个节点。

二、选取图样比例和图纸幅面

图样比例和图纸幅面要根据分段的外形尺寸和剖面图及节点详图的数量来确定。由于分段结构图直接用于施工现场,为了使用方便,图纸幅面不宜过大,但图形要求清晰,比例又不宜太小,所以比例和幅面要选择适当。通常主视图的比例选用 1:50,1:25,1:20 等;节点详图的比例选用 1:10,1:5 等。图纸面积一般不超过 0.5 m²。现一般采用几张 A3 图纸的形式。

三、布置视图的位置

通常主视图布置在图纸的左上方或左下方,一般位置剖面图依次布置在主视图的下方或上方的相应位置(尽量按投影关系布置),肋位剖面图等布置在图纸中间,明细栏布置在标题栏上方,节点详图布置在其余空白的地方,布置框图见图13-15。本分段结构图的视图布置见图13-1,主视图位于图纸左下方,一般剖面图位于主视图上方,肋位剖面图则布置在一般位置剖面图的右侧(图纸中间),节点图布置在肋位剖面图下方空白处。

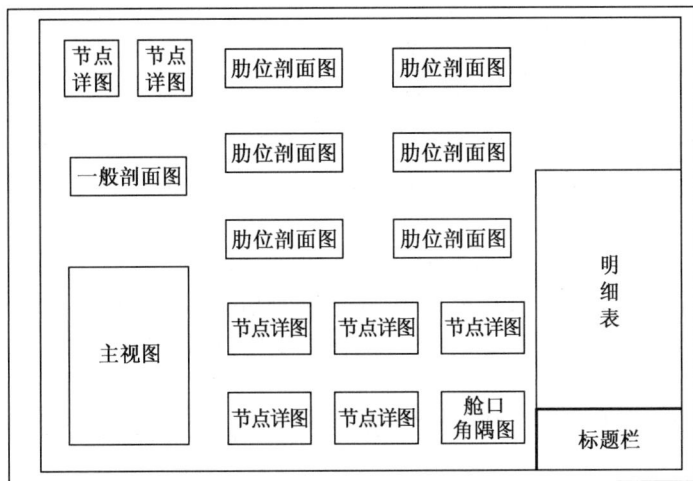

图 13-15 布置框图

四、绘制分段结构图

绘制各种分段结构图的图形时,一般首先绘制主视图,其次绘制剖面图,最后绘制节点详图。主视图和剖面图的外形尺寸在型线图和肋骨型线图中量取,节点详图形状根据剖面图画出。

1.绘制主视图

(1)根据主视图所在位置,在图面左下方绘出船体中线,根据分段划分情况和肋骨间距量出各肋位和分段接缝位置,并过各点作船体中线的垂直线。

(2)根据型线图绘出甲板边线。一般做法是在型线图的半宽图中所绘制的分段各肋位上,作船体中线的垂直线,在垂直线上量取甲板边线的半宽型值,然后把这些型值量到主视图中相应的肋位号上,用曲线板把截得的交点光顺连接便得甲板边线。

(3)根据基本结构图中的主甲板结构图上 $^\#73^{+200} \sim {}^\#97^{+100}$ 一段的图样,绘制并完成主视图。

2.绘制一般位置剖面图

以基本结构图和中横剖面图为依据,绘制 A—A 剖面图。

(1)在主视图中,绘出剖面符号。

(2)在主视图上方绘制 A—A 剖切处的甲板线,并在甲板线上定出肋位和分段的位置。由于纵向构件的纵向曲度尺寸是由放样确定的,因此为画图方便起见,当曲率不大时甲板线可近似地以直线绘制。A—A 剖面的甲板线即绘成直线。

（3）根据基本结构图中给出的尺寸绘出甲板纵桁。

（4）根据基本结构图给出的尺寸，在#74肋位上绘出强横梁，在#74肋位上绘出舱口端横梁，在#75~#77肋位上绘出普通横梁。

（5）在甲板纵桁腹板上，绘出普通横梁穿过的切口，并在#78肋位处绘出肘板的切口。

（6）在剖面图上方标注视图名称"A—A"。

以基本结构图和中横剖面图等图样为依据，并根据确定的节点连接形式，用类似上述步骤绘出 B—B、C—C、D—D、E—E 剖面及 A 向视图。

3. 绘制肋位剖面图

以中横剖面图等图样为依据，绘制#74肋位剖面图，做法如下：

（1）首先确定视向，本图取向艉看，这样可以从正面看视横梁，以减少图面上的虚线。

（2）在图纸的中上方画水平线，在水平线中央取一点，过该点作水平线的垂直线，作为船体中线。把在主视图上量得的#74肋位处的甲板半宽值，以船体中线为基准，定出甲板宽度。

（3）以水平线为基准，绘出甲板线，根据甲板梁拱值绘制。

（4）根据基本结构图给出的尺寸，在船体中线处绘出甲板中纵桁，在船体中线两侧各距2 860 mm、5 000 mm 处绘出甲板边纵桁，在船体中线两侧各 5 710 mm、6 420 mm 处绘制甲板纵骨。

（5）根据基本结构图给出的尺寸，绘出舱口内强横梁、舱口外强横梁、强肋骨及圆弧过渡处面板。

（6）在强横梁腹板上，绘出甲板纵骨穿过的切口及切口下的加强筋和斜置加强筋。

（7）在剖面图上方标注剖面名称和视向："← #74"。

用上述类似的方法，绘出其他肋位剖面图。

4. 绘制节点详图

在剖面图上，把要绘制详图的节点用细实线圆圈出，圆的直径视节点的大小而定。在图面空余处，以适当比例绘制节点详图，并标注相应的节点号及比例。

最后，校对视图，无错误后，按图线要求加深。

五、编制件号、标注尺寸和焊缝符号

分段件号编制时，先编板，再编型材，后编肘板。尺寸标注与件号结合起来，标注在件号的规格线上。焊缝符号按照板与板的焊缝代号标注在平面图中，纵向构件的焊缝符号标注在一般剖面图中，横向构件的焊缝符号标注在肋位剖面图中，节点处焊缝符号标注在节点详图中。件号的排列应整齐，件号、焊缝符号等的指引线应避免相交。

本分段共编制 32 个件号：1~10 标注在主视图中；11~15,20~21,25~26 标注在一般位置剖面图中；16~19,22~24,28~32 标注在肋位剖面图中；25~32 标注在节点详图中。

六、编制明细栏、填写技术要求和标题栏

明细栏连接在主标题栏上方时，序号应自下而上填写（如果图样中设置有单独的明细栏，则序号应自上而下填写）。当标题栏上方填写位置不够时，明细栏可移至标题栏左边自下而上继续填写。技术要求和说明等通常写在图纸的上方空白处，装订成册的图纸可写在第一页。标题栏中要填写分段结构图的名称等。

➤ **能力训练**

训练名称:绘制 150 t 冷藏船#23^{-400} ~ #32^{+150} 主甲板分段结构图

训练内容:见《能力训练活页手册》"任务 13.2 能力训练"

【拓展提高】

拓展知识:生产设计编码

目前,我国船厂基本上采用生产设计,生产设计过程中要绘制生产设计工作图,在设计分段结构的同时就深化工艺与管理信息。在船体生产设计图纸上的分段装配图或分段结构图中均采用生产设计零件编码形式来标注各零件号。为此,要建立生产设计编码系统,这是生产设计中的重要技术准备工作。它是简化图面、传递船体结构等有关信息的专用语言。编码体系的质量将直接影响到生产设计的顺利实施。

目前国内推行生产设计的船厂,采用了不同类型的编码系统,其主要存在组成编码的字符及数字所取的含义不同、表示的方式不一样、与不同设计软件的匹配等方面有差异。通常,整个船体生产设计编码体系包含了工程编码、分段编码、组立类型代码、所立编码、零件种类代码、零件号和加工信息代码。其编码的总体结构形式如图 13-16 所示。

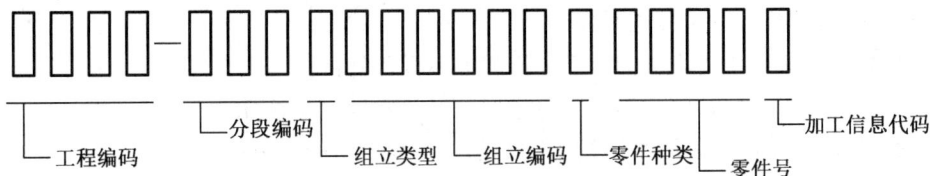

图 13-16 船体零件编码

某企业船体零件的生产设计编码示例:3302-225-FTF1A-D101K。

说明:3302-工程编码,表示第二艘 29 万吨油船;225-分段编码,表示左舷第五个双层底分段;F-组立类型,表示流水线组立;TF1A-组立编码,TF 表示舱顶,1 表示在 1 号肋位装配,A 表示该分段 1 号肋位 A 区;D 为零件种类,表示垫板;101 为零件号,表示板材;K 为加式信息代码,表示大型构件折边加工。

拓展训练:查阅资料了解各企业船体生产及零件编码构成。

【项目测试】

一、选择题

1. 舷侧分段结构图的主视图是以_____为依据绘制的。

A.基本结构图的舱底图   B.基本结构图的甲板图

C.外板展开图   D.基本结构图的中纵剖面图

2. 分段结构图中型材构件的尺寸标注是_____。

A.只标剖面尺寸   B.标出剖面和长度尺寸

C.只标厚度   D.标出型材弯曲形状

3.某船分段结构图中,剖面图名"◀─#15" 表示_____。

A.第 15 号肋位剖面向船首视图　　　　B.第 15 号肋位剖面向船尾视图

C.第 15 号站向船首视图　　　　　　　D.第 15 号站向船尾视图

4.分段结构图的主视图中构件常采用_____画法。

A.重叠　　　　　B.简化　　　　　C.缩小　　　　　D.放大

5.分段结构图中,构件的编号顺序是_____。

A.先编肘板,再编型材,最后编板材　　B.先编型材,再编肘板,最后编板材

C.先编板材,再编型材,最后编肘板　　D.先编肘板,再编板材,最后编型材

6.如果分段结构图表示的是船体某一环形总段的结构,则称为_____。

A.大段结构图　　B.总段结构图　　C.环形结构图　　D.大分段结构图

7.分段结构图绘图顺序是_____。

A.先画剖面图,再画主视图,再画节点图

B.先画节点图,再画主视图,再画剖面图

C.先画主视图,再画剖面图,再画节点图

D.各图同时画

8.分段结构图中板与板的焊缝代号标注在_____中。

A.主视图　　　　B.一般剖面图　　C.肋位剖面图　　D.节点图

二、判断题(对的打√,错的打×)

1.船体分段结构图的肋位剖面图是沿船舶纵向剖切的。　　　　　　　　　　(　　)

2.分段结构图中纵向构件的焊缝符号通常标注在肋位剖面图中。　　　　　　(　　)

3.确定剖面图时,对分段中结构不同的部位均应剖切画出剖面图。　　　　　(　　)

4.分段结构图中外板和甲板等的形状尺寸均应在图中标注出。　　　　　　　(　　)

5.甲板分段结构图中每个肋位均要画出肋位剖面图。　　　　　　　　　　　(　　)

6.分段结构图中节点图的比例与剖面图比例要一致。　　　　　　　　　　　(　　)

7.对主视图和剖面图内图形较小,表达不够清晰的节点均应绘制节点详图。　(　　)

8.在剖面图上方标注剖面名称"◀─#74"的是肋位剖面图。　　　　　　　　(　　)

三、名词解释

1.分段结构图

2.构件编号

四、简答题

1.船体分段结构图的用途是什么?分段结构图的种类有哪些?

2.分段结构图主要由哪些视图组成?剖面图一般有哪几种?

3.分段结构图中尺寸标注有什么要求?

4.分段结构图中焊缝符号标注有什么要求?

五、应用拓展题

1.根据习图 13-1 所示某双层底分段结构图的纵向剖面图,回答以下问题。

(1)图中内、外底板理论线朝向是什么?

(2)图中纵骨型材和加强筋型材的类型是什么?

(3)图中肘板有无折边或 T 形?

（4）图中 45 号构件的型钢号数是什么？

<u>L11(P)</u>

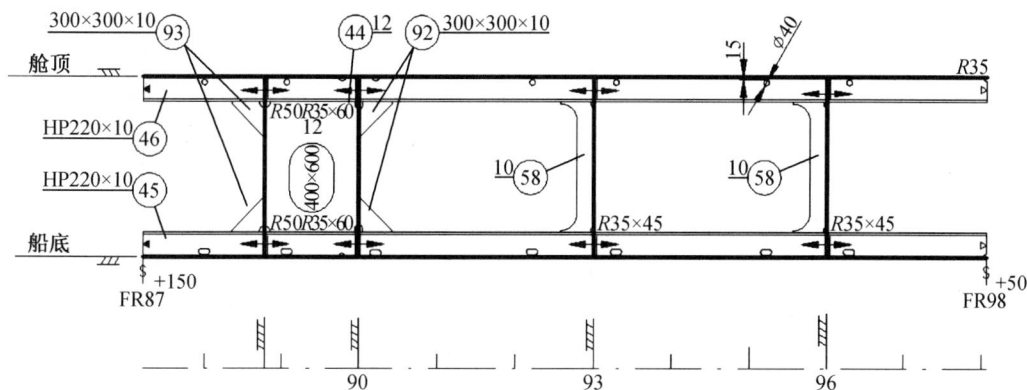

习图 13-1　双层底分段结构图纵向剖面图

2. 识读习图 13-2 中上甲板分段结构图的 *A—A* 剖面，回答以下问题。

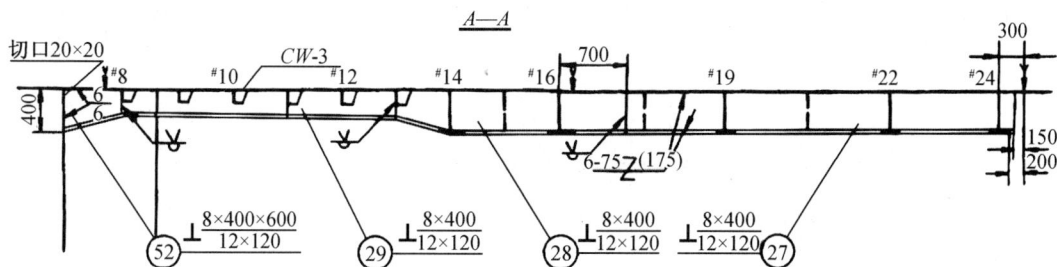

习图 13-2　上甲板分段结构图 *A—A* 剖面

（1）*A—A* 剖面图中件号为 27,28,29 的是什么构件？尺寸分别是多少？

（2）图中设置普通横梁和强横梁的分别是哪些肋位？

（3）*A—A* 剖面图表示甲板旁纵桁结构，#7 肋位处的横舱壁与肘板的连接采用哪种焊接形式？

（4）甲板纵桁件号 27,28,29 各段之间连接采用什么焊接形式？

3. 识读习图 13-3 所示 1 000 t 沿海货船#6 横舱壁结构图。了解：

（1）舱壁板的布置、厚度和焊接要求；

（2）舱壁扶强材的布置、间距、大小、焊接要求，以及上、下端与其他构件的连接形式。

4. 识读习图 13-4 所示某 46 000 t 油船双层舷侧分段结构图（见书末附图）。

（1）了解图中视图组成及各视图间相互关系。

（2）该分段中平台有几个？设置在什么位置？有几根加强筋？

（3）横隔板有几道，设置在多少肋位处？非水密横隔板开孔几个，尺寸是多少？

（4）舷侧纵骨和内壳纵骨有多少根？采用什么型材？是否连续？

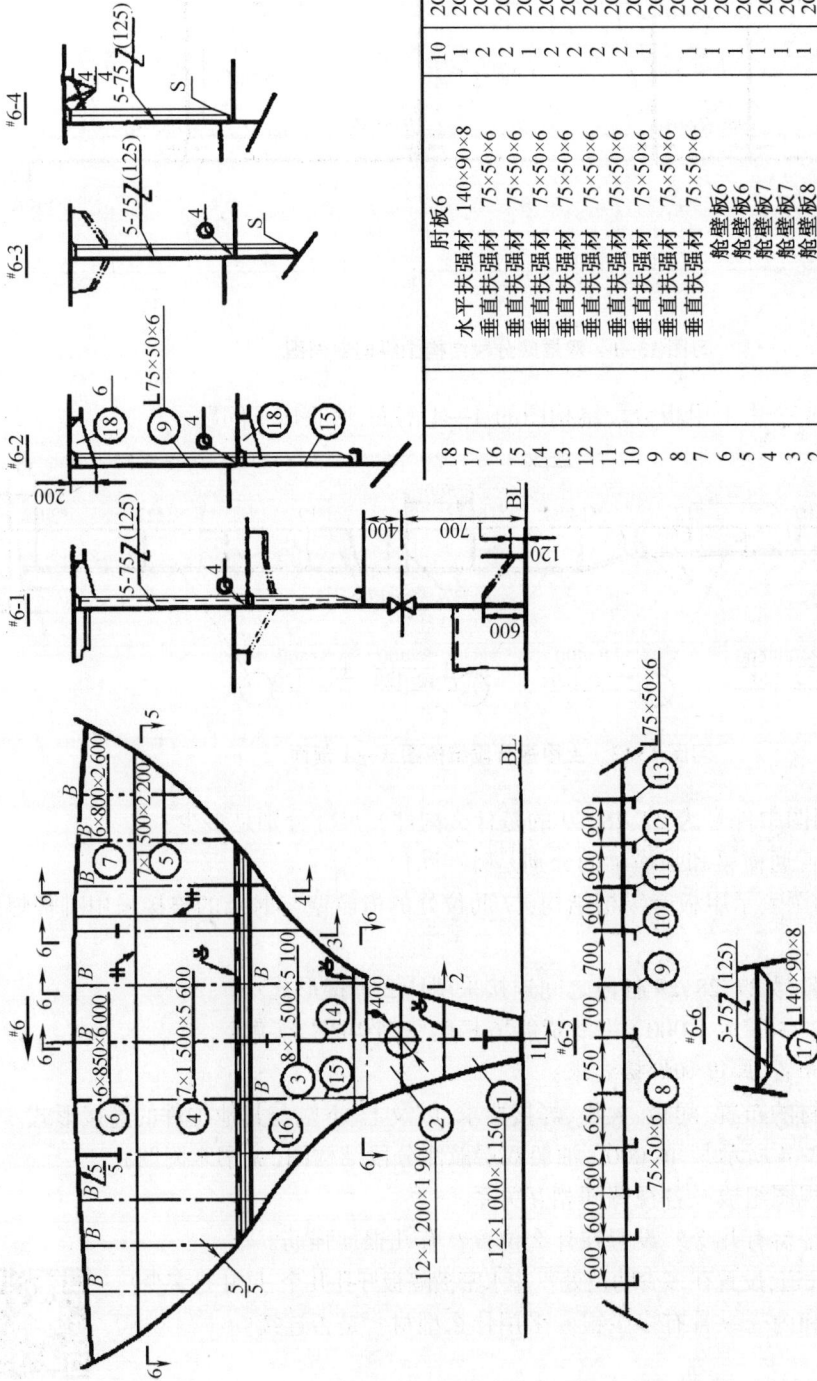

序号	代号	名称	数量	材料	单件	总计	附注
18		水平扶强材 140×90×8	10	2C	3.7	37	
17		垂直扶强材 75×50×6	1	2C	24	24	
16		垂直扶强材 75×50×6	2	2C	4	8	
15		垂直扶强材 75×50×6	1	2C	9	19	
14		垂直扶强材 75×50×6	2	2C	8.5	9	
13		垂直扶强材 75×50×6	2	2C	8.5	17	
12		垂直扶强材 75×50×6	2	2C	11.5	23	
11		垂直扶强材 75×50×6	2	2C	12	24	
10		垂直扶强材 75×50×6	2	2C	12	24	
9		垂直扶强材 75×50×6	1	2C	12	12	
8		垂直扶强材 75×50×6	1	2C	12	12	
7		肘板6	1	2C		293	
6		舱壁板6	1	2C		495	
5		舱壁板6	1	2C			
4		舱壁板7	1	2C	327	327	
3		舱壁板8	1	2C			
2		舱壁板12	1	2C	327	367	
1		舱壁板12	1	2C			

习图13-3 1 000 t沿海货船#6横舱壁结构图

附　　录

附录 A　船舶焊缝符号

表 A1　船体焊缝基本符号

名称	示意图	符号
I 型焊缝		‖
V 型焊缝		∨
单边 V 型焊缝		⋁
带钝边 V 型焊缝		Y
带钝边单边 V 型焊缝		⋏
带钝边 U 型焊缝		⋃
带钝边 J 型焊缝		⋏
封底焊缝	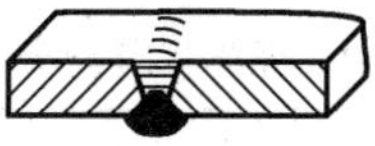	 ⏝
角焊缝	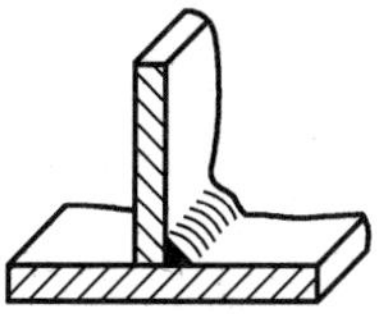	△ 一般省略,只注角焊高 k
塞焊缝或槽焊缝	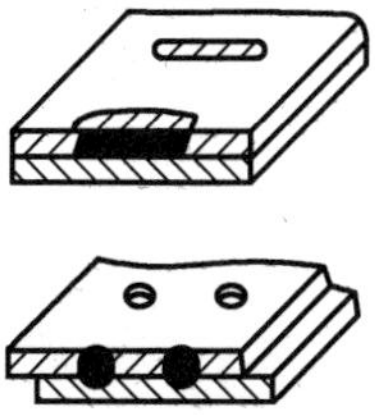	⊓

表 A2　船体焊缝辅助符号

名称	示意图	符号	说明
平面符号		——	焊缝表面磨平
凹面符号	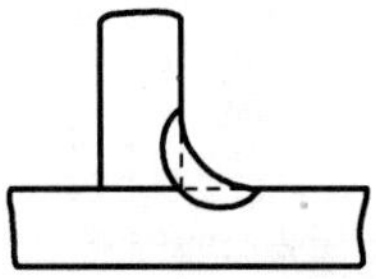	⌣	焊缝表面凹陷

表 A3　船体焊缝辅助符号的应用示例

名称	示意图	符号
平面 V 型对接焊缝	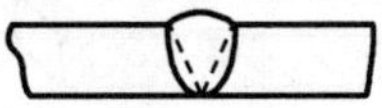	$\overline{\vee}$
单平面 X 型对接焊缝		 $\overline{\text{X}}$
凹面角焊缝	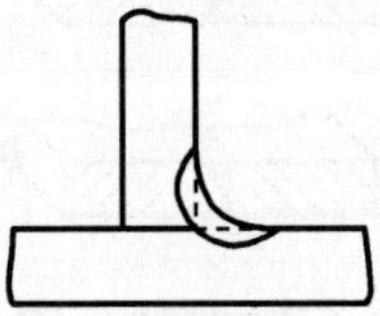	
平面封底 V 型焊缝		

表 A4　船体焊缝补充符号

名称	示意图	符号	说明
带垫板符号		▭	表示焊缝底部有垫板
三面焊缝符号	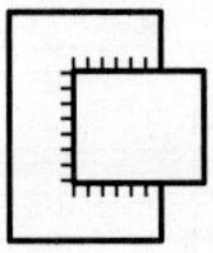	⊏	表示三面带有焊缝
周围焊缝符号	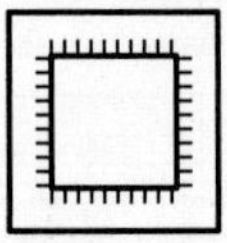	○	表示环绕工件周围焊缝

表 A4(续)

名称	示意图	符号	说明
缓焊符号		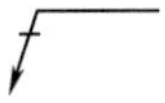	表示不同时施焊的焊缝
尾部符号		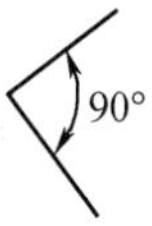 90°	当需要时可标注焊接工艺方法

表 A5　船体焊缝补充符号应用示例

示意图	标注示例	说明
	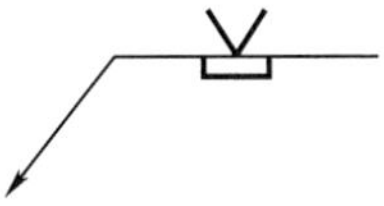	表示 V 型焊缝的背面有垫板
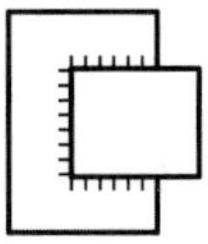	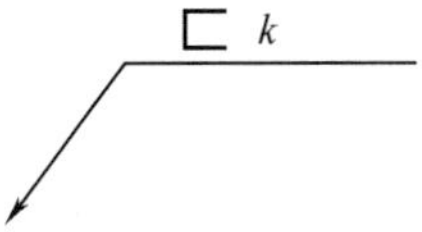 k	工件三面带有焊缝； k 表示焊缝尺寸
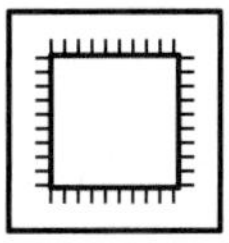	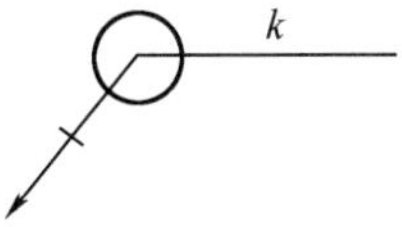 k	表示在现场沿工件周围施焊； k 表示焊角尺寸
	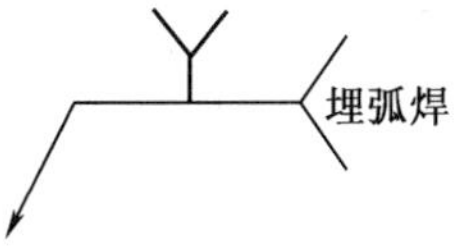 埋弧焊	表示 Y 型焊缝,焊接方法为埋弧焊

表 A6　船体焊缝符号的标注方法(1)

形式	标注方法	形式	标注方法
	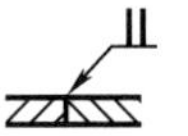		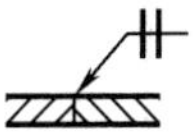
			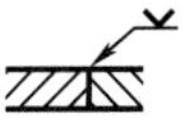
	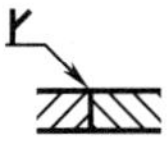	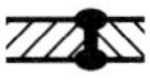	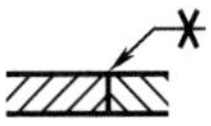
			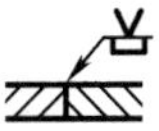

表 A6(续)

形式	标注方法	形式	标注方法

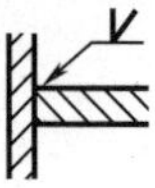

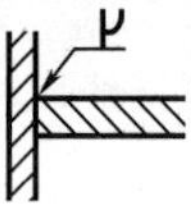

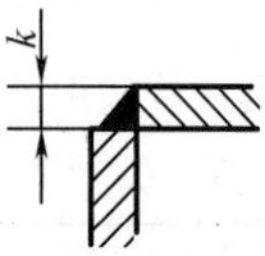

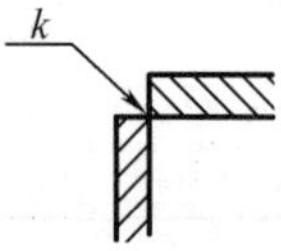

表 A7　船体焊缝符号的标注方法(2)

形式	标注方法

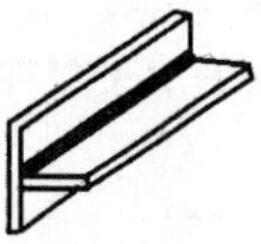

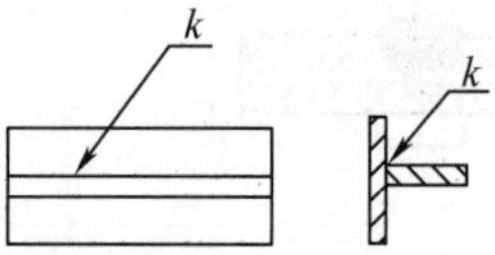

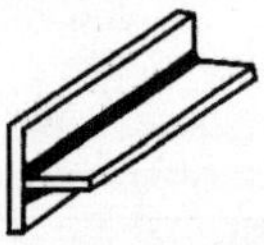

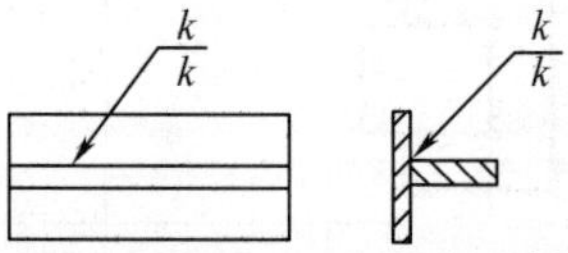

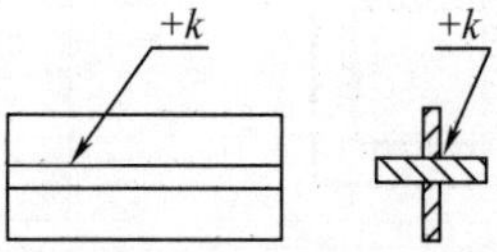

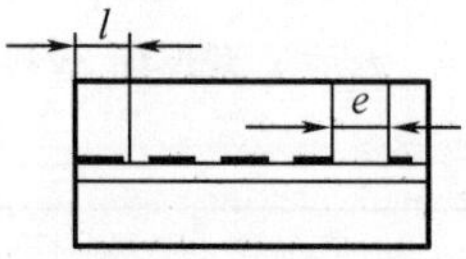

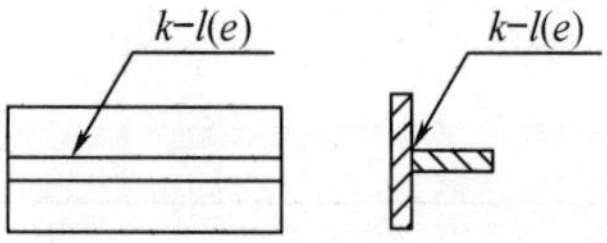

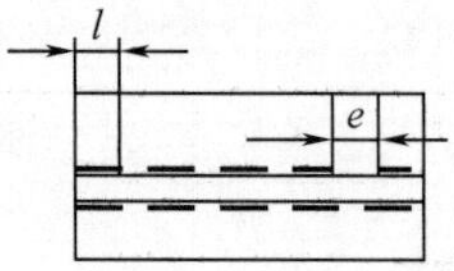

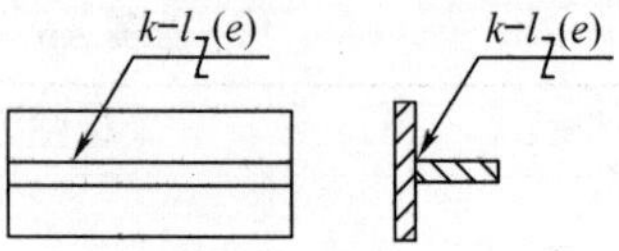

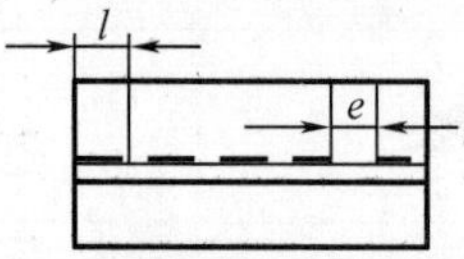

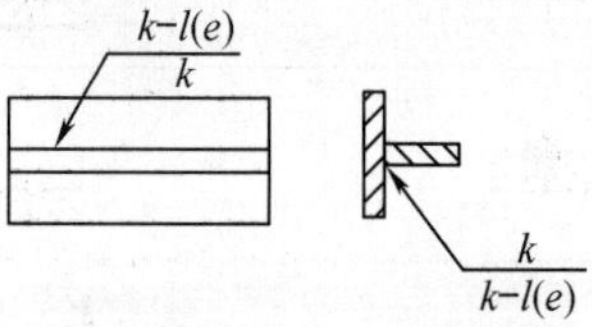

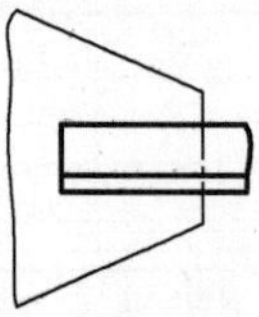

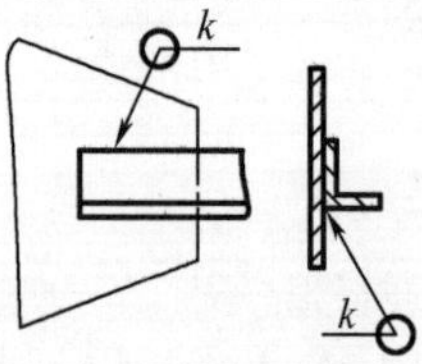

附录 B 船体常用钢板和型钢的规格和理论重量

表 B1 钢板的尺寸和理论重量（GB 709—88 摘录）

单位：mm

钢板公称厚度	类	700	710	750	800	850	900	950	1 000	1 100	1 250	1 400	1 420	1 500	1 600	1 700	1 800	1 900	2 000	2 100	2 200	2 300	2 400	2 500	2 600	2 700	2 800	2 900	3 000	3 200	3 400	3 800	理论重量/(kg·m⁻²)
4	最小	2 000	2 000	2 000	2 000	2 000	2 000	2 000	2 000	2 000	2 000	2 000	2 000	2 000	2 000	2 000	2 000	2 000	2 000	—	—	—	—	—	—	—	—	—	—	—	—	—	31.100
4	最大	6 000	6 000	6 000	6 000	6 000	6 000	6 000	6 000	6 000	6 000	6 000	6 000	6 000	6 000	6 000	6 000	6 000	6 000	—	—	—	—	—	—	—	—	—	—	—	—	—	
4.5	最小	2 000	2 000	2 000	2 000	2 000	2 000	2 000	2 000	2 000	2 000	2 000	2 000	2 000	2 000	2 000	2 000	2 000	2 000	—	—	—	—	—	—	—	—	—	—	—	—	—	35.325
4.5	最大	6 000	6 000	6 000	6 000	6 000	6 000	6 000	6 000	6 000	6 000	6 000	6 000	6 000	6 000	6 000	6 000	6 000	6 000	—	—	—	—	—	—	—	—	—	—	—	—	—	
5	最小	2 000	2 000	2 000	2 000	2 000	2 000	2 000	2 000	2 000	2 000	2 000	2 000	2 000	2 000	2 000	2 000	2 000	2 000	—	—	—	—	—	—	—	—	—	—	—	—	—	39.250
5	最大	6 000	6 000	6 000	6 000	6 000	6 000	6 000	6 000	6 000	6 000	6 000	6 000	6 000	6 000	6 000	6 000	6 000	6 000	—	—	—	—	—	—	—	—	—	—	—	—	—	
6	最小	2 000	2 000	2 000	2 000	2 000	2 000	2 000	2 000	2 000	2 000	2 000	2 000	2 000	2 000	2 000	2 000	2 000	2 000	—	—	—	—	—	—	—	—	—	—	—	—	—	47.100
6	最大	6 000	6 000	6 000	6 000	6 000	6 000	6 000	6 000	6 000	6 000	6 000	6 000	6 000	6 000	6 000	6 000	6 000	6 000	—	—	—	—	—	—	—	—	—	—	—	—	—	
7	最小	6 000	6 000	6 000	6 000	6 000	6 000	6 000	6 000	6 000	6 000	6 000	6 000	6 000	6 000	6 000	6 000	6 000	6 000	—	—	3 000	3 000	3 000	—	—	—	—	—	—	—	—	54.950
8	最小	2 000	2 000	2 000	2 000	2 000	2 000	2 000	2 000	2 000	2 000	2 000	2 000	3 000	3 000	3 000	3 000	3 000	3 000	3 000	3 000	3 000	3 000	3 000	—	—	—	—	—	—	—	—	62.800
9	最小	6 000	6 000	6 000	6 000	6 000	6 000	6 000	6 000	6 000	6 000	6 000	6 000	12 000	12 000	12 000	12 000	12 000	12 000	12 000	12 000	12 000	12 000	3 000	—	—	—	—	—	—	—	—	70.650
10	最大	6 000	6 000	6 000	6 000	6 000	6 000	6 000	6 000	6 000	6 000	6 000	6 000	3 000	3 000	3 000	3 000	3 000	3 000	3 000	3 000	3 000	4 000	4 000	—	—	—	—	—	—	—	—	78.500
11		—	—	—	—	—	—	—	—	2 000	2 000	2 000	2 000	12 000	12 000	12 000	12 000	12 000	12 000	12 000	12 000	12 000	12 000	12 000	—	—	—	—	—	—	—	—	85.350
12		—	—	—	—	—	—	—	6 000	6 000	6 000	6 000	6 000	10 000	10 000	10 000	10 000	10 000	10 000	10 000	10 000	10 000	9 000	9 000	—	—	—	—	—	—	—	—	94.200
13		—	—	—	—	—	—	—	—	—	—	—	—	—	—	—	—	—	—	—	—	—	—	—	—	—	—	—	—	—	—	—	102.050
14		—	—	—	—	—	—	—	—	—	—	—	—	—	—	—	—	—	—	—	—	—	—	—	—	—	—	—	—	—	—	—	109.960
15		—	—	—	—	—	—	—	—	—	—	—	—	—	—	—	—	—	—	—	—	—	—	—	—	—	—	—	—	—	—	—	117.750
16		—	—	—	—	—	—	—	—	—	—	—	—	—	—	—	—	—	—	—	—	—	—	—	—	—	—	—	—	—	—	—	125.600
17		—	—	—	—	—	—	—	2 500	2 500	2 500	2 500	2 500	3 000	3 000	3 500	4 000	4 000	4 000	4 500	4 500	4 500	4 000	4 000	3 500	3 500	3 500	—	—	—	—	—	133.450
19		—	—	—	—	—	—	—	6 500	6 500	12 000	12 000	12 000	12 000	12 000	11 000	10 000	10 000	10 000	10 000	9 000	9 000	9 000	9 000	9 000	8 200	8 200	—	—	—	—	—	141.300
19		—	—	—	—	—	—	—	—	—	—	—	—	—	—	—	—	—	—	—	—	—	—	—	—	—	—	—	—	—	—	—	149.150
20		—	—	—	—	—	—	—	—	—	—	—	—	—	—	—	—	—	—	—	—	—	—	—	—	—	—	—	—	—	—	—	157.000
21		—	—	—	—	—	—	—	—	—	—	—	—	—	—	—	—	—	—	—	—	—	—	—	—	—	—	—	—	—	—	—	164.850
22		—	—	—	—	—	—	—	—	—	—	—	—	—	—	—	—	—	—	—	—	—	—	—	—	—	—	—	—	—	—	—	172.700
25		—	—	—	—	—	—	—	—	—	—	—	—	—	—	—	—	—	—	—	—	—	—	—	—	—	—	—	—	—	—	—	196.250
26		—	—	—	—	—	—	—	—	—	—	—	—	—	—	—	—	—	—	—	—	—	—	—	—	—	—	—	—	—	—	—	204.100
28		—	—	—	—	—	—	—	—	—	2 500	2 500	2 500	3 000	3 500	3 500	3 500	4 000	4 000	4 000	4 500	4 500	4 500	4 000	4 000	3 500	3 500	3 000	3 000	3 400	3 200	3 600	219.900
30		—	—	—	—	—	—	—	—	—	12 000	12 000	12 000	12 000	12 000	12 000	12 000	12 000	12 000	11 000	11 000	11 000	12 000	11 000	10 000	10 000	10 000	10 000	9 500	9 500	9 500	9 500	235.500
32		—	—	—	—	—	—	—	—	—	—	—	—	—	—	—	—	—	—	—	—	—	—	—	—	—	—	10 000	9 500	9 500	9 500	9 500	251.200
34		—	—	—	—	—	—	—	—	—	—	—	—	—	—	—	—	—	—	—	—	—	—	—	—	—	—	—	—	—	—	—	266.900
35		—	—	—	—	—	—	—	—	—	—	—	—	—	—	—	—	—	—	—	—	—	—	—	—	—	—	—	—	—	—	—	282.600
38		—	—	—	—	—	—	—	—	—	—	—	—	—	—	—	—	—	—	—	—	—	—	—	—	—	—	—	—	—	—	—	298.310
40		—	—	—	—	—	—	—	—	—	—	—	—	—	—	—	—	—	—	—	—	—	—	—	—	—	—	—	—	—	—	—	314.000

按下列钢板宽度的最小和最大长度

注：理论重量由编者加上，按 7.85 g/cm³ 计。

表 B2　等边角钢的规格和理论质量

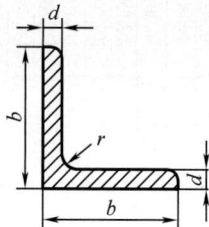

角钢号数	尺寸/mm			截面面积 /cm²	理论重量 /(kg·m⁻¹)
	b	t	r		
2	20	3	3.5	1.132	0.889
		4		1.450	1.145
2.5	25	3		1.432	1.124
		4		1.859	1.450
3	30	3		1.749	1.378
		4	4.5	2.276	1.786
3.6	36	3		2.109	1.658
		4		2.756	2.163
		5		3.332	2.654
4	40	3		2.369	1.852
		4		3.086	2.422
		5		3.791	2.976
4.5	45	3	5	2.659	2.088
		4		3.486	2.736
		5		4.292	3.369
		6		5.076	3.985
5	50	3		2.971	2.332
		4	5.5	3.897	3.059
		5		3.803	3.770
		6		5.688	4.465
5.6	56	3		3.343	2.624
		4	6	4.390	3.446
		5		5.415	4.251
		8		8.367	6.568

表 B2(续 1)

角钢号数	尺寸/mm			截面面积 /cm²	理论重量 /(kg·m⁻¹)
	b	d	r		
6.3	63	4	7	4.978	3.907
		5		6.143	4.822
		6		7.288	5.721
		8		9.515	7.469
		10		11.657	9.151
7	70	4	8	5.570	4.372
		5		6.875	5.397
		6		8.160	6.406
		7		9.424	7.398
		8		10.667	8.373
8	80	5	9	7.912	6.211
		6		9.397	7.376
		7		10.860	8.525
		8		12.203	9.658
		10		15.126	11.874
9	90	6	10	10.637	8.350
		7		12.301	9.656
		8		13.944	10.946
		10		17.167	13.476
		12		20.306	15.940
10	100	6	12	11.932	9.366
		7		13.796	10.830
		8		15.638	12.276
		10		19.261	15.120
		12		22.800	17.893
		14		26.256	20.611
		16		29.627	23.257
11	110	7	12	15.196	11.928
		8		17.328	13.532
		10		21.261	16.600
		12		25.200	19.782
		14		29.056	22.809

表 B2(续 2)

角钢号数	尺寸/mm			截面面积 /cm²	理论重量 /(kg·m⁻¹)
	b	d	r		
12.5	125	8	14	19.750	18.504
		10		24.373	19.133
		12		28.912	22.696
		14		33.367	26.193
14	140	10		27.373	21.488
		12		32.512	25.522
		14		37.567	29.490
		16		42.539	33.393
16	160	10	16	31.502	24.729
		12		37.441	29.391
		14		43.296	33.987
		16		49.067	38.518
18	180	12		42.241	43.159
		14		48.806	38.383
		16		55.467	43.542
		18		61.955	48.634
20	200	14	18	54.642	42.894
		16		62.013	48.680
		18		69.301	54.401
		20		76.505	60.056
		24		90.661	71.186

表 B3 不等边角钢的规格和理论重量

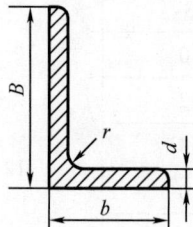

角钢号数	尺寸/mm				截面面积 /cm²	理论重量 /(kg·m⁻¹)
	B	b	d	r		
2.5/1.6	25	16	3	3.5	1.162	0.912
			4		1.499	1.176
3.2/2	32	20	3		1.492	1.171
			4		1.939	1.522

表 B3(续 1)

角钢号数	尺寸/mm				截面面积 /cm²	理论重量 /(kg·m⁻¹)
	B	b	d	r		
4/2.5	40	25	3	4	1.890	1.484
			4		2.467	1.936
4.5/2.8	45	28	3	5	2.149	1.637
			4		2.806	2.203
5/3.2	50	32	3	5.5	2.431	1.908
			4		3.177	2.494
5.6/3.6	56	36	3	6	2.743	2.153
			4		3.590	2.818
			5		4.415	3.466
6.3/4	63	40	4	7	4.508	3.185
			5		4.993	3.920
			6		5.908	4.638
			7		6.802	5.339
7/4.5	70	45	4	7.5	4.547	3.570
			5		5.609	4.403
			6		6.647	5.218
			7		7.657	6.011
(7.5/5)	75	50	5	8	6.125	4.808
			6		7.260	5.699
			8		9.467	7.431
			10		11.590	9.098
8/5	80	50	5	8	6.375	5.005
			6		7.560	5.935
			7		8.724	6.848
			8		9.867	7.745
9/5.6	90	56	5	9	7.212	5.661
			6		8.557	6.717
			7		9.880	7.756
			8		11.183	8.779

表 B3(续 2)

角钢号数	尺寸/mm				截面面积 /cm²	理论重量 /(kg·m⁻¹)
	B	b	d	r		
10/6.3	100	63	6	10	9.917	7.550
			7		11.111	8.722
			8		12.584	9.787
			10		15.467	12.142
10/8	100	80	6		10.637	8.350
			7		12.301	9.656
			8		13.944	10.946
			10		17.167	13.476
11/7	110	70	6		10.637	8.350
			7		12.301	9.656
			8		13.944	10.946
			10		17.167	13.476
12.5/8	125	80	7	11	14.096	11.066
			8		15.989	12.551
			10		19.712	15.474
			12		23.351	18.330
14/9	140	90	8	12	18.038	14.160
			10		22.261	17.475
			12		26.400	20.724
			14		30.456	23.908
16/10	160	100	10	13	25.315	19.872
			12		30.054	23.592
			14		34.709	27.247
			16		39.281	30.835
18/11	180	110	10	14	28.373	22.273
			12		33.712	26.464
			14		38.967	30.589
			16		44.139	34.649
20/12.5	200	125	12		37.912	20.761
			14		43.867	34.436
			16		49.739	39.045
			18		56.526	43.588

表 B4　球扁钢的尺寸和理论重量

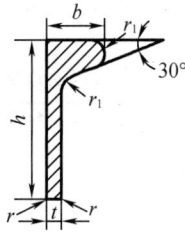

角钢号数	尺寸/mm				截面面积 /cm²	理论重量 /(kg·m⁻¹)
	B	b	t	r		
5	50	16	4	2.5	2.88	2.26
6	60	19	5	3.5	4.31	3.38
7	70	21	5		5.10	4.00
8	80	22	5	4	5.87	4.61
9	90	24	5.5		7.07	5.55
10	100	26	6	5	8.68	6.81
12	120	30	6.5		11.19	8.78
14a	140	33	7	6	14.14	11.10
14b		35	9		16.94	13.30
16a	160	36	8	7	18.05	14.17
16b		38	10		21.25	16.68
18a	180	40	9		22.29	17.50
18b		42	11		25.89	20.32
20a	200	44	10	8	27.49	21.58
20b		46	12		31.49	24.72
22a	220	48	11	8.5	32.96	25.87
22b		50	13		37.36	29.33
24a	240	52	12	9	38.92	30.55
24b		54	14		43.72	34.32
27a	270	55	12	9.5	43.99	34.53
27b		57	14		49.39	38.77

附录C 船体结构 型材端部形状

表 C1 腹板和面板切斜   单位:mm

序号	名称	代号	形式和尺寸示意图	标记示例图
1	角钢、折边材	S	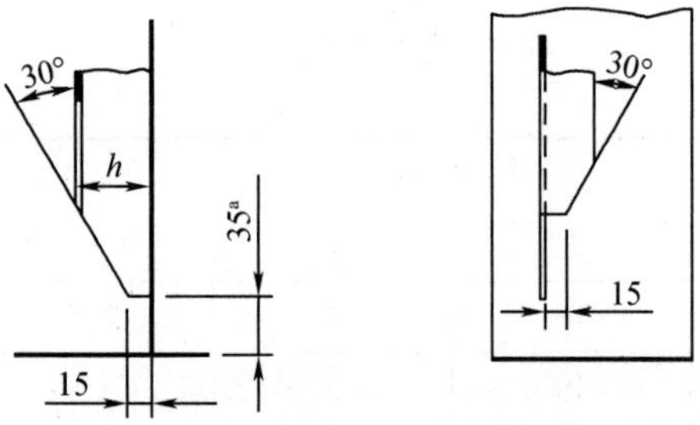	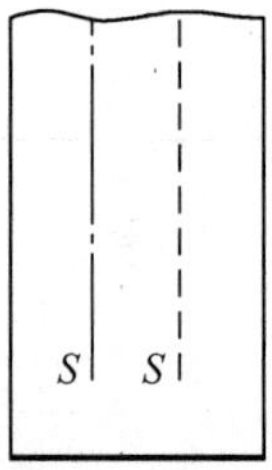
2	T型材和不对称T型材	S	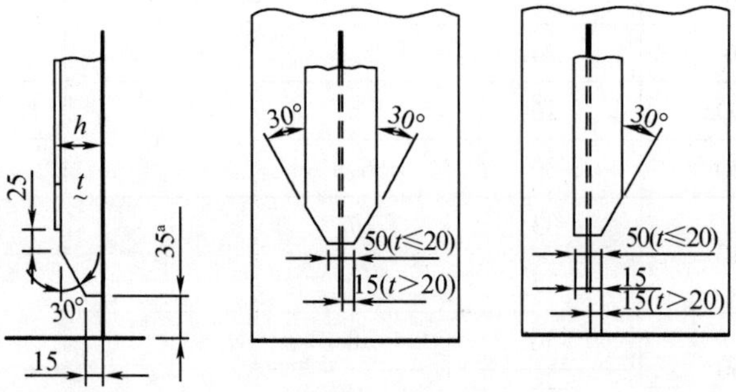	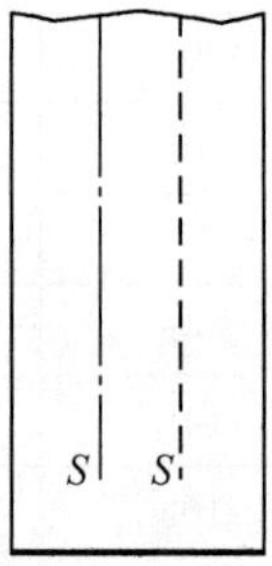

注:t—腹板厚度;h—型材高度。

a 端部离空值 35 为其标准值,亦可根据实际设计需要在 25~40 中选取。

表 C2 腹板切斜   单位:mm

序号	名称	代号	形式和尺寸示意图	标记示例图
1	扁钢	S	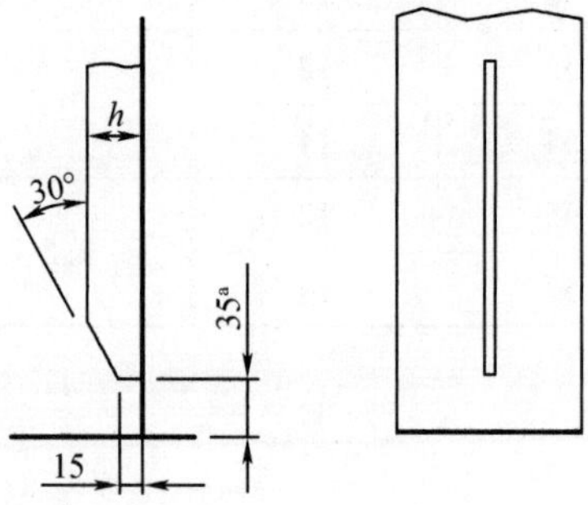	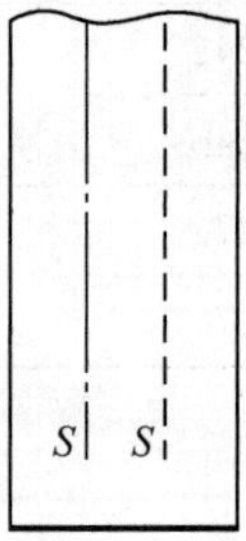

表 C2（续）

序号	名称	代号	形式和尺寸示意图	标记示例图
2	球扁钢	S	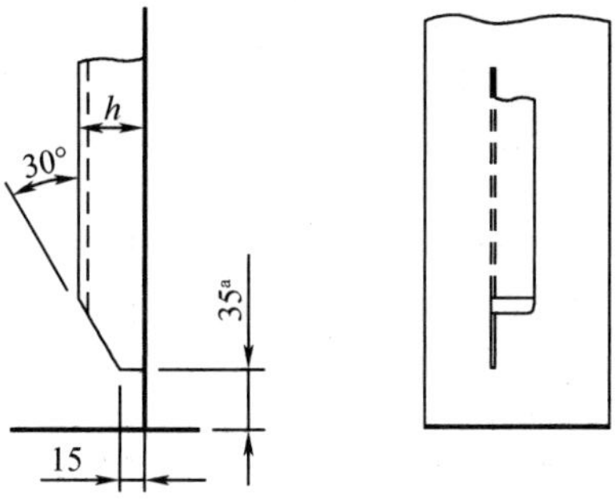 （30° 、h、35[a]、15）	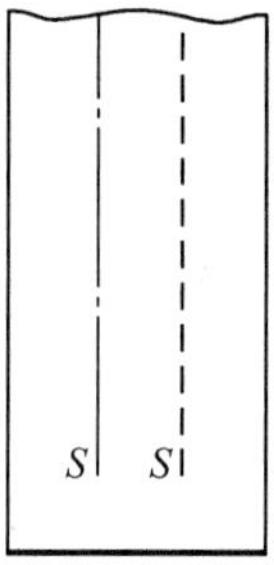 （S　S）

注:h—型材高度。

a 端部离空值 35 为其标准值,亦可根据实际设计需要在 25~40 中选取。

表 C3　面板切斜　　　　　　　　　　　　　　　　　　单位:mm

序号	名称	代号	形式和尺寸示意图	标记示例图
1	角钢、折边材	F	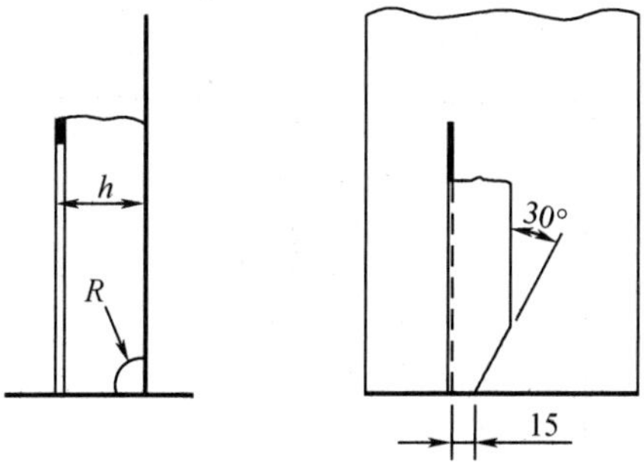 （h、R、30°、15）	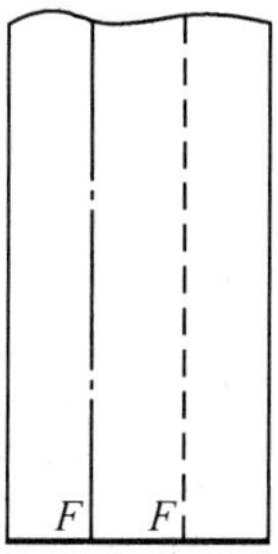 （F　F）
2	T 型材和不对称 T 型材	F	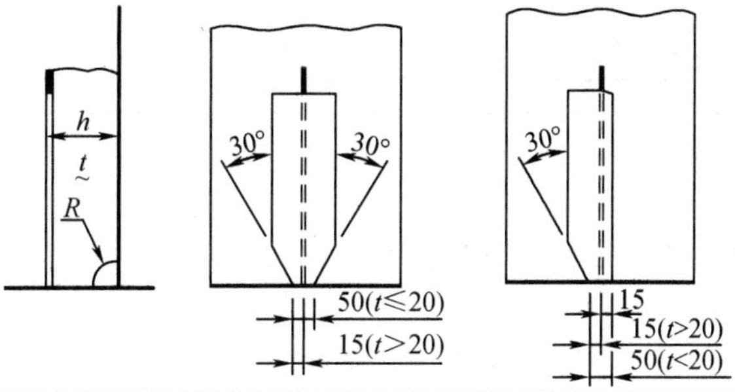 （h、t、R、30°、30°、50(t≤20)、15(t>20)、15、15(t>20)、50(t<20)）	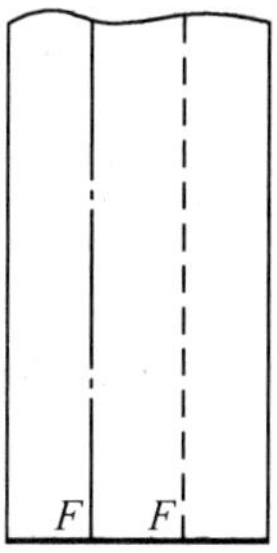 （F　F）
		FS	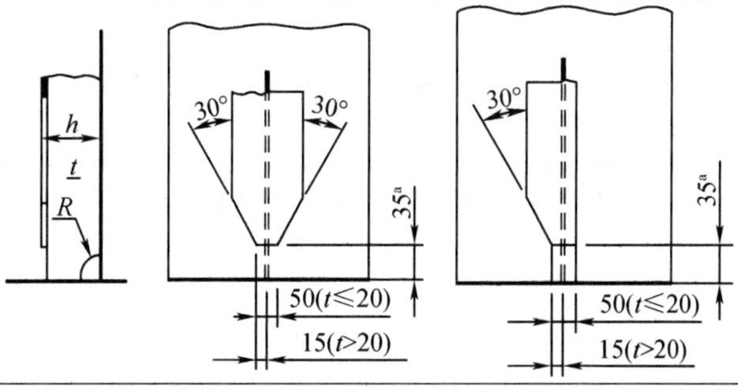 （h、t、R、30°、30°、35[a]、50(t≤20)、15(t>20)、30°、35[a]、50(t≤20)、15(t>20)）	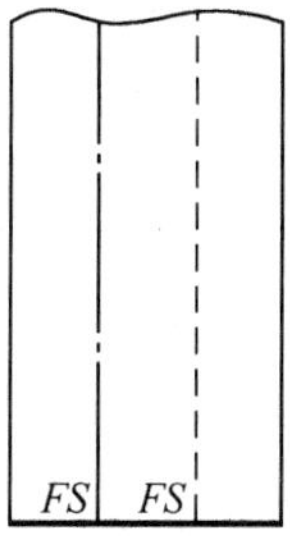 （FS　FS）

注:t—腹板厚度;h—型材高度;R—端部切角。

a 端部离空值 35 为其标准值,亦可根据实际设计需要在 25~40 中选取。

表 C4　不切斜　　　　　　　　　　　　　　　　　　单位:mm

序号	名称	代号	形式和尺寸示意图	标记示例图
1	扁钢	L		
2	球扁钢、角钢、折边材	L		
3	T 型材和不对称 T 型材	L		

注:t—腹板厚度;h—型材高度。

型材端部形式的型材高度 h 和端部切角 R 见表 C5。

表 C5　型材端部形式　　　　　　　　　　　　　　　单位:mm

名称	范围			
h	$h<100$	$100 \leqslant h<150$	$150 \leqslant h<250$	$h \geqslant 250$
R	CW	CW	35	50

注:当焊缝需连续通过而不开 R 时,在产品图纸中注 CW,CW 代表 10×10 的切角,以表示通焊孔。当不需要流水孔和透气孔时,R 取 CW。

附录 D　船体结构　相贯切口与补板

1. 直通型切口形式和代号(图 D1)、尺寸(表 D1)

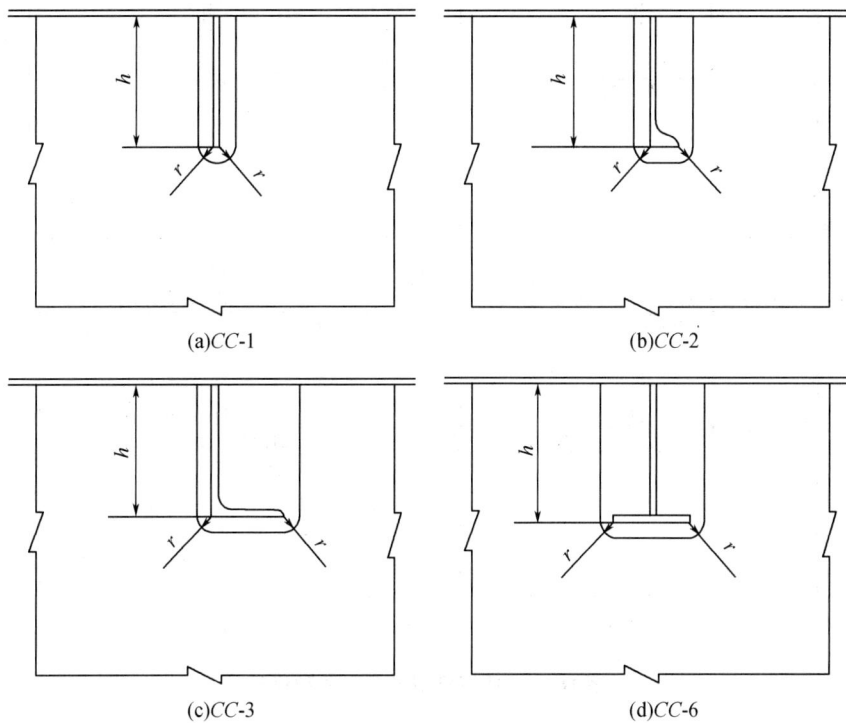

(a)CC-1　　　　　　　　　　　　　(b)CC-2

(c)CC-3　　　　　　　　　　　　　(d)CC-6

图 D1　直通型切口形式和代号

表 D1　直通型切口尺寸　　　　　　　　　　单位:mm

h	r
h<100	15
h≥100	25

2. 腹板焊接型切口形式和代号(图 D2)、尺寸(表 D2)

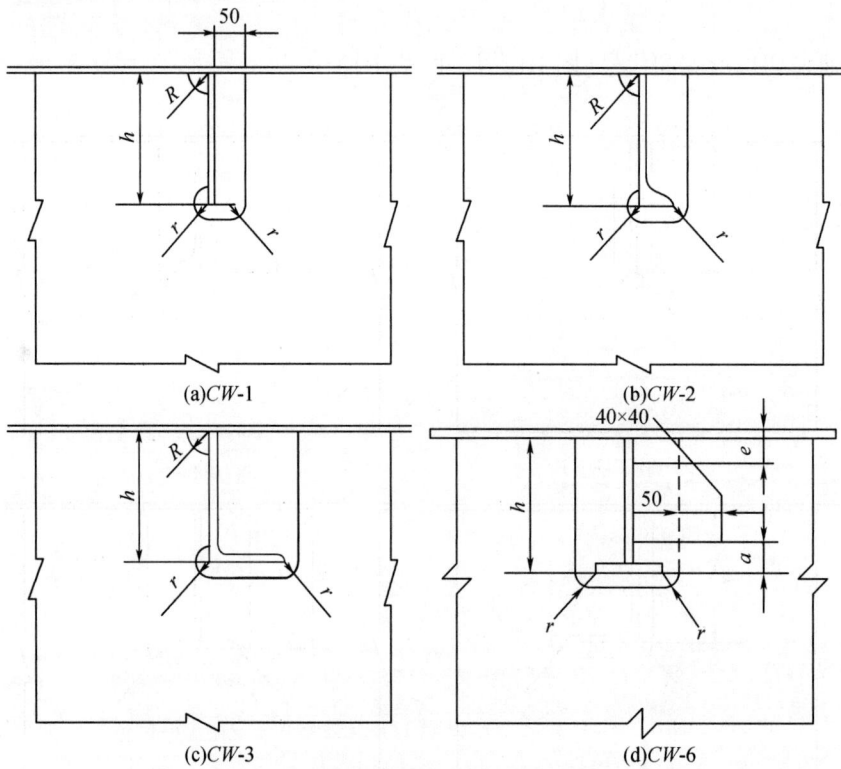

(a)*CW*-1

(b)*CW*-2

(c)*CW*-3

(d)*CW*-6

图 D2　腹板焊接型加工形式和代号

表 D2　腹板焊接型切口尺寸　　　　　　　　　　　　单位：mm

h	R	r
$h<100$	—	15
$100 \leqslant h < 150$	25	25
$150 \leqslant h < 250$	35	25
$h \geqslant 250$	50	25

注：$h<100$ 时，R 用通焊孔 *WC* 代替。

3. 非水密补板型切口与补板形式和代号(图 D3)、尺寸(表 D3)

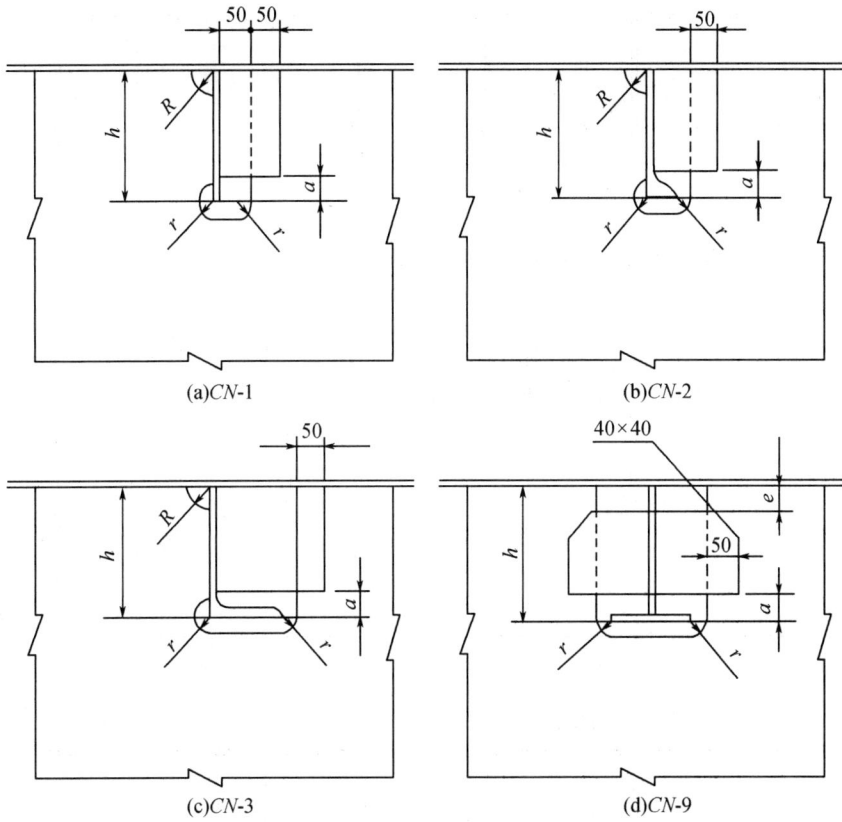

(a)CN-1 (b)CN-2 (c)CN-3 (d)CN-9

图 D3 非水密补板型切口与补板形式和代号

表 D3 非水密补板型切口与补板尺寸   单位:mm

h	R	r	a	e
$h<100$	—	15	$0.2h$	—
$100 \leqslant h<150$	25	25	$0.2h$	R
$150 \leqslant h<250$	35	25	$0.2h$	R
$h \geqslant 250$	50	25	$0.2h$	R

注:$h<100$ 时,R 用通焊孔 WC 代替。

4. 水密补板型切口与补板形式和代号(图 D4)、尺寸

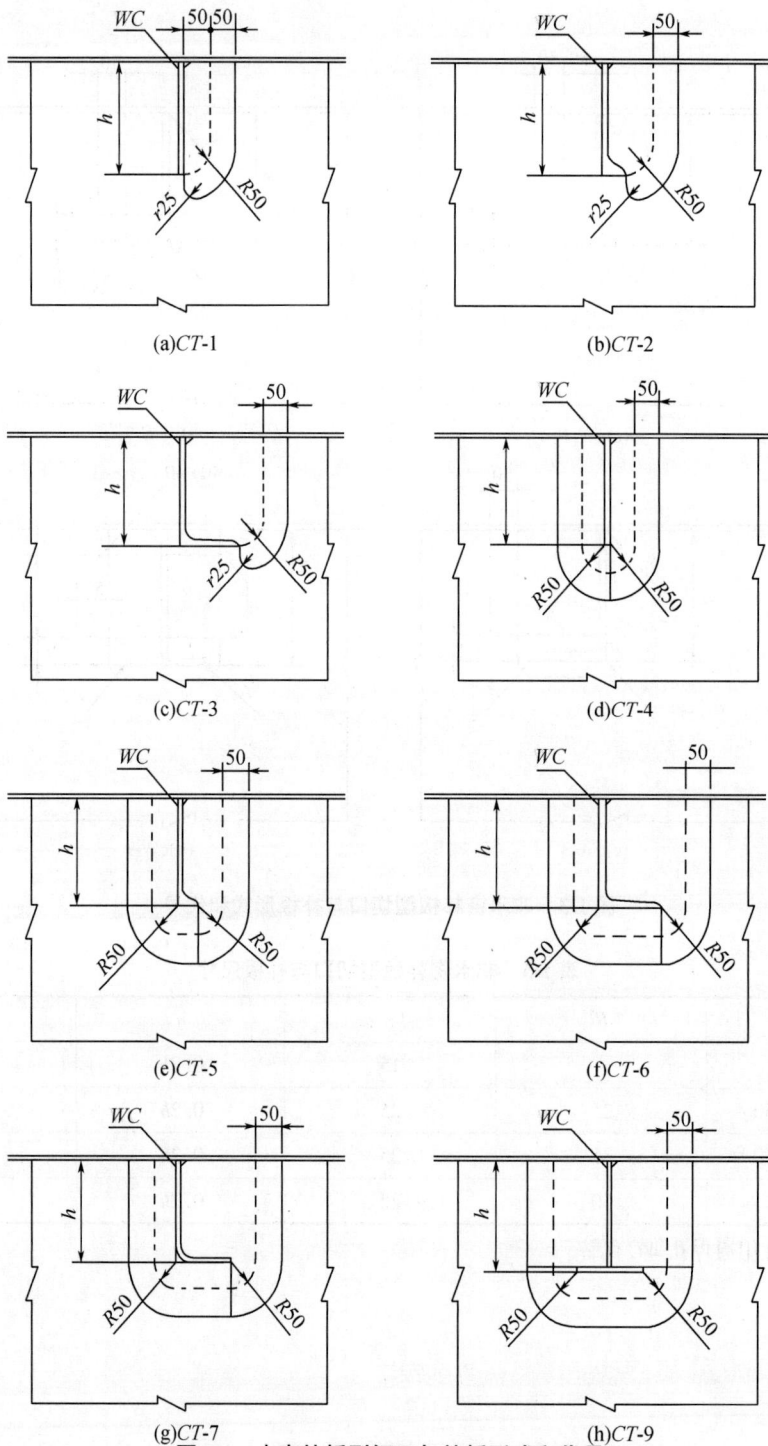

(a)CT-1

(b)CT-2

(c)CT-3

(d)CT-4

(e)CT-5

(f)CT-6

(g)CT-7

(h)CT-9

图 D4   水密补板型切口与补板形式和代号

注:1. WC 为通焊孔标准代号;

2. 水密与非水密补板的厚度等于该切口处被穿过构件的腹板或壁板厚度。

附录 E　船体结构　流水孔、透气孔、通焊孔和密性焊段孔

表 E1　流水孔的形式和尺寸

序号	名称	代号	形式和尺寸		标记示例
1	圆形流水孔	$D\phi$	 		$D\phi50$或$\phi50$
			h/mm	ϕ/mm	
			$h<120$	25 且不大于 $h/4$	
			$120\leqslant h<160$	30	
			$160\leqslant h<200$	40	
			$200\leqslant h<300$	50	
			$300\leqslant h<500$	75	
			$h\geqslant500$	设计者定	
2	半圆形流水孔	DR	 		$DR40$或$R40$
			h/mm	R/mm	
			$h<120$	25 且不大于 $h/4$	
			$120\leqslant h<160$	30	
			$160\leqslant h<200$	40	
			$200\leqslant h<300$	50	
			$300\leqslant h<500$	75	
			$h\geqslant500$	设计者定	
3	腰圆形流水孔	DY	 		$DY50\times100$或$^{\#}50\times100$
			h/mm	d/mm	
			$h<120$	25×50 且不大于 $h/4$	
			$120\leqslant h<160$	30×60	
			$160\leqslant h<200$	40×80	
			$200\leqslant h<300$	50×100	
			$300\leqslant h<500$	75×150	
			$h\geqslant500$	设计者定	

表 E1(续)

序号	名称	代号	形式和尺寸	标记示例
4	半腰圆形流水孔	DL	外板或舱底 h/mm · b×l×r/mm h<120 · 25×50×20 且 b 不大于 h/4 120≤h<160 · 30×60×25 160≤h<200 · 40×80×25 200≤h<300 · 50×100×25 300≤h<500 · 75×150×50 h≥500 · 设计者定	DL100或L100 注:数字 100 表示 l 值
5	椭圆形流水孔	DE	外板或舱底 h/mm · d×l/mm h<120 · 25×50 且 d 不大于 h/4 120≤h<160 · 30×60 160≤h<200 · 40×80 200≤h<300 · 50×100 300≤h<500 · 75×150 h≥500 · 设计者定	DE50×100 注:椭圆为标准椭圆

表 E2 透气孔的形式和尺寸

序号	名称	代号	形式和尺寸	标记示例
1	圆形透气孔	Aϕ	甲板或平台 h/mm · ϕ/mm h<120 · 25 且不大于 h/4 120≤h<160 · 30 160≤h<250 · 40 h≥250 · 50	Aϕ40或ϕ40

表 E2(续)

序号	名称	代号	形式和尺寸	标记示例
2	半圆形透气孔	AR	甲板或平台 *R* *h* **表格** *h*/mm — *R*/mm *h*<120 — 25 且不大于 *h*/4 120≤*h*<160 — 30 160≤*h*<250 — 40 *h*≥250 — 50	*AR*40或*R*40
3	腰圆形透气孔	AY	甲板或平台　15 *d*　*l*　*h* **表格** *h*/mm — *d*×*l*/mm *h*<120 — 25×50 且 *d* 不大于 *h*/4 120≤*h*<160 — 30×60 160≤*h*<250 — 40×80 *h*≥250 — 50×100	*AY*50×100或*Y*50×100
4	椭圆形透气孔	AE	15　甲板或平台 *d*　*l*　*h* **表格** *h*/mm — *d*×*l*/mm *h*<120 — 25×50 且 *b* 不大于 *h*/4 120≤*h*<160 — 30×60 160≤*h*<250 — 40×80 *h*≥250 — 50×100	*AE*50×100或*E*50×100 注:椭圆为标准椭圆

表 E3 通焊孔的形式和尺寸

序号	名称	代号	形式和尺寸		标记示例
1	非密半圆形角焊缝通焊孔	RC	 	h/mm	R/mm
$h<120$	25 且不大于 $h/4$
$120\leqslant h<160$	30
$160\leqslant h<250$	40
$h\geqslant250$	50		 注:可不用尺寸引出线
2	非密半圆形对接焊缝通焊孔	RN	 	h/mm	R/mm
$h<120$	25 且不大于 $h/4$
$120\leqslant h<160$	30
$160\leqslant h<250$	40
$h\geqslant250$	50		
3	非密半腰圆形对接焊缝通焊孔	LN	 	h/mm	$R\times L/\text{mm}$
$h<120$	25×70 且 R 不大于 $h/4$
$120\leqslant h<160$	30×80
$160\leqslant h<250$	40×100
$h\geqslant250$	50×130		

表 E3(续)

序号	名称	代号	形式和尺寸	标记示例
4	密性半圆形对接焊缝通焊孔	WR	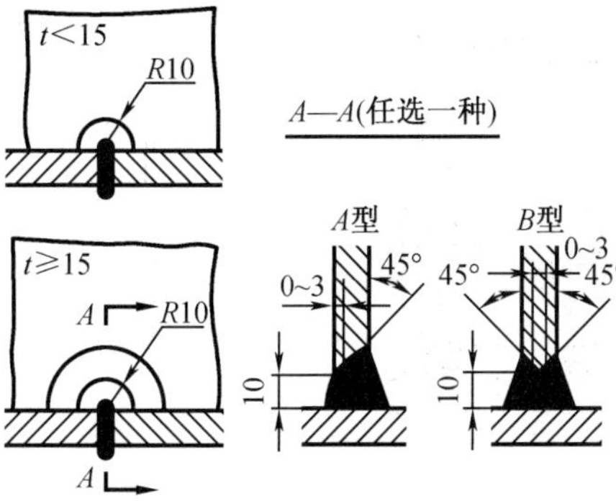 注:焊缝通过后用电焊填满	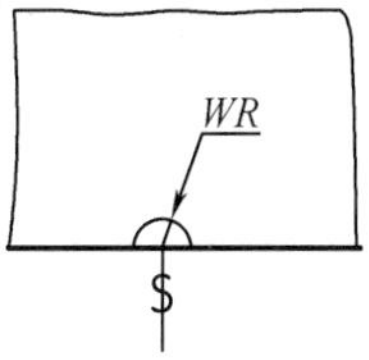
5	密性半腰圆形对接焊缝通焊孔	WL	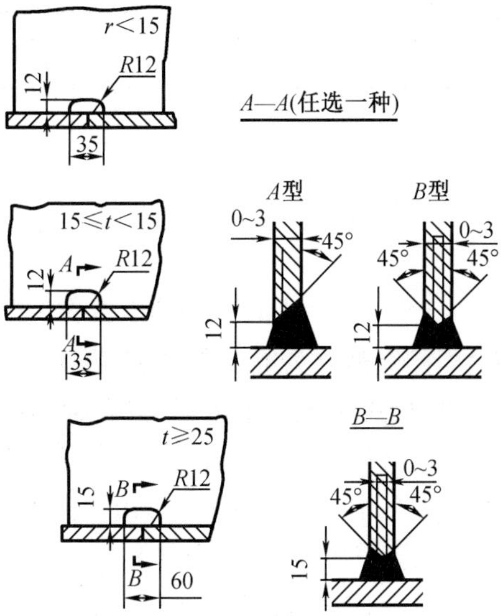 注:焊缝通过后用电焊填满	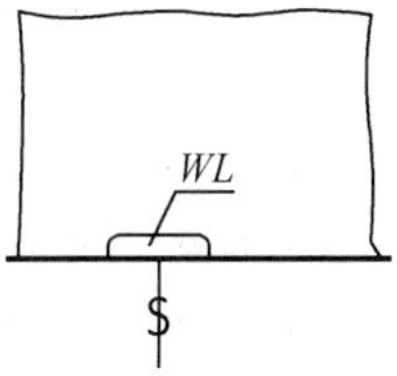
6	密性角焊缝通焊孔	WC	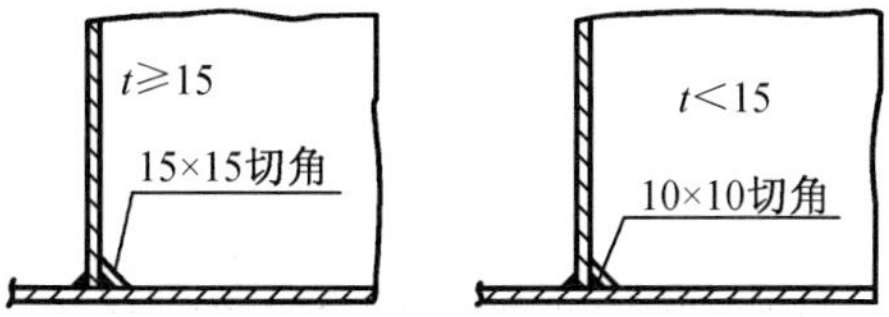 注:焊缝通过后切角处用电焊填满	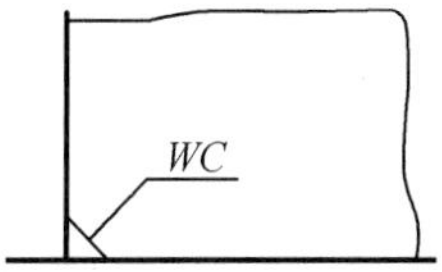 注:图面狭小处切角线可不画

表 E4 密性焊段孔的形式和尺寸

序号	名称	代号	形式和尺寸	标记示例
1	水密壁密性焊段孔	RW	$t<15$ $R10$ 电焊填满 $t \geqslant 15$ $R10$ $A—A$(任选一种) A型 B型 0~3 45° 45° 0~3 45° 10 10	RW 液舱 | 密性构件
2	水密壁密性焊段孔	$R35$	$R35$ h 液舱 | 非密性构件	$R35$ 液舱 | 非密性构件

附录 F 舷弧、大半径圆弧梁拱的作法

1. 甲板舷弧通常为抛物线,如图 F1(a)所示。自中站至艏的舷弧称为艏舷弧,它在艏垂线处的升高值为艏舷弧高 h_f。自中站至艉的舷弧称为艉舷弧,它在艉垂线处的升高值为艉舷弧高 h_a。通常 $h_a = h_f/2$。艏艉舷弧的作法相同,现以艏舷弧为例,说明舷弧的作法,如图 F1(b)所示。

(1)作距基线高为型深 H 的水平线分别与站线交于 5,6,…,10(L_{pp} 为 10 等分时)。

(2)在 10 站线上,自水平线起向上量取艏舷弧高 h_f,得交点 10′。

(3)将 10-10′线段等分为自中站至艏垂线的站线间距数(现为 5 等分),得分点 6′,7′,8′,9′。

(4)连接 5,6′两点与 6 站线交于 6″,连接 57′,58′,59′分别与 7,8,9 站交于 7″,8″,9″。

(5)用压条或曲线板连接 5,6″,7″,8″,9″及 10′即得艏舷弧曲线。

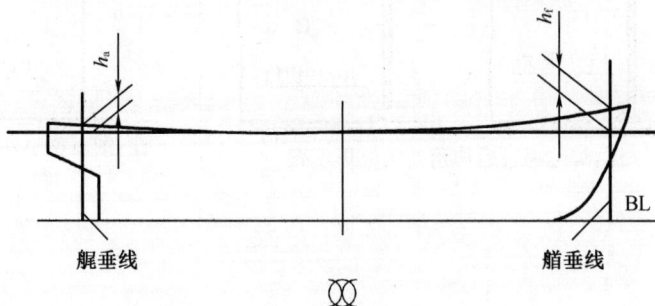

h_a h_f BL 艉垂线 艏垂线

(a)甲板舷弧

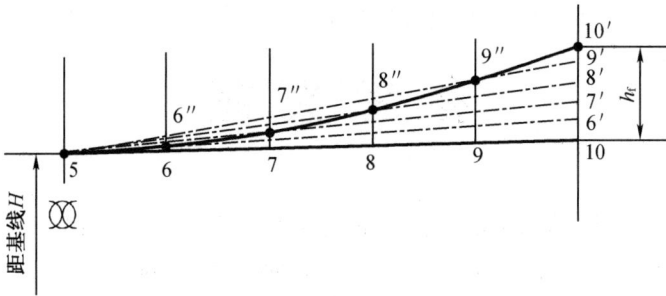

(b)舷弧作法

图 F1　甲板舷弧作法

2. 大半径圆弧梁拱是目前常见的甲板梁拱的一种,其作法见图 F2。

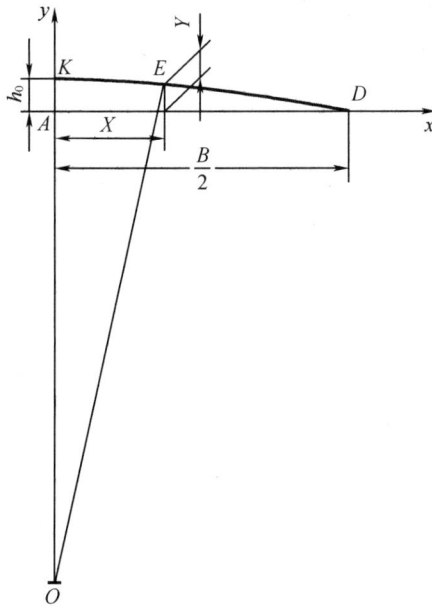

图 F2　大半径圆弧梁拱

作相互垂直的两直线交于 A 点,自 A 点沿水平线量取甲板半宽得 D 点;沿垂直线量取梁拱高 h_0 得 K 点,连接 K、D,并作 KD 的垂直平分线交垂直线于 O 点。以 O 点为圆心,KO 为半径作圆弧 $\overset{\frown}{KD}$,即为大半径圆弧的梁拱。

在用较大比例绘制时,圆心 O 交得很远,则可用下述方法画出。

从图 F2 可见,圆弧上任一点 E 到水平线 AD 的距离 r 与到垂直线 AK 的距离 X 之间有下列关系式:

$$Y = \sqrt{\frac{B^2}{8h_0} + \frac{h_0}{2} - X^2} - \frac{B^2}{8h_0} + \frac{h_0}{2}$$

式中　B——甲板宽;

　　　h_0——梁拱高。

根据上式,可以假定若干 X(例如 $X = B/8, B/4, 3B/8$ 等),求出若干 Y,从而定出圆弧上的若干点,连接这些点即得大半径圆弧的梁拱。

参 考 文 献

[1]　刘雪梅.船舶识图与制图[M].北京:北京理工大学出版社,2014.

[2]　魏莉洁.船舶结构与制图[M].北京:人民交通出版社,2006.

[3]　龚昌奇,谢玲玲,刘益清.船体结构与制图[M].北京:国防工业出版社,2010.

[4]　吴仁元.船体结构[M].北京:国防工业出版社,1992.

[5]　刘雪梅.船体各部位名称图[M].哈尔滨:哈尔滨工程大学出版社,2011.

[6]　杨永祥.船体制图[M].哈尔滨:哈尔滨工程大学出版社,1995.

[7]　高靖.船体识图与制图[M].哈尔滨:哈尔滨工程大学出版社,2010.

[8]　翁士纲,茆文玉.船体制图[M].上海:上海科学技术出版社,1982.